Hans Peter Kobler

Neue Lehrer braucht das Land

Kommunikation & Lernen
NLP in der Unterrichtspraxis

Junfermann Verlag · Paderborn
1995

© Junfermannsche Verlagsbuchhandlung, Paderborn 1995
Covergestaltung: Petra Friedrich

Satz: adrupa Paderborn
Druck: PDC – Paderborner Druck Centrum

Die Deutsche Bibliothek – CIP-Einheitsaufnahme
Kobler, Hans Peter
Neue Lehrer braucht das Land: Kommunikation & Lernen.
NLP in der Unterrichtspraxis/Hans Peter Kobler. – Paderborn:
Junfermann, 1995

(Reihe Pragmatismus & Tradition, Bd. 48)
ISBN 3-87387-144-0
NE: GT

ISBN 3-87387-144-0

Inhalt

Einleitung

Als ich vor zwei Jahren einen russischen Journalisten kennenlernte, der sehr gut Deutsch gelernt hatte, unterhielten wir uns über verschiedene Dinge, die uns am Herzen liegen und deshalb sehr beschäftigen. „Du bist schwanger", sagte er zu mir, was wohl eine Wortverwechslung sein mußte. So dachte ich. War es jedoch nicht! Mein Erstaunen wahrnehmend schickte er eine Erklärung nach: „Ja, schwanger! Wir bezeichnen diesen Zustand so, wenn jemand, so wie du, von einer Sache so begeistert und gepackt ist, daß er davon nicht mehr lassen kann, bis sie zu Ende gedacht und geboren worden ist." Gepackt von der Idee war ich tatsächlich, der Idee, ein Buch zur wirkungsvollen Unterrichtspraxis zu schreiben.

Es gibt mehrere Gründe, die dafür verantwortlich sind. Meine ersten Erfahrungen mit diesem Thema sind wohl in jener Zeit zu suchen, als ich, kaum 20jährig, gleichzeitig zwei Schulklassen mit 54 Schülern übernehmen durfte. Drei Jahre habe ich diesen Zustand ausgehalten, einiges ging gut, vieles lief verkehrt, eine intensive, lehrreiche Lehrerfahrung, die nach der Beantwortung vieler Fragen verlangte. Ich suchte die Rettung im Psychologie- und Pädagogikstudium, das Lösungen dafür liefern sollte, wie man wirkungsvolle, hilfreiche Beziehungen aufbaut und unterrichtet, wie man Schüler motivieren, die Gruppendynamik einbeziehen, und sich dabei selbst auch noch gut fühlen kann. Viele Fragen führten zu vielen Antworten, die auf verschiedene Art hilfreich waren. Viele vor allem praktische Fragen blieben weiterhin unbeantwortet. Es war die Zeit des Psychobooms mit seinen Angeboten an Gruppendynamik, Encountergruppen, Selbsterfahrungsgruppen, dem Höhepunkt der humanistischen Psychologie. Auf diesem Wege wurde ich im besonderen von den Ideen Carl Rogers' berührt, ließ mich als Psychotherapeut in verschiedenen Richtungen ausbilden und unterrichtete während der ganzen Zeit weiterhin die verschiedensten Zielgruppen der Volksschule und im Erwachsenenbildungsbereich. So war es folgerichtig der nächste Schritt, mich maßgeblich durch die Prinzipien, die Reinhard und Annemarie Tausch in Anlehnung an Carl Rogers in ihrer Erziehungspsychologie fundiert darlegten, beeinflussen zu lassen. Viele Ideen fielen bei mir zu jenem Zeitpunkt auf fruchtbaren Boden: Themenzentrierte Interaktion, Alexander Neill mit seiner antiautoritären Erziehung, Familientherapie und

Systemtherapie, die Umsetzungen psychologischen Wissens durch Thomas Gordon usw. All die Jahre waren gekennzeichnet durch psychotherapeutische, erziehungsberaterische und lehrende Aktivitäten, ständig auf der Suche nach den Prinzipien wirkungsvoller Unterrichtspraxis. Die Ideen nach einer gerechten, hilfreichen, lustvollen und wirksamen Lehr-Lernmethode, bei der sich alle Beteiligten lebendig und zufrieden fühlen können, ließen mich nicht mehr los und ziehen sich wie ein roter Faden durch die Jahre hindurch. Folgerichtig wurde ich vermehrt immer wieder gefragt, Lehrerinnen und Lehrern dabei zu helfen, ihre Unterrichtspraxis zu optimieren und leitete und begleitete viele Jahre die unterschiedlichsten Gruppen.

Vor etwa zehn Jahren besuchte ich ein Seminar, das sich als Einführung ins NLP verstand, einer als einmalig angekündigten neuen Kommunikations- und Psychotherapiemethode, die besonders wirkungsvoll und lustvoll sein solle. Ich wußte nicht, was auf mich zukommen würde, war neugierig und wurde tatsächlich mit faszinierendem Neuem überrascht. Der Funke zündete, und daraus ist ein angenehm loderndes Feuer entstanden. Wieder tauchte die Frage danach auf, wie sich diese begeisternden Kommunikationsinstrumente für den Unterricht nutzbar machen lassen. Daß ich es mit bedeutsamen Werkzeugen für den Unterricht jeder Gattung zu tun hatte, wußte ich intuitiv. Jedoch blieb offen, wie sich die Ideen des Neurolinguistischen Programmierens für den Schulbereich am besten umsetzen lassen. Eine Fragestellung war formuliert und suchte nach Antworten.

Die Antworten entstanden in der Praxis mit Lehrergruppen. Daraus entwickelte sich nach und nach ein eigenes, erprobtes Modell, das die Grundlagen des Neurolinguistischen Programmierens integriert und praxisnah und umsetzbar weitervermittelt. Aufgrund der Anfragen von Teilnehmerinnen und Teilnehmern, die ihre positiven Erfahrungen auch noch durch die entsprechende Lektüre untermauern wollten, suchte ich nach geeigneter, hilfreicher Literatur, mußte jedoch feststellen, daß es viel Lesenswertes zum NLP gibt, jedoch offensichtlich ein Mangel an Information über die praxisnahen Anwendungsmöglichkeiten im Lehrbereich besteht. So entschied ich mich, ermutigt durch Lehrende, das in der Praxis gewonnene Erfahrungswissen schriftlich festzuhalten, um es auf diese Art all jenen zugänglich zu machen, die auch davon profitieren wollen. Auf dem ersten Höhepunkt der Begeisterung traf ich jenen russischen Journalisten. Auf diese Weise war ich, wie er sagte, „schwanger geworden".

Heute freue ich mich, Ihnen die Geburt dieses Buches ankündigen zu dürfen und bitte Sie, liebevoll damit umzugehen, damit es Früchte tragen wird. Zu Aufbau, Inhalten und Gebrauch möchte ich Ihnen einleitend noch etwas sagen: Das Buch stellt das Abbild meines Werdeganges dar. Es beginnt zuerst ebenfalls ein bißchen theoretisch und akademisch, indem eine Klärung des Begriffs und der Bedeutung von NLP vorgenommen wird. Dann beantworte ich die Frage: Wozu nützt NLP für die Unterrichtspraxis? Die Grundstützen des Modells werden gerafft vorgestellt. Anschließend folgt die Auffächerung der im Modell enthaltenen Elemente. Drei Säulen werden ausgiebig und praxisnah beleuchtet: Basiskommunikation, Zielprozeß und Lehrprozeß. Die vielen Beispiele werden hilfreiches Anschauungsmaterial liefern, das der praktischen, umsetzbaren Verständigung dienen dürfte. Ein viertes, ebenfalls wichtiges Element – es handelt sich um das Thema „Umgang mit speziellen Hindernissen" – behandle ich zu einem späteren Zeitpunkt.

Vielleicht sind Sie jemand, der beim Kapitel 2 („NLP") nur die allgemeinen Informationen sucht, und die näheren Angaben zu den Methoden, wie sie in der Psychotherapie und Beratung angewandt werden, nicht, oder nicht jetzt lesen will. Oder Sie wollen direkt mit dem Kapitel „NLP und Unterricht" beginnen. Sie können dem Gesamtablauf trotzdem folgen.

Dieses Buch dient einerseits der Information und andererseits hauptsächlich der Anleitung zur Übertragung auf Ihre Unterrichtspraxis. Die Gliederung erfolgt von Kapitel 4 an so, daß sowohl Inhalte wie Anwendungsmöglichkeiten aufeinander aufbauend dargestellt werden. Ich empfehle Ihnen deshalb bezüglich der Anwendungsvorschläge, sich von vorn nach hinten durchzuarbeiten, um dadurch die jeweiligen Voraussetzungen für die nachfolgenden Elemente zu schaffen. Je nach Ihren Vorkenntnissen kann es jedoch wichtig sein, daß Sie sich Ihr eigenes methodisches Vorgehen konstruieren.

Ein Hinweis zur Verwendung männlicher und weiblicher Formulierungen erscheint mir noch notwendig. Obwohl ich mir große Mühe gegeben habe, bewußt zu unterscheiden zwischen „Lehrerin" und „Lehrer", halte ich dieses Vorgehen an bestimmten Stellen absichtlich nicht konsequent durch. Ich entscheide mich dann dafür, das eine Mal die männliche und das andere Mal die weibliche Form zu wählen, um auf diese Art die Balance mindestens anzudeuten und trotzdem die Flüssigkeit der Darstellung einigermaßen sicherzustellen.

Zu Dank verpflichtet bin ich all jenen unzähligen Lehrenden, denen ich in den vielen Gruppen der letzten Jahre begegnet bin, sowie meinen Freunden und Bekannten, denen ich meine Ideen unterbreiten durfte. Speziell erwähnen möchte ich meine Frau, die mich jeweils auf meinen Sprachstil aufmerksam machte und mich sanft auf der Linie der Einfachheit und Klarheit des Schreibstils zu halten versuchte. Ebenfalls Dank verdient haben all jene Autoren, verschiedenen Therapeuten, Ausbilder, Gruppenleiter, die mich durch ihre Art der Einflußnahme meinen Standpunkt finden und vertreten ließen. Die Literaturliste gibt einen Hinweis auf die in dieses Buch eingeflossenen Quellen, die oft auch im Text selbst als Hinweis erscheinen.

So wie dieses Buch der Praxis entsprungen ist, möchte ich Sie einladen, mich wissen zu lassen, wie es Ihnen bei der Umsetzung der Ideen ergangen ist. Diese Feedbacks sind für mich sehr nützlich, können sie doch wieder zurückfließen in die Ausbildungs- und Weiterbildungsseminare für Lehrende. Meine Adresse lautet: Dr. H. P. Kobler, Limmatstr. 184, CH-8005 Zürich. Schreiben Sie mir. Ich meinerseits werde Sie dann ebenfalls auf dem Laufenden halten über die sich wandelnden Ideen und Erweiterungen.

1
Schule

Unterricht findet nicht im luftleeren Raum statt, da die verschiedensten Faktoren das Unterrichtsgeschehen offensichtlich und hintergründig mitbestimmen, beeinflussen und subtil mitgestalten.

1.1. Rahmenbedingungen

Das ursprüngliche Recht auf Bildung für alle, unabhängig von der Zugehörigkeit zu einer bestimmten sozialen Gruppe und Schicht, verwandelte sich im Laufe der letzten hundert Jahre durch die Einführung der allgemeinen Schulpflicht zu einer Bildungspflicht. Ursprünglich als gutgemeinte, wohltuende sozialgerechte Überlegung in die Tat umgesetzt, erweist sich leider heute diese Verpflichtung zur Bildung oft als Bumerang für optimales Lernen und Lehren. Wer zu seinem Wohle gezwungen wird, mobilisiert oft inneren Widerstand gegen die ungewollte, aufgezwungene Fremdbestimmung, sogar dann, wenn das Aufgezwungene selbst sogar zum Besten des Einzelnen sein kann und so ausgedacht wurde. Tausend Möglichkeiten werden von Schülern entwickelt, um die eigene Kreativität, Intelligenz und den unerschöpflichen Reichtum an Erfindungskraft dafür zu nutzen, die innere Freiheit und Autonomie aufrechtzuerhalten. Die Prioritäten durch die Lernenden werden oft anders gesetzt, als die für die Unterrichtung zuständigen Institutionen sich dies ausgedacht haben.

Zu den Faktoren, die das Unterrichtsgeschehen bestimmen, zählt auch die Tatsache, daß „von oben nach unten" geplant wird. Das heißt: Bestimmte, dafür zuständige Personen und Kommissionen erarbeiten Richtziele und Rahmenpläne. Diese werden nun als verbindlich erklärt für alle UnterrichtsempfängerInnen. So entstehen Ausbildungsrichtlinien globaler Art, spezifische Lehrpläne, die von Schultyp zu Schultyp und von Zielgruppe zu Zielgruppe ein je unterschiedliches Gesicht zeigen.

Wenn Kinder ein bestimmtes Alter erreicht haben, werden sie als Lerngruppe zu einer Schulklasse zusammengefaßt. Innerhalb dieser gleichaltrigen Zufallsgemeinschaft müssen sich die Schüler die folgenden mindestens acht bis neun Jahre zurechtfinden.

Oft wird in der Schule auch heute noch im Lektionssystem gearbeitet, was den Lernrhythmus der Lernenden bestimmt. Das heißt: Innerhalb einer bestimmten Zeitspanne von ca. 45 Minuten bis zu einer Stunde findet jeweils eine Lektion zu einem bestimmten Thema statt. Schulbeginn, Lektionslänge, Pausenzeiten sowie die Beendigungszeiten sind als Fixum vorgegeben, als klare, minutengenaue Strukturierung. Dies bringt offensichtliche Vor- und auch Nachteile mit sich.

Als weiteres interessantes Faktum gilt folgende Tatsache: In der Regel werden bestimmte Inhalte durch alle Lernenden gleichzeitig erarbeitet, gelernt und geprüft. Das Lernen wird dadurch zwischen den Schülern gleichgeschaltet, eingegrenzt und selektioniert. Die Vielfalt an Lernmöglichkeiten wird vermindert und die Kreativität gebändigt.

1.2. Verschiedene Unterrichtsvorstellungen

Auch bezüglich der Modelle, wie innerhalb dieser Rahmenbedingungen Unterricht stattfinden und was wertvoller, hilfreicher Unterricht sein soll, bestehen verschiedene Möglichkeiten, die heute Anwendung finden. So wird davon ausgegangen, daß es auf der einen Seite die mehr lehrerzentrierten Varianten und auf der anderen Seite die mehr schülerzentrierten Unterrichtsformen gibt. Es ist die Rede von Projektunterricht, der in letzter Zeit wieder in den Schulreformen und in den verschiedensten, längere Zeit praktizierten Modellen zur Realisierung gelangt.

Änderungen fanden in den letzten 20 Jahren statt bezüglich der Steuerung von Unterrichtsprozessen durch die Lehrpersonen über den Wechsel von der reinen Frontalunterrichtsform zu den Gruppenunterrichtsformen.

Es ist weiter bedeutsam, inwieweit Schule sich von der Außenwelt oder der Welt isoliert, indem Anschauungsmaterial über die Welt draußen hereingeholt wird in Form verschiedener Hilfsmittel oder sich am realen Leben in der Welt selbst orientiert.

12

1.3. Spielräume

Obwohl jedes definierte Unterrichtssystem verschiedene Begrenzungen schafft, gibt es vielfältig nutzbare Spielräume.

Zuerst sei auf die Freiräume hingewiesen, die sich der Lehrerin und dem Lehrer im Bereich der Detailauswahl der Themen bieten. Es liegt in den Händen jeder Lehrperson, welche konkreten, im Moment der Planung für die Lerngruppe passenden faktischen Lerngegenstände (Inhalte) ausgewählt werden.

Damit zusammenhängend ergeben sich auch viele methodisch-didaktische Freiheiten, die genutzt werden können. Es wird keinem Lehrer vorgeschrieben, welche Hilfsmittel er einbeziehen soll, um ein bestimmtes Thema wirkungsvoll vorzubereiten und zu lehren. So entscheidet er innerhalb seiner Klasse darüber, wie er allen Sinnen – dem Auge, Ohr, Geruch, Geschmack und Gefühl – gerecht zu werden vermag. Es gehört ebenfalls zu seiner Freiheit, darüber zu befinden, was zu welchem Zeitpunkt angegangen werden soll, damit die Ziele erreicht werden können. Die persönlichen Bevorzugungen der Lehrerpersönlichkeit können ihren Platz finden.

Als Lehrerin oder Lehrer kann man wenig direkten Einfluß nehmen auf die Gestaltung des Schulhauses, den Baustil und die Außenanlage. Es gibt jedoch bedeutsame Einflußmöglichkeiten innerhalb des Schulhauses und vor allem im eigenen Unterrichtsraum. Wie das Schulzimmer gestaltet ist bezüglich Farbgebung, Lichtverhältnissen und akustischen Bedingungen, ist sehr wichtig. Es seien hier etwa die physikalischen Rahmenbedingungen erwähnt wie: Beleuchtung, Wandtafelraumgestaltung, Mitteilungswände, Lernzentren innerhalb des Klassenzimmers (Rückzugsräume), Lehrererreichbarkeit, Belüftung, Geräuschkontrolle, harmonische Farben, komfortable Sitzlage und Pulte, Raumaufteilung, die Art des Sitzens im Rahmen des Klassengefüges, Sichtkontakt mit den andern usw.

Innerhalb dieses räumlichen Gefüges spielt sich Unterricht ab. Die Rahmenbedingungen sind das Gefäß, in dem die Lehr-Lern-Vorgänge stattfinden.

Noch etwas zum Lehren in der Erwachsenenbildung: In der Unterrichtsarbeit mit Erwachsenen sind bestimmte Aspekte gleich, wie dies zutrifft für den Bereich der Volksschule und die anschließenden weiterführenden Schulen. Es gibt auch Unterschiede. Viele Bereiche sind anders zu gewichten, wenn zum Beispiel Erwachsene freiwillige Aus- und Weiterbildungen besuchen (die Betonung liegt hier auf „besuchen", nicht auf hingehen müssen).

Wenn wir in diesem Buch von Unterrichtsprozessen sprechen, gehen wir davon aus, daß damit sämtliche Lehr-Lernvorgänge gemeint sind, die dadurch zustande kommen, daß sich jemand mit anderen trifft, um gemeinsam bestimmte Ziele, in der Regel zusammen mit einer dafür zuständigen, kompetenten Person zu erreichen. Für unsere folgende Betrachtung spielt es keine Rolle, ob der Unterricht für Kinder oder Erwachsene gedacht ist. Ebenso unwesentlich ist es, ob es sich dabei um freiwilligen oder unfreiwilligen Unterrichtsbesuch handelt.

Ich werde zeigen, wie sich das Neurolinguistische Programmieren (NLP) als Instrument für sämtliche Unterrichtsvorgänge eignet. Wenden wir uns zuerst der Klärung des Begriffs NLP zu, um anschließend die Übertragung der Erkenntnisse in die Unterrichtsvorgänge unter die Lupe zu nehmen.

2
NLP (Neurolinguistisches Programmieren)

2.1. Was ist NLP?

NLP als Kommunikationsmethode und Sammlung kommunikativer Fähigkeiten ist heute dabei, sich als eigenständige Richtung der Psychotherapie zu etablieren mit wichtigen Bedeutungen für andere Berufszweige, die professionell kommunizieren. Davon profitieren beispielsweise die geschäftliche Kommunikation, Beratung, Verkauf, Management, Führung und vor allem auch der Lehr-Lern-Bereich.

Es handelt sich bei NLP um:

■ erstens ein umfangreiches *System verschiedener Einzeltechniken* zur Lösung bestimmter psychologischer Herausforderungen, Probleme und Fragestellungen;

■ zweitens *eine Denkweise* mit dahinterstehenden *Grundannahmen* (nicht Wahrheiten), von denen Praktiker in ihrem Handeln und Denken ausgehen.

NLP ausgeschrieben als Neurolingustisches Programmieren setzt sich folgendermaßen zusammen:

■ **Neuro** abgeleitet von Neuron umfaßt, vereinfacht ausgedrückt, die sinnliche Wahrnehmung wie unser Sehen, Hören, Fühlen, Riechen und Schmecken. Es bezieht sich sowohl auf unsere nach innen wie außen gerichteten *Wahrnehmungssysteme.*

■ **Linguistisch** bezieht sich auf die Tatsache, daß wir Menschen uns über *Sprache* miteinander verständigen. Damit stellen wir eine Verbindung zur *Realität* her und erschaffen mit Hilfe der Worte selber persönliche Realitäten. Das Wort Linguistisch hat mit Sprachwissenschaft, der Linguistik, zu tun. *Denken* ist eng verknüpft mit dem Sprechen, wodurch Sprache zu einer zentralen Grundlage wird, sich in der Welt zurechtzufinden zusammen mit anderen Menschen durch die Einigung auf bestimmte Definitionen, Wahrnehmungs- und *Interpretationsmuster.*

NLP geht davon aus, daß in der sprachlichen Repräsentation innerlich ablaufende Denkstrukturen hörbar werden in der Art der Prozeßgestaltung der Sprache.

■ **Programmieren** bezieht sich auf die Sequenzen und Automatismen innerer und äußerer Denk-, Wahrnehmungs- und Verhaltensabläufe.

2.2. Entstehungsgeschichte

Der Ursprung des NLP ist auf die Zeit Anfang der 70er Jahre zurückzuführen, als *Richard Bandler* – einer der Erfinder des NLP – Student an der kalifornischen Universität von Santa Cruz war. Bandler war nebenbei schon ein erfolgreicher Gestalttherapeut (*Stahl* 1992, *O'Connor* & *Seymour* 1992). *John Grinder* – der zweite der NLP-Pioniere – war gerade Professor für Linguistik geworden. Bandler war sein Schüler. Eine Gemeinsamkeit verband die beiden: Sie waren kreativ und verfügten über viele Fähigkeiten. John Grinder interessierte sich besonders für die Gedanken und Arbeiten des Linguisten Noam Chomsky. Richard Bandler seinerseits hatte eine sehr große intuitive Begabung als Gestalttherapeut für Gruppen.

In ihren ersten Begegnungen entschieden sie sich, ihre Fähigkeiten zu kombinieren: die Fähigkeit Kommunikationsprozesse intuitiv wirksam gestalten zu können, und die Fähigkeit, im Sprachverhalten anderer Menschen komplexe Muster herauszuhören. Bandlers Frage war zu jenem Zeitpunkt: Ist es möglich, das herauszukristallisieren, was an wichtigen Mustern in den Gestalttherapiesitzungen zum Ausdruck kommt? Gibt es bestimmte Gesetzmäßigkeiten, die verborgen und unbewußt ablaufen und darauf warten entdeckt zu werden? Welche generellen Wirkmuster bestimmen die Qualität der Arbeit?

Bandler suchte ein Erklärungs- und Verhaltensmodell für die Wirksamkeit im therapeutischen Bereich. John Grinder erklärte sich einverstanden mit der Idee, bei den Gestalttherapiesitzungen Bandlers als „wissenschaftlicher" Beobachter dabei zu sein, um herauszufinden, welche verborgenen Geheimnisse diese Gruppensitzungen so wirkungsvoll werden ließen. Er selbst hatte dabei die Gelegenheit zu lernen, wie man Gestalttherapiesitzungen so durchführt, daß die TeilnehmerInnen davon profitieren.

Das Ergebnis dieses Beobachtungs- und Lernprozesses konnte John Grinder in einer parallel dazu von ihm selbst geleiteten Gestalttherapiegruppe überprüfen. Er entdeckte, daß die herausgefilterten Wirkmuster, die er bei Richard Bandler beobachtet hatte, ebenfalls und gleich gut wirkten, wenn er sie selbst anwendete. Ähnliche Therapieergebnisse kamen zustande, wenn Grinder die gleiche Art von Sprache und Körpersprache verwendete sowie die gleichen Grundmuster an Interventionen und Verhaltensweisen benutzte. Er hatte gelernt, worauf es ankommt beim Therapieren. Auf der andern Seite hatte Richard Bandler seine meist unbewußt praktizierten Therapieschritte jetzt bewußt zur Verfügung. Sein bisher intuitiv angewandtes Therapie- bzw. Kommunikationsmodell stand ihm von nun an erklär- und lehrbar zur Verfügung.

Nebenbei hatten die beiden Pioniere eine Methode entwickelt, mit deren Hilfe sie Fähigkeiten besonders begabter, hilfreicher und wirksamer Berufskommunikatorinnen und -kommunikatoren herausdestillieren und herausfiltern konnten.

Bestandteil dieser Methode war die Fähigkeit, die Wirkmuster und Hauptelemente so zu definieren und zu verdichten, daß diese für andere lehr- und lernbar wurden. Sie nannten diesen Prozeß des Herausarbeitens **Modelling**, auf Deutsch **Bildung von Modellen** (Abbilden von Vorbildern).

Mit Hilfe dieses Modellings setzten sie sich mit den Arbeiten von drei herausragenden Persönlichkeiten der Psychotherapie auseinander. Es waren dies: Milton Erickson, Fritz Perls und Virginia Satir.

Milton Erickson gilt als der Schöpfer der neueren *Hypnosetherapie*, deren zentrales Anliegen darin besteht, die einzigartigen Fähigkeiten jedes Menschen, der sich in diese Therapie begibt, auf die für ihn passende Art nutzbar zu machen. Viele der Grundannahmen der Ericksonschen Hypnotherapie finden definierterweise im NLP Anwendung.

Fritz Perls hat sich als Entwickler der *Gestalttherapie* weltweit einen Namen geschaffen.

Virginia Satir war eine *brillante Familientherapeutin* mit einem eigenen kreativen Stil. Ihre besondere Stärke bestand darin, die verborgenen und offensichtlichen Kräfte und Fähigkeiten ihrer Klienten so zu beleben und hervorzulocken, daß sich dadurch Probleme auf spannende, gefühlsmäßig nutzbringende Weise auflösten.

Bandler und Grinder bekamen von diesen Größen der Psychotherapie die Erlaubnis, sie bei ihrer Arbeit zu beobachten, nach ihren

Überzeugungen, Therapieauffassungen, Lebensanschauungen usw. zu befragen. Sie hatten die Erlaubnis dabeizusein, deren Arbeit zu dokumentieren und dabei auch herauszukristallisieren, was diese Therapeutin und Therapeuten glaubten, was sie täten.

Es zeigte sich, daß das, was jemand bezüglich seiner Handlungen glaubt, nicht unbedingt dem entsprechen muß, was tatsächlich geschieht. Was ist genau zu sehen und zu hören? Wie wird die Sprache verwendet? Wie reden sie die verschiedenen Personen an? Was läßt sich in der Körpersprache beobachten? Welche Abläufe lassen sich festhalten, wenn man die gesamte Beziehung beobachtet und darauf hört, wie eine Aktion bestimmte Reaktionen bei der anderen Person auslöst? Viele Fragen, die Bandler und Grinder mit Hilfe ihres Beobachtungs- und Befragungssystems neben zahlreichen anderen Fragen beantworten konnten. Das tatsächlich beobachtbare Verhalten stand also im Zentrum des Interesses.

Aus dieser Beobachtung und Befragung von Spitzentherapeuten, mit dem Ziel das Grundsätzliche herauszufinden, entstanden viele interessante NLP-Methoden. Dieses reichhaltige Ergebnis kann heute so an Berufskommunikatorinnen und -kommunikatoren weitervermittelt werden, damit der kreative Funke immer wieder aufs neue gezündet werden kann.

Weitere Personen schlossen sich den beiden NLP-Entwicklern an. Es seien hier besonders *Robert Dilts*, *Leslie Cameron-Bandler* und *Judith DeLozier* genannt. Zusammen mit vielen anderen „jüngeren" NLP-Entwicklern wird seither das Neurolinguistische Programmieren weiterentwickelt, ergänzt und gefördert.

2.3. Grundannahmen

NLP-Anwender gehen von bestimmten Grundannahmen aus, um das, was sie mit Klienten tun, kongruent anwenden zu können. Es handelt sich dabei um bestimmte Überzeugungen, Glaubenssätze und Axiome, die NLP-Therapeuten akzeptieren, um ihre Methoden überzeugend und wirkungsvoll zum Tragen bringen zu können. Es handelt sich dabei um die folgenden Annahmen:

a – Beim Informationsaustausch zwischen Menschen bestimmen die Empfänger die Qualität der Botschaften. Mit anderen Worten: Es ist ebenso wichtig, wie die Information bei der anderen Person ankommt und nicht nur, wie die Absicht der Senderperson gemeint war. Die Reaktion der Empfängergruppe oder Empfängerperson bestimmt deshalb die Qualität der Kommunikation.

b – Menschen handeln gemäß ihrer subjektiven inneren Auffassung von „Realität". Die „innere Landkarte" bestimmt die Kommunikation zwischen zwei Menschen. Innere Realitätskonstruktionen sind wesentlich für Empfinden, Fühlen, Verhalten und Denken. NLP befaßt sich mit der subjektiven Erfahrungswelt von Menschen und nicht in erster Linie mit „Wahrheiten" oder „objektiven Tatbeständen".

c – Menschen handeln systematisch, konstant und bestimmten Regeln gehorchend. Ein problematisches Verhaltensmuster unterliegt auch dieser Konstanz und Regelhaftigkeit. Wenn das Verhalten geändert werden soll, muß das dahinterwirkende Programm umgewandelt werden.

d – Jedes menschliche Verhalten ist zielorientiert und zweckbestimmt. Mag es bei erster Betrachtung auch noch so unlogisch und absurd erscheinen, steckt eine organismisch hintergründig positive Absicht dahinter. Menschen treffen die zum jeweiligen Zeitpunkt beste verfügbare Wahl. Diese Entscheidung ist abhängig vom momentan zugänglichen Informationsstand. Der dahinterstehende Sinn wird deutlich, wenn ein innerpsychisches tieferes Verständnis für die jeweiligen Handlungen ans Tageslicht kommt.

e – Menschen verfügen prinzipiell über alle Fähigkeiten, die sie brauchen, um Lösungen für die Herausforderungen und Probleme des Alltags zu finden. Oft ist jedoch der freie Zugang zu diesen inneren Quellen versperrt. NLP hilft dabei, die Türen zu diesem inneren Reichtum wieder zu öffnen. Dadurch ergeben sich Alternativen im Umgang mit den Problemstellungen.

f – Körper und Geist sind zwei Ausdrucksweisen des gleichen Systems. Körperliche Veränderung bewirkt Veränderungen auf geistiger Ebene. Ebenso wirkt geistige Neuorientierung auf das Körpergeschehen zurück.

g – Am meisten kann man über einen anderen Menschen erfahren, indem man sein Verhalten wahrnimmt. Die Ausdrucksweisen der Körpersprache bringen verläßlichere Informationen als die Wortinhalte.

h– Im Sprachprozeß bildet sich die innerlich gelebte Erfahrung ab. Sie ist in bestimmten Sinnesmodalitäten gespeichert. Über die

Sprache werden innere Erfahrungen von einem Menschen zum anderen übertragen.

i – Derjenige Mensch, der die größte Verhaltensvielfalt zur Verfügung hat, ist am einflußreichsten innerhalb eines Systems.

j– Wenn jemand eine bestimmte Fähigkeit gelernt hat, kann diese prinzipiell durch andere Menschen ebenfalls erworben werden.

2.4. Was kann mit NLP erreicht werden?

In Übereinstimmung mit den erwähnten Grundhaltungen und -annahmen zeigt NLP heute eine große Palette von Werkzeugen, mit deren Hilfe die folgenden Ziele erreicht werden können:

1. In Zusammenhang mit den verschiedensten Fragestellungen macht NLP im System des einzelnen Menschen oder innerhalb eines zwischenmenschlichen Systems die bewußt oder oft unbewußt vorhandenen Fähigkeiten zugänglich.

2. Oft braucht es neue Möglichkeiten zur Veränderung bestimmter hinderlicher emotionaler, sozialer oder kognitiver Muster. NLP ermöglicht die Förderung und Schaffung von Alternativen.

3. NLP bearbeitet auf sehr wirksame und fundierte Art tiefsitzende Ängste (Phobien) und Traumen so, daß die darin verwobenen Energien für andere, sinnvoll erscheinende Ziele eingesetzt werden können.

4. Mit Hilfe von sprachlichen Mustern läßt NLP die Probleme unter einem akzeptierten Gesichtswinkel erscheinen. Dies ist ein wichtiger Beitrag für eine größere innere Gelassenheit und Selbstakzeptanz.

5. Durch die bestimmte, hartnäckige Art des Nachfragens kann mit NLP ein Ziel so definiert und geklärt werden, daß es realistisch, sinnvoll und erreichbar wird. Vor- und Nachteile von Zielsetzungen werden dabei sehr genau abgeschätzt und in Beziehung gebracht.

6. Mit NLP bietet sich ein methodisches Rüstzeug an, mit dem innere und äußere Konflikte gelöst werden können.

7. NLP verändert die Persönlichkeit auf Wunsch bis in den Kern der Identität hinein (*Stahl* 1992).

2.5. NLP als eine Sammlung wirksamer Instrumente

Wer mit NLP arbeitet, verfügt über eine Menge wirkungsvoller Methoden (Instrumente), mit deren Hilfe die genannten Ziele erreicht werden können. Ich möchte dabei unterscheiden zwischen den sogenannten **Basisfähigkeiten** von NLP-Anwendern und **spezifischen Methoden** oder Interventionsmustern (Techniken). Als Basisfähigkeiten sind zu nennen:

■ Klare und kongruente Kommunikation auf Seiten der Person, die beruflich kommuniziert. Es geht um den Aufbau einer Brücke zum Klienten, um die Schaffung eines Fundamentes der Beziehung. Im NLP heißt dieser Vorgang *Rapport*. Erst wenn sich Klienten wohlfühlen gegenüber der Beraterin, können sie sich helfen lassen.

■ In der Beratung nimmt der Therapeut die kleinsten sicht-, hör- und spürbaren Ausdrucksweisen des Klienten wahr und paßt sein Verhalten den Ausdrucksweisen seines Klienten an. Die Beraterin oder der Berater versetzt sich dadurch in die Welt des Klienten, empfindet dessen Verhalten und Denken nach, verhält sich ähnlich in seiner Sprache, der inhaltlichen Gestaltung und in seiner Körpersprache. Es erfolgt eine *Angleichung* von Körperhaltung, Muskeltonus, Sprechweise, Wortwahl und Sprachtempo an die Verhaltensweisen des Klienten. Bei einem gelungenen Prozeß dieses Ähnlichwerdens beeinflussen sich Klient und Therapeut in einem kommunikativen Regelkreis wechselseitig. Von außen erkennt man, wie beide in einem speziellen Tanz in ähnliche Bewegungsmuster verwoben sind, ähnlich aussehen, klingen und sich verhalten.

■ Dieser Zustand ist Voraussetzung für beraterische und therapeutische Lernprozesse. Wenn jetzt der Therapeut sein Verhalten zu verändern beginnt, bestimmte Verhaltensweisen und Reaktionsweisen vom Klienten zu verlangen beginnt, wird sich dessen Bereitschaft sich führen zu lassen, unwillkürlich darin zeigen, daß er seinerseits ähnlich zu werden beginnt wie der Therapeut. Der Klient übernimmt die Bewegungen des Therapeuten, dessen feine mimische Ausdrucksweisen und die kleinen unmerklichen tonalen Äußerungen. Erst jetzt ist die *Grundlage* vorhanden *zu einem möglichen Lern- und Veränderungsschritt.*

■ Eine weitere grundlegende Fähigkeit besteht darin, die Körpersprache des Klienten lesen und interpretieren zu können. NLP geht von einer Synchronisation zwischen körperlich-physiologischen Ausdrucksweisen und inneren Denkprozessen aus. Dies bedeutet, daß am Körper und in dessen Ausdrucksweisen gesehen und gehört werden kann, welche inneren Prozesse vor sich gehen. Der Therapeut schaut genau auf den Körperausdruck, um ihn bei wiederholtem Auftreten wiedererkennen und einordnen zu können. Es wird dabei unterschieden zwischen verschiedenen Ausdrucksweisen, an denen man sehen kann, ob jemand innerlich mit einem Problem, Zielideen, Fähigkeiten oder anderen inneren Wahrnehmungen in Kontakt ist. Die körpersprachlichen Rückmeldungen durch den Klienten ermöglichen dem Therapeuten, sich innerhalb des Problem-Zielfeldes zu orientieren. Er kann erkennen, wo und wann er seinen Klienten helfen kann, eine bestimmte innere Erfahrung zu vertiefen, oder wann bestimmte störende Muster unterbrochen werden sollen.

■ Um diese inneren Zustände noch differenzierter wahrnehmen zu können, bedient sich der NLP-Berater des Verständnisses über die Repräsentationssysteme. Es hat sich gezeigt, daß sich die Augen, wenn sich jemand bestimmte Erinnerungen zugänglich macht, bewegen. Diese Augenbewegungen ermöglichen dem Betrachter zu erkennen, ob die andere Person innerlich Bilder sieht, etwas hört oder ob Gefühle wahrgenommen werden. Das Wissen um die Augenbewegungen kann ebenfalls dazu dienen, Verständnis und Empathie für die Art des Klienten zu vertiefen.

Diese Basisfähigkeiten – Rapport, Führen, Wahrnehmen von körperlich-seelischen Veränderungen, Erkennen der Augenbewegungen und deren Interpretation – bilden den Hauptrahmen berufsspezifischer Kommunikation.

Auf dieser Plattform sind die spezifischen Interventionsmuster, Einzeltechniken oder NLP-Werkzeuge aufgebaut. Es sind dies:

1. Herausholen des Klienten aus unerwünschten, festgefahrenen Zuständen;

2. Formulieren einer „positiven, ausbalancierten Zielformulierung";

3. Ankern;

4. Schaffen neuer Bedeutungen (Reframing);

5. Dissoziieren;

6. Brückenschlagen in die Zukunft;

7. Erzählen von Geschichten.

2.5.1. Herausholen aus unerwünschten, festgefahrenen Zuständen

Wer vom Leiden gefangen ist, kann keine neuen Sichtweisen entwickeln. Wer mit NLP arbeitet, hilft deshalb seinen Klienten, aus diesem Leidenszustand herauszutreten *in einen neutralen Zustand* im Jetzt. Dies geschieht durch Ablenkung, Impulse aus einem anderen Sinneskanal von außen, Themenwechsel, Berührung oder auf andere Weise. Das Problem wird für den Moment auf die Seite gelegt, um es von außen betrachten zu können. Erst jetzt kann auf sinnvolle Art die Frage nach möglichen Veränderungswünschen gestellt werden, so daß eine hilfreiche Antwort entstehen kann.

Wenn beispielsweise ein Klient mit vornübergebeugtem Oberkörper auf dem Stuhl Platz genommen hat – den Blick auf den Boden gesenkt, mit flacher Atmung, fahlem Gesichtsausdruck und Tränen in den Augen, nachdem er sein Problem geschildert hat – wird er aufgefordert, zu überprüfen, ob er im Augenblick auf diesem Stuhl bequem sitzen kann. Diese indirekte, mitfühlend formulierte Aufforderung verändert seine Körperhaltung, während es sich der Therapeut seinerseits und sichtbar für den Klienten bequem macht. „Sind Sie bereit für eine Veränderung?", fragt der Therapeut, worauf der Klient nochmals minimal seine Haltung verändert. Er richtet sich ein bißchen mehr auf, nimmt einen tieferen Atemzug und wischt sich mit dem Handrücken über das rechte Auge. Sein Tränenfluß wird unterbrochen. Er schaut einen Moment nach außen auf den Therapeuten. Die Atmung wird ein bißchen ruhiger und etwas tiefer. Jetzt erklärt der Berater, es sei eine wichtige Voraussetzung, um Probleme lösen zu können, sich vorerst ganz auf die aktuelle Situation im Beratungszimmer zu konzentrieren. Der Therapeut erklärt kurz seine Art der Arbeit. Jetzt ist der Klient in einem neutralen Zustand in der Gegenwart, in der er das Zimmer, in dem er sich befindet, sieht, den Therapeuten hört und spürt, wie sich das Sitzen auf dem Stuhl anfühlt. Erst jetzt ist der Klient in der Lage, über seine Ziele auf hilfreiche Art nachzudenken.

2.5.2. Ziele erarbeiten

NLP ist ein zielorientiertes Verfahren. Wer nicht weiß, wohin die Reise gehen soll, muß sich nicht wundern, irgendwo oder nirgends zu landen.

Am Beginn jeder therapeutischen Veränderung, die mit Hilfe von Therapie, Beratung oder anderer beruflicher Kommunikation erreicht werden soll, steht die Bestimmung klarer, transparenter Ziele. Ziele sind dann klar, wenn sie wohlgeformt sind, was die Berücksichtigung und *Erfüllung bestimmter Kriterien* erfordert: Ziele sollen erreichbar werden, das heißt positiv fomuliert, ohne Negationen, konkret, sinnesspezifisch, kontextualisiert und ökologisch.

Wenn Menschen in Probleme verwickelt sind, und wenn man sie dann fragt, was sie anders haben möchten, beginnen sie fast regelmäßig mit einer Schilderung der Dinge, Erfahrungen und Verhaltensweisen, die sie nicht haben wollen. „Ich möchte, daß Person I. sich nicht mehr so störrisch verhält." – „Ich möchte diese unangenehmen Gefühle weghaben." – „Ich möchte nicht mehr so zornig werden, wegen kleiner Anlässe." Hier handelt es sich um Negationen. Es wird deshalb so lange nachgefragt, bis die Zielsetzungen positiv formuliert sind, nämlich bis deutlich wird, welche Gefühle beispielsweise anstelle der unangenehmen Gefühle da sein sollen.

Sinnesspezifisch sind Ziele dann, wenn sich der Klient so in seinen Zielzustand hineinversetzt, daß er so empfindet, sieht, hört, riecht, schmeckt und denkt, wie wenn er seinen Wunsch schon erfüllt hätte. Es handelt sich um eine innere *Imagination des wünschenswerten Zustandes in allen Sinneskanälen*, die nun als Wegweiser die Richtung der Veränderung anzeigt. Bei dieser Zielvorstellung werden ebenfalls alle Aspekte der Rahmenbedingungen, der Zeit, des Ortes der anwesenden Personen usw. mitberücksichtigt. Der Kontext wird ebenfalls in die Zielphantasie mit einbezogen.

Bei der Zieldefinition werden auch sämtliche Teile der *Erreichbarkeit untersucht*. Es sollen solche Dinge gewünscht werden, die im Bereich des Möglichen der Person liegen, nicht von irgendeiner Art von Außenbedingungen abhängen, wie zum Beispiel dem Schicksal der Sterne oder in einer plötzlichen unvorhersehbaren Erbschaft eines Onkels aus Amerika.

Nachdem sich jemand eine realistische, erreichbare, konkrete und positiv formulierte Vorstellung über sein Ziel gemacht hat, wird die bedeutsame Frage nach den Vor- und Nachteilen gestellt, die eine solche Veränderung im Leben in sämtlichen Bereichen mit sich bringen wird. Ebenso spannend und entscheidend wie die Vorteilthematisierung ist an diesem Punkt die *Untersuchung der Nachteile*, die die Veränderung mit sich bringen wird, um zukünftigen Nebenwirkungen vorbeugen und begegnen zu können, sei es durch

Bewußtmachung von eigenen Fähigkeiten, die schon vorhanden sind oder durch die Schaffung von neuen Fähigkeiten.

2.5.3. Ankern

Ankern ist ein Prozeß, der die Gesetzmäßigkeiten der klassischen Konditionierung nutzt. Dabei wird ein bestimmter physiologischer Zustand (Körperzustand) mit einem Außenreiz systematisch verbunden. Wenn dieser Außenreiz wieder auftritt, wird der damit verknüpfte seelisch-körperliche Zustand automatisch wieder hervorgelockt. Betrachten wir ein persönliches Beispiel, das ich mit meinem Sohn erlebt habe:

Manuel war gerade 4 Jahre alt. Er befand sich während eines Kinderfestes inmitten vieler bunter Luftballons und spielte. Zufälligerweise zerplatzte sehr nahe hinter ihm einer dieser Luftballons mit einem lauten Knall. Er erschrak, zuckte zusammen, verkrampfte sich, öffnete weit die Pupillen mit geöffneten Augen und begann krampfartig zu weinen. Die ganze hier angemessene Körperreaktion von Furcht (Terminologie für Angst, die einen realen Anlaß als Grund hat) wurde aktiviert. Während diese massive Reaktion auftrat, wirkten die verschiedenen Sinneseindrücke auf ihn ein: die vielen Farben der Luftballons, das runde, sich leicht bewegende Wogen im Luftzug, die bestimmte Raumtemperatur mit den verschiedenen, hier sehr spezifischen Gerüchen und die Töne rundherum von lachenden und schwatzenden Kindern und Erwachsenen.

Von jetzt an geschah folgendes: Immer, wenn Manuel nur schon von weitem in die Nähe eines Kinderfestes kam, bat er uns (seine Eltern) nachzusehen, ob Luftballons in der Nähe wären. Kam es vor, daß trotzdem einer dieser runden, leicht glänzenden und farbigen Ballons für das Kind sichtbar wurde, und sei es auch von einem noch so weit entfernten Ort aus, begann er die gesamte Reaktion von Angst zu zeigen, die gleiche intensive Reaktion wie beim lauten Zerplatzen des ersten Luftballons. Der visuelle Reiz des Anblicks des Luftballons war zu einem Auslöser geworden, der das gesamte psycho-physiologische internale und externale Muster bei ihm wieder ablaufen ließ. Nur nebenbei bemerkt, löste auch bei uns Eltern der Anblick von Luftballons bestimmte Gefühle aus und mobilisierte die unzähligen Muster von Verteidigung und Schutz. In der NLP-Sprache ist bezogen auf dieses Beispiel das Anschauen von Luftballons zu einem Problem-Anker geworden.

Beim NLP wird das Prinzip der klassischen Konditionierung systematisch genutzt. Eine Möglichkeit besteht darin, zwei sich gegenseitig behindernde psycho-physiologische Muster mit Hilfe von Ankern zusammenzuführen, um dadurch Alternativen im Umgang mit bestimmten Problemen zu erschaffen.

2.5.3.1. Anker zusammenführen

Zwei unterschiedliche körperlich-seelische Zustände werden je einzeln geankert. Nehmen wir einmal an, es handle sich um verschiedene Fähigkeiten, wobei das Problem, das verändert werden soll, darin besteht, daß immer dann, wenn sich Fähigkeit eins Gehör verschaffen möchte, gleichzeitig in behindernder Weise Fähigkeit zwei aktiv wird.

Beide Muster werden an der vollen Entfaltung behindert. Dieser Zustand wird durch die beratene Person als problematisch erlebt, weil dabei keine der beiden Fähigkeiten ganz ausgelebt wird. In so einer Zwickmühle zu sein bedeutet, sich wenig lebendig zu fühlen, geknechtet, ausgeliefert und gebremst. Ein dauerndes Unbehagen bestimmt das Leben.

In diesem Falle wird so vorgegangen: Das erste Muster wird erinnerungs- und erfahrungsmäßig ganz aktiviert und auf dem Höhepunkt des Erlebens mit einem Anker verbunden. Der Therapeut berührt den Klienten zum Beispiel leicht an der rechten Schulter, oder er gibt ein bestimmtes unverkennbares, wiederholbares Geräusch von sich. Nachdem der Klient gebeten worden ist, sich ganz ins Jetzt zu reorientieren, wird das zweite Muster aktiviert. Dies geschieht, indem sich der Klient an eine dazu passende, typische Situation erinnert. Diese wird nun ebenfalls mit einem Anker verbunden, der sich vom ersten Anker unterscheidet. Es wird eine andere Berührung oder ein anderes Geräusch eingesetzt. Beide Muster sind nun bewußt zugänglich geworden.

Die Methode des Ankerzusammenführens besteht darin, daß gleichzeitig beide Anker aktiviert werden. Im Falle der Geräusch-Anker werden diese zum Beispiel in rascher Folge abwechselnd dargeboten, wodurch ebenfalls die Durchmischung entsteht. Das gleichzeitige Aktivieren beider Muster bewirkt eine Synthese zwischen den beiden Zuständen. Neue, ungewohnte und auch altvertraute wiederentdeckte Fähigkeiten sind jetzt im entsprechenden Kontext verfügbar geworden. Der Klient kann sich bezüglich Verhalten, Emotionen und Denken anders erleben und handeln.

Der neugewonnene Zustand dient als Basis zur Weiterentwicklung und Öffnung der Sichtweisen. Neue Gefühle entstehen und eine neue Art, über sich selbst nachzudenken. Alternative Bewältigungsstrategien mit sich und anderen stehen zur Verfügung.

2.5.3.2. Veränderung der persönlichen Geschichte

Eine Spezialvariante des Zusamenführens von Ankern ist das sogenannte „Change History" oder auf deutsch „Veränderung der persönlichen Geschichte". Es wird dabei von einem unerwünschten Zustand, einer als problematisch erlebten Situation ausgegangen, in der man gerne zukünftig Alternativen zur Verfügung haben möchte. Diese Problemsituation wird in der Erinnerung nochmals zugänglich gemacht und geankert. Danach wird nach Fähigkeiten gesucht, die im Bewußtsein zugänglich sind, die in jener problematischen Situation andere Wahlmöglichkeiten zur Verfügung gestellt hätten, so daß sich dieser Teil aus der persönlichen Geschichte anders entwickelt hätte. Wenn eine Fähigkeit gefunden worden ist, wird eine typische Szene gesucht, wo diese Fähigkeit lebendig war. Der Klient versetzt sich erlebnismäßig ganz in diese angenehme Situation hinein. Er denkt so intensiv daran, daß es ihm so vorkommt, als ob er sie nochmals durchleben würde. Auf dem Höhepunkt des Erlebens wird dieser Zustand ebenfalls geankert, auch wieder auf andere Art als beim ersten Mal. Jetzt wird der Klient dazu eingeladen, in der Vorstellung nochmals in die problematische Situation hineinzusteigen. Allerdings stellt er sich dabei vor, wie es wäre, wenn er die hilfreiche Fähigkeit dabei ganz zur Verfügung hätte. Die alte Situation darf neu durchlebt werden, so lange, bis das, was gesehen, gehört und gespürt wird, sich als gute Lösung erweist. Eine neue subjektive Realität ist aufgebaut worden.

Bei der ganzen Prozedur nutzt der Therapeut gleichzeitig beide Anker, um eine zwingende Verbindung zwischen Ressourcen (Fähigkeiten) und Problemzustand herzustellen. Unter Umständen müssen weitere Fähigkeiten gesucht und auf gleiche Art integriert werden.

2.5.4. Herausforderungen ins richtige Licht stellen (Umdeutungen)

NLP liefert mit dem sogenannten Umdeuten oder Reframing, wie es im amerikanischen heißt, eine Methode, mit der dem systemischen Aspekt jedes Individuums Gerechtigkeit widerfährt. Es ist ein

Handlungsmodell für den Umgang mit dem unbewußten Gewinn eines symptomatischen Verhaltens.

Ein *neuer Bezugsrahmen wird geschaffen*, in dem das als störend erlebte, unwillkürlich auftretende Verhalten oder Körpersymptom eine neue Bedeutung erfährt. Deshalb stehen dafür Begriffe wie Umdeutung, Neurahmung, Neuetikettierung usw. Umdeutungen sind fester Bestandteil vieler Therapie- und Beratungsmodelle, vor allem jener Ansätze, die sich auf eine systemische Sichtweise berufen. Die Hauptidee besteht darin, den positiven Aspekt einer Handlung oder eines Symptoms in den Vordergrund zu rücken.

Ich arbeitete einmal mit einer Familie, bestehend aus Vater, Mutter und 17jähriger Tochter. Zwischen Vater und Tochter herrschte in letzter Zeit dauernder Streit. Jedes Thema schien dafür recht zu sein, sei es wegen der Ordnung, Pünktlichkeit, Mitwirkung bei den Hausarbeiten, Abmachungen oder Weltanschauungsfragen. Die Mutter betätigte sich erfolglos als Vermittlerin zwischen der Tochter und ihrem Mann. Nachdem mir die ganze Problematik von der Familie geschildert worden war, arbeitete ich mit der Tochter, auf Wunsch der Eltern, zuerst allein, um anschließend ein Gespräch mit den Eltern allein zu führen. In der ersten Sitzung mit der Tochter sagte ich zu ihr: „Es ist wichtig für Sie, bestimmte psychologische Gesetzmäßigkeiten zu verstehen, die sich zwischen Vätern und Töchtern abspielen, wenn die Töchter zu jungen, attraktiven Frauen herangereift sind. Vor allem dann, wenn eine sehr gute und intensive Beziehung zwischen Vätern und Töchtern besteht, äußert sich im Zuge der Ablösung von den Eltern diese Zuneigung in Form scheinbarer Ablehnung. Es sieht dann so aus, als ob der Vater auf seine Tochter eifersüchtig sei. Eifersuchtsreaktionen laufen aber in der Regel nicht bewußt ab, und auf keinen Fall willentlich. Die Eifersuchtsreaktion ist das Zeichen eines großen Engagements und liebevollen Interesses an der besten Zukunft für seine Tochter. Sie können also wissen, daß immer dann, wenn der Vater zu nörgeln und kritisieren beginnt, er sich selbst vor einer zu intensiven Zuneigung zu seiner jetzt zur Frau herangereiften Tochter schützt ..." In diesem Sinne redete ich weiter, angepaßt an die Reaktionsweisen dieser jungen Frau, im guten Kontakt mit ihrem Weltbild. Sie konnte erkennen, daß Kritik und Wut seitens ihres Vaters eigentlich Liebe und Zuneigung bedeuteten. Ihre „Scheiße" war in Rosen verwandelt worden.

Unmittelbar im Anschluß an das Gespräch mit der Tochter führte ich das Gespräch mit den Eltern. Dabei ging es vor allem um den Vater. Ihm erklärte ich in ähnlicher Art, die Wut seiner Tochter, der Ärger, den sie ihm verursache und all die Mühsal, die sie ihm bereite, bedeute auf einer tiefen Ebene, daß seine Tochter sich selbst vor der jetzt nicht mehr passenden tiefen Zuneigung ihm gegenüber schütze.

Beide bekamen zusätzlich die Information, daß es wichtig sei, dieses Wissen vorerst für sich selbst zu behalten. Zwei Wochen später berichteten mir alle Beteiligten, alles hätte sich zum Guten gewendet.

Neben diesen inhaltlichen Umdeutungen hat NLP ein standardisiertes Verfahren entwickelt, mit dem auf einer tiefen Ebene im Kontakt mit dem Unbewußten eine komplexe Neubewertung stattfinden kann. Es handelt sich um das bereits klassische 6-Schritt-Reframing.

2.5.4.1. Das klassische Umdeuten in 6 Schritten

Das 6-Schritt-Reframing geht von der Modellvorstellung aus, daß menschliches Verhalten aus dem Zusammenwirken verschiedener bewußter und unbewußter Teile entsteht. Wenn somit jemand einer bestimmten Verhaltensweise ausgeliefert ist, die unwillkürlich geschieht, gegen den bewußten Willen und als problematisch und veränderungswürdig wahrgenommen wird, dann ist dafür – gemäß diesem Modell – ein unbewußter Persönlichkeitsteil verantwortlich. Veränderung der problematischen Verhaltensweise kann deshalb nur durch Kontaktaufnahme mit diesem Teil zustandegebracht werden.

Die 6 Schritte dieses Umdeutungsprozesses lassen sich gerafft folgendermaßen skizzieren:

1. Es wird unterstellt, daß das unerwünschte Verhalten durch eine unbewußte, starke Persönlichkeitsseite gesteuert wird, die es gut meint mit der ganzen Person. Auch andere Begriffe werden dafür verwendet, wie etwa: Teil, automatisches Programm, innerer Helfer usw. Dieser Persönlichkeitsteil – so wird unterstellt – verfügt über ein jahrelang angesammeltes Wissen, das auf automatische Weise zum Wohle des gesamten Organismus genutzt wird. Die Absichten sind nicht gleichzustellen mit den gewählten Methoden des Unbewußten.

2. Es wird ein Signalsystem eingerichtet, mit dessen Hilfe mit dem Teil vom Bewußtsein her direkt kommuniziert werden kann. Dies geschieht dadurch, daß die Klientin aufgefordert wird, in sich zu gehen, und den Teil zu fragen, ob er bereit sei, mit dem Bewußtsein zu kommunizieren. Die Reaktion, welche darauf unwillkürlich geschieht, wird als Ja-Signal gedeutet.

29

3. Jetzt kann die Klientin den Teil nach den positiven Absichten fragen. Es kann sich dabei auch um Absichten handeln, die weiterhin unbewußt bleiben sollen, um in ihrer Funktion nicht gestört zu werden.

4. Es wird ein weiterer Teil in den Dialog einbezogen: der kreative Teil oder auch Ideenteil. Er wird gebeten, Alternativen zu schaffen, die anstelle des unerwünschten Verhaltens eingesetzt werden könnten.

5. Der Teil, der für das unerwünschte Verhalten verantwortlich ist, wird eingeladen, sich mit dem kreativen Teil zusammenzusetzen, um in dieser Verhandlung jene Möglichkeiten zu erkennen, die anstelle des bisherigen, unerwünschten Verhaltens versuchsweise eingesetzt werden könnten. Voraussetzung ist, daß diese Alternativen die positive Funktion gleichermaßen, wenn nicht sogar noch wirkungsvoller, rascher und gleich zuverlässig erfüllen können.

6. Am Schluß wird gefragt, ob es andere Teile der Persönlichkeit gibt, die Einwände gegen die geplante Veränderung hätten. Wenn sich Einwände melden, wird der ganze Prozeß unter Berücksichtigung dieser einwanderhebenden Seiten nochmals durchlaufen. Dies geschieht so lange, bis alle Teile konkret einer versuchsweisen Veränderung zustimmen.

Ich arbeitete einmal mit einem 15jährigen Mädchen, das sich selbst als sehr gute Schülerin einschätzte. Trotz dieses Wissens über eigene intellektuelle und leistungsmäßige Fähigkeiten, mußte das Mädchen feststellen, daß ihre Ergebnisse vor allem in Prüfungssituationen, in denen es ihrer Ansicht nach am wichtigsten war, unter ihrem Niveau ausfielen. Dieser Zustand war seit etwa einem halben Jahr zunehmend stärker aufgetreten. Zuerst gab ich ihr die Erklärungen über die Vorstellungen eines unbewußten Anteils, der sehr mächtig und stark sei. Dann bat ich sie, mit dieser mächtigen Seite ihrer Persönlichkeit in Kontakt zu treten. Der „Fehlerteil", wie sie ihn benannte, meldete sich durch ein Flattern im Bereich der Brust. Für mich als Therapeut war dieses für sie innerlich wahrnehmbare Zeichen, außen sichtbar durch ein leichtes, fast unmerkliches Zucken ihrer rechten Wange. So konnte ich gleichzeitig sehen, wann sich ihr Zeichen als Ja-Signal gemeldet hatte. Der Teil wurde gefragt, ob er bereit sei, mitzuteilen, welche positiven Absichten er mit ihr zu verwirklichen bereit sei, indem er dieses für das Bewußtsein störende Verhalten an den Tag lege. Seine Antwort war: „Ich schütze dich davor, deine Freundinnen zu verlieren." Weiterbefragt antwortete der Teil: „Ich schütze dich vor deiner Eitelkeit. Wenn du zu gut wirst, verlierst du Freunde." Und weiter: „Du mußt jetzt noch gleich sein wie die anderen." Wir redeten über das, was ihr der Teil mitgeteilt hatte, so lange, bis es für sie Sinn machte. Sie war erstaunt und betroffen, um dann diesem Teil nach und nach in einer liebevollen Versöhnungshaltung gegenüberzutreten. Sie mußte ihm innerlich zustimmen, tief beeindruckt über diese Art von Körperweisheit in ihrem Innern. In beinahe ritualisierter Form wurde das Mädchen aufgefordert, sich jedesmal nach einer Antwort des Teils bei diesem zu bedanken. Der Fehlerteil wurde auch gefragt, ob er noch weitere Absichten verfolge, die für das Bewußtsein unzugänglich seien. Er sagte: „Ja, es gibt solche Absichten auf unbewußter Ebene, für die es besser ist, wenn sie verborgen bleiben, weil sonst das Bewußtsein nur störend wirken würde." Nach dem Bewußtwerden dieser Zielsetzungen des automatisch wirkenden Fehlerteils, wurde er gefragt, ob er bereit sei, sich von einer anderen Seite Wege zeigen zu lassen, mit denen er seine Ziele gleich wirkungsvoll erreichen könnte. Nach dem Ja-Signal wurde der kreative Teil (eine andere Persönlichkeitsseite) zu Tische gebeten. Er wurde angesprochen und gebeten, das gleiche Signal zu verwenden, wenn er bereit sei mitzuwirken bei der Lösung eines Problems zwischen dem Bewußtsein und einer unbewußten Seite. Der kreative Teil übernahm das Ja-Signal und erklärte sich bereit zur Mitarbeit. Nachdem er gehört hatte, worum es gehe, wurde der Fehlerteil gebeten, sich mit der kreativen Seite zu einer Konferenz oder Besprechung zusammenzusetzen, um jene Alternativen auszusortieren, die prinzipiell anstelle des bisherigen Weges, also anstelle des „Verminderns der Leistungen", versuchsweise ausprobiert werden könnten. Fehlerteil und kreativer Teil verhandelten auf unbewußter Ebene, größtenteils ohne Mitwissen des Bewußtseins. Der Fehlerteil meldete jedesmal mit seinem Ja-Zeichen, daß er eine Möglichkeit prinzipiell in Betracht ziehen würde. Eine wichtige Mitteilung wurde für das Bewußtsein nochmals deutlich: Es ginge darum, daß sie lerne, ihre Freundschaften so gut zu pflegen, daß es verträglich wäre, leistungs- und vor allem notenmäßig obenauf zu sein, ohne als „Streberin" zu gelten. Der Fehlerteil meldete mit einem deutlichen Ja, daß er von jetzt an die von ihm erkannten alternativen Wege versuchsweise oder sogar definitiv einsetzen werde. Es meldeten sich keine weiteren Seiten, die Einwände gegen diese Veränderung hatten. Die Veränderung stellte sich nach diesem Reframingprozeß im Verlaufe der nächsten vier Wochen ein und hielt an. Ihre Noten verbesserten sich fast schlagartig.

2.5.4.2. Verhandlungsreframing

Eine weitere Spezialform des Umdeutungsverfahrens bietet das Verhandlungsreframing oder das Verhandeln zwischen zwei oder

31

mehreren Teilen, von denen jeder etwas Gutes beabsichtigt. Hier geht es ebenfalls darum, die Absichten bewußt werden zu lassen oder ein Bewußtsein über vorhandene positive Absichten beider Teile zu gewinnen. Zwischen beiden Teilen wird wiederum mit Hilfe eines Signals zum Bewußtsein eine Verbindung hergestellt, so daß die beiden Teile sich klarmachen können, inwiefern sie beide durch ein Zusammenlegen ihrer beiderseitigen Energien profitieren könnten. Eine verbesserte Kommunikation zwischen beiden mit entsprechenden Absprachen, die Alternativen zum bisherigen „eigenwilligen Verhalten" darstellen, ermöglicht ein kongruenteres Ausführen der je momentan bevorzugten Handlung. Die Folge davon ist größere Klarheit, prägnante Kommunikation nach außen, lustvolleres kongruenteres Auftreten und mehr Energie. Es handelt sich ebenfalls um eine komplexe, strukturierte und vielschichtige Vorgehensweise, auf die ich in diesem Rahmen nicht mehr eingehen möchte. (siehe dazu: *Bandler, Grinder* 1982)

2.5.5. Dissoziieren

Um Ängste, Phobien, Traumata bearbeiten zu können, ist es wichtig, Abstand nehmen zu können von den dominierenden, alles beherrschenden und überwältigenden Gefühlen. Diese Distanz wird geschaffen mit Hilfe des Dissoziationsprozesses.

Wenn Sie gerade jetzt im Moment, während Sie diesen Text lesen, gleichsam aus sich selbst herausschweben, um sich in eine Betrachterposition in einem bestimmten Abstand hinter sich zu begeben, dann entsteht eine Dissoziation von den Gefühlen. Die Gefühle, die dann noch spürbar sind, sind Gefühle, die bezogen sind auf das Bild dort draußen und nicht mehr identisch sind mit den Gefühlen in der Situation drin. Sie sehen sich dort, vor Ihrem Buch lesend, sehen sich selbst in der bestimmten Körperhaltung, mit jener Atmung, Gesichtsausdruck, Gestik und Mimik. Sie können sehen und hören, was jene Person dort tut.

Ein lehrreiches Beispiel zum Ausprobieren möchte ich Ihnen nun vorschlagen: Stellen Sie sich vor, Sie sind auf einem Rummelplatz und steigen in eine Vergnügungsbahn ein, die sich in große Höhen hinaufbewegt, um sich dann mit Ihnen in verschiedenen Windungen, Drehungen und Spiralen in raschem Tempo nach unten zu bewegen, immer schneller werdend. Sie können die Bewegung spüren, sehen mit Ihren Augen den Wagen, in dem Sie sitzen, spüren die Schwerkraft und das

Gefühl im Magen, das sich einstellt, wenn der Wagen fast senkrecht plötzlich nach unten fällt. Und jetzt können Sie die gleiche Szene aus einer anderen Perspektive betrachten. Schauen Sie sich von außen zu, so wie Sie einer fremden Person zusehen würden, wie jene Person dort vorne (die gleich aussieht wie Sie) diese Fahrt durchlebt. Sie sehen sich einsteigen usw.

Und wenn Sie nun wieder zurückkehren in Ihre Position, die Sie vor den beiden Lese-Erfahrexperimenten gemacht haben, dann können Sie wieder die Empfindungen wahrnehmen, die sich in dieser Situation spüren lassen, die Temperatur, Körperhaltung, Gesichtsmuskeln, Augenmuskeln, Atmung usw. Sie sind wieder im assoziierten Zustand.

Assoziation und Dissoziation werden in verschiedenen Methoden des NLP genutzt. Es seien in diesem Rahmen nur drei Möglichkeiten der Nutzung erwähnt: die sogenannte Phobietechnik, die Imprinting-Methode sowie der New-Behaviour-Generator.

Bei der **Phobie-Technik**, auch **visuell-kinästhetische Dissoziation** genannt, besteht die Hauptarbeit darin, den Klienten zu befähigen, sich selbst von außen (dissoziiert) in einer schwierigen, problemauslösenden Situation zu sehen. Dabei werden neue nützliche Erkenntnisse gewonnen. Die Ursprungssituation wird mit Hilfe eines Ankers entdeckt, der mit dem Problemgefühl verbunden ist. Dieser Anker ermöglicht eine gezielte Bildreise in die Vergangenheit bis zur auslösenden Szene. Diese wird dann bearbeitet, indem die betrachtende Person dem „jüngeren Selbst" dort in der Szene Fähigkeiten zur Verfügung stellt, mit deren Hilfe eine Neubewertung und Verarbeitung der problemauslösenden Situation geschieht. Eine Integration dieser jüngeren Teilpersönlichkeit mit der jetzigen Person stellt die aus der Befreiung resultierende Energie zur Verfügung.

Die **Imprinting-Methode** ist eine Vertiefung und Abwandlung der Phobietechnik. Die entdeckte Ursprungsszene für eine unerwünschte Reaktion wird umgestaltet (umgeprägt). Dies geschieht durch innere imaginäre Identifikation mit den einzelnen, damals beteiligten Personen, deren Absichten, Wünschen, Zielen, Fähigkeiten und Schwächen. Auch das jüngere Selbst erhält durch die ältere Person aus der Gegenwart neue Fähigkeiten und Unterstützung. Die ältere Person tritt gleichsam als Lehrer auf, gibt den einzelnen Personen Anweisungen unter Berücksichtigung von deren Absichten und Fähigkeiten. Eine neue mögliche, realistische Szene wird innerlich aufgebaut, bis alle Details für alle daran Beteiligten stimmen.

Dann wird diese neu konstruierte Szene durch den Klienten in der Rolle des jüngeren Selbst durchlebt. Ein Neuprägungserlebnis findet statt und kann als neue Vergangenheit in die Zukunft mitgenommen werden.

Beim **New Behaviour Generator** wählt der Klient eine Szene aus der Gegenwart aus, in der er sich anders verhalten möchte in der Zukunft. Er schaut und hört sich diese Szene im dissoziierten Zustand an. Dabei findet er heraus, was störend empfunden wird bei dieser Betrachtung. Dann wird der Film so verändert, bis er den Idealvorstellungen gerecht wird. Wenn alle Details stimmen, begibt sich die betrachtende Person in diesen Film hinein, wechselt also vom dissoziierten zum assoziierten Zustand über. Auf diese Weise wird überprüft, wie sich dieser Film anfühlt. Es kann sein, daß bestimmte Teile nicht mehr passen, sei es, daß bestimmte gesehene Fähigkeiten, wenn sie real erlebt werden sollten, nicht zur Verfügung stehen, oder daß bestimmte Verhaltensweisen so nicht mehr genügen. Es wird dann wieder ausgestiegen aus dem Film und von außen unter der Regieanweisung des Betrachters ein wiederum leicht veränderter Film hergestellt. Dieses Hin- und Herpendeln zwischen hineingehen und wieder von außen betrachten dauert so lange, bis keine Einwände mehr gesehen, gehört und gespürt werden und die Szene als stimmig wahrgenommen wird.

2.5.6. Lernergebnisse sichern

Eine faszinierende, einleuchtende Errungenschaft des NLP ist das Brückenschlagen in die Zukunft (Future Pace). Dabei geht es darum, Lernergebnisse so abzusichern, daß sie für später, auch außerhalb der Lernsituation, verfügbar werden. Bei dieser Methode handelt es sich um einen Bestandteil aller im NLP angewendeten Techniken. Lernergebnisse werden dadurch auch in der „Außenwelt" im realen passenden Kontext ebenfalls auf leichte Art verfügbar.

Es gibt verschiedene Möglichkeiten, die Ergebnisse eines Lern- und Veränderungsprozesses für den realen Bereich außerhalb der „künstlichen" Lernsituation verfügbar zu machen.

So kann man beispielsweise die Klientin einladen zu phantasieren, wo in der nächsten Zukunft die neu erworbene Fähigkeit gebraucht wird, zu sehen, hören, spüren, riechen und schmecken, was dort sein wird, so wie wenn es jetzt gerade geschehen würde.

Oder der Klient sortiert innerlich durch, was genau für ihn in der Zukunft der Auslöser sein wird dafür, daß er sich daran erinnert, diese Fähigkeit zu mobilisieren. Handelt es sich um etwas, das er sieht, hört, riecht, schmeckt oder ein bestimmtes Gefühl? Ein Auslöser in der Zukunft wird mit der Fähigkeit innerlich so verknüpft, daß das Auftreten dieses Reizes die Fähigkeit in Gang setzt.

Eine dritte Möglichkeit besteht darin, den Klienten in die Situation zu führen, in der die Fähigkeit gebraucht wird. Es handelt sich um einen Test, bei dem die Fähigkeit in der Life-Situation gezeigt wird. So kann der Klient zum Beispiel in die früher angstauslösende Situation geführt werden. Dadurch wird unmittelbar sichtbar, inwiefern der Klient ähnlichen Herausforderungen auf neue Art begegnen kann.

2.5.7. Die Vewendung von Geschichten

Die Wirkung von Geschichten als Anstoß für Lösungen ist bekannt. Das NLP lehnt sich dabei an Milton Erickson an, der am Schluß seines Lebens vorwiegend mit Hilfe von Geschichten therapiert und gelehrt hat. Innerhalb aller NLP-Methoden können Metaphern, eigene Erlebnisse oder von anderen erfundene, passende Geschichten in den Veränderungsprozeß eingebaut oder bevorzugt eingesetzt werden (*Rosen* 1985). Wenn beispielsweise ein Klient mit einem körperlichen Leiden in die Therapie kommt, für das ihm der Arzt Psychotherapie verordnet hat, und der Psychotherapeut ihm von einem ähnlich gelagerten anderen Patienten erzählt, den er gerade fertig behandelt habe, dann hat diese Geschichte eine hohe Brisanz und Aktualität auf bewußter und unbewußter Ebene. Wie ist es jenem Klienten dann ergangen? Wie geht es ihm jetzt? Wie es ihm jetzt ergeht, und die Prozesse, die er durchlaufen hat, bekommen einen hohen versteckten Aussagewert: „Aha, das kann mir auch geschehen!" Wenn der Klient mit guten Lösungen aus dem schwierigen Prozeß hervorgegangen ist, so bedeutet dies Hoffnung für den Empfänger dieser Geschichte. Eine therapeutische oder lehrende Geschichte ist die eleganteste Art, Aussagen zu machen zwischen den Zeilen. Da das Bewußtsein durch die Spannung in der Geschichte abgelenkt ist, erreichen andere Botschaften der Schilderung direkt tiefe, unbewußte Ebenen der Persönlichkeit, um von dort aus ihre Kraft zu entfalten (*Gordon* 1985).

Neben den hier aufgeführten Hauptmethoden des NLP entstehen viele neue, vielfältige methodische Ideen. Es sei etwa an jene Arbeiten gedacht, die sich mit Glaubenssystemen, Identitätsfragen, Wertehierarchien und Denkstilen befassen. Wichtig ist auch das Konzept der Zeitlinie (Vergangenheit, Gegenwart, Zukunft) sowie verschiedenste Möglichkeiten an Techniken, die sich daraus ergeben (*Dilts* 1993, *O'Connor* & *Seymour* 1992, *James* & *Woodsmall* 1991).

3
NLP und Unterricht

Es ist sehr spannend zu entdecken, welchen Beitrag NLP für den Unterricht leisten kann. Welche Werkzeuge, die sich in Psychotherapie und psychologischer Beratung bewährt haben, können ebenfalls in der Schule Verwendung finden? Auf welche Weise können sie das Repertoire von LehrerInnen bereichern und erweitern, so daß die einzelnen Lernenden, die Gruppe sowie die Lehrenden selbst davon in der besten Art profitieren können? Worauf kommt es wirklich an, um mit Begeisterung wirkungsvoll zu unterrichten?

Im folgenden stelle ich ein **Modell** vor, das jene Techniken und Sichtweisen des NLP einbezieht, die sich für die Unterrichtsrealität als bedeutsam und faszinierend erwiesen haben. Es hat für alle Unterrichtssituationen Gültigkeit, unabhängig von den dahinterstehenden Unterrichtsauffassungen und Rahmenbedingungen.

Dieser Modellvorstellung entsprechend baut optimaler Unterricht auf **vier Hauptsäulen** auf, die sich gegenseitig unterstützen:

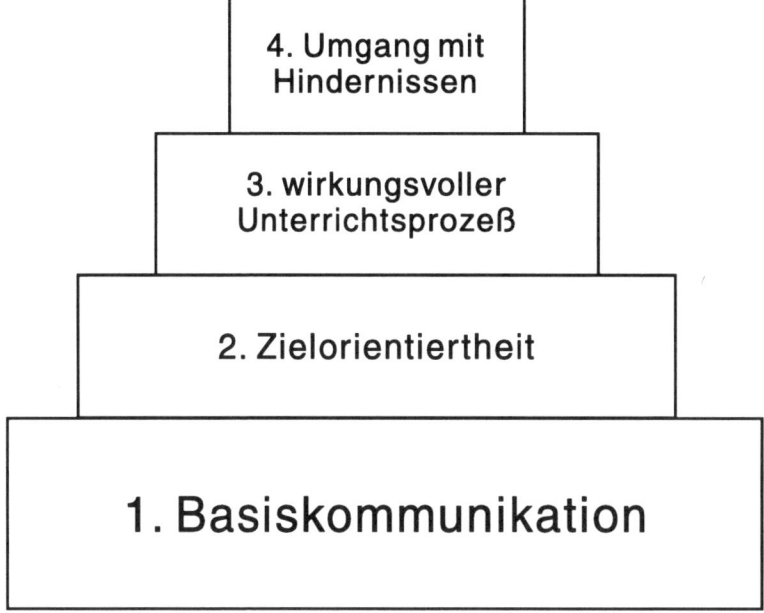

4. Umgang mit
Hindernissen

3. wirkungsvoller
Unterrichtsprozeß

2. Zielorientiertheit

1. Basiskommunikation

3.1. Basiskommunikation: sinnvoll kommunizieren

Alle Unterrichtssituationen weisen auf folgenden, beinahe banal klingenden Sachverhalt hin: Lehrende und Lernende tauschen Informationen aus. Dieser Informationsfluß geschieht mit sprachlichen (verbalen) oder nicht-sprachlichen (nonverbalen) Mitteln, die bewußt oder unbewußt eingesetzt werden. Unabhängig von den jeweiligen Unterrichtsmodellen wird dadurch *Kommunikation zu dem wichtigsten Instrument jedes Unterrichts.*

Deshalb ist es wichtig, so zu kommunizieren, daß Kommunikation bedeutsam wird: als Basis für Vertrauen, Kontakt, Empathie und Einfühlungsvermögen. Dies gilt sowohl für den Kontakt mit einzelnen als auch mit einer Lerngruppe.

Voraussetzung für den Aufbau dieses Vertrauens ist die Fähigkeit, das Wesen der Schüler, mit denen man es zu tun hat, zu erkennen und angemessen darauf zu reagieren. Wie wir früher gehört haben, heißt dieser Vorgang in der NLP-Sprache Rapport aufbauen: Der Lehrer öffnet seine Wahrnehmungsinstrumente und schärft alle Sinne, um möglichst viele Informationen über seine Schüler und den gemeinsamen Tanz zu gewinnen: Er hört gut zu, schaut genau und nimmt seine Gefühle und die der Schüler ernst.

Diese Erkenntnisse liefern der Lehrperson wichtige Hinweise für die passende Kommunikation. Die Lehrerin baut eine Brücke zur Schülerin, dem Schüler und der Klasse, indem sie ihr Verhalten auf unaufdringliche, subtile Art so verändert, daß es zu den Schülern paßt. Wir werden betrachten, wie diese Kommunikationsbrücke aufgebaut wird durch Anpassung an: Sprache, Körpersprache, Inhalte, Verhaltensweisen und Denkstile. Dabei wird das Wissen um die Einzigartigkeit jedes Menschen hilfreich genutzt.

3.2. Auf Ziele orientiert sein

Unterricht ist ein zielorientiertes Kommunikations- und Handlungsgeschehen. Ziele auf emotionaler, sozialer und sachlicher Ebene (intellektueller Ebene) stehen im Mittelpunkt. Bei der Zielfindung hilft NLP, Klarheit und Transparenz zu garantieren. Klarheit bedeutet: Ziele so genau zu präzisieren, daß die Lernenden verstehen können, wann und wie sie zur Zufriedenheit erreicht werden. Sehr wichtig ist es dabei, Ziele so zu fassen, daß sie „wohlgeformt und ausbalanciert" sind, d. h. sie entsprechen bestimmten Kriterien. Dadurch sind sie kräftig und motivierend.

Wichtig in diesem Zusammenhang ist die Bedeutung der Klärung expliziter und impliziter Konsequenzen, die sich durch das Erreichen der vorgegebenen Zielsetzungen ergeben werden. Wofür soll das gut sein, was aus der Perspektive des Lehrers gelernt werden soll? Welche zusätzlichen neuen Wahrnehmungen und Sichtweisen werden sich dadurch im Leben des Schülers ergeben? Die – sowohl negativen als auch positiven – Konsequenzen sollen zusammen mit den Lernenden thematisiert und erfahrbar gemacht werden.

Eine wichtige Aufgabe besteht also darin, Schüler- und Lehrerziele zu bestimmen, zu erarbeiten und dann im gemeinsamen Dialog oder auf andere Art in Gleichklang und Übereinstimmung zu bringen. Unstimmigkeiten, die bei diesem Prozeß auftreten, soll man klären und in eine für alle Beteiligten passende Balance bringen.

3.3. Wirkungsvoll unterrichten (den Unterrichtsprozeß gestalten)

Schulische Ziele werden über den Prozeß des Unterrichtens erreicht. Ein wichtiger Teil dabei ist die Informationsvermittlung und Erarbeitung. Wenn schon durch den Lehrer *Informationen* weitergegeben werden, so soll dies so *wirkungsvoll* wie nur möglich geschehen. Voraussetzung dafür sind methodisches und didaktisches Können ebenso wie ausreichendes, leicht verfügbares integriertes Wissen der Lehrerin oder des Lehrers.

NLP liefert einen wichtigen Beitrag mit dem *Konzept des Sinnen-Reichtums*. Das heißt: Alle Sinne – Sehen, Hören, Fühlen, Tasten, Riechen und Schmecken – werden für das Lehren und Lernen genutzt. Dabei gibt es zwei Arten der Nutzung: Zum einen aktiviert der Einsatz der Medien, die verwendet werden – wie z.b. Dinge zum Anschauen, oder zum Hören –, *von außen (external)* die Sinnessysteme der Lernenden. Zum andern stimuliert der Sprachprozeß, den die Lehrperson gestaltet, *internal (innerlich)* die verschiedenen Sinnessysteme bei den Schülern.

Ein weiteres zentrales Element des Unterrichtsprozesses besteht darin, daß sich Lehrende darauf ausrichten, sich an der Körpersprache der Schüler zu orientieren. Es geht um zwei Hauptunterscheidungen, die erkannt werden müssen, um sich in der Vielfalt der Unterrichtsprozesse auf einfache Weise zurechtfinden zu können. Die beiden Grundkörperhaltungen lassen sich als Nein- und Ja-Haltung bezeichnen. (Wir werden uns später damit befassen.) Diese *Grundhaltungen* bilden sozusagen die Hauptwegweiser innerhalb des Unterrichtsprozesses. Wenn sie nicht genügend beachtet werden, kann es zu schwerwiegenden Verirrungen kommen mit vielen Umwegen und Zeitverlusten. *Ja-Haltungen* und *Nein-Haltungen* können sowohl bei den einzelnen Lernenden, als auch innerhalb der Gruppe festgestellt werden.

Besondere Beachtung verdient innerhalb des Lehrprozesses die *Förderung aller Sinnesmodalitäten unter besonderer Berücksichtung der Visualisierungsfähigkeit,* da sie innerhalb unserer Bildungssysteme und unserer Kultur eine zentrale Stellung einnimmt (*Grinder M.* 1989, 1991). Systematisches Training dieses Hauptsinnes zusammen mit den anderen Sinnen bildet eine wichtige Grundlage innerhalb des Unterrichtsprozesses.

Das Wissen um die konditionierten Reaktionen, im NLP-Konzept mit dem Begriff *Ankern* bezeichnet, findet Anwendung im Zusammenhang mit inhaltlichen Konzepten, gruppendynamischen und einzelnen emotionalen Abläufen. Die Lehrperson kann beispielsweise systematisch Berührungen, Gesichtsausdruck, Stimmart, Tonhöhe und bestimmte Worte verwenden, um bestimmte wünschenswerte innere und als Folge davon auch äußere Reaktionen hervorzulocken, zu stabilisieren und später zu nutzen. Dieses Wissen um das Ankern ist einerseits hilfreich für den Umgang mit den einzelnen Lernenden und andererseits für den Umgang mit der Gruppe.

Ein weiterer wichtiger Bereich ist die Ebene der *Themenauswahl,* deren bewußte Planung und vor allem die Beachtung der *Nebenbedeutungen.* Welche Inhalte werden durch die Inhalte selbst neben dem eigentlichen Inhalt ebenfalls mitgeliefert, und welche Bedeutungen haben diese Implikationen für die Lernenden?

NLP arbeitet mit verschiedenen körperlich-seelischen Zuständen. So kann sich eine Schülerin oder ein Schüler das eine Mal während des Lernens nach innen richten, in sich hineinhören, innere vergangene Bilder wiederbeleben, zu sich selbst sprechen und bestimmte Gefühle, die mit einer Erinnerung verknüpft sind, spürbar werden lassen; oder es kann ein Wechsel zur absoluten Außenorientierung stattfinden, bei der der Lehrer die volle Aufmerksamkeit für sich, die Situation und das Thema hat. Es ist wichtig, diesen *Orientierungsmodus bei Schülern zu erkennen*, weil dieses Wissen hilft, den Lehrprozeß in Tempo, Inhalt, Formulierungsart, Stimmodulation etc. den Lernenden anzupassen.

Ein Gesichtspunkt des NLP besteht – wie wir unter dem Abschnitt Grundannahmen des NLP gehört haben – in der Annahme, daß Menschen prinzipiell alle Fähigkeiten zur Verfügung haben, um mit anstehenden Fragestellungen und Herausforderungen in der besten und effizientesten Art umgehen zu können. Diese Effizienz des Umgangs basiert auf den eigenen, individuell erworbenen früheren Repertoires an emotionalen, intellektuellen und sozialen Fertigkeiten.

Genutzt wird diese Idee im Unterricht in der Sichtweise, daß sich Lehrende *an den Fähigkeiten* (Ressourcen) der Lernenden *orientieren*, d.h. daß sie im Feedbackprozeß und im Austausch mit den Schülern die Aufmerksamkeit darauf richten, wo etwas schon gut läuft. „Fehler" werden dabei ebenfalls als wünschenswerte Hinweise für die weiteren Schritte genutzt.

Lernende verfügen, neben jenen Lernmustern, die sie mit allen anderen in der Lerngruppe teilen, über *individuelle Lernstile*. Im Umgang mit einzelnen können mit Hilfe des NLP die unterschiedlichen Lernstile erkannt und nutzbar gemacht werden. Dies geschieht, indem die Lehrerin die Lehrweise so gestaltet, daß sie zum Lernstil des Schülers paßt, um diesem in seiner Lernart einen leichten Zugang zum Lerngegenstand zu ermöglichen. Die verschiedenen Orientierungsweisen der Schüler werden dabei besonders berücksichtigt.

Neben den höchst persönlichen Lernstilen verfügen Lernende über *unterschiedliche Strategien, um zu zeigen, ob und wie etwas gelernt ist*. Lehrende, die dieser Tatsache auf konsequente Weise gerecht werden, vermindern dadurch Lernstörungen. Der Lehrer kann auf vielfältige Art prüfen, ob die SchülerInnen die Ziele erreicht haben. Dabei kann er den individuellen Lernweisen ebenfalls mit einem schülergerechten Prüfungssystem begegnen: die Schüler werden auf verschiedene, den jeweiligen Lernstilen der einzelnen SchülerInnen entsprechende Weise geprüft. Verschiedene Erfolgsprüfungsvarianten können eingesetzt werden, wie etwa auditive, visuelle und handlungsorientierte Mittel. Auch Mißerfolg wird flexibel gedeutet, indem die Lehrperson davon ausgeht, Versagen als Feedback zu sehen bezüglich: nicht passender Ziele, unangemessener

Lehrart, nicht passender Art der Messung der Ergebnisse oder fehlender Stabilität oder Qualität der Lehrer-Schüler-Brücke. Gleichzeitig sind darin viele notwendige Informationen enthalten, die für den Lernfortschritt genutzt werden können.

3.4. Hindernisse auf dem Lehr-Lernpfad nutzen

Trotz sinn-, liebe- und verständnisvoller Kommunikation, geklärten und von allen als wünschenswert erachteten Zielen und wirkungsvollem Unterricht geschieht es, daß weiterhin spezielle Störungen auftreten können. Sie gehören auch zu einer lebendigen Lehr-Lerndynamik und zum Leben. Diese Hindernisse können einerseits als Störungen innerhalb der Klassendynamik auftreten, andererseits lokalisierbar sein bei den einzelnen Lernenden oder dem größeren Kontext.

Ich möchte hier bei diesem Überblickskapitel vorläufig nur einzelne Stichworte dazu geben. Voraussetzung zum Umgang mit Störungen ist der Erwerb und die praktische Übung der hier vorgestellten Grundlagen qualifizierten Unterrichts.

Auf Klassenebene seien beispielsweise Herausforderungen und Problemstellungen genannt wie Motivationsprobleme, Ablenkungen äußerer und innerer Natur, Schwierigkeiten, sich mit den bestimmten Zielsetzungen auseinanderzusetzen, Ermüdungserscheinungen, Krankheiten, die am ausbrechen sind, Vorfälle aus dem Zusammenleben in der Klasse, Abneigungen gegeneinander, unausgetragene Konflikte usw.

Hindernisse, die aus der inneren und äußeren *Dynamik bei einzelnen Schülern* stammen, können etwa sein: Selbst-Einschätzungsprobleme, Motivationsprobleme, innere Spannungen aufgrund von Vorfällen in oder außerhalb der Klasse, Lernblockaden, negative selbsterfüllende Prophezeihungen, die wirksam sind (innere destruktive Selbstgespräche), arbeitstechnische Fragen, Ängste.

Ebenso interessant und wichtig sind im Zusammenhang der Auflistung von Hindernissen im Lehr-Lernfeld Begrenzungen *auf Lehrerseite* wie zum Beispiel Streß, hindernde Überzeugungen, Begrenzung der Wahrnehmungsfähigkeit, mangelndes Wissen über gruppendynamische und psychologische Zusammenhänge, eigene Probleme, Selbstwertprobleme usw. Weitere Hindernisse stammen aus dem *Lernumfeld*. Hier sind etwa Faktoren wie Familiendynamik,

Lehrerteam, Klima im Lernumfeld oder Vorgesetztenbereich zu nennen.

Im *Umgang mit den Hindernissen* auf den verschiedenen Ebenen im Unterrichtsfeld hat das NLP *eine große Palette von Möglichkeiten* zur Verfügung. So können Lehrer zum Beispiel Methoden erwerben, mit deren Hilfe Ängste erkannt und beseitigt und auch andere unpassende Gefühle verändert werden können. Es kann gelernt werden, mit Einwänden so umzugehen, daß die Energien, die darin gebunden sind, frei werden, indem die Kräfte in andere Bahnen gelenkt und die Probleme im richtigen Rahmen gewürdigt werden. (Sie können dazu nochmals das Kapitel 2 – wo Sie die Grundmethoden kennengelernt haben – anschauen.)

NLP hilft offene und vor allem versteckte Ziele zu erkennen, Visionen zu entwickeln und sie erreichbar zu gestalten, therapeutische Geschichten im Unterricht einzubauen, Konflikte hilfreich zu lösen und Assoziationen und Dissoziationen nutzbringend einzusetzen.

So betrachtet bildet NLP ein bereicherndes Instrumentarium, das – mit der entsprechenden ethischen Grundlage – einen wichtigen Beitrag zur Verbesserung der Qualität schulischer Aktivitäten leistet.

Es sei allerdings schon hier darauf hingewiesen, daß es besonders nützlich ist, die Ideen und Anwendungsmöglichkeiten, die hier vorgestellt werden, zusammen mit anderen Lehrern einzuüben. Am besten kann dies im Rahmen einer von NLP-Unterrichtsexperten geleiteten Ausbildungsgruppe gelingen. Dort bietet sich am besten die Anregung zur praktischen und konsequenten Übung. Ohne diese Hilfestellung kann die anfängliche Begeisterung und Bereitschaft zu Veränderungen aufgrund des ausbleibenden Feedbacks durch andere, die auch daran arbeiten, rasch erlahmen. Erfolge, die sich einzustellen beginnen, werden dadurch oft nicht genügend genau registriert, scheinbare Mißerfolge nicht im entsprechenden Rahmen gewürdigt und korrigiert.

Obwohl die beste Art des Lernens die Kombination von Lektüre, Eigenübungen und Austausch in einer Ausbildungsgruppe sein dürfte, kann die umgesetzte Lektüre allein ebenfalls nicht zu unterschätzende Einsichten und Kräfte freilegen und entfalten.

Wir werden im folgenden die einzelnen Elemente – Basiskommunikation, Zielorientierung und Unterrichtsprozeß – vertieft und einzeln betrachten, um ihre Relevanz für die Praxis spürbar werden zu lassen.

4
Sinnvolle Kommunikation

4.1. Die Bedeutung der Kommunikation beim Unterrichtsgeschehen

„Kannst du einmal in meine 9. Klasse hereinschauen", bat mich ein Lehrer, „es geht um gewisse Schwierigkeiten, die ich seit einiger Zeit habe". Ich besuchte ihn, als er gerade das Fach Menschenkunde unterrichtete. Der Lehrer eröffnete die Lektion „Der Mensch und sein Körperaufbau". Zuerst informierte er. Die Klasse schwieg. Dann begann er überzuleiten zu einem Teil, bei dem er sich gedacht hatte, daß die Schüler ihrerseits aktiv werden könnten, indem er sie einlud Fragen zu stellen. Niemand reagierte, keine Bewegung erfolgte, kein Finger wurde emporgehoben, keine Stimme war zu hören. Die Schüler saßen einfach ganz ruhig da, ohne äußere Bewegung. Unwillkürlich veränderte sich der Gesichtsausdruck sowie die Körperhaltung des Lehrers, ausgelöst durch die innere Betroffenheit. Zuerst wirkte er beleidigt, dann verteidigend und zuletzt aggressiv. „So stellt doch Fragen dazu!" forderte er mit zittriger, sich fast überschlagender, hoher Stimme von der Klasse. Einer der Schüler begann jetzt eine ganze Tirade von Fragen zu stellen, sehr banale und sehr schwierige, vor allem aber kam Frage auf Frage wie bei einem Duell. „Warum ist denn das menschliche Auge so weiß?" – „Gibt es denn eine Flüssigkeit darin?" – „Woraus besteht diese Flüssigkeit?" – „Sie wissen das nicht, können sie es irgendwo nachschauen?" – „Stammen wir wirklich von den Affen ab?" Der Lehrer, zuerst bemüht, zu antworten, merkte dann, daß er auf die Schippe genommen wurde, indem er in der übertriebensten Weise wortwörtlich genommen wurde. So ging es weiter. Was immer der Lehrer unternahm, forderte, vorschlug oder sagte, wurde so gedreht, daß es für ihn zu einer Schlinge wurde.

Im anschließenden Gespräch schilderte mir dieser Lehrer die gesamte Situation mit seiner Klasse. „Weißt du, ich habe Fehler gemacht", sagte er, „ich habe diese Schüler von Anfang an zu wenig ernst genommen. Es wäre besser gewesen, ich hätte weniger Wert auf die Sache gelegt und dafür die jungen Menschen mehr beachtet." Er tat mir leid.

Einen anderen Eindruck vermittelte der Besuch einer 1. Primarschulklasse. „Hoffentlich sind Sie nicht enttäuscht bei mir. Sie werden mich selten in der konventionellen Lehrerrolle sehen. Oft frage ich mich, was eigentlich meine Aufgabe ist. Manchmal komme ich mir vor wie eine Lernbegleiterin oder eine Managerin. Aber schauen Sie doch selbst." Die Schüler begrüßten mich und nahmen nachher fast keine Notiz mehr von mir. Sie waren an Besuch gewöhnt. Die Mädchen und Jungen beschäftigten sich mit verschiedenen Arbeiten. Ein Schüler bemalte einen Gegenstand aus Karton, der wie ein kleines Schiff aussah, mit verschiedenen Farben. Er sah sehr konzentriert aus, schaute auf seinen Pinsel, den er langsam und zielstrebig über den Karton führte. Verschiedene Farbmuster entwickelten sich. An einem anderen Pult – die Pulte waren so geordnet, daß immer vier Schüler darum herum sitzen können – redeten zwei Schüler miteinander. Ich näherte mich vorsichtig und hörte, wie der eine der beiden dem anderen einen Text aus einem Buch vorlas. An zwei Stellen wurde er durch sein Gegenüber korrigiert. Deshalb wiederholte er den entsprechenden Satz nochmals. Der andere Schüler nickte bestätigend. Als er den Text gelesen hatte, begab er sich an die Wandtafel, wo ein Zettel aufgehängt war. Darauf zeichnete er ein kleines Kreuz in eine Spalte unter seinem Namen, das Zeichen dafür, daß er die Arbeit erledigt hatte. Wieder am Platz, wechselten die beiden ihre Aufgabenteilung. Irgendwo fragte ein Schüler plötzlich laut in Richtung Lehrerin: „Sie, was fressen eigentlich die Brontosaurier?" Er war mit einer Arbeit beschäftigt, die er sich selbst gegeben hatte. Gleichzeitig äußerte sich ein anderes Kind: „Die fressen Gras und ..." Das Kind, das die Frage gestellt hatte, schaute immer noch zur Lehrerin hin, die sagte: „Hör mal, Robert, du hast soeben eine Antwort von Beat bekommen. Beat, kannst du es ihm bitte nochmals erklären." Und zu Robert: „Hör ihm zu, er weiß es, ist das in Ordnung?" Das Kind nickte, lächelte, während gleichzeitig die Lehrerin lächelnd nickte und sich zur Beantwortung seiner Frage an Beat wendete. Einige Schüler hatten ihre Arbeiten, mit denen sie beschäftigt waren, kurz unterbrochen. Sie wollten auch wissen, was die Brontosaurier fressen. Danach wendeten sie sich wieder ihrer Beschäftigung zu. Zwei Schüler „spielten" mit Karten, auf denen vorn jeweils ein Gegenstand gezeichnet war. Sie mußten das entsprechende Wort auf einem anderen Kärtchen herausfinden. Der andere Schüler überprüfte, ob dies richtig sei. Überall, wo ich hinschaute, sah ich Kinder, die mit einer Arbeit

46

beschäftigt waren. Ein Kind schrieb gerade einen kleinen Text. Dieses Mädchen schaute zufällig in meine Richtung. Ich schaute freundlich zurück, worauf sie aufstand und auf mich zukam. „Wollen Sie das auch einmal lesen? Es ist die Geschichte einer Zwergenprinzessin", erklärte sie mir, „das habe ich selbst geschrieben". Ich war sehr beeindruckt. Es herrschte eine angeregte, im Moment sehr ruhige Atmosphäre. Nach etwa 15 Minuten begannen zwei Schülerinnen miteinander etwas auszutauschen. Bis zu diesem Moment durften alle reden, wenn sie wollten. Als jedoch immer mehr Kinder gleichzeitig zu reden begannen, und es so zu tönen begann wie auf einem Bahnhof, bat die Lehrerin ein Mädchen: „Kannst du bitte die Silence sichtbar machen?" Ich beobachtete sie dabei sehr genau, daß sie dies in sehr neutralem Tonfall, wohlwollend und leise sagte. Anschließend begann sie beim nächsten Schüler, der sie um etwas gebeten hatte, die Antwort im Flüsterton zu geben. Die Schüler schauten auf die Wandtafel, wo jetzt ein Mädchengesicht auf einem Karton sichtbar wurde. Der Finger dieses gezeichneten Gesichtes ruhte auf dem Mund, ein klares verständliches Zeichen. Sofort stellte sich Ruhe ein. Die Schüler flüsterten oder schwiegen. Nur ein Schüler redete immer noch laut weiter mit seinem Nachbarn. Dieser zeigte mit dem Finger Richtung Wandtafel, worauf auch dieser Schüler zu reden aufhörte und auf Flüstern umstellte. Dabei sahen ausnahmslos alle anwesenden Kinder entspannt, froh und zufrieden aus. Sie respektieren den Wink durch die Lehrerin über die „Silence" an der Tafel. Während der ganzen Zeit sah die Lehrerin freundlich aus. Sie arbeitete etwas für sich an ihrem Pult oder stand den Kindern zur Verfügung, um ihnen vor allem bei der Planung der weiteren Arbeitsschritte behilflich zu sein.

Dies sind zwei Stichproben aus dem Unterrichtsalltag! Zwei Qualitäten von Unterrichtsformen!

„Worauf kommt es wirklich an in der Praxis, wenn man seine Arbeit als Lehrer oder Lehrerin gut machen will? Was sind die Hauptelemente guten Unterrichtens?" Diese Frage habe ich den Teilnehmern meiner Lehrertrainings im Verlaufe der letzten zehn Jahre immer wieder als Impuls gegeben. Verschiedene Auffassungen werden genannt über Einstellungen und Verhaltensweisen, die wichtig seien. Aber eine Übereinstimmung besteht in dem Punkt: Es gehe hauptsächlich darum, sich in die Schüler einzufühlen, sie abzuholen, wo sie sind, anzukommen bei den Schülern, Verständnis und Empathie zu praktizieren, deren Standpunkt einzunehmen, sie gern zu haben, zu verstehen und eine Brücke zu ihnen aufzubauen.

Mir sind einige LehrerInnen begegnet, die sich sehr gut vorbereitet haben, tolle Lektionen planten, einen großen, intensiven Aufwand an Vorbereitungszeit leisteten, phantasievolles Unterrichtsmaterial bereitstellten, visuelle Unterlagen, Arbeitsblätter, Tageslichtprojektorfolien usw. und trotzdem keinen Erfolg bei den Schülern hatten.

Wiederum kam ich mit LehrerInnen in Kontakt, die weniger didaktische Hilfsmittel zur Verfügung hatten, durch wenig kreative Ideen bezüglich der Unterrichtsgestaltung inspiriert, aber präsent und wach waren während der Unterrichtsstunden, so daß sie den Schülern auf eine Art begegneten, daß sich diese verstanden und angenommen fühlten. Das Resultat war gegenseitige Anerkennung. Die Schüler redeten gut über ihre Lehrer, achteten und schätzten sie und waren bereit, sich auch etwas sagen und sich beeinflussen zu lassen.

Es gab selbstverständlich auch LehrerInnen, die sowohl auf methodisch-didaktischer Ebene in bester Art vorbereitet waren und gleichzeitig sehr aufmerksam die hohe Qualität der Lehrer-Schüler-Beziehung und Kommunikation schützten. Es ging auch ihnen darum, die Schüler in optimalster Art zu erreichen.

Praktiker haben die wichtige Bedeutung der Kommunikation erkannt. Es scheint theoretisch auch klar zu sein, daß die Beziehung Vorrang hat vor dem Sachwissen. Worauf es beim Unterrichten wirklich ankommt, ist die Fähigkeit, so zu kommunizieren, daß dadurch eine tragfähige Verbindung zwischen Unterrichtenden und Lernenden und den Lernenden untereinander entstehen kann.

Wissenschaftlich wird dieses Wissen gestützt durch Therapieforschung und Erziehungswissenschaft. Carl Rogers, einer der führenden Psychologen unseres Jahrhunderts, nimmt in seinem Buch „Lernen in Freiheit" (1969) Bezug auf Martin Buber, der über den „guten Lehrer" sagt, er müsse als Mensch ganz da sein, als wirkliche Person präsent sein für seine Schüler. Erziehung laufe über die Beziehung zwischen den beteiligten Menschen. Kontakt sei das Hauptwort für die Erziehung. Carl Rogers befaßte sich sein ganzes Leben mit der Frage des menschlichen Wachstums und Lernens. Anfänglich im Psychotherapiebereich und später auch Lehr-Lernbereich, studierte Rogers die Bedingungen hilfreicher und förderlicher Beziehungen.

Er konnte zeigen, wie wichtig es für Lernende ist, wirklich im Kontakt zu sein mit einer Lehrperson, die engagiert, interessiert und als ganze Person anwesend und verfügbar ist. Folgende Begriffe sind für Carl Rogers sehr zentral: Echtheit in der Beziehung zum Lernenden, Interesse, Anteilnahme. Die Gefühle, Meinungen und individuellen Spezialitäten der Schüler sollen erfaßt und Lernende verstanden werden in einer nicht wertenden, bedingungslos akzeptierenden Art. Er geht von einem tiefen Vertrauen in die Lernfähigkeiten des menschlichen Organismus aus, der Fähigkeit, zum richtigen Zeitpunkt das Richtige in der richtigen Art zu lernen, sogar unter schwierigen Bedingungen. Dieser Prozeß des Lernens soll einfühlend und empathisch begleitet und unterstützt werden.

Reinhard Tausch, einer seiner ersten wichtigsten Schüler im deutschsprachigen Raum, hat sich zusammen mit seiner Frau intensiv mit der Übertragung dieser Ideen in den Erziehungsbereich befaßt. In ihrer „Erziehungspsychologie" (*Tausch & Tausch* 1970) haben sie dargelegt, daß im Lehr- und Erziehungssektor vor allem zwei Hauptdimensionen bedeutsam sind: erstens die Ebene Geringschätzung, emotionale Kälte, Abneigung auf der einen und Wertschätzung, emotionale Wärme und Zuneigung auf der anderen Seite. Zweitens die Hauptdimension „Maximale Lenkung, Dirigierung und Kontrolle" auf der einen sowie „Minimale Lenkung, Diri-

Typenkonzept von A. & R. Tausch

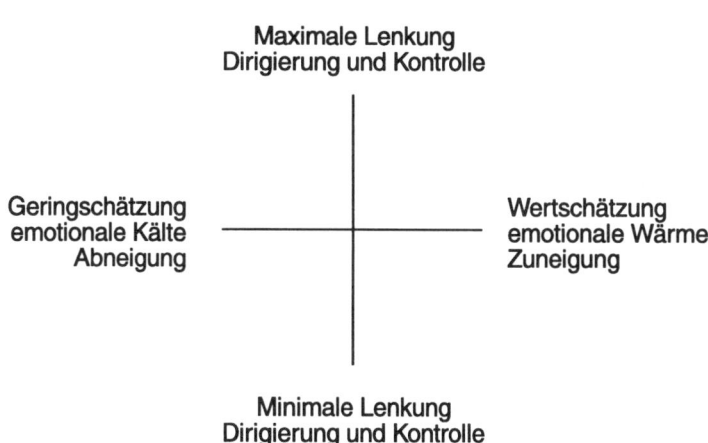

Maximale Lenkung
Dirigierung und Kontrolle

Geringschätzung
emotionale Kälte
Abneigung

Wertschätzung
emotionale Wärme
Zuneigung

Minimale Lenkung
Dirigierung und Kontrolle

gierung und Kontrolle" auf der anderen Seite. Oder anders ausgedrückt: die Ebene der gefühlsmäßigen Prozesse auf der einen und auf der anderen Seite die Ebene der Lenkung. Annemarie und Reinhard Tausch fanden heraus, daß Unterricht dann am wirkungsvollsten ist, wenn ein hohes Maß an Wertschätzung und ein mittleres bis geringes Maß an Lenkung praktiziert wird. Das heißt, wenn sich Schüler ernstgenommen und verstanden fühlen und gleichzeitig die Möglichkeit haben, in wesentlichen Bereichen selbst zu bestimmen, lernen sie am besten.

Auch Thomas Gordon, ein Schüler von Carl Rogers, hat sich mit dem Bereich der Unterrichtung und Erziehung befaßt (*Gordon* 1984). Er lehrte zuerst Eltern, den Kindern so zuzuhören, daß beinahe psychotherapeutische Bedingungen gegeben waren. Verständnis, Einfühlungsvermögen, Empathie werden ihm gemäß durch das sogenannte „Aktive Zuhören" – im Gegensatz zum nur passiven Zuhören – praktiziert. Eltern lernten so, wie sie besser auf ihre Kinder eingehen konnten. Dadurch vermindern sich Spannungen und Konflikte im sozialen Gefüge, und die Kinder fühlen sich ernstgenommen. Allerdings mußte er feststellen, daß dadurch manchmal die Eltern selbst zu kurz kommen. So entwickelte er eine Methode, wie man respektvoll mit eigenen Grenzen umgehen kann. Er nannte diesen zweiten Teil Ich-Botschaften. Oder anders gesagt: Eltern wurden angeleitet, wie sie ihren Kindern unangenehme Dinge so mitteilen können, daß eine neue Art von Kooperation entsteht. Voraussetzung ist eine tragfähige Beziehung. Thomas Gordon befaßte sich dann ebenfalls mit dem Bereich der Unterrichtung. Seine Überlegungen finden sich in seiner „Lehrer-Schüler-Konferenz", wo die beiden Grundmethoden des Zuhörens und des Konfrontierens vorgestellt werden. Er zeigt auch Wege, wie die Theorien praktisch in den Unterrichtsalltag umgesetzt werden können.

Alle Forscher, sowohl Carl Rogers, A. und R. Tausch, als auch Thomas Gordon, interessieren sich vor allem für den verbal-sprachlichen Bereich. Therapeuten, Lehrer und Eltern werden gelehrt, wie sie so zuhören können, daß sich dadurch ihre Gesprächspartner verstanden fühlen. Dabei werden vor allem die hintergründig ausgedrückten Gefühle reflektiert. Es wird auch vermittelt, wie man sich kongruent ausdrücken kann, was die Chance, Gehör zu finden beim Gegenüber, erhöht. Diese Forscher haben die Bedeutung der Beziehung nachgewiesen. Sie zeigen, wie wichtig die Art des persönlichen Umgangs für menschliche Wachstumsprozesse ist und vermitteln gleichzeitig Methoden, wie man optimale Bedingungen fürs Lernen herstellt.

Auch in der Kinderpsychotherapie geht man aufbauend auf den Grundlagen der Humanistischen Psychologie davon aus, daß dann die günstigsten Bedingungen geschaffen werden, wenn ein Klima von Akzeptanz, Verständnis, gefühlsmäßiger Wärme und Toleranz geschaffen wird. Das Kind soll emotional reifen können. Angesammelte Gefühle wie Spannungen, Frustrationen, Unsicherheit, Angst, Aggressionen und Verwirrung sollen ausgedrückt werden können (*Axline* 1947).

Aufgrund des damaligen Wissensstandes konzentrierte man sich in Praxis und Forschung vor allem auf den gesprochenen Bereich der Kommunikation. Das ganze nonverbale Verhalten wurde bewußt wenig in die Überlegungen einbezogen, obwohl es sehr wichtig ist. Carl Rogers hat vermutlich selbst nicht darüber nachgedacht, daß er durch seine nonverbale charismatische Ausstrahlung, Gestensprache und stimmliche Markierung bestimmter Wörter seine Intensität und Wirksamkeit mit Klienten geschaffen hat. Die lebenslange Erfahrung hat dieses Verhalten nach und nach entstehen lassen. Auch bei Thomas Gordon ist mir aufgefallen, wie er bei seinen Vorträgen eine besondere Art von Gesten zur Untermalung seiner Worte verwendet hat. In Erinnerung ist mir geblieben, wie er veranschaulichte, daß die zwischenmenschliche Beziehung wichtig sei. Dabei schwieg er fünf Sekunden, breitete seine Arme auf horizontaler Ebene vor den Zuschauern aus, lächelte dazu und sagte: „Das ist es, worauf es ankommt." Ein faszinierender Wechsel auf die nonverbale Ebene!

Das Neurolinguistische Programmieren liefert zu dem Wissen, das wichtige Persönlichkeiten auf unterschiedlichen Wegen für den Kommunikationsbereich entdeckt haben, zusätzliche Hilfsmittel. Dies betrifft vor allem den nonverbalen und internalen Bereich. Ich werde Ihnen im folgenden zeigen, worauf es ankommt, um einflußreich zu kommunizieren.

4.2. Wirksam kommunizieren

Wie schon früher erörtert (siehe Kapitel NLP), beobachteten Richard Bandler und John Grinder wirkungsvolle Kommunikation in der Praxis. Dabei nutzten sie ihre eigenen Wahrnehmungsfähigkeiten, um zu schauen und zu hören, was besonders hervorragende Berufs-kommunikatoren wirklich tun. So kamen sie zu ihren faszinieren-den und zukunftsweisenden Entdeckungen. Eines dieser For-schungsergebnisse besteht darin, daß sie aufgrund ihrer Beobach-tungen beschreiben konnten, wie man optimale Beziehungen, Inter-aktionsstrukturen und Kommunikationssequenzen erkennt, auf-baut und unterhält. Der Kernpunkt guter Kommunikation läßt sich im Begriff Rapport fassen. Dies gilt sowohl für den beruflichen als auch für den privaten Bereich.

4.2.1. Rapport als Grundlage guten Unterrichts

Ich erinnere mich an einen Jungen und ein Mädchen, die sehr ineinander verliebt waren.

Sie sitzen sich gegenüber im Café, wo sie sich verabredet haben. Er redet mit leiser Stimme – ich kann nicht genau verstehen, was gesagt wird –, gleichzeitig mit dem Kopf leicht nickend und unter dem Tisch mit dem linken Fuß wippend. Seine Wangen sind leicht gerötet, ebenfalls seine Ohren. Während er in dieser Art mit dem Mädchen redet, nickt sie fast gleichzeitig, manchmal ein bißchen verzögert, ebenfalls mit dem Kopf. Einer ihrer Füße bewegt sich unter dem Tisch rhythmisch, ähnlich, wie dies der Junge macht. Als er sich nun leicht vorbeugt, neigt sie sich beinahe gleichzeitig ebenfalls in seine Richtung. Sie bewegt ihren Kopf ein wenig zur linken Seite, streicht sich eine ihrer Haarsträhnen, die ihr ins Gesicht gefallen ist, mit der linken Hand aus dem Gesicht, während der Junge seine rechte Hand emporhebt, sich an der Stirn berührt und die linke Hand etwas nach vorn schiebt. Das Mädchen bewegt ihre rechte Hand ebenfalls unmittelbar vor. Jetzt berühren sich beide Hände an den Fingerspitzen. Leichte Röte ist im Gesicht des Mädchens sichtbar. Als der Junge kurz nach links zum Nachbartisch hinüberschaut, wendet das Mädchen ebenfalls ihren Kopf in diese Richtung. Beide reden mit der gleichen Intensität. Sie lächelt den Jungen an, schaut ihm dabei tief in die Augen. Der Junge lächelt auch und erwidert ihren tiefen Blick. So ver-harren beide regungslos. Ihr Atem scheint einen Moment stillzustehen. Ihre Münder begegnen sich zu einer sanften Berührung. Sie nehmen gleichzeitig einen tiefen Atemzug, während sie sich zurücklehnen.

Wir sind hier Beobachter eines starken unbewußten Rapports. Sehr einfach ausgedrückt ist Rapport ein Zustand, in dem eine Person intensiv auf eine andere bezogen ist. Dies geschieht unbe-wußt. Die gleiche Art von Intensität in der gegenseitigen Bezogenheit ist die Basis in jeder intensiven, wirkungsvollen beruflichen Kommunikation. Dies gilt auch für den Bereich der professionellen Unterrichtung, wo eine solche Art von Beziehung zwischen Lehrenden und Lernenden den wichtigsten Eckpfeiler meisterschaftlicher Professionalität darstellt. Wenn ein guter Rapport im Unterrichtsraum besteht, lernen Schüler leichter und mehr. Lehrer, die einen guten Rapport zu den Schülern haben, müssen nicht einmal wissen, wie sie dieses erfreuliche Ergebnis schaffen. Trotzdem ist es sehr hilfreich zu wissen, wie man diese Fähigkeiten erwerben, vertiefen oder aufbauen kann, um darüber auch willentlich und bewußt verfügen zu können. Rapport kann auch tatsächlich bewußt aufgebaut und aufrechterhalten werden.

Voraussetzung dazu ist eine gut entwickelte Wahrnehmungsfähigkeit. Es muß gesehen, gehört und gespürt werden können, wann das wünschenswerte Ergebnis des intensiven gegenseitigen Bezogenseins oder des Rapport zustandegekommen ist. Kleinste, minimale Veränderungen bei den Schülern sollen wahrgenommen werden, um darauf bewußt reagieren zu können. Rapport heißt intensiv aufeinander bezogen sein, innerlich bereit zu sein, sich beeinflussen zu lassen.

Betrachten wir ein Beispiel aus dem schulischen Bereich, das zeigt, wie Rapport in Aktion aussieht und klingt:

Maria, die sich in der vierten Klasse befindet, hat einfach Mühe mit Lesen und Rechtschreibung. Dies ist ihrer Lehrerin aufgefallen. Sie nimmt sich vor, etwas zu unternehmen aufgrund ihres zusätzlichen Fachwissens. Bei der nächsten Gelegenheit, als die Klasse still beschäftigt ist, kümmert sie sich besonders um Maria.

Maria hat zuerst ein bißchen Angst, als ihre Lehrerin ihr erklärt, sie wolle ihr helfen herauszufinden, was man tun könne „mit dieser Rechtschreibung und dem Lesen". Es ist ungewiß, was auf sie zukommen wird. Die Lehrerin achtet besonders sorgfältig darauf, genau zu beobachten und zu hören, wie sich Maria zeigt. Dabei sieht sie, daß Maria viele abrupte, unrhythmische Bewegungen macht. Ihr Atem ist rasch, gleichzeitig oberflächlich. Ihr Blick ist oft Richtung Boden gesenkt, die Hautfarbe im Gesicht leicht rötlich. Das Mädchen wirkt „zappelig". Auf Fragen gibt sie Auskunft, aber die Reaktion wirkt verzögert, langsam und schwerfällig. Maria gibt kurze Antworten mit wenig Worten. Sie wartet und schweigt. Die Lehrerin fühlt sich so in das Mädchen ein, daß es ihr beinahe automatisch gelingt, selbst in gewisser Weise wie Maria zu werden. Ihre Bewegungen werden abrupter, als sie dies sonst macht. Ihre Augen schauen auch vermehrt zu Boden. Ihr Sprachstil beginnt demjenigen von Maria ähnlicher zu werden, vor allem, was das Tempo des Gesprächs betrifft. Mimik und Gestik der beiden beginnen sich anzugleichen. Von außen sieht es fast wie eine Art Tanz aus, so als ob ein gemeinsames gleiches Vorgehen abgesprochen worden wäre. Es ist vor allem zu hören, wie die Lehrerin Worte verwendet, die den Gefühls-, Tast- und Empfindungssinn betreffen, so wie sich Maria auch ausdrückt.

Rapport ist die Fähigkeit der beweglichsten Art der Anpassung auf verschiedenen Ebenen. Menschen handeln nach dem Grundsatz: „Bist du gleich wie ich? Dann hör ich dir gerne einmal zu und bin vielleicht auch bereit, mich von dir beeinflussen zu lassen." Bei Leuten, die gleich sind, haben wir Vertrauen, fühlen uns ernstgenommen und verstanden. Wir „kaufen" solchen Leuten wörtlich und im übertragenen Sinne mehr ab.

4.2.2. Menschen sind verschieden

Mir erzählte kürzlich der Besitzer eines bekannten Restaurants, wie er sein „jüngstes" Auto gekauft habe. „Ich bin in ein Autohaus mit einem guten Namen gegangen. Den Autokauf wollte ich am gleichen Tag noch hinter mich bringen. Wenn ich etwas im Sinne habe, muß es sofort angepackt werden. Ich kam also zu diesem Autohaus. Es standen dort verschiedene Herren in ihren Anzügen und Krawatten herum. Ich fühlte mich sofort etwas unbehaglich. Ich selbst war sehr locker wie ein Bergsteiger mit kurzen Hosen gekleidet. Wissen Sie, ich bin ein Mensch, der gerne locker herumgeht. Da stand ich also und wartete. Nichts geschah. So fragte ich einen der gutaussehenden, gutangezogenen Herren, ob es recht sei, wenn ich mich für ein Auto interessiere. Der angesprochene Herr ging wortlos weg, kam zurück und sagte: ‚Gehn Sie doch dort in jene Tür hinein.' Das tat ich ... Kurz gesagt: Mein Wunschauto war nicht auf Lager. Es gebe erst in zwei Wochen Nachschub. Wissen Sie, wenn ich Verkäufer gewesen wäre, ich hätte sofort alles in Bewegung gesetzt, um das Auto noch heute herzubringen, oder ich hätte den Käufer dorthin gebracht, eigenhändig. Diese Herren nicht. Sie gaben mir ihr Kärtchen: ‚Bitte melden Sie sich doch in zwei Wochen wieder.' Ich hatte das Gefühl, die nehmen mich nicht ganz voll, in meinen kurzen, sommerfarbigen Hosen. Kurz und gut, ich ging dann am gleichen Tag zu einer anderen, kleineren Firma. Da spürte ich sofort: Das sind Leute wie ich. Sie redeten meine Sprache. Auch hier hatten sie das gesuchte Auto nicht auf Lager. Aber der Herr – er war übrigens auch in kurzen Hosen, auch mit einem kurzärmligen Hemd wie ich – sagte mir, ich solle warten, er besorge mir das Auto noch heute abend, wenn ich wolle. Wir fuhren dann zusammen weg ... Was glauben Sie, bei wem ich das Auto gekauft habe?" Die Leute sind gleich. Sie reden meine Sprache. Sie sind sogar gleich gekleidet. Gleichsein schafft Sympathie. Aber Menschen sind auch verschieden voneinander. Diese Verschiedenheit hat eine je individuelle Geschichte. Eines der größten Mißverständnisse zwischen Menschen besteht in der Annahme: Die andere Person funktioniert gleich wie ich, d.h., sie muß die gleichen Vorlieben haben, gleich denken, das gleiche beim gleichen Anlaß als bedeutsam und wichtig erachten oder sogar die gleichen Aspekte einer gemeinsamen Erfahrung wahrnehmen. Menschen sind verschieden! Einzigartige Individualitäten! Schüler sind auch Menschen. Lehrer haben es im Umgang mit ihrer Zielgruppe deshalb mit einer Ansammlung von verschiedenen Einzigartigkeiten zu tun.

Menschen handeln gemäß ihres subjektiven inneren Bildes der Welt. Menschliches Verhalten und Erleben, das sich in Sprache und Körpersprache ausdrückt, stellt nicht die Erfahrung an sich dar, sondern es handelt sich um Repräsentationen der Erfahrung, so wie eine Landkarte von Europa nicht Europa selbst darstellt. Es ist ein bekannter Gedanke, daß das innere Abbild der Welt nicht die Realität selbst ist. Diese Idee im praktischen Leben zu nutzen fällt uns trotz dieser Erkenntnis schwer.

Die Herstellung dieser „inneren Landkarten" oder Abbildungen resultiert aus dem Wechselspiel zwischen inneren und äußeren Erfahrungen. Zum Aufbau dieser inneren Landkarten benutzen Menschen das Werkzeug der Sprache. Menschliche Landkarten sind unvollkommen. Diese Unvollkommenheit entsteht aufgrund dreier Gestaltungsprozesse: Generalisierung, Tilgung und Verzerrung. Diese Vorgänge stellen die Basis zum Überleben, fürs Lernen, Wachstum, persönliche Entfaltung, Abstraktionsfähigkeit und Anpassungsfähigkeit an die wechselnden Umstände des Lebens dar. Gleichzeitig birgt das aber auch gewisse Gefahren.

Unter **Generalisierung** (*Bandler & Grinder* 1981) versteht man den Prozeß, bei dem aus Einzelerfahrungen Verallgemeinerungen abgeleitet werden. Ein Mädchen hat beispielsweise bei seiner ersten Lehrerin, als es das zweite Mal den Bleistift so stark aufs Blatt gedrückt hat, daß dieser in der Mitte entzwei brach, zu weinen begonnen. Das Glänzen der Tränen hat die Lehrerin sofort freundlicher gestimmt, erkennbar am Gesichtsausdruck, der sich aus der Sicht des Kindes in die wünschenswerte Richtung zu verändern begann. Die nicht bewußt reflektierte Konsequenz dieses Kindes war die Verallgemeinerung: Wenn du etwas Schlimmes gemacht hast, dann weine.

Ein anderes Beispiel zeigt sich in den Verhaltensweisen jenes Lehrers, der von einem seiner ersten Schüler, dem er sehr offen und kollegial begegnet war, betrogen wurde. Seine Verallgemeinerung war: Kollegialität lohnt sich nicht. Der Prozeß der Generalisierung kann auf der einen Seite behindern und einschränken, auf der anderen Seite ist er sehr wichtig, um in der Komplexität der auf uns einströmenden vielfältigen Informationen das Wesentliche herauszudestillieren und die Erkenntnisse auch in anderen Bereichen anwenden zu können.

Ein zweiter innerer Vorgang, um sich innerhalb der Welt effektiv zu bewegen, oder sich dadurch einzuschränken, besteht im Prozeß der **Tilgung**. Bestimmte Aspekte der Erfahrung werden wahrgenommen, andere ausgeblendet oder getilgt. Der Vorteil dieser Fähigkeit besteht darin, daß sich beispielsweise ein Schüler voll darauf konzentrieren kann, sich seiner mathematischen Formel zuzuwenden, während gleichzeitig die Kirchenglocken laut dröhnen und um ihn herum eine Schülergruppe zusammen mit dem Lehrer ein Konfliktgespräch führt. Ein Nachteil von Tilgungen kann dann gegeben sein, wenn Erfahrungen ausgeblendet werden, die notwendig sind, um sich die innere Realität angemessen an die äußeren Realitäten aufzubauen. Wenn beispielsweise ein Kind von sich denkt, es sei eine schlechte Schülerin, kann es geschehen, daß eine gute Note im Aufsatz so gedeutet wird, daß der Lehrer nur freundlich war zu ihr und nicht eine objektive Bewertung gegeben habe. Was nicht ins Selbstbild paßt, darf nicht sein.

Der dritte Gestaltungsprozeß ist die **Verzerrung**. Damit ist die Fähigkeit angesprochen, in Elementen unserer persönlichen Erfahrungen kreative Veränderungen vorzunehmen. Wir verfälschen die Realität, machen sie schöner, häßlicher, größer oder kleiner. Man denke beispielsweise an einen Lehrer, der jede Art von Fragen, die ihn selbst auch betreffen, als Beleidigung und Kritik interpretiert, aufgrund seiner tiefsitzenden, halbwahrgenommenen Selbstdefinition: Ich bin nicht liebenswert.

56

Diese menschlichen Gestaltungsprozesse erschaffen die Vielfalt unterschiedlichster Schüler. Lehrer sind damit vor die spannende, herausfordernde Aufgabe gestellt, mit diesen Verschiedenheiten umzugehen.

Lehrer haben die Aufgabe, mit den verschiedensten Schülern umzugehen. Schüler sind verschieden. Lehrer sind auch verschieden. Manchmal ist eine besondere Flexibilität gefordert.

Eine der Aufgaben beim Unterrichten besteht darin, die verschiedensten Schüler in der besten Art zu erreichen, sie zu gewinnen, und Wege zu finden, den Unterricht so zu gestalten, daß alle davon profitieren wollen und können. Die Schülerunterschiede zeigen sich dem Lehrer auf vielfältige Art. Innerhalb dieser Puzzleteile der Interaktion bieten sich verschiedene Gelegenheiten, einen stabilen und einzigartigen Rapport aufzubauen und zu erhalten, der in einer Art von Übereinstimmung und Gleichheit zu erkennen ist. Obwohl Rapport ein in der Regel spontan auftretendes Phänomen ist, kann zu dessen Entstehung trotzdem bewußt etwas getan werden. In der beruflichen Kommunikation wird das Wissen um die Gesetzmäßigkeit, daß Gleichsein Sympathie schafft, in einem gewissen Maße willentlich eingesetzt. Lehrer können ihr Verhalten demjenigen der Schüler anpassen, um dadurch die Kooperationsbereitschaft zu erhöhen. Der Lehrer macht sich zu einer besonders wissenden, akzeptierten gleichen Person. Dadurch ist die Voraussetzung gegeben, führen zu dürfen.

Wir wollen im folgenden betrachten, was wichtig ist für die Schaffung von Rapport. Dabei lassen sich **zwei** größere **Ebenen** unterscheiden:

- Erstens **Rapport bezogen auf** die **sinnlich-wahrnehmbaren Verhaltensweisen.**

- Zweitens Rapport bezogen auf die **tiefer liegenden** intuitiv und denkmäßig erfaßbaren, **inneren Prozesse.**

Zum besseren Verständnis unserer hier erstmals vorgestellten Unterscheidung in diese beiden Ebenen des Rapports sei ein Modell der menschlichen Kommunikation zu Hilfe genommen, wie es in neuen Konzepten des NLP dargestellt wird (vgl. *James & Woodsmall* 1991).

Wir gehen davon aus, daß bestimmte Informationen über die verschiedenen Sinneskanäle, die eine vermittelnde Aufgabe zwischen Außen und Innen wahrnehmen, ins Innere des menschlichen Informations- und Verarbeitungssystems gelangen. Die Zentrale des Verarbeitungsnetzes ist das menschliche Hirn mit seinen beiden Hälften. Hier finden die verschiedenen Verarbeitungs- und Umwandlungsprozesse statt, die eine optimale Anpassung an die stets wechselnden Lebensbedingungen ermöglichen. Ein wichtiger, übergeordneter Prozeß geschieht bei der Eingangspforte zu diesem Verarbeitungsnetz. Es handelt sich um die sogenannten **Filtersysteme,** die sicherstellen, daß keine Informationen Eingang finden, die nicht hereinkommen sollen, und daß jene, die eingelassen werden, sich jede mögliche Umwandlung erlauben lassen müssen. Es sind damit die drei uns schon bekannten, universellen menschlichen Gestaltungsprozesse angesprochen: Tilgung, Verzerrung und Generalisierung.

Die erste Ebene des Rapports bezieht sich – wie oben erwähnt – auf die Verhaltensweisen, die über die Körpersprache sowie gesprochene Sprache von Innen nach Außen fließen.

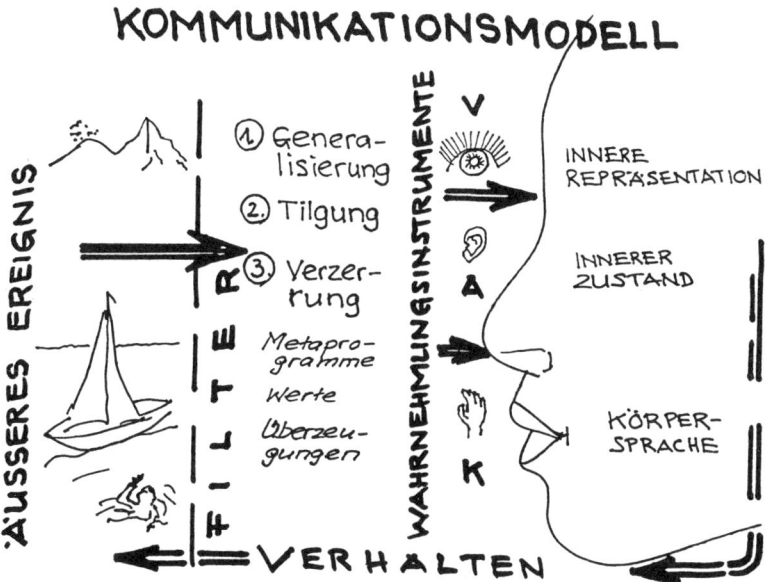

KOMMUNIKATIONSMODELL

Die zweite Ebene des Rapports baut auf den Filtersystemen auf. Dabei werden vor allem die Prozesse der Metaprogramme (die verstecktesten, unbewußtesten Verarbeitungsprogramme), Werte (innere Methoden zum Unterscheiden zwischen „gut" und „ungut"), Überzeugungen (Annahmen darüber, ob etwas als glaubhaft oder unglaubhaft erscheint) sowie innere Zustände (z.B Gefühlszustände) berücksichtigt.

4.2.3. *Rapport bezogen auf die sinnlich-wahrnehmbaren Verhaltensweisen*

Folgende Bereiche sollen besonders hervorgehoben werden, die wichtig sind für den Aufbau von Rapport. Es sind dies:

1. Körpersprache
2. Atmung
3. Sprache
4. Qualität der Sprachmelodie (le ton qui fait la musique)
5. Augensprache

4.2.3.1. Körpersprache

Wenn zwei Menschen einen guten Rapport miteinander haben, läßt sich dies am offensichtlichsten in der Körpersprache erkennen.

Bei meinen Lehrertrainings lasse ich die TeilnehmerInnen gerne folgende Aufgabe lösen: Es soll im Gespräch herausgearbeitet werden, woran man erkennt, wenn eine gute Kommunikation zu den Schülern aufgebaut wurde bzw. wenn sie nicht vorhanden ist. Es kann auch ein anderes inhaltliches Thema sein. Die TeilnehmerInnen haben etwa 10 Minuten Zeit dazu. Sie werden bei ihrer Arbeit unterbrochen und können jetzt selber wahrnehmen, in welcher Körperhaltung sie sich bei der Unterbrechung gerade befinden. Darauf aufmerksam gemacht, daß hier im Moment eine Kommunikation zwischen zwei Menschen stattgefunden hat, werden alle gebeten, ihre Art von Kommunikation auf einer Skala von 0-10 einzustufen. 0 bedeutet sehr schlechte Kommunikation und 10 bedeutet sehr gut. Jetzt wird es jeweils spannend zu hören, wer eine Wertung von über 8 gegeben hat. Es läßt sich feststellen, sobald die beiden nochmals die bei der Unterbrechung vorhandene Körperhaltung einnehmen, daß beide Personen in vielen Bereichen gleich aussehen: Grundkörperhaltung, Sitzhaltung, ob sie angelehnt sind an den Stuhl, oder eher nach vorne gelehnt, Fußstellungen, wie z.b. ein Fuß auf dem Boden, der andere mit dem Bein übers Knie geschlagen, Handbewegungen, Kopfhaltung und sogar der Gesichtsausdruck usw. Es sieht so aus, als ob ein Bein mit dem Bein des Partners gesprochen hätte und sie eine Abmachung getroffen hätten: „Ist es dir recht, wenn wir beide bei diesem Gespräch auf dem Boden bleiben?" – „Und ist es dir recht, wenn wir beide eher zurückgelehnt miteinander diskutieren?"

Das Ergebnis dieser verschiedenen unbewußten Dialoge zwischen den verschiedenen Körperteilen läßt sich – vorausgesetzt die Gespräche sind gelungen – von außen in vielen Übereinstimmungen sehen. Wir drücken Gemeinsamkeit, innere Bereitschaft und Interesse in der Ähnlichkeit der Körpersprache aus.

Bei Paaren, die in die Beratung kommen, lassen sich Konfliktthemen sehr deutlich an der Körpersprache sehen. Beide Partner werden bei schwerwiegenden, existentiellen, konflikthaften Themen verschieden. Die Gleichschaltung in der Körpersprache wird gestört oder ganz unterbrochen. So erinnere ich mich an eine Frau, die sich sofort zurücklehnte und dann ganz unbewegt mit bleichem Gesichtsausdruck sitzenblieb, als das Thema der Sexualität angesprochen wurde. Gleichzeitig wirkte ihr Mann sehr bewegt. Er begann sich vorzulehnen und gestikulierte mit beiden Händen, während er seine Äußerungen zum Thema machte.

Von außen betrachtet sieht guter Rapport zwischen zwei oder mehreren Menschen aus wie ein Tanz oder Orchesterspiel, wobei alle die gleiche Partitur vor sich haben, um das gemeinsame Werk entstehen zu lassen. Eine Synchronisation oder Gleichzeitigkeit der vielfältigen Möglichkeiten des Körperausdrucks findet statt.

Die verständnisvolle Beziehung

Lehrer und Schüler in Übereinstimmung

Es gibt verschiedene Möglichkeiten des Körperausdrucks. Vier Varianten seien hier besonders hervorgehoben. Es sind dies:

1. die **Grobkörperhaltung,** auf die unsere bisherige Ausführung hingewiesen hat;

2. die **Mimik,** erkennbar durch die Art des Lächelns, Gesichtsausdruck, Augenöffnung und -verengung, Gesichtshautglätte, Gesichtsfarbe, Hautfalten, unwillkürliche und bewußte Kopfhautbewegungen, Stirnbewegungen, Mundformung zu einzelnen Lauten usw.;

3. die **Gestik,** sichtbar durch Bewegungen der Arme, des Kopfes, Kopfhaltungsänderungen, Beinbewegungen, Fußbewegungen usw.;

3. die **Feinmotorik,** erkennbar in den leichten, unwillkürlichen Zuckungen z.B. der Augenlider, Fingerspitzen oder Finger, Füße oder Beinbewegungen.

Als Lehrer hat man im Unterricht mehrere Möglichkeiten, dieses Wissen über die Körpersprache nutzbar zu machen. So kann man zum Beispiel bei Gesprächssituationen mit Schülern zuerst darauf schauen, wie sie die Körpersprache einsetzen. Dann kann, was außen zu sehen ist, unmittelbar so nutzbar gemacht werden, daß der Lehrer seine Grundkörperhaltung und die genannten anderen körpersprachlichen Ausdrucksweisen (Mimik, Gestik, Feinmotorik), die für ihn ebenfalls passen, auch bei sich selbst geschehen läßt. Der Lehrer spiegelt die Körperhaltung der Schülerin, mit der er kommuniziert, ohne gleichzeitig den Faden auf der inhaltlichen Ebene zu verlieren. Ein Beispiel haben wir bei Maria – siehe weiter vorn – gesehen.

4.2.3.2. Atmung

Sehr bedeutsam innerhalb der Körpersprache ist die Atmung. Ich möchte sie deshalb hier besonders hervorheben und als separaten Teil vorstellen. Während Menschen mit anderen oder mit sich selbst in Kommunikation sind, atmen sie. Dies ist selbstverständlich. Weniger klar und sehr überraschend erscheint die Feststellung und Beobachtung, daß aufgrund der Art, wie jemand atmet, Rückschlüsse gezogen werden können auf sein momentanes inneres Erleben.

Die Atmung greift in tiefe Schichten ein und geschieht in der Regel automatisch. An ihr läßt sich wirkungsvoll erkennen, auf welche inneren Wahrnehmungen sich jemand im Moment konzentriert. Es kann gesehen werden, wie eine Botschaft bei der anderen Person ankommt und welche inneren Reaktionen ausgelöst werden.

Ich möchte Sie zu einem kurzen Experiment einladen, anhand dessen Sie selber feststellen können, wie unterschiedlich Atmung stattfindet bei verschiedener innerer Verfassung.

Übung, 1. Teil: Wählen Sie innerlich eine Situation aus, an die Sie gerne zurückdenken. Es kann eine angenehme Körperaktivität sein, z.B. ein Tischtennismatch oder eine schöne Fahrradtour oder eine andere angenehme Erinnerung. Vertiefen Sie sich nun in diese Vorstellung, indem Sie vor dem inneren Auge erkennen, was es zu sehen gibt, die Art von Ort, die Farben, Formen, was im Vordergrund ist, was im Hintergrund. Was ist besonders wichtig bei dem, was Sie sehen? Und geben Sie sich die Zeit, wirklich zu sehen, um dann wahrzunehmen, was genau die angenehmen Gefühle auslöst. Können Sie spüren, welche Gefühle Sie in dieser Situation empfinden? Und in welcher Körperhaltung Sie sind? Wie ist die Wahrnehmung der Muskeln, wie fühlt sich Ihr Gesicht an? Und während Sie sehen können, was im visuellen Bereich wichtig und bedeutsam erscheint und gleichzeitig spüren können, was Sie fühlen, können Sie darauf hören, was von außen über Ihr Gehör in der Erinnerung wahrnehmbar ist. Gibt es Geräusche? Stimmen? Oder eine besondere Art von Ruhe? Was hören Sie in jener Situation? Während Sie jetzt in Ihrer besonderen Art an jene Situation denken, in der Sie sich befinden, wie nehmen Sie Ihren Atem wahr? Können Sie Ihren Rhythmus des Atems spüren oder ihn sogar hören? Wo setzt Ihr Atem im Körper an? Tief oder hoch? Ist er eher flach, oberflächlich oder tief und intensiv?

Wenn Sie gespürt haben, wie Ihre Atmung bei dieser Erinnerung geschieht, und Sie diese Wahrnehmung sogar bewußt erfahren können, dann orientieren Sie sich wieder ganz an den Ort Ihrer Lektüre, beispielsweise, indem Sie spüren, wo Sie sich im Moment gerade befinden, während Sie vielleicht das Buch vor sich sehen, vielleicht noch eine Seite berühren und gleichzeitig die Ruhe um sich herum hören oder bestimmte Geräusche wahrnehmen können. Es folgt zum Vergleich ein zweiter Teil des Experiments, zu dem ich Sie einladen möchte.

Übung, 2. Teil: Wählen Sie eine Situation aus, an die Sie sich erinnern möchten, die für Sie nicht ganz optimal gelaufen ist. Nehmen Sie eine einfache Situation. Begeben Sie sich in diese Erinnerung hinein, indem Sie auch wieder sehen, wo Sie sich befinden. Was gibt es dort zu sehen, im Vordergrund, im Hintergrund, welche Farben und Formen sind bestimmend? Sind Sie allein oder mit anderen Menschen zusammen? Schauen Sie genau darauf, was Sie sehen, gerade so, wie es geschieht. Und dann erlauben Sie sich, Ihre Aufmerksamkeit auf das zu richten, was es zu hören gibt. Was hören Sie dort an jenem Ort? Vielleicht bestimmte Geräusche oder Töne? Vielleicht gibt es menschliche Stimmen, die zu hören sind? Ist das, was Sie hören, eher hoch oder tief, laut oder leise? Und während Sie darauf hören können, gerade in der Art, wie es Ihnen gelingt, was von außen über Ihre Ohren nach innen dringt, können Sie darauf achten, welche Gefühle Sie spüren können und in welcher Körperhaltung Sie sich befinden. Wie fühlen Sie sich dort, in jener Situation zu jenem bestimmten Zeitpunkt, den Sie allein kennen? Während Sie jetzt Ihre Aufmerksamkeit den Gefühlen widmen und gleichzeitig sehen und hören können, gerade so, wie es geschieht, können Sie Ihren Konzentrationsstrahl auf Ihre Atmung richten. Können Sie wahrnehmen wie Sie atmen? Wo ist der Ansatz der Atmung? Ist es eine flache Atmung, ist sie rasch oder langsam? Regelmäßig oder unregelmäßig?

Dann kommen Sie auch aus dieser Erinnerung wieder zurück an den Ort Ihrer Lektüre. Wie gut es Ihnen auch immer gelungen sein mag, aufgrund der geschriebenen Anleitung erinnerungsmäßig in die jeweilige Situation einzusteigen, eines dürfte für Sie deutlich geworden sein: Es gibt Unterschiede in der Atmung zwischen den beiden Erfahrungen, die Sie sicherlich wahrnehmen konnten. Vielleicht war die Atmung bei der ersten, angenehmen Erinnerung eher hoch, begann im Brustbereich, um sich von dort aus nach unten zu vertiefen. Vielleicht war sie langsam und regelmäßig, wogegen Sie vielleicht erleben konnten, daß die Atmung beim zweiten Teil des Experiments eher tief ansetzte, im Bauchbereich begann und dort verharrte, ohne sich nach oben auszubreiten. Jeder Mensch hat seine eigene Art, innere Erlebnisse systematisch mit einer bestimmten Atmungsweise zu verbinden. Oft erfordert diese Art von Wahrnehmung allerdings ein gewisses Training, das ich Ihnen einfach untergeschoben habe, eine Art von Selbstwahrnehmungsfähigkeit.

Bei den beiden grundsätzlichen inneren Prozessen von Zustimmung und Ablehnung von Situationen, in denen wir uns befinden, wird unterschiedlich geatmet. Wozu dient das Beobachten und Wahrnehmen von Atmungsvorgängen für die Unterrichtung? Inwiefern hilft dieses Wissen der Lehrperson zu einer besseren Verständigung mit den Schülern?

Bei der wiederholten und genauen Beobachtung von Schülern können wir uns als Lehrende ein genaues Bild über die Prozesse der Atmung verschaffen. Wir werden informiert über die individuelle Ausdrucksweise der Atmung, ob sie hoch ansetzt, in der Mittellage oder tief, ob sie rhythmisch abläuft oder unrhythmisch, unregelmäßig oder flach usw. Diese Erkenntnis hilft uns, zu sehen, in welcher Verfassung sich der Schüler befindet. Es kann mit Hilfe dieses Instrumentes erkannt werden, ob sich der Schüler in einem für ihn angenehmen, produktiven inneren Zustand befindet, oder ob er sich in einer gegenteiligen, ablehnenden, für ihn ungemütlichen inneren Haltung verfangen hat, die keine Perspektive zuläßt. Dieses Wissen bekommen wir über eine Serie von Beobachtungseinheiten. Wenn uns ein Schüler berichtet, daß er sich schlecht fühlt, und wir gleichzeitig sehen, wie er dabei atmet, ist es hilfreich, diese Atmung zu einem späteren Zeitpunkt wiederum zu erkennen. Das Wiederauftreten dieser speziellen Atmung läßt nach mehrmaliger Beobachtung den Schluß zu, daß der Schüler beim erneuten Auftreten in genau der gleichen inneren Verfassung wie früher ist, als diese Atmung zu sehen war. Dadurch können wir erfahren, ob es angebracht ist, in der gleichen bisherigen Art von Kommunikation oder Lehrprozeß weiterzufahren, oder ob es nicht besser sei, einen Wechsel vorzunehmen, um eine Zustandsveränderung beim Schüler zu bewirken, so daß er sich gut fühlen kann.

Die Beobachtung der Atmung können wir nutzen, um zu erkennen, wann wir im Rapport mit dem anderen Menschen sind. Dies geschieht dadurch, daß wir feststellen, daß wir selber in der Kommunikation mit dem Schüler in einer ähnlichen Art zu atmen beginnen wie er. Rapport kann so auch definiert werden als eine Form von Übereinstimmung, die sich in der Atmung ausdrückt.

Wenn es möglich ist, daß eine Anpassung in der Atmung zwischen zwei Menschen, die sich in Rapport bewegt haben, gleichsam automatisch und unbewußt geschieht, dann ist auch folgendes möglich: Der Lehrer kann seine Atmung an die Atmung des Schülers, mit dem er es speziell zu tun hat, in gewissem Masse willentlich anpassen, um dadurch seine Gleichheit auszudrücken. Dadurch wird der Kontakt intensiviert, das Gefühl, auf einer fundamentalen Ebene gleich zu sein, verstärkt sich. In der schulischen Lernsituation müssen bestimmte Vorsichtsmaßnahmen beachtet werden: Es soll keine Atmung übernommen werden, die für einen selbst unpassend ist, die die eigene Lebendigkeit unterdrückt. Als Lehrer geht es darum, selbst in der optimalsten Verfassung zu bleiben, obwohl z.b. ein Schüler in einer äußerst ungünstigen inneren Verfassung verstrickt ist. Es darf auch unter keinen Umständen darum gehen, andere Menschen manipulieren zu wollen. Manipulationswünsche führen in der Regel zu einer Verminderung der Qualität der Beziehung und damit in die Irre.

Betrachten wir als nächsten Bereich die Sprache. Auch hier lassen sich Gesetzmäßigkeiten erkennen und für den Aufbau von Rapport nutzbar machen.

4.2.3.3. Sprache

Aufgrund der unterschiedlichen inneren Organisation, die sich aus verschiedenen Gründen als individuelle Eigenheiten herausdestillieren während des menschlichen Wachstums- und Entwicklungsprozesses, reden Menschen eine je individuelle Sprache. Je besser es Lehrenden gelingt, zu erkennen, wie eine Schülerin oder ein Schüler über die Verwendung der Sprache Einsichten über die eigene innere Funktionsweise zum Ausdruck bringt, umso mehr Rüstzeug bietet sich an, Empathie, Einfühlung, Verständnis oder eben Rapport aufzubauen.

Wenn man bei Schülern auf die Sprache hört, bekommt man Hinweise für die momentane innere Organisation. Das heißt, wenn wir auf die Wörter hören, können wir daraus ableiten, ob jemand im Moment visuelle (sichtbare), auditive (hörbare) oder kinästhetische (fühl- und spürbare) innere Wahrnehmungen in den Vordergrund rückt. Überprüfen Sie selbst, was geschieht, wenn Sie folgende Aufforderung befolgen: Erinnern Sie sich an Ihren ersten Lehrer oder die erste Lehrerin!

Was geschieht im Moment der Erinnerung? Sehen Sie diese Person vor dem geistigen Auge? Hören Sie als erstes etwas? Oder spüren Sie als allererstes das Gefühl, das dazu gehört? Oder ein anderes Beispiel: Denken Sie an Meer! Hören Sie das Rauschen des Wassers? Sehen Sie die Gischt des heranrollenden Wassers? Oder spüren Sie die Temperatur und das angenehme Gefühl im Kontakt mit dem Wasser? Eine einfache Aufforderung! Unsere innere Aufmerksamkeit und unsere Erinnerungsfähigkeit funktionieren in dieser Art. Innere Wahrnehmungen oder Denken realisieren sich über unsere Sinne. Sie sind der Stoff, durch den die Erfahrungen gemacht, innerlich wieder abgerufen, gespürt, oder in Form von Bildern wiederbelebt werden können. Um das ganze Repertoire zu benennen, muß der Vollständigkeit halber auch der Geruch und der Geschmack genannt werden. So könnte es zum Beispiel auch sein, daß beim Gedanken an Meer die innere Wahrnehmung in den Vordergrund rückt, die mit einem salzigen Geschmack auf der Lippe zu tun hat oder dem Geruch in der Luft.

Die Verwendung der Sinne zur Bildung innerer Welten geschieht bei jedem Menschen auf unterschiedliche Art. Über die Prozesse der Generalisierung, Tilgung und Verzerrung haben alle Menschen gelernt, bestimmte Zusammensetzungen in der Verwendung der Sinnesmodalitäten (Sehen, Hören, Fühlen, Riechen, Schmecken) auszuwählen und bevorzugt zu gebrauchen.

In der Regel dominiert ein Wahrnehmungssystem die anderen. Das dominierende sensorische System kann bestimmt werden durch Heraushören bestimmter Wörter, die auf die Sinne hinweisen. Es handelt sich um die Prädikate, womit die Verwendung von Adjektiven, Verben, Adverbien und anderen beschreibenden Wörtern gemeint sind:

Ja, Ich **sehe,** du hast die Antwort gefunden.	V (visuell)
Ich kann mir jetzt ein genaues **Bild machen.**	V (visuell)
Das **klingt** so, als ob jetzt wieder **Harmonie** da sei.	A (auditiv)
Als ich ihn das **sagen hörte,** glaubte ich ihm.	A (auditiv)
Es ist für mich **leicht,** diese Aufgabe **anzupacken.**	K (kinästhetisch)
Diese Sitzung war so angenehm, daß ich **erleichtert** herauskam.	K (kinästhetisch)

Wortbeispiele für die verschiedenen Systeme:

visuell	auditiv	kinästhetisch	Geruch/ Geschmack
sehen	hören	warm	schmackhaft
vorstellen	lärmig	weich	salzig
Perspektive	harmonisch	rauh	würzig
beobachten	laut	heiß	bitter
schauen	ruhig	kalt	süß
bemerkenswert	schreien	Eindruck	frisch
klar	leise	handhaben	rauchig

Einige Wörter sind unspezifisch, weil sie nicht auf ein spezielles Sinnessystem hinweisen, oder sie betreffen mehr als ein sensorisches System. Beispiele dafür sind etwa: verstehen, wissen, glauben, denken, nett, erinnern, wechseln, sich bewußt werden, respektvoll, vertrauensvoll usw.

Das Wissen um die sensorischen Systeme, die ein Schüler verwendet, ermöglicht der Lehrerin und dem Lehrer eine bestmögliche Abstimmung der Reaktionen auf die Organisationsweise des Schülers. Die Folgen davon sind:

■ Erhöhung des Rapports,
■ Förderung des Gefühls in der eigenen Art verstanden zu werden,
■ gute Planung der Aktivitäten,
■ Verbesserung der Ergebnisse,
■ klare, direkte Kommunikation,
■ gleiche Sprache reden.

Übung:
Sie haben im folgenden die Gelegenheit, für sich selbst zu überprüfen, wie Sie Äußerungen einstufen. Unterstreichen Sie rechts ein K für Gefühl, V für bildhafte Wahrnehmung und A für hörmäßige Wahrnehmung. Am Ende der Übung erhalten Sie die richtigen Lösungen mitgeteilt.

1. *Er ist schon immer sehr ruhig gewesen und hat kaum ein Wort über die Lippen gebracht* (A / V / K)
2. *Diese Schülerin hatte schon immer sehr farbige Ideen und ging mit einer rosaroten Brille durch die Welt.* (A / V / K)
3. *Weißt du Mama, wenn wir mit dem Lehrer zusammen sind, fühlen wir uns einfach gut. Der weiß einfach, wie er uns anpacken muß.* (A / V / K)
4. *Moritz hat ständig ein lautes Mundwerk und stört damit die Harmonie. Ständig redet er drein.* (A / V / K)
5. *Bei mir muß alles in Bewegung bleiben. Ich weiß: Ich kann nicht fünf Minuten an einem Ort stehenbleiben, denn schon kitzelt mich wieder etwas Neues.* (A / V / K)
6. *Zuerst klang alles so gut und abgestimmt. Erst viel später kamen Mißklänge ins Spiel.* (A / V / K)
7. *Sonja kribbelte es angenehm im Bauch, als sie mein Kätzchen die Birke hochklettern sah.* (A / V / K)
8. *Endlich war es klar. Wir konnten alle erkennen, wie wir zu einer neuen Sichtweise gekommen waren, die uns wirklich neue Perspektiven eröffnete.* (A / V / K)
9. *So Kinder, diese Arbeit habt ihr gut gemacht. Jetzt könnt ihr erleichtert in die Ferien gehen.* (A / V / K)
10. *Ich kann es kaum fassen. Es ist phantastisch zu spüren, wie sie jetzt mit beiden Füßen auf dem Boden steht, verwurzelt wie ein Baum. Sie kann jetzt diese Sache handhaben und hat begriffen, worum es geht.* (A / V / K)
11. *Endlich habe ich den Überblick über diese Sprachmuster gewonnen.* (A / V / K)

Lösungen:

1. ruhig, Wort über Lippen gebracht: A
2. farbige, rosarote B.:   V
3. fühlen, anpacken: K
4. lautes Mundwerk, Harmonie, reden: A
5. Bewegung, kitzelt: K
6. klang, abgestimmt, Mißklänge: A
7. kribbelte, sah: K/V
8. klar, Sichtweise, Perspektive: V
9. erleichtert: K
10. fassen, spüren, handhaben, begriffen: K
11. Überblick: V

Die Anwendung des Wissens um die Sprachmuster und die Verbindung zu der inneren Organisationsweise von Schülern geschieht selbstverständlich immer in Kombination mit der entsprechenden Körpersprache. Während wir Wörter verwenden, um innere Erfahrungen nach außen mitzuteilen, reden wir gleichzeitig auch mit dem ganzen Körper. Betrachten wir zwei kurze Sequenzen, wo gezeigt wird, wie es der Lehrerin gelingt, ihre Sprache an den Prozeß der Schülerin und des Schülers anzupassen, um diese dadurch optimal abzuholen in ihrer „Landkarte". Die Lehrerin „spiegelt" auch die Körpersprache, d.h., sie paßt ihre Bewegungen, Mimik, Gestik usw. ebenfalls an. Das erste Beispiel handelt von Maria, der Viertkläßlerin, die uns schon früher im Zusammenhang mit der Körpersprache begegnet ist. Folgender Dialog findet statt zwischen Lehrerin und Schülerin:

1. Beispiel: M (Maria) bedeutet Schülerin, L heißt Lehrerin:

L: Hast du schon darüber nach-gedacht?

Die Lehrerin eröffnet das Gespräch.

M: Nein, ich weiß auch nicht. (Stockend, während sie das sagt, schaut sie zu Boden. Sie macht unrhythmische, abrupte Bewegungen mit ihren Beinen und Händen. Ihr Gesicht ist leicht gerötet. Maria redet langsam.)

Sie achtet auf die Körpersprache, die Bewegungen von Maria zeigen der Lehrerin den Weg für die Körpersprache. Viel unrhythmische Bewegung ist gefragt.

L: Es ist sehr unangenehm im Moment für dich ... und schwer ... (Die Lehrerin redet auch langsam, wie nach Worten suchend, und sie bewegt sich auch mehr, als sie dies sonst tut, macht abrupte Bewegungen mit ihren Beinen. Es ergibt sich fast automatisch.)

Hier verwendet die Lehrerin kinästhetische Wörter wie Maria. Sie paßt den Sprachstil an.

M: Ja ... Ich kann es einfach nicht. Ich begreife es nicht ... (Maria legt ihre Hände unter ihr Gesäß und bewegt sich vor und zurück. Ihre Beine bewegt sie abwechselnd vor und zurück, aber unrhythmisch, abrupt)

Maria redet weiter in kinästhetischer Sprache: „...begreife nicht."

70

L: (*Die Lehrerin beugt sich vor, berührt Maria leicht an ihrer rechten Schulter. Maria schaut jetzt auf, nur kurz.*) *Das begreife ich. Es ist schwer, wenn man etwas nicht packt, wenn es einem zwischen den Fingern wie Sand hindurchsickert*

M: *Mh ... (Bewegt sich, richtet sich kurz auf, um sich dann wieder nach vorne zu beugen.)*

L: *Komm, setz dich ganz nahe zu mir hin. So. (Maria richtet sich auf, die Lehrerin bewegt sich mit ihrem Stuhl auf Maria zu, Maria ihrerseits rutscht auch ihren Stuhl näher, ihr Gesicht hellt sich auf. Sie schaut jetzt der Lehrerin ins Gesicht. Diese legt einen Arm um Marias Schulter, während sie weiterspricht.) Du wirst das schon packen. Sag mir mal, wann hast du das letzte Mal ein Wort richtig geschrieben?*

M: *(Wirkt überrascht über diese Frage. Sie richtet sich aber jetzt auf, denkt nach. Ihr linkes Bein wippt auf und ab, ohne daß Maria dies bemerkt.) Äh ... Ich glaube ...*

Hier wird Maria aus dem festgefahrenen Zustand herausgeholt. Sie redet auch in der K-Sprache: „begreife"

Dieses Manöver holt Maria aus ihrem Zustand heraus und schafft Rapport bei Maria, erkennbar in der Ausdrucksveränderung des Gesichts.

Die Berührung holt Maria im Gefühlsbereich ab.

*Weiterhin K-Wörter: „packen"
Hier erfolgt eine Aufforderung zum Wechsel der Aufmerksamkeit auf Fähigkeiten, auf denen dann aufgebaut werden kann.*

Was hier deutlich zu hören ist, ist die Verwendung von gefühlsmäßiger Sprache. Die Lehrerin schafft Rapport über die Verwendung von kinästhetischen Wörtern und durch Spiegeln der Merkmale der Körpersprache, die für die Lehrerin auch passen.

2. Beispiel: *L = Lehrer, S = Schüler*

S: *Sehen Sie, wenn das so einfach wäre, hätte ich ja den Durchblick bei dieser Prüfung ganz bestimmt gehabt.*

Der Schüler verwendet visuelle Wörter: „sehen, Durchblick". Seine Körperhaltung entspricht der visuellen Organisation.

71

(Der Schüler sitzt ohne Bewegung da, seine Stimme ist rasch und relativ hoch, er hat den Kopf dabei leicht gesenkt, seine Augen schauen geradeaus.)

L: Es sieht für mich auch so aus, du hast wirklich den Überblick verloren in dieser Arbeit. (Der Lehrer redet auch relativ rasch, hält seinen Körper ruhig, ohne Bewegung.)

Der Lehrer redet ebenfalls im visuellen Sinneskanal und benutzt die visuelle Körpersprache (ruhige Körperhaltung).

S: Ich seh' da wirklich nicht ganz durch. Bei der letzten Prüfung habe ich es wirklich überblickt. Ich habe dort wirklich den ganzen Ablauf vor mir gesehen.

Der Schüler redet weiter in visuellen Kathegorien („seh', überblickt. gesehen").

L: Schauen wir uns doch die ganze Angelegenheit von Anfang an nochmals durch. Hier siehst du zuerst dieses Dreieck mit der Grundlinie. Darüber siehst du die Höhe eingezeichnet. Siehst du das? usw. usw.

Der Lehrer verwendet ebenfalls visuelle Wörter („schauen, siehst").

Hier verwendet der Schüler vor allem den visuellen Zugang in der Kommunikation. Seine Welt ist zu diesem Zeitpunkt der Stichprobe des Gespräches von der bildhaften inneren Landkarte bestimmt. Entsprechenderweise verwendet der Lehrer seinerseits den visuellen Ausdruckskanal, um dadurch den Schüler zu erreichen und die Chance zu erhöhen, sich verständlich zu machen. Die gleiche Sprache schafft gleichzeitig einen hier notwendigen günstigen Rapport zwischen den beiden, als Basis für die folgende Zusatzinstruktion.

4.2.3.4. Paraverbale Mitteilungen in der gesprochenen Sprache

Im Zusammenhang mit der Sprachverwendung muß der Vollständigkeit halber der ganz wichtige Bereich der paraverbalen Bedeutungen erwähnt werden. Beim Sprechen übermitteln wir über das Medium der Stimme wichtige zusätzliche Informationen, die Möglichkeiten zur Verständigung bieten. Um Rapport aufzubauen und aufrechtzuerhalten, kann auch hier eine Angleichung an die Ausdrucksweise des Gegenübers stattfinden. Dabei kann die Art der

Stimme, Tonart, Ausdrucksweise, spezielle Betonungen und Hervorhebungen bestimmter Worte auf bestimmte Art, Sprechgeschwindigkeit, Lautstärke und Sprachrhythmus berücksichtigt und gehört werden.

Eine Kollegin, die als Trainerin oft mit Eltern Gespräche führen muß, die sich in schwierigen finanziellen Situationen befinden, hat mir erzählt, wie ihr unbeabsichtigt folgendes geschehen ist: Einmal hatte sie mit einem Vater zu tun, der verschiedene Eigenheiten in der Anwendung der Sprache aufwies. Er sagte nach jedem dritten Wort „ja" oder „mh", ohne dies selbst zu merken. Gleichzeitig stotterte er leicht, ebenfalls ohne sich dessen bewußt zu sein. Meine Kollegin wurde in diesem Gespräch zunehmend von einem leichten Stottern befallen. Anscheinend wurde dieses dadurch ausgelöst, daß sie wie dieser Vater nach Worten zu ringen begann. Im Unterschied zu ihm kam ihr ihr eigenes Stottern zu Bewußtsein, konnte es aber in diesem Gespräch nicht gänzlich kontrollieren. Nach Beendigung dieses Gespräches war sie wieder wie vorher. Es sei noch hinzugefügt, daß sie der Überzeugung war, daß dieser Herr sehr kooperativ sei. Sie hatte den Eindruck, daß das, was sie sagte, auf offene Ohren stoße.

Obwohl hier nicht empfohlen wird, Details wie das Stottern im mitfühlenden Gespräch mit der anderen Person zu übernehmen, veranschaulicht dieses Beispiel doch das Phänomen des Rapports durch unbewußtes Gleichwerden im Sprachverhalten auf eindrückliche Art. Angleichung kann auf den verschiedensten, oben genannten sprachlichen Ebenen geschehen.

Spezielle sprachliche Ebenen sind etwa die Sprechgeschwindigkeit und die Lautstärke. Wenn ein Schüler eher schnell spricht, ist es passend, wenn der Lehrer gleichfalls schnell redet. Redet ein Schüler mit lauter Stimme, paßt es, wenn auch die Lehrperson die Stimme erhebt zur vollen Kraft. Durch diese Angleichung drückt sich entweder die spontane Geistesverwandtschaft aus, oder zumindest das Bemühen darum. Sogar dann, wenn ein Kind beispielsweise einen Wutanfall bekommt, fühlt es sich ernster genommen, wenn die Lehrerin ebenfalls Ansätze dieses Wutanfalls in die eigene Ausdrucksweise übernimmt, indem sie zusammen mit dem Kind gegen die unliebsamen Begebenheiten schimpft, die das Kind wütend machen.

4.2.3.5. Die Sprache der Augen

Neben der Sprache liefern die Augen darüber Hinweise, wie innere Informationen zugänglich gemacht werden. Die Pioniere des NLP – John Grinder, Richard Bandler, Leslie Cameron-Bandler und Judith DeLozier – fanden heraus, daß ein eindeutiger, nachweisbarer Zusammenhang besteht zwischen den Augenbewegungen und dem Prozeß der inneren Informationssuche. Wenn ein Schüler zum Beispiel innere erinnerte Bilder wachruft, korreliert dieser Denkprozeß mit den dazugehörigen typischen Augenbewegungen: Seine Augen bewegen sich in dem Moment der Wiederbelebung der visuellen Erinnerung nach links oben.

Wir können es täglich erleben, wenn wir aufmerksam beobachten, wie andere Menschen reagieren, wenn sie auf eine bestimmte Frage, die sie gestellt bekommen, eine Antwort geben sollen und diese zuerst suchen müssen. Es wird dann etwa gesagt: „Moment mal, laß mich doch nachsehen ..." Gleichzeitig kann von außen gesehen werden, wie die Augen sich nach oben links bewegen.

„Die Bewegung der Augen nach oben links stimuliert (bei Rechtshändern) eidetische (erinnerte) Bilder, die in der nicht-dominanten Hirnhemisphäre lokalisiert sind. Die neurologischen Bahnen, die aus der linken Seite beider Augen kommen (linke visuelle Felder), sind in der rechten (nicht-dominanten) Hirnhemisphäre repräsentiert. Die Bewegung der Augen nach oben links ist eine übliche Methode, sich Zugang zum visuellen Gedächtnis zu verschaffen. Dagegen stimuliert man, wenn man die Augen nach oben rechts bewegt, die linke Hirnhemisphäre und konstruierte Bilder, d.h. man stimuliert visuelle Repräsentationen von Dingen, die man noch niemals gesehen hat" (*Cameron-Bandler* 1983, 39 f.). Wer seine Augen nach unten rechts führt, kommt am leichtesten in Kontakt mit seinen Gefühlen, und bei der Augenbewegung nach unten links ist es am leichtesten Selbstgespräche zu führen.

Dieses Wissen wurde gewonnen, indem man Personen bestimmte Fragen stellte. Gleichzeitig beobachtete man die Augenbewegungen, die die Antworten begleiteten. Wenn jemand nach Gefühlen und Empfindungen gefragt wird, kann die Antwort nur gegeben werden, wenn diese Gefühle tatsächlich innerlich zugänglich gemacht werden . „Wie fühlt es sich an, in einer Achterbahn, die hoch hinaufführt, vom höchsten Punkt nach unten zu sausen? Wie ist das

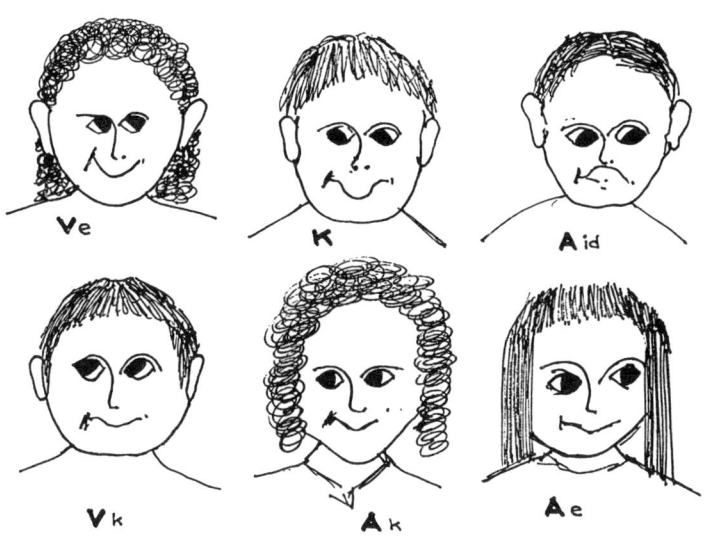

Augenbewegungsmuster:
oben links: Augen links oben = visuelle Erinnerung (V^e)
oben Mitte: Augen rechts unten = kinästhetisch (Gefühle) (K)
oben rechts: Augen links unten = auditiv internal (oft innerer Dialog, Selbstgespräch) (A^i)
unten links: Augen oben rechts = visuelle Konstruktion (V^k)
unten Mitte: Augen in Mittelpositon rechts = auditive Konstruktion (A^k)
unten rechts: Augen in Mittelposition links = auditive Erinnerungen (A^e)

Gefühl im Magen?" Oder: „Wie sieht ein Jumbo-Jet der Swissair aus? Wie ist die Form des Kopfes dieser Maschine?"

Wozu dient dieses Wissen um die Augenmuster dem Lehrer in der Unterrichtspraxis? Wie schon erwähnt, handelt es sich bei der Entdeckung der Augenbewegungen um eine Möglichkeit, Indikatoren sehen zu können bezüglich den im Moment der Beobachtung

75

innerlich ablaufenden Prozessen bei Schülern. Es kann gesehen werden, ob jemand die Antwort visuell, auditiv oder kinästhetisch abruft. Das Erkennen des verwendeten Sinneskanals gibt den Hinweis, wo die Schülerin abgeholt werden kann. Zeigen die Augen visuelle innere Prozesse an, so ist es angezeigt, ebenfalls visuell zu reagieren, z.b. durch Verwendung visueller Wörter. Handelt es sich um den kinästhetischen Kanal, geht es darum, kinästhetische Wörter und Körpersprache geschehen zu lassen, um die Verständigung auf einem optimalen Niveau zu halten. So betrachtet liefert das Augenmusterwissen eine zentrale Grundlage für den Aufbau und die Erhaltung von Rapport. Wer sich trainiert hat im automatischen Ablesen der Augenmuster, rechnet diese Fähigkeit zum Alphabet der meisterschaftlichen Unterrichtung.

Die Sprachmuster, die wir betrachtet haben, stellen den bewußten Teil von Hinweisen auf innere Prozesse dar, wogegen die Augenbewegungsmuster unwillkürlich und unbewußt geschehen. Bei Äußerungen, bei denen aufgrund der Wörter keine Zuordnung zu spezifischen Sinnessystemen möglich ist, liefern die Augenbewegungsmuster zusätzliche Informationen für die Zuordnung.

Ein weiterer sehr wichtiger Aspekt ist dadurch gegeben, daß die Aktivierung von Augenbewegungsmustern gleichzeitig bedeutet, daß die Aufmerksamkeit von außen abgezogen und nach innen gerichtet wird. Es kann dadurch erkannt werden, wann ein Schüler wieder empfänglich ist für Informationen, die von außen an ihn gerichtet werden. Oft entstehen in der Kommunikation zwischen Lehrenden und Lernenden deshalb Mißverständnisse, weil der Lehrer aufbauende Informationen zu früh an den Schüler heranträgt, weil er übersieht, daß der Schüler seine gesamte Organisation noch nicht wieder auf Empfang eingestellt hat. Er ist nicht anwesend, sondern in Gedanken nach innen versunken.

Aus dieser Perspektive betrachtet, klingt es unvernüftig, Schüler dazu aufzufordern, ihre Aufmerksamkeit ständig nach außen gerichtet zu haben, erkennbar in einem wachen Blick und durch rasche verbale Reaktionen. Ruhe und Zeit sind wichtig, um die inneren kontemplativen Verarbeitungs- und Suchprozesse zu unterstützen. Das Tempo dieser Verarbeitung geschieht sehr individuell und ist abhängig von den verschiedensten Aspekten wie Erfahrungen, Vorlieben, Lernstrategien, Klima usw. Sehr unpassend sind Äußerungen wie: „Schau mich an, wenn du mit mir redest." Was macht nämlich der Schüler, der an erster Stelle einen kinästhetischen Zugang für das Lernen braucht, wobei, wie wir jetzt wissen, bei diesem Prozeß die Augen nach unten rechts wandern? Oder der Schüler, der sich eine visuelle Konstruktion anschauen muß, um das, was er gerade im Moment hört, innerlich verarbeiten zu können? Jede Art von innerer sinnlicher Suche (= Lernen) bewegt die Augen vom Zentrum weg, auch weg vom Gesprächspartner oder Lehrer. Deshalb sind Äußerungen in solchen „heiligen Verarbeitungsmomenten" unterstützend, die beispielsweise etwa so klingen: „Gut, laß dir Zeit ..." Oder: „Nimm dir Zeit, ... schau genau hin ..." (hierbei Augenbewegungen nach oben links oder rechts). Oder: „Mh, ja genau ... Hör auf die Antworten die kommen, laß dir Zeit" (bei der Beobachtung von Augenbewegungen, die das auditive System betreffen, wie Augen nach Mitte rechts oder Mitte links oder nach unten links). Sehr einfühlend ist vor allem das „Warten können", während genau beobachtet wird, wann der Schüler wieder zurückkommt. Das tägliche Wahrnehmen solcher Augenbewegungen im Gespräch schafft ein tiefes Erfahrungswissen, mit dessen Hilfe Kriterien entwickelt werden, die eine neue Art von Intuition in der Kommunikation schaffen.

Obwohl Zeit lassen als wichtiger Grundsatz gilt, geht es manchmal gerade darum, dem Schüler wenig Zeit zu lassen. Dies betrifft vor allem innere Zustände, die sowohl vom Schüler, als auch der Lehrperson als unproduktiv angesehen und diagnostiziert werden. Wir werden noch darauf zurückkommen im Zusammenhang mit dem Herausholen von Lernenden aus ungünstigen, festgefahrenen Zuständen. Hier sei vorerst einfach betont, wie wichtig und hilfreich das Wissen um die Augenmuster für eine optimale Verständigung sein kann.

Betrachten wir ein kurzes Beispiel, bei dem die Lehrerin ihre Aufmerksamkeit auf die Augenmuster richtet und die gewonnenen Erkenntnisse in ihre Antworten einfließen läßt. Es handelt sich um einen Ausschnitt aus einem Dialog zwischen einer Lehrerin und einem Schüler der 6. Klasse:

L = Lehrerin, S = Schüler

S: Ich kann darin einfach den Sinn nicht sehen. (Augen bewegen sich nach oben links = visuelle Erinnerung). Sonst ist es ja jeweils gut vor sich gegangen. (Augen bewegen sich nach unten rechts = Gefühl.)

L: Ja, ich sehe, es gibt im Moment wenig sinnvolle Möglichkeiten. Und früher hast du dich damit gut gefühlt. (Lehrerin wird zuerst visuell aufgrund der

Worte, die sie gehört hat und anschließend kinästhetisch aufgrund der Augen-
bewegungen, die auf Gefühle hinweisen. Sie holt dadurch den Schüler optimal
in seiner Welt ab: visuell und kinästhetisch, bezogen auf diese erste Äußerung.)

S: *Ja, früher fühlte ich mich gut damit (Augen bewegen sich nach unten rechts*
= Gefühl), ich erinnere mich noch gut daran (Augen bewegen sich nach oben
links = erinnertes Bild), als ich das erste Mal eine Geschichtsprüfung vorbereitet
hatte. Es ging um die Höhlenbewohner (Augen nach unten rechts = Gefühl), da
freute ich mich.

L: *Und dieses gute Gefühl stammt von der Erinnerung an die Geschichtsprü-*
fung. Und du siehst, was das für eine Situation war, damals bei dem Thema
Höhlenbewohner, das dich gefreut hat. (Die Lehrerin paßt den Sprachstil dem
inneren Prozeß in der Abfolge an: zuerst wird sie kinästhetisch, dann visuell
aufgrund der Wahrnehmung der Augenbewegung nach oben links, und zum
Schluß wieder kinästhetisch.)

S: *Ich weiß nur noch, wie schön es war (Augen bewegen sich nach unten rechts*
= Gefühl), die Pfeile selber herzustellen aus verschiedenen Knochen (Augen
bewegen sich nach oben links = erinnertes Bild).

L: *Es ist angenehm daran zurückzudenken (die Lehrerin spricht die Gefühle an),*
vor allem, wenn du die Knochen und Pfeile vor dir sehen kannst (und wechselt
dann auf die visuelle sprachliche Ebene, da mit der zweiten Augenbewegung
„Pfeile" und „Knochen" als dem visuellen Kanal zugehörig bestimmt werden).

S: *Mh, ... ja. (Der Schüler verharrt jetzt einen Moment schweigend, die Augen*
bewegen sich dabei nach unten links = innerer Dialog, auditive Ebene, Selbst-
gespräche, er sieht dabei betroffen und verärgert aus, seine Stirn zeigt zwei
senkrechte Falten über der Nasenwurzel, seine Augenlider straffen sich sicht-
bar.)

L: *(Die Lehrerin bemerkt den Gesichtsausdruck, die Straffung der Lider und*
sieht gleichzeitig die Augenbewegungen nach unten links. Sie wartet, bis der
Schüler die Augen wieder nach vorne zu ihr hin richtet und die Pupillen sich
etwas verengen, woran sie erkennt, daß der Schüler wieder hier ist und sie
anschaut.)

Dieser Schüler denkt im Moment der Betrachtung vorwiegend in
kinästhetisch-visuellen Kategorien. Es ist deshalb passend, wenn
die Lehrerin ebenfalls in diese Sinnessysteme eintaucht, um die
Verständigung auf ein optimales Niveau zu heben. Am Schluß verharrt der Schüler nach dem „Mh" abrupt in Selbstgesprächen. Hier
wartet die Lehrerin respektvoll, bis sie die Hinweise sieht, daß der
Schüler wieder herausgekommen ist. Informationen, die in diesen
inneren Suchprozeß hineingegeben worden wären, hätten den Ab-

lauf gestört oder wären vom Schüler nicht bewußt zur Kenntnis genommen worden.

Zusammenfassend läßt sich festhalten, daß die erweiterte Wahrnehmung der Körpersprache, des Sprachprozesses und der Augenbewegungsmuster ein reichhaltiges und ergiebiges Wissen bietet, um Rapport mit Schülern herzustellen und sich in Rapport mit den Schülern einzuschwingen.

4.2.4. Rapport bezogen auf die Filtersysteme: Metaprogramme, Werte und Überzeugungen, Grundstimmungen

Rapport – im Gegensatz zu diesen bisher vorgestellten einfachen und gleichzeitig fundamentalen Rapportbildungsmöglichkeiten – entsteht auf einer sehr tiefen Ebene dadurch, daß Übereinstimmung zwischen Lehrperson und Lernenden bezogen auf die Filtersysteme besteht. Folgendes ist damit gemeint: Wenn Informationen von außen ins Innere über die Sinne hereinströmen, werden sie gefiltert. Erfahrungen werden dadurch getilgt, verzerrt und generalisiert. Drei der großen Filtersysteme werden im folgenden unter die Lupe genommen, nämlich: Meta-Programme, Werte und Überzeugungen.

4.2.4.1. Rapport als Ergebnis der Anpassung an die Meta-Programme

Metaprogramme stellen Möglichkeiten zur Verfügung, wie Informationen verarbeitet werden können. Es handelt sich um inhaltsfreie Verarbeitungsfilter, mit deren Hilfe wir alle entscheiden, welchen Aspekten einer Erfahrung wir besondere Aufmerksamkeit schenken.

> Liselotte beispielsweise ist bekannt dafür, daß sie überall, wo sie auftaucht, in irgend einer Art das Haar in der Suppe findet. Wenn eine Veranstaltung sehr schön gewesen ist, alle getanzt und gut gegessen haben und ihr am Schluß jemand begeistert mitteilt: „War das ein schöner Abend", dann wird sie sagen: „Ja schon, aber ist dir die Zusammenstellung der Farben aufgefallen? Die Tischtücher vertrugen sich hinten und vorne nicht mit den Servietten, ein furchtbarer Anblick."

Liselotte richtet ihre Aufmerksamkeit nach der inneren Regel aus, danach zu suchen, was noch nicht stimmt. Dies ist ein Meta-Programm, eine Möglichkeit, die Information die hereinkommt, in der persönlich „richtigen Art" zu sortieren.

Ein anderes Beispiel ist Jeremias, der sich gerne zurückzieht. Wenn man mit ihm spricht, kann man leicht das Gefühl bekommen, er sei nicht sonderlich am Gespräch interessiert. Sein Blick schweift irgendwo hin. Oft sieht er aus, als ob er gleichsam nach innen schauen würde. Seine Mutter berichtet dem Lehrer, daß er es gerne habe, für sich selbst zu spielen oder mit wenigen Kameraden. Auch für sie sei es manchmal nicht selbstverständlich, ihn aus seiner Welt herauszuholen und in Kontakt zu treten mit ihm.

Jeremias ist ein Beispiel für eine Person, die sich auf sich Selbst konzentriert und Erfahrungen für sich „Selbst" macht. Er braucht wenige Informationen von außen, ist auf wenige Kontakte angewiesen. Dies sind zwei mögliche Sortierstile oder Meta-Programme. Lieber verwende ich von nun an den Begriff „Denkstile".

Die Kenntnis der Denkstile hilft dabei, einerseits die eigene bevorzugte innere Organisationsweise zu entdecken und auf der anderen Seite die inneren Programme der Schüler kennenzulernen. Mit Hilfe dieses Wissens kann man sich an die tiefsten – oder je nach Formulierung an die Übergeordnetsten – Grundorganisationsweisen der Schüler anpassen, um den Rapport zu vertiefen und ihnen zu helfen, besser und leichter zu lernen.

Es gibt viele Denkstile. Von denjenigen, die bisher entdeckt wurden, sind für die Unterrichtspraxis die folgenden wichtig:

1. Orientierungsrichtung „weg vom Negativen" und „hin zum Positiven",
2. schon erreicht oder noch nicht erreicht (halb voll/halb leer),
3. Überblick oder Detail,
4. Suche nach Gemeinsamkeiten oder Unterschieden,
5. Selbstbestimmung oder Fremdbestimmung,
6. Hauptinteressen,
7. bezogen auf sich selbst oder auf andere,
8. Zeitfilter: Orientierung auf Vergangenheit, Gegenwart, Zukunft.

4.2.4.1.1. Weg vom Negativen oder Hin zum Positiven?

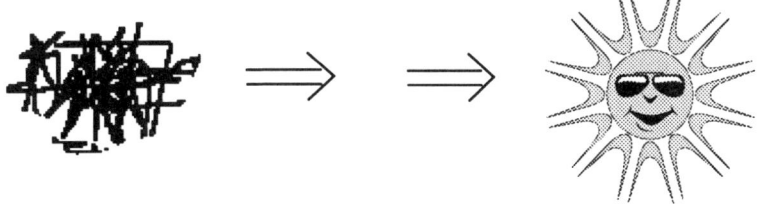

weg von etwas Unerwünschtem   hin zu etwas Erwünschtem

Es gibt Menschen, die ihre Wahrnehmung darauf ausgerichtet haben, zu suchen, wovon sie sich wegbewegen wollen. Diese Leute handeln aufgrund ihrer Angstgefühle. Sie spüren das, was nicht stimmt. Dabei phantasieren sie innerlich durch, vor welcher Bestrafung sie sich schützen wollen.

Schüler, die Informationen so auszusortieren gelernt haben, lernen am besten über das Prinzip der Bestrafung und Vermeidung. Dieses Meta-Programm erkennt man beim genauen Zuhören:

In den folgenden Äußerungen von Ilse, einer Unterstufenschülerin, läßt sich beispielsweise erkennen, daß sie ihre Wahrnehmung darauf ausgerichtet hat, aufmerksam zu sein darauf, wovon sie sich wegbewegen will. Sie macht zu verschiedenen Zeitpunkten folgende Aussagen: „Ui, das möchte ich aber schon gar nicht machen, das ist gruusig (nicht schön)." – „Nein, das mach ich nicht, das sieht sonst wieder so furchtbar aus. Dann vermischen sich alle Farben wieder." – „Oh, das muß ich anders machen, sonst werden meine Kleider wieder so schmutzig, da wird meine Mutter aber gar keine Freude daran haben. Dann schimpft sie wieder und ich darf dann nicht spielen."

Andere Menschen sind darauf ausgerichtet, die Informationen danach auszusieben, wo sich etwas zeigt, was sie erreichen und worauf sie sich zubewegen möchten. Es sind Personen, die sich das beste Resultat oder die Belohnung, die daraus resultiert, in Erinnerung bringen, um sich zu motivieren. Was sie sehen, hören, fühlen, riechen und schmecken, wird danach bewertet, wo es etwas gibt, das Hinweise dafür liefert, womit das „gute Resultat" verdeutlicht werden kann. Somit wird die phantasierte Belohnung der treibende Motor für das Handeln. Das gute Ergebnis selbst kann motivierend genug sein, um sich zu bewegen.

Martin ist ein Beispiel dafür. Er ist ebenfalls in der Unterstufe. Er äußert sich oft nach folgendem Grundmuster: „Ja, das wird sehr schön aussehen, jetzt muß ich noch diese glitzernden, glänzenden Sterne draufkleben. Das wird gut aussehen. Und wenn ich dann am Schluß noch mit dem Goldpapier kleine Streifen daran hänge, dann ist das der schönste Stern, den ich mir wünsche."

Viktor, ein junger Mann, der sich gerade um eine neue Ausbildung bemüht, sagt: „Wenn ich mir das so überlege, dann kann ich mir schon jetzt gut vorstellen, wie das sein wird, wenn ich vor Leuten stehen werde. Ich stelle mir eben vor, ich werde gut vorbereitet sein. Es muß schön sein, Leuten von seinem Wissen etwas weiterzugeben. Es wird auch Freude machen zu hören, daß das gut angekommen ist."

Nach dem bekannten Muster, daß sich Rapport an der Menge an Übereinstimmung zwischen zwei Personen zeigt und aufbaut, können die beiden Denkstile „weg von" und „hin zu" genutzt werden, indem Lehrerinnen und Lehrer SchülerInnen in diesem Muster abholen. Zwei Beispiele sollen diesen Rapportbildungsprozeß verdeutlichen, zuerst anhand des „weg von"-Programms und dann anhand des „hin zu"-Programms:

Der Lehrer kennt den Denkstil „weg von" von Ilse im Beispiel von vorhin. Als er sie irgendwann ansprechen muß, um sie zu einer Arbeit zu motivieren, sagt er zu ihr: „Ilse, du möchtest sicher heute abend nicht Aufgaben machen müssen und deshalb nicht spielen können. Und wenn ich mir vorstelle, wie ungemütlich das sein wird bei der nächsten Arbeit, wo schon der nächste Schritt kommen wird, wenn du nicht folgen kannst, weil du diese Übung nicht sofort gemacht hast ..." (Diese kleine Intervention geschieht selbstverständlich unter Berücksichtigung aller anderen bisher gelernten Rapportkriterien. Ilse kann sich sehr verstanden fühlen, ist dies doch auch der Grundprozeß ihres Denkens, durch den sie sich hindurchbewegt.)

Als die Lehrerin von Martin mit ihm über seine angefangene Rechenarbeit verhandelt, die er zu seinem Vorteil zu Ende führen soll, sagt sie zu ihm, ihn in seinem Meta-Programm „hin zu" abholend: „Martin, wenn du diese Arbeit vor dir siehst, die du angefangen hast, dann kannst du dir deutlich machen, wie schön dieses Blatt aussehen wird, wenn es fertig ist. Du kannst dich schon jetzt darauf freuen, wenn du nach dem Abschluß dieser Arbeit heute nach Hause gehen kannst mit der Vorstellung, daß du deine Arbeit gut beendet hast. Es kann sehr schön sein, wenn man rasch nach der Schule mit dem Spielen beginnen kann."

Im einen Fall schildert die Lehrkraft das befürchtete Ergebnis, wovon sich die Schülerin wegbewegen will, und im anderen Fall geht der Lehrer von der erstrebenswerten Vision aus und malt die wünschenswerte Szene aus. Die beiden SchülerInnen werden in ihrer Welt abgeholt.

Wie leicht nachzuvollziehen ist, gibt es auch Mischformen. So kann ein Schüler sowohl sortieren danach, wovon er sich wegbewegen will und gleichzeitig orientiert sein auf seine Vorstellungen über die Ziele.

4.2.4.1.2. Erreicht – nicht erreicht

Halb-voll?   **Halb-leer?**

Dieses Denkmuster ist sehr wichtig. Orientiert sich jemand mehr daran, was schon erreicht worden ist bezogen auf bestimmte Ziele, oder sucht jemand mehr danach, was noch fehlt, was noch nicht erreicht ist?

Miriam in der 2. Realklasse (8. Klasse) formulierte ein Ziel folgendermaßen: „Ich möchte konzentriert und gut in Prüfungen gehen können. Dies betrifft vor allem Rechnen und Französisch. Dabei habe ich festgestellt, daß ich schon die meisten Wörter richtig schreibe, auch im Mündlichen bin ich gut."

Hannes in der 5. Klasse sagt zu seinem Freund: „Schau mal zu, wie ich diesen Ball stoßen kann. Du kannst ins Tor gehen, ich werde dir zeigen, wie ich den Ball schieße." Nachdem er das gesagt hat, bewegt er sich nach hinten, während sein Freund ins Tor geht. Hannes schießt. Der Ball verfehlt knapp sein Ziel, bewegt sich auf der rechten Seite vorbei ins Gras. Er ruft seinem Freund zu: „Hast du gesehen. Ich habe fast getroffen. Gut, nicht wahr? Hast du auch gesehen, wie kräftig der Ball geflogen kam? Ich hab es schon beinahe geschafft."

Miriam und Hannes sortieren ihre Erfahrungen danach aus, was schon erreicht worden ist. Anders klingt es, wenn jemand seine Informationen untersucht bezüglich dem, was noch nicht erreicht worden ist. Eva und Fridolin sind dafür Beispiele:

Eva sagt: „Ich bin nicht weit gekommen mit dieser Hausaufgabe. Dieser Teil ist nicht hundertprozentig gelungen. Hier unten habe ich die Schrift ein bißchen verschmiert. Es fehlt eine Zusammenfassung am Schluß. Ein ganz großes Stück Arbeit ist das."

Fridolin, Schüler der 9. Klasse, meint, als er gefragt wird, wie er das jetzt sehe am Ende des Schuljahres: „Wissen Sie, vieles wurde ausgelassen. Wir haben nicht gelernt einen Computer zu bedienen. Es fehlt mir an Französischkenntnissen. Oft war dicke Luft in unserer Klasse, der Hausmeister hat auch ständig herumgemeckert. Also insgesamt hat es sehr wenig gebracht, wenn Sie mich fragen."

Eva und Fridolin tilgen den anderen Teil der Erfahrungen aus ihrem bewußten, formulierbaren Erleben. Wenn es Lehrende mit Schülern zu tun haben, die sich in dieser Art innerlich organisiert haben, dann entsteht die beste Verständigung dadurch, daß auch der Lehrer sich anfänglich in diese Denkart hineinfühlt und in dieser Weise formuliert.

Bei Fridolin beispielsweise könnte sich die erwachsene Person anschließend etwa folgendermaßen äußern, um die Denkweise aufzufangen: „Ja, ich bin sicher, daß du es erlebt hast, wie sehr vieles versäumt worden ist. Du erwähnst die mangelnden Französischkenntnisse, das Klima in der Schule und unter den Kameraden. Ich bin sicher, es gibt noch vieles andere, das nicht perfekt gelaufen ist."

4.2.4.1.3. *Überblick oder Detail*

Es gibt Schüler, die brauchen sehr viel detaillierte Informationen, damit sie gut verstehen können. Sie lernen am besten auf dem induktiven Weg, über viele kleine Beispiele mit vielen verschiedenen Angaben bezüglich der Teilaspekte des Lerngegenstandes.

Andere Schüler lernen dann am besten, wenn sie zuerst einen großen Rahmen und Überblick bekommen. Ihr Stil, Informationen innerlich einzuordnen, besteht darin, den großen Bogen und die Hauptbotschaften herauszufiltern. Dies kann durchaus auf Kosten der verschiedenen minutiösen Details gehen.

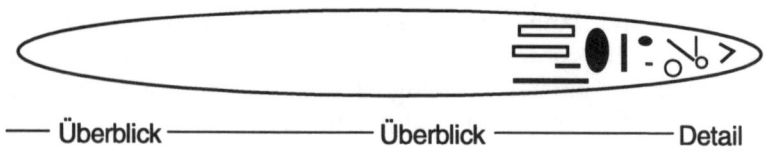

—— Überblick ————— Überblick ————— Detail

Die Kenntnis dieser unterschiedlichen Schülerorganisationsweisen kann von Lehrpersonen so genutzt werden, daß beiden Aspekten Rechnung getragen wird. Einerseits kann ein großer Bogen oder Überblick präsentiert werden und gleichzeitig auch auf einzelne spezifische Details eingegangen werden. Den einzelnen Schülern kann man dieses Vorgehen speziell anpassen.

Wenn die Lehrerin beispielsweise bei einer Lerngruppe entdeckt hat, daß die meisten Personen vorwiegend nach „großen Einheiten" aussortieren, dann weiß sie, daß es unabdingbar notwendig ist für den besten Lernfortgang, wenn sie zuerst einen groben Überblick über das Thema gibt. „Ich möchte Euch hier einen groben, allgemeinen Überblick über unser Thema geben. Es handelt sich um das Thema ‚Die Entdeckung Amerikas'. Dabei betrachten wir folgende vier Bereiche: ..." Um die restlichen Schüler ihrer Gruppe auch dabeizuhalten, erzählt sie ebenfalls zu Beginn ein detailliertes Beispiel über den gerade laufenden Krieg in Mexiko zwischen den Indianern und der Regierung: „Ich habe hier gerade eine Zeitungsnotiz vor mir. Hier steht geschrieben ..."

4.2.4.1.4. Sortierung nach Gemeinsamkeiten oder Unterschieden

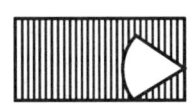

Sortieren nach Gemeinsamkeiten | Sortieren nach Unterschieden

Ein weiteres wichtiges Programm für die Einordnung von Informationen ist die Unterscheidung nach Gemeinsamkeiten oder nach Unterschieden. Das heißt: Es gibt SchülerInnen, die sich innerlich darauf programmiert haben, beim Austausch mit anderen Menschen – zum Beispiel der Lehrerin – nach allem zu suchen, mit dem sie nicht übereinstimmen können und wollen. Sie suchen die Unterschiede zu ihren eigenen Auffassungen. Auf diese Weise – so haben sie gelernt – können sie auf die beste persönliche Art lernen. Erkennbar ist dieser Sortierstil durch Äußerungen, die ein „aber" beinhalten. Diese Personen fühlen sich dann am wohlsten, wenn sie in der Auseinandersetzung mit anderen Menschen sagen und spüren dürfen, womit sie nicht einverstanden und anderer Auffassung sind.

Otto in der 8. Klasse zum Beispiel sagt zur Lehrerin: „Sie haben sich besondere Mühe gegeben, uns dieses Fach auch gut beizubringen. Und Sie haben auch versucht, es spannend zu bringen, aber ich habe jetzt doch gewisse Bedenken gegenüber dem Sinn dieser Aufgabe. Ich habe mich gefragt, wozu brauchen wir denn das? Was nützt mir das Ganze? Ich bin auch nicht einverstanden mit Ihrer Äußerung, daß ich als Mann auch Kochen können muß." Wer mit Otto zu tun hat, dem fällt auf, daß seine Äußerungen sehr oft – fast regulär – folgendes Muster aufweisen: Er macht eine Aussage, die zuerst neutral etwas schildert. Dann beendet er seine Äußerung mit einer Aussage, die auf einen Bereich hinweist, mit dem er nicht übereinstimmen kann.

Auf der anderen Seite kann der gegenteilige Sortierstil wahrgenommen werden. SchülerInnen suchen bei empfangenen Informationen danach, womit sie übereinstimmen können und wollen. Erkennbar ist dieses Metaprogramm (Denkstil) in Äußerungen wie z.b.: „Ja, das find ich auch", oder: „Damit bin ich vollkommen einverstanden".

Bei Fabiana in der 6. Klasse hat der Lehrer beispielsweise entdeckt, daß er sich darauf verlassen kann, daß sie immer etwas Positives, Ermutigendes zu seinen Darbietungen zu sagen hat. Immer kann er bei ihr das zu hören bekommen, womit sie mit ihm gleicher Meinung ist. Überhaupt fällt ihm auf, daß sie auch ihren Kameradinnen und Kameraden gegenüber sehr kooperativ wirkt, indem sie die anderen wissen läßt, womit sie einverstanden ist. In ihren Äußerungen ist das etwa so zu hören: „Deine Bastelarbeit, die ich hier vor mir sehe, ist so schön. Sie erinnert mich an Arbeiten, die ich selbst zu Hause habe." Oder: „Ich bin mit Ihnen einverstanden. Im Engadin hat es immer noch ein bißchen Schnee im Frühling. Wie Sie sagen, ist es auch sehr schön im Frühling dort Ski zu fahren."

Für die Lehrerin von Otto kann dieses Erkennen des Sortierstils als Grundorientierung dienen, um mit dem Schüler die Beziehung zu vertiefen und zu optimieren. Wenn sie mit ihm redet, kann sie das Denkmuster „Suche nach Unterschieden" nutzen, indem sie ebenfalls diesen Prozeß sprachmäßig verwendet. Hören wir ein Beispiel dazu, wie die Lehrerin am Schluß für ihre Präsentation von den Schülern ein Feedback einholt. Dabei will sie auch Otto mit seiner Denkweise in der besten Art einbeziehen:

„Ich bin sicher, daß es die verschiedensten Dinge gegeben hat, die nicht für alle das Richtige waren. Dinge, womit ihr nicht einverstanden gewesen seid und auch nicht einverstanden sein könnt und wollt. Das ist auch spannend und faszinierend, das für sich selbst so spüren zu können." (Diese Äußerung macht sie wegen jenen Schülern wie Otto, die es brauchen, in dieser Art in ihrem Denkmuster abgeholt zu werden.) Damit sie auch die anderen Schüler erreicht, die sich eher daran orientieren, womit sie einverstanden und gleicher Auffassung und Meinung sein können, fährt sie folgendermaßen fort: „Auf der anderen Seite muß ich mir selber schon sagen, daß ich mir alle Mühe gegeben habe, diese Informationen für Euch spannend zu bringen. Ich habe auch versucht, interessantes Material zu suchen. Ich bin sicher, daß es einige von Euch gibt, die mit dem, was ich gebracht habe, einverstanden sein können. Es gibt beim guten Lernen immer Dinge, mit denen wir einverstanden sein können, und Dinge, wo wir uns sagen müssen, das seh ich anders. Das ist auch gut so. Es ist wichtig, für sich selbst das Richtige herauszunehmen aus den Angeboten, die man von außen offeriert bekommt, um in der besten Art zu lernen. Sagt mir also, womit ihr nicht einverstanden seid und auch, wo ihr spürt: da bin ich gleicher Auffassung."

Dieses Beispiel zeigt, wie die Lehrerin gleichzeitig in ihrer Äußerung beide Denkstile hilfreich aufgreift, um dadurch den Rapport zu beiden Gruppen von Schülern aufrechtzuerhalten und durch die Art des Aufgreifens sogar noch zu verstärken.

Ein anderes Beispiel ist das Gespräch zwischen dem Lehrer von Fabiana mit ihr und ihren Eltern. Es geht dabei um die Klärung der Vorstellungen wegen des Übertritts in die Sekundarschule. Um dort aufgenommen zu werden, muß Fabiana eine Aufnahmeprüfung bestehen. Der Lehrer möchte ihr dabei helfen, sich selbst in der besten Art zu motivieren, bestimmte zusätzliche Übungsaufgaben zu lösen. Sie läuft sonst Gefahr, die Prüfung nicht zu bestehen.

Herr Müller, Fabianas Lehrer, nutzt die Erkenntnis über ihren Sortierstil, der darin besteht, nach dem zu suchen, womit sie einverstanden sein kann. Herr Müller sagt zu Fabiana:

„Fabiana, du bist sicher mit mir einverstanden (Fabiana nickt schon jetzt, obwohl sie noch gar nichts darüber weiß, womit sie einverstanden sein soll), daß es darum geht, die besten Bedingungen zu schaffen, damit du den Übertritt in die Sekundarschule schaffen kannst. (Fabiana nickt.) Sicher sind wir uns einig darin, daß es wichtig ist, die geeignetsten Vorkehrungen zu treffen, damit du dein Ziel gut erreichen kannst. Ich denke da an bestimmte zusätzliche Übungen, mit denen du sicher einverstanden sein kannst, die du zusammen mit deiner Mutter und deinem Vater durchnehmen kannst."

4.2.4.1.5. *Wahrnehmung von Selbstbestimmung oder Fremdbestimmung. Sind Wahlmöglichkeiten vorhanden?*

Dieser Denk- und Sortierstil gibt Aufschluß darüber, ob jemand darauf angewiesen ist, von anderen zu hören, daß die Arbeit gut gemacht wurde. Oder genügt es, die innere Wahrnehmung zu nutzen, um zu wissen, ob etwas gelungen ist oder nicht. Lehrer haben es in unterschiedlicher Weise mit Kindern oder Erwachsenen zu tun, die entweder mehr der einen oder anderen Denkweise zugeneigt sind. Selbstverständlicherweise gibt es – wie bei allen Meta-Programmen – auch alle Abstufungen von Mischformen. Ein Schüler, der nach der inneren Organisationsform „interne Referenz" oder selbstbestimmte Beurteilung handelt, ist nicht unbedingt auf die Rückmeldung des Lehrers angewiesen. Ein Schüler, der dagegen nach dem Meta-Programm „externe Referenz" (Außenfeedback) organisiert ist, braucht die Rückmeldung der Lehrerin, um Schritt für Schritt vorwärtsgehen zu können mit seiner Arbeit. Es handelt sich um unterschiedliche Arbeitsweisen, die aus diesen beiden Stilen resultieren. Das Eingehen auf dieses Meta-Programm ist sehr wichtig. Auch hier findet eine Verstärkung oder Schwächung des Rapports statt, je nachdem, ob diese inneren Fähigkeiten des Schülers genutzt oder ignoriert werden.

Obwohl Herr Jost in einer 5. Klasse mit dem Wochenplan arbeitet, muß er feststellen, daß es verschiedene Schüler gibt, die regelmäßig zu ihm kommen, um ihn zu fragen, ob sie ihre Arbeit gut gemacht haben oder nicht. Bei anderen Schülern kann er zu seiner Befriedigung wahrnehmen, daß diese die Arbeit selbständig ohne seine Mithilfe bis zu Ende führen. Am Schluß melden sie sich bei ihm mit der Mitteilung, sie hätten die Arbeiten erledigt. Mit erledigt meinen sie „gut" und zu ihrer Zufriedenheit erledigt. Herr Jost hat es hier mit den beiden unterschiedlichen Sortierstilen oder Meta-Programmen zu tun. Er erkennt, daß diejenigen

Schüler, die auf seine Rückmeldung angewiesen sind, besser arbeiten, wenn er ihnen von Zeit zu Zeit sagt, was er gut findet. Er sieht, daß sie diese Außenhilfe brauchen, um gut arbeiten zu können. Bei den anderen Schülern hat er herausgefunden, daß sie sich wenig darum kümmern, was er ihnen an Rückmeldungen gibt. Seine Hinweise von außen werden durch diese Schüler wohl hilfreich und vor allem sachlich genutzt. Sie haben gleichzeitig ihre eigenen Kriterien, um beurteilen zu können, wann sie eine Arbeit fertig haben und wann es noch etwas braucht.

Elias zum Beispiel hat gerade eine aus der Sicht des Lehrers wunderschöne, bunte Zeichnung fertiggestellt. Der Lehrer kommt bei ihm vorbei, bewundert sein Werk, indem er sagt: „Ah, du bist fertig, es sieht wunderschön aus." Elias hört die Worte des Lehrers, nimmt sie zur Kenntnis und vertieft sich weiter in seine Arbeit. Er nimmt den Radiergummi und korrigiert sein Werk an einer Stelle, um dort mit einer neuen Farbe einen Lichtbogen hineinzuzeichnen. Erst nach geraumer Zeit sagt er laut zum Lehrer: „So, jetzt ist es fertig. So muß es sein." Eilias ist ein Schüler, der seine Rückmeldung in sich selbst holt, um zu wissen, wann eine Arbeit gut gemacht und fertig ist.

Anders ist Marianne organisiert. Sie macht ebenfalls ihre Zeichnung. Der Lehrer kümmert sich gerade nicht um sie. Irgendwann entdeckt er, wie sie nach ihm sucht mit ihren Blicken, wie er das bei ihr oft sieht. Sie sucht seine Bewertung. Der Lehrer nähert sich ihr und fragt sie: „Brauchst du etwas?" Sie sagt: „Ich hätte gerne von Ihnen gewußt, ob das richtig ist, was ich da gemacht habe. Gefällt Ihnen meine Arbeit? Ist sie fertig, oder soll ich noch etwas dazuzeichnen?" Marianne ist auf starke Referenz von außen angewiesen.

Beide Beispiele zeigen Möglichkeiten auf, wie Lehrende diese Unterschiede nutzen können. Gemeinsam geht es darum, den Schülern das zu geben, was sie brauchen, um ihnen damit den Respekt auszudrücken, sie ernstzunehmen und Kooperationsbereitschaft zu gewinnen.

4.2.4.1.6. Primäre Interessen: Personen, Gegenstände, Orte, Zeiten

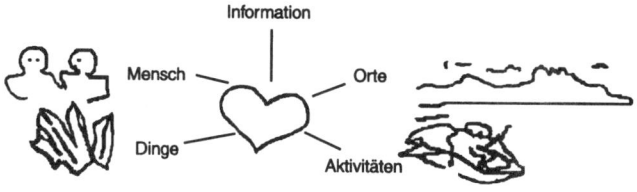

Welche Eigenschaften eines bestimmten Ereignisses sind für die Schüler von größter Bedeutung? Lernende sind an Menschen, Orten, Sachen, Aktivitäten oder Informationen interessiert. So kann ein bestimmtes Fach deshalb interessant sein, weil es eine bestimmte Lehrerin erteilt. Oder jemand ist vor allem daran interessiert, wo der Unterricht stattfindet. Die Begeisterung entspringt der Vorstellung des Ortes. Wiederum andere Schüler erwärmen sich an der Sache selbst. Ihnen ist es unwichtig, wer sie vermittelt und wo es geschieht. Für Schüler, die vorwiegend an Menschen interessiert sind, ist es ein Bedürfnis, mit anderen zusammenarbeiten zu können, um optimal zu lernen. Sie sind auf den Austausch und Kontakt angewiesen.

Wenn Lernenden der Ort wichtig ist, dann kann man dieses Interesse berücksichtigen. Dies kann dadurch geschehen, daß sie beispielsweise ihren Sitzplatz und die Gestaltung ihres Arbeitsplatzes mitgestalten dürfen.

Bei Schülern, die großes Interesse an Dingen haben, ist es hilfreich, mit deren Sachen sehr „liebevoll" und respektvoll umzugehen. Erkennen kann man solche Schüler an dem großen Gewicht, das sie auf ihre „Besitztümer" legen.

Manuel zum Beispiel hat zu Hause eine große Sammlung von „Edelsteinen", wie er sagt. Er hat sie im Verlaufe der Zeit entweder selbst „angeschafft" mit Hilfe seines Taschengeldes oder sie sich schenken lassen. Es sind 141 Steine aus verschiedenem Material, die er oft zählt, um sich zu versichern, daß sie wirklich alle noch vorhanden sind. Dabei sieht er wirklich beglückt aus, eben wie jemand, der sehr gut begütert ist. Für ihn wäre es ein großer Schlag, wenn er seine Dinge verlieren würde.

Ein weiterer Interessenschwerpunkt kann den Aktivitäten gelten. Es gibt SchülerInnen, die sich daran orientieren, welche Dinge getan werden können. Es spielt für sie keine Rolle, wo oder mit wem zusammen, sondern daß bestimmte Aktivitäten stattfinden können. Sie sind am besten zu motivieren, wenn sie im Verlaufe des Tages viele verschiedene Aufgaben zu bewältigen haben. Sie wollen etwas tun.

Schüler, die in erster Linie an Informationen interessiert sind, leben im Unterricht am besten, wenn sie diese „geistige Nahrung" bekommen. Bei ihnen ist es angebracht, ihnen eher zuviel als zuwenig Informationen zu liefern, damit sie sich wohlfühlen können.

Das Meta-Programm, das Hauptinteressen klarstellt, ist wichtig für die Sammlung von Unterrichtsideen und deren Realisierung. Die Interessen der Schüler können einbezogen werden. Darauf können die Unterrichtsthemen aufbauen, wodurch sich die Schüler besser verstanden fühlen.

4.2.4.1.7. *Bezogen auf das Selbst oder andere*

Wer bezogen auf das Selbst filtert, scheint die meiste Zeit innerlich beschäftigt zu sein und andere Leute gar nicht richtig zu bemerken. Erkennen lassen sich Schüler, die auf das Selbst bezogen filtern daran, daß sie geringen Augenkontakt haben und ihre Umgebung meistens nicht wahrnehmen. Sie sitzen oft nach hinten gelehnt und bilden ihre Annahmen vorwiegend über die inneren Gefühle und Gedanken. Anders Schüler, die auf andere bezogen organisiert sind. Solche Schüler erscheinen mehr nach außen gerichtet.

Roland ist ein Beispiel für einen Schüler, der vorwiegend auf andere bezogen filtert: Wenn er ins Schulzimmer hereinkommt, begrüßt er seine Kameraden herzhaft, sich dabei in die Richtung jedes einzelnen Kameraden beugend, bei gleichzeitigem Augenkontakt und einem Lächeln. Er achtet sehr darauf, ob er in Beziehung zu seinem Gegenüber ist, indem er die Reaktionsweisen der anderen Person beobachtet und auf nonverbale Hinweise reagiert, indem er dazu etwas sagt oder auf nonverbale Art reagiert. Er berührt die anderen oft, schaut sie an, lächelt, wenn sie lächeln und greift deren Ideen auf. Roland ist deshalb auch beliebt bei seinen Kameraden und hat viele Freunde.

Die Erkenntnis darüber, ob eine Schülerin oder ein Schüler mehr auf sich selbst oder andere bezogen ist, gibt der Lehrerin oder dem Lehrer Hinweise für mögliche Entwicklungsrichtungen der einzelnen Lernenden. Die einen Schüler können mehr darin gefördert werden, die anderen in ihr Denken einzubeziehen. Die anderen können davon profitieren, wenn man ihnen zeigt, wie sie sich ebenfalls gleich gut auf sich selbst besinnen können.

4.2.4.1.8. *Zeitfilter*

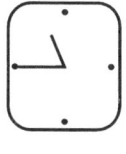

Vergangenheit   Gegenwart   Zukunft

91

Wenn man Menschen zuhört und ihnen dabei auch zuschaut, kann daraus geschlossen werden, wie die Wahrnehmung von Zeit eine bedeutsame Rolle spielt. So gibt es Personen, die sich sehr leicht und regelmäßig an vergangene Ereignisse erinnern und aus diesem persönlichen Fundus berichten, während andere eher mit der Gegenwart verbunden sind. Sie reden darüber, was im Moment aktuell und wichtig ist. Viele Leute sind auf die Zukunft hin organisiert. Deren Denken befaßt sich ständig mit Schritten, die in nächster und ferner Zukunft ihrer Meinung nach zu geschehen haben aufgrund von inneren Visionen und Denkprozessen. Die meisten Menschen können zwischen diesen drei Zeitrichtungen wechseln, obwohl sie eine Art des Aussortierens der Information bevorzugen.

Eine Frau berichtet vorwiegend von früheren Erinnerungen. Sie liebt es, Beispiele aus ihrer Jugend, dem jüngeren Erwachsenenalter, der Kindheit oder der jüngsten Vergangenheit zu erzählen. Sehr selten macht sie zukünftige Vorstellungen sichtbar. Beginnt jemand anderes im Gespräch von zukünftigen Perspektiven zu berichten, läßt ihr Interesse nach, und sie wendet sich in einem nächsten Beispiel wieder ihren Erinnerungen zu.

Anders berichtet Jürg, der jeweils auch bei den Gesprächen dabei ist. Er scheint vorwiegend an der Zukunft und Gegenwart interessiert zu sein. Höchst selten beleuchtet er Beispiele aus der entfernten oder näheren Vergangenheit. Beginnt er zu sprechen, entwickeln sich Zunkunftsentwürfe, Pläne, Visionen. Er berichtet gerne darüber, was er für das folgende Jahr vor sich sieht.

Diese unterschiedlichen Vorzüge, die der einen oder anderen Zeitrichtung zugeordnet werden, haben wichtige Konsequenzen, wenn zwei oder mehrere Menschen miteinander kommunizieren. Wenn beispielsweise eine Lehrerin aufgrund ihrer elterlichen Sozialisierung und ihres Studiums gelernt hat, sich Vorstellungen und Pläne über zukünftige Handlungen zurechtzulegen, so kann es zu Schwierigkeiten führen, wenn sie mit Schülern umgehen muß, die sich vorwiegend auf die Gegenwart beziehen. Gelingt es ihr, sich dem Zeitwahrnehmungsstil der Schüler anzupassen, so hat sie die notwendige Flexibilität, um diesen möglichen Problemen vorbeugend zu begegnen.

Auf der anderen Seite ist es sehr nützlich zu wissen, daß die eigene innere Zeitorganisation mit den meisten Lernenden übereinstimmt. Dies ermöglicht eine höhere Konzentration auf die restlichen Schüler, um auch diese – zwar mit mehr Bewußtheit als bei den anderen – in ihrer Welt zu erreichen. Betrachten wir einige Beispiele zur Zeitsprache und deren Übereinstimmung zwischen den Gesprächspartnern:

„Wenn ich mir so vorstelle, wie das sein wird in der Lehre, dann werde ich zurückschauen und merken, daß es bei Ihnen doch nicht so schlecht gewesen ist, wie ich mir das in früherer Zeit immer gedacht hatte", sagt eine Sekundarschülerin zu ihrem Lehrer während den letzten Wochen des letzten Schuljahres. Der Lehrer erwidert darauf, sie in der gleichen Zeitsprache auffangend: „Und es ist sehr schön solche Visionen zu haben, die einem helfen, die Erfahrungen von früher neu zu bewerten und ins richtige Licht zu rücken."

Die Schülerin ist während der Äußerung dieses Satzes zuerst auf die Zukunft orientiert, von dort aus schaut sie gleichsam zurück über die Gegenwart in die Vergangenheit. Der Lehrer verwendet in seiner anschließenden Äußerung genau die gleiche „Grammatik" des Sprachprozesses: Zukunftsorientierung, Gegenwart, Vergangenheit.

„Also wissen Sie, das mußte schlecht ausgehen, hab ich es doch schon vor einem Jahr gewußt, als ich die Schule gewechselt habe. Schon damals war es so, daß ich mich erinnert habe, wie mich meine Mutter schon ein halbes Jahr früher dazu bringen wollte ins Internat zu gehen. Solche Ideen hab ich schon immer abgelehnt."

Darauf sagt die Lehrerin: „Ja, weißt du, ob das so ungünstig ausgehen mußte, wußte ich wirklich nicht genau damals, als du die Schule gewechselt hast. Es ist auch verständlich, daß du dich schon damals dagegen wehren mußtest, daß andere Leute über dich verfügen. Du warst schon immer jemand, der seinen eigenen Weg gehen wollte. Dadurch hast du Selbständigkeit erworben."

Die Schülerin bezieht sich zu Beginn der Aussage auf ein Ereignis in der Vergangenheit, um von jener Erinnerung aus noch einen Schritt weiter in die Vergangenheit zu schauen. Dann äußert sie eine Gesamtbewertung. Auch diese Lehrerin beginnt entsprechenderweise mit einer Äußerung, die sich auf die Vergangenheit bezieht, um am Schluß auch eine Bewertung abzugeben. Allerdings ist ihre Gesamtbewertung positiven Inhalts. Die Lehrerantwort übernimmt den Prozeß der Aussage der Schülerin, ohne dabei gleichzeitig auch inhaltlich ganz übereinzustimmen.

4.2.4.2. Rapport bezogen auf die wichtigen Werte und Überzeugungen

> Es war einmal ein Mann, der sich verirrte und in das Land der Narren kam. Auf seinem Weg sah er die Leute, die voller Schrecken von einem Feld flohen, wo sie Weizen ernten wollten. „Im Feld ist ein Ungeheuer", erzählten sie ihm. Er blickte hinüber und sah, daß es eine Wassermelone war.
>
> Er erbot sich, das „Ungeheuer" zu töten, schnitt die Frucht von ihrem Stiel und machte sich sogleich daran, sie zu verspeisen. Jetzt bekamen die Leute vor ihm noch größere Angst, als sie vor der Melone gehabt hatten. Sie schrien: „Als nächstes wird er uns töten, wenn wir ihn nicht schnellstens loswerden", und jagten ihn mit ihren Heugabeln davon.
>
> Wieder verirrte sich eines Tages ein Mann ins Land der Narren, und auch er begegnete Leuten, die sich vor einem vermeintlichen Ungeheuer fürchteten. Aber statt ihnen seine Hilfe anzubieten, stimmte er ihnen zu, daß es wohl sehr gefährlich sei, stahl sich vorsichtig mit ihnen von dannen und gewann so ihr Vertrauen. Er lebte lange Zeit bei ihnen, bis er sie schließlich Schritt für Schritt jene einfachen Tatsachen lehren konnte, die sie befähigten, nicht nur ihre Angst vor Wassermelonen zu verlieren, sondern sie sogar selbst anzubauen. (*Chinesische I Ging Geschichte*)

Diese Geschichte zeigt eine weitere naheliegende Möglichkeit, wie zu Lernenden ein optimaler Rapport aufgebaut und erhalten werden kann. Es geht darum, Lernende in ihren Wertauffassungen und Überzeugungen zu verstehen, sie darin zu unterstützen, sie gelten zu lassen und abzuholen.

Narren überzeugen zu wollen zu einem zu frühen Zeitpunkt in einer zu direkten Art geht daneben. Beim Lehren ist dieses Grundprinzip sehr wichtig, aber oft nicht leicht in der Unterrichtspraxis umzusetzen. Schwer umzusetzen ist es deswegen, weil es nicht in die gewohnten Auffassungen hineinpaßt, „wirre" fremde Auffassungen und Überzeugungen nicht nur stehen zu lassen, sondern diese sogar etappenweise zu unterstützen. Diese Art von Unterstützung durch die Lehrperson heißt tolerantes Verstehen der verschiedensten Auffassungen, Gesinnungen und Standpunkte, die von Lernenden eingenommen und vertreten werden können auf der tiefsten Ebene der psychologischen Dynamik.

Ich erinnere mich an ein Gespräch mit einem Jugendlichen, der ein Auto entwendet hatte und deshalb von seiner für ihn zuständigen Helferperson zu mir überwiesen wurde, mit der Bitte, ihm zu helfen, seine nächsten Schritte zu klären. Aufgrund der Vorinformationen, die ich bekommen hatte, wußte ich, daß es sich um einen Jugendlichen von 16 Jahren handelte, der zuallerletzt kooperativ ein Gespräch mit einem Psychologen führen würde, egal, was das Ziel sein könnte. Es war sogar anzunehmen, daß er zu dem vereinbarten Termin nicht erscheinen würde. Er kam, wie sich herausstellte aufgrund der Ankündigung, daß er zu mir kommen müsse, wenn er im Nachhinein im guten Lichte gegenüber den verurteilenden zuständigen Jugendrichtern dastehen wolle, was diese vielleicht in einem gewissen Sinne milder stimmen könnte. Diese Sprache holte ihn in seinen eigenen Überzeugungen ab. So kam er also zu mir. Er setzte sich – oder besser gesagt, legte sich in den Stuhl – nieder, in einer provozierend wirkenden Haltung von: „Mit mir ist gar nichts zu machen. Ich bin hier der Chef über das Geschehen." Allerdings war er gekommen. So begann ich das Gespräch anders als ich vermutete, daß er erwartete. Folgender Dialog spielte sich ab:

„Hör mal, ich werde dir jetzt etwas erzählen." – dabei nahm ich auch seine Grundhaltung ein, durfte mir erlauben, auch meinen oppositionellen inneren Teil zum Zuge kommen zu lassen – „Du bist gekommen, ich bin überrascht, daß du da bist. Eigentlich habe ich gedacht, ich hätte heute abend früher Feierabend und könnte so mein Geld, das ich mit dir in diesem Gespräch verdiene, bekommen, ohne dafür einen Finger krümmen zu müssen. Na ja, schade, aber vielleicht wird dieses Gespräch, oder was immer hier entstehen wird, sehr kurz, so daß wir beide doch noch zu einem früheren Feierabend kommen. Weißt du übrigens, was ich hier mit dir verdiene für diese Stunde?" Dieses Reden ums Geld entsprach der Priorität, die ihm dieser Junge selbst gab.

„Ich erzähle dir jetzt zuerst, was ich über dich weiß. Es hat mich erstaunt, so etwas von dir zu hören. Aber anders, als du denkst. Du hast einer alten Frau die Tasche entrissen, bist über die Brücke geflüchtet. Dann hast du jenen Volvo am Straßenrand gesehen, bei dem gerade noch der Schlüssel steckte, bist eingestiegen und weggefahren damit. Auf der Autobahn hast du entdeckt, wie dir plötzlich ein Polizeiwagen gefolgt ist. Soweit so gut. Was hast du dann gemacht? Du mußt es mir nicht beantworten." Als ich so redete, veränderte sich der Jugendliche. Erstaunen trat in sein Gesicht. Er setzte sich etwas gerader, öffnete den Mund, wie um etwas zu sagen. Dabei unterbrach ich ihn:

„Halt, ich bin noch nicht fertig, der Punkt kommt erst. Du bist dann weitergefahren, die Polizei hintendrein, und dann hast du irgendwann bei einer großen Abzweigung deinen Volvo auf dem Rasen wenden wollen, um zurückzufahren? Stimmt das?"

„Ja", sagte der Jugendliche, beinahe flüsternd.

„Also gut, wie schnell fährt denn ein Volvo, wieviel hat er auf dem Tacho?"

„Schon etwa 220 km/h."

„Wie schnell bist du gefahren?"

„Ja, also schon recht schnell."

„Wie viele km/h genau?"

„Ja, so etwa 160, das schon."

„Nicht mehr, du sagt, der Wagen macht 220 Sachen. War er denn defekt? Was war denn nicht in Ordnung mit dem Auto?"

„Es war schon in Ordnung."

„Das versteh ich jetzt wirklich nicht mehr. Die Polizei folgte dir und holte dich immer mehr ein, wie ich gehört habe, stimmt das?"

„Ja, sie waren am Schluß schneller."

„Sie waren zu zweit? Zu zweit fährt doch ein Auto langsamer, das versteh ich nicht. Also du hast voll auf das Gaspedal gedrückt, und dein Auto fuhr nur 160 Sachen?"

In dieser scheinbar wirren, absurden Art führte ich den Beginn des Gesprächs, von der Überlegung und Erfahrung ausgehend, daß dieser Jugendliche die Position vertrat, sowieso dagegen zu sein, hier in irgendeiner Art zu kooperieren. „Geil"-sein bedeutete für ihn stark zu sein, Dinge zu machen, die daneben sind, sich getrauen am Rande zu gehen, den harten Mann zu spielen à la Wild-West-Film-Manier. Dies sei, so war meine Annahme, die erste Stufe der hintergründigen Psychodynamik. Noch weiter hinten, so war mir bewußt, steckte auch eine tiefe Verunsicherung und Orientierungslosigkeit, aus der er herausgeführt werden wollte. In diesen Bereichen seiner Werteskala und subjektiven Position wollte ich ihn abholen. Beginnen würde ich mit der für ihn bewußter zugänglichen und gewünschten Ebene, nämlich „den starken, asozialen Mann" zu spielen.

Tatsächlich entwickelte sich das Gespräch in die Richtung, daß er körpersprachlich immer mehr in die gerade Sitzhaltung hochrückte, während ich ihm gleichzeitig mit meinen Bewegungen folgte. Die Art der Sprache wurde zunehmend „erwachsener und vernüftiger". Die vordergründige Absurdität meiner Aussagen entlockten ihm einmal den Satz: „Sie müssen entschuldigen, aber Sie spinnen ja noch mehr als ich." Und dieses „Verrücktsein" meinerseits war es, das ihn in seiner Welt abholte. Während er dies zu mir sagte, übernahm er meine Handbewegung der rechten Hand, mit seiner linken Hand, seine Kopfhaltung war auf die gleiche Seite geneigt wie meine, und er schaute mich dabei direkt an.

Auf jeden Fall verstrichen zwei Stunden, und es war schon spät am Abend, obwohl ich normalerweise für ein Gespräch 1–1½ Stunden reserviere. Nach zwei Stunden wollte ich das Gespräch beenden, wobei ich auch hier wieder davon ausging, daß er sicher nicht nochmals kommen möchte. So sagte ich einfach: „So, das wär's dann. Ich geh jetzt nach Hause." Dabei packte ich meine Sachen zusammen und kleidete mich an. Der Junge wirkte verwirrt, zu Recht, wie ich denke. Er sagte: „Ja, aber muß ich denn nicht mehr kommen?" – „Du mußt gar nichts, es war für mich wirklich ein spannendes Gespräch. Ich treffe selten Leute, bei denen ich so frisch von der Leber einfach sagen kann, was ich denke, ohne groß darüber zu reflektieren, wie das wohl ankommen wird. Es war spannend. Wieso fragst du?" – „Ja, aber ..." Er wirkte jetzt nachdenklich. Die zweite hintergründige Ebene seiner inneren Dynamik kam jetzt an die Oberfläche. Hier half ich ihm aus der Schwierigkeit heraus, indem ich sagte: „Schau mal, ich bin es gewohnt, daß nicht ich die Leute bestelle. S i e fragen, ob sie einen weiteren Termin haben können. Wenn dies bei dir der Fall sein sollte, so müßte ich schon wissen, wofür das gut sein soll, was damit erreicht werden soll. Klar ist es für dich jetzt im Moment eine verschissene Situation. Ich möchte nicht in deiner Haut stecken. Aber wenn du unbedingt mit mir etwas besprechen willst, dann bin ich gerne bereit, einen Termin mit dir zu vereinbaren. Es ist nicht nur wegen des Geldes, das ich bekomme, sondern auch, weil es mich wirklich interessiert zu entdecken, was du jetzt für weitere Schritte zu unternehmen gedenkst, um dich da herauszubringen aus der Scheiße."

So kam es, daß ich mit einem Jugendlichen, der eigentlich von solchen Berufskommunikatoren nichts Hilfreiches erwartete, auf seinen Wunsch hin einen weiteren Termin abmachte mit der Vereinbarung, dann zu besprechen, welche Ziele er in seinem weiteren Werdegang privat und als Schüler ins Auge fassen möchte, damit es nicht ins Auge gehe.

Dies ist ein kleines, spannendes Beispiel für die Wirksamkeit von Werten und Überzeugungen, die das Verhalten nachhaltig bestimmen. Gleichzeitig wird gezeigt, wie man sich an die grundlegenden inneren Orientierungen und Überzeugungen anpassen kann, um dadurch Rapport zu gewinnen und führen zu können.

Jedes Entwicklungsalter und jede Phase des menschlichen Lebens hat ihre eigenen bevorzugten Themenstellungen und schafft ihre speziellen Wertauffassungen und Überzeugungen. Wer mit Jugendlichen arbeitet, erfährt diese Tatsache täglich. Der Kern des Jugendalters besteht oft in einer Diskrepanz zwischen Selbstwertgefühl, das sehr klein ist, und der oft nach außen gezeigten Großspurigkeit und zur Schau getragenen Selbstsicherheit. Jugendliche tragen ein Schild auf der Brust, worauf geschrieben steht: „Ich bin in Renovierung, bitte Vorsicht." Dieses Schild kann sich auch anders zeigen, indem Jugendliche sich selbst auch nach außen verunsichert, unklar und hilflos zeigen, was selbstverständlich einen anderen Umgang in der Verständigung durch die Lehrperson bewirkt.

Wichtige Überzeugungen bestimmen das Verhalten. So ist es leichter mit einem Schüler umzugehen, der störende Dinge vollführt, die er in einer unteren Stufe nicht getan hat, wenn erkannt wird, daß seine zentrale innere Kraft darin besteht, seinem „aggressiven, kraftvollen" Idealbild nachzueifern, das eine wichtige Position innerhalb der Gruppe einnimmt. Der Glaube an etwas bewegt den Berg, nicht die Muskelkraft allein. Die Überzeugungen schaffen die entsprechenden Kräfte, um Taten folgen zu lassen, die die Überzeugung realisieren lassen.

Im Unterricht ist es wichtig, sich darüber klar zu werden, welche wichtigen Positionen und Überzeugungen die Lernenden einnehmen, durch Klärung der Fragen: Was ist ihnen wichtig? Was macht ihnen Freude? Wofür würden sie alle ihre Kräfte einsetzen, freiwillig? Erkennbar sind die Überzeugungen und zentralen Lebenspositionen in den Verhaltensweisen, die freiwillig ausgeführt werden, also im Freizeitbereich. Was beschäftigt die Kinder oder Erwachsenen, die ich unterrichte, am meisten? Was würden sie am meisten vermissen, wenn sie es nicht mehr tun dürften? Was ist das Wichtigste für diese Personen?

Überzeugungen erkennen ist wichtig, um mit Hilfe dieser Kräfte erstens einen guten Rapport durch gute Übereinstimmung zu erreichen und zweitens dadurch die Basis zu schaffen für die Möglichkeit, als Lehrer wirklich einflußreich und engagiert zu werden. Die folgende kleine Anekdote veranschaulicht das Grundprinzip nochmals auf witzige Art, wie Grundüberzeugungen hilfreich genutzt werden können, zum Wohle der anderen Person:

Eines Tages wandert Mullah Nasrudin über Land. Er sieht plötzlich vor sich eine riesige Menschenmenge an einem Geleise stehen. Das Geleise ist in einer Vertiefung geführt, die abgegrenzt ist durch steile Wände. Unten sieht er einen älteren Mann, der verzweifelt versucht heraufzuklettern und ruft: „Helft mir." Hinten naht schon der Zug, zwar noch so klein, daß nur ein Pünktchen zu sehen ist, das aber zunehmend größer wird. Schon hört man dumpfes Schnaufen *und ein langgezogenes* Pfeifen. Alle versuchen ihm zu helfen, strecken ihm die Hände entgegen und rufen: „Gib mir die Hand, gib mir die Hand." Der alte Mann trifft keine Vorkehrungen, die Hände zu seiner Hilfe zu ergreifen. Nasrudin kommt dazu. Er teilt die Menge, geht nach vorne und stellt zuerst die Frage: „Was sind Sie von Beruf?" Der Mann antwortet: „Steuerkommissar." Daraufhin sagt Nasrudin: „Hier hast du meine Hand." Darauf ergreift der Steuerkommissar begierig die Hand und läßt sich aus der mißlichen Lage befreien. Die Menge staunt verdutzt und sagt: „Aber wir haben doch das gleiche gemacht." Mullah Nasrudin erwidert: „Ihr dürft von einem Steuerkommissar nichts verlangen, ihr müßt ihm etwas geben."

4.2.4.3. Rapport als Wahrnehmung der Grundstimmungen

Sind Sie jemand, der sich beim Rasseln, Knacken, Läuten des Weckers am Morgen leicht in die Senkrechte erhebt, rasch aktiviert, ideen- und wortreich den Tag beginnt? Oder gehören Sie zu jenen Menschen, die eher dazu neigen, sich Zeit zu lassen, in sich gekehrt, langsam von innen nach außen zu schauen beginnen und lieber wenig Worte zum Tagesbeginn verwenden? Hier haben wir es mit Unterschieden in den Grundstimmungen zu tun.

Auch SchülerInnen ergeht es so. Sie sind verschieden voneinander, einzigartige Individualitäten. Diese Verschiedenheiten zeigen sich unter anderem auch in der Grundstimmung, der hauptsächlichen Gefühlsgrundhaltung, in der sich jemand befindet. So gibt es Schüler, die dazu tendieren, die Ereignisse des Lebens eher von der fröhlichen Seite her, sozusagen mit einer rosaroten Brille zu betrachten, und andererseits solche, die die Neigung haben, mit einer schwermütigen, melancholischen Art im Leben – und somit auch im Unterrichtsleben – drinzustehen.

Diese unterschiedliche Organisations- und Grunderlebensweisen wirken sich auf die verschiedensten Lebensbereiche aus. So kann zum Beispiel das Aufwachen auf sehr unterschiedliche Art geschehen. Der Schlaf-Wach-Rhythmus gestaltet sich verschieden, wodurch es Menschen gibt, die aufstehen und sich in einem raschen, übersprudelnden Energiestrom gefangen fühlen, innerlich bereit, die Dinge anzupacken oder verbal nach außen zu tragen. Andere wiederum brauchen Zeit, um wach zu werden und sich zu aktivieren. Auch im Verlaufe des Tages finden sich Schüler aufgrund des biologisch-individuellen inneren Rhythmus zu unterschiedlichen

Zeiten aktiviert oder passiv, nach innen gerichtet oder nach außen, müde oder wach. Wir unterscheiden deshalb volkstümlicherweise zwischen Abendmenschen und Morgenmenschen. Es gibt auch wissenschaftlich begründete, psychologische Einordnungssysteme, um zu erfassen wie sich Menschen erleben, verhalten und denken und wie sie aussehen.

Eine der wohl bekanntesten, heute noch gebräuchlichen Einordnungsmodelle fußt auf den alten Griechen: Die Unterscheidung in die vier Temperamente.

Kleiner Exkurs zu den Unterschieden: Typologien von Menschen

Schon seit altersher bemühten sich Menschen, aus den verschiedensten Gründen andere besser zu verstehen. So entwickelten schon die alten Griechen – hier seien vor allem Hippokrates, Theophrastus und Galenus genannt – eine auch heute noch gebräuchliche Temperamentenlehre. Sie unterschieden zwischen dem Sanguiniker, dem Phlegmatiker, dem Choleriker und dem Melancholiker.

*Auch **Alfred Adler**, ein sehr wichtiger Psychologe unseres Jahrhunderts, griff diese alte Lehre wieder auf. Er bezeichnet den Sanguiniker als „Menschen, der eine gewisse Lebenslust aufweist, die Dinge nicht allzu schwer nimmt, sich, wie man sagt, nicht leicht graue Haare wachsen läßt und versucht, allem die schönste und angenehmste Seite abzugewinnen."*

Der Phlegmatiker scheint „jener zu sein, der dem Leben fremd ist, Eindrücke sammelt, ohne daraus besondere Konsequenzen zu ziehen, auf den nichts Eindruck macht, den nichts sonderlich interessiert, der auch keine besonderen Kraftanstrengungen macht ..."

Vom Choleriker sagt Adler, der habe so ein Streben nach Macht und sei so angespannt, „daß er immer große Bewegungen machen muß, Kraftleistungen produzieren und in geradlinig-aggressivem Vorgehen alles überrennen will".

Im Melancholiker sieht Adler „den ausgesprochen zögernden Menschen, der sich nicht zutraut, Schwierigkeiten zu überwinden und vorwärtszukommen, sondern mit größter Vorsicht seine weiteren Schritte einleitet, lieber stehenbleibt oder umkehrt als etwas zu riskieren."

***Ernst Kretschmer** schuf die sogenannten Konstitutionstypen aufgrund des Körperbaus und Ausdrucks. Er unterschied zwischen den Pyknikern (Rundwüchsigen), den Leptosomen (Schlankwüchsigen) und den Athletikern.*

Den Pyknikern ordnete er aufgrund seiner Beobachtungen folgende Eigenschaften zu: gutherzig, freundlich, vertrauensselig, sie passen sich leicht an, lieben Geselligkeit und Genuß, sind einfach und geradlinig im raschen flüssigen und lebendigen Denken.

Die Schlankwüchsigen bezeichnete er als Gedanken- und Verstandesmen-
schen, als meist ungesellig, still, zurückhaltend, scheu und gleichzeitig feinfüh-
lig und empfindlich, die oft aufgeregt und nervös wirken. Ihre Ansprechbarkeit
sei wechselhaft, sie denken zäh und langsam. Um sie herum herrsche Kühle und
Unnahbarkeit.

Die Athletiker sind gekennzeichnet durch Willen, Robustheit auch im Kör-
perbau und in der Muskulatur. Die Stimmungslage ist überempfindlich und
sie neigen zu plötzlichen Explosionen.

Wichtig ist es in diesem Zusammenhang, daß erwähnt wird, daß diese
Körperbautypen nicht in der reinen Form vorkommen, oder nur sehr selten.

Eine andere Unterscheidung, die auch interessant ist, und vor allem heutzutage
wieder sehr viel Wertschätzung erfährt, hat C.G. Jung geschaffen. Er unter-
scheidet zwischen introvertierten und extravertierten Menschen.

Introvertierte sind gekennzeichnet durch ein reflexives zurückgezogenes
Wesen, das sich nicht leicht gibt.

Extravertierte Menschen bezeichnet er als bereitwillige Wesen, die sich leicht
in jede gegebene Situation finden. Extraversion ist eine nach außen gerichtete
Wesensart, ein Prinzip, das gemütsbedingt, naturhaft, instinktiv in der Welt
ist, so wie sie ist. Die Introversion sucht die Welt nach einer gegebenen oder
gedachten Idee, einer geistigen Anschauung berechnend zu gestalten, zu beein-
flussen und zu verändern. Jung differenziert auch noch die Funktionen Emp-
finden, Fühlen, Denken und Intuieren (Intuition).

Die verschiedenen Typologien sind sehr interessant und spannend, ermöglichen auch – bei richtiger Gesinnung – eine sehr viel
aufmerksamere und neue Art der Betrachtung der Mitmenschen
und eine bessere Verständigung und Toleranz untereinander. Jede
Typologie hat aber auch ihre Tücken, so auch jede Charaktertypo-
logie. Fritz Perls, der für das NLP als Vorbild genommen wurde, hat
einmal gesagt: „Wenn einer einmal einen Charakter hat, dann hat
er ein starres System entwickelt. Sein Verhalten versteinert sich, es
wird vorhersagbar, und der Mensch verliert seine Fähigkeit, das
Leben und die Welt frei und aus vollen Kräften zu bewältigen"
(*Perls* 1988, 16).

Mir geht es um die Wahrnehmung der Unterschiedlichkeit von
Menschen. Wir versuchen deshalb auch zu erkennen, wie andere
unterschiedlich gestimmt sind, wir versuchen dies zu sehen und zu
hören in den entsprechenden Verhaltensweisen.

Das Wissen um die Grundstimmungen kann fruchtbar in die
Kommunikation einbezogen werden, indem zuerst erkannt wird,
welcher Art diese innere Verfassung der anderen Person ist, um

dann seine eigene Verhaltensweise so zu gestalten, daß sie auf diese andere Grundstimmung paßt. So kann es etwa darum gehen, seine eigene Ausdrucksweise der Freude zu drosseln, wenn man mit einem Schüler oder einer Schülerin im Kontakt ist, die sich bedrückt fühlt, lethargisch und passiv ist. Oder umgekeht kann eine Schülerin schon am Morgen früh sehr aktiviert und gesprächig sein. Dann paßt es, wenn man sich auch erlaubt, viele Worte zu verwenden.

Die beste Voraussetzung für diesen zugegebenermaßen hohen Anspruch ist innere Beweglichkeit und Flexibilität. Es kann besonders herausfordernd sein, das eigene Rollenrepertoire so zu entfalten, daß es leichtfällt, aktiv, passiv, fröhlich, eher tiefsinnig, bewegt oder unbewegt zu sein. Verschiedenste schon vorhandene innere Rollen können belebt werden, entsprechend den Erfordernissen der Kommunikationspartner. Es geht nicht darum, sich selbst aufzugeben. Vielmehr bleibt man weiterhin man selbst, selektiv, einen Aspekt von sich lebend.

4.2.5. Drei „Schülergrundtypen": ein einfaches und herausforderndes Modell

Wer in Unterricht und Ausbildung tätig ist, sieht sich während seiner Arbeit einer Vielfalt von verschiedensten Herausforderungen gegenübergestellt innerhalb eines hochkomplexen, anspruchsvollen Kommunikationsnetzes, entfaltet durch die einzelnen verschiedenartigen Lernenden, die Lerngruppe mit deren Dynamik und durch die Fülle an Stoff, Didaktik, Methodik und Lehrprozesse. Vieles haben Lehrende fast gleichzeitig zu sehen, zu hören, zu spüren und zu tun. Es ist deshalb sehr hilfreich die große Komplexität des Geschehens zu vereinfachen, um dadurch den großen Überblick zu behalten, Orientierungs- und Anhaltspunkte zu spüren.

Eine hilfreiche Möglichkeit der Vereinfachung der Wahrnehmungs- und Handlungsabläufe besteht darin, die Individualitäten der verschiedenen Lernenden in drei Hauptkategorien zusammenzufassen, sich in einer ersten Annäherung daran zu orientieren und sich leiten zu lassen, um eine Basisorientierung für Rapportaufbau und Vertiefung zur Verfügung zu haben.

Wenn wir als Vergleich eine Fahrt auf der Autobahn heranziehen, so geht es darum, in erster Linie bei den vielen Wegweisern, die auftauchen, die wichtigsten Hauptmerkmale erkennen zu können. Da steht in grüner Farbe in großen Schriftzeichen geschrieben: Rom. Dieses Wort Rom ist das Hauptunterscheidungsmerkmal, von dem wir uns dirigieren lassen und unser Auto darauf einstimmen und anpassen. Es ist nicht wichtig, die weißen Nebenwegweiser zu beachten, die Hinweise auf Ortschaften zu sehen oder Abzweigungen in Fabrikgelände zu würdigen. Wichtig ist die Information: Rom. Diesen Tafeln folgen wir. Innerhalb des Lehr-Lerngefüges, bei dem die Lehrerin das Steuer in der Hand hält und die Augen auf die Lehr-Lern-Fahrbahn gerichtet hat, kann sie ihre Aufmerksamkeit ebenfalls auf die Hauptwegweiser richten. Im Unterricht sind dies die Hauptkategorien von Schülergrundtypen, um sich zuerst daran zu orientieren.

Es lassen sich grundsätzlich im Modell – und diese Betonung ist wichtig: Es handelt sich um ein Modell, das sehr stark vereinfacht – drei Schülergrundtypen unterscheiden:

■ Visuelle Schüler (Sehmenschen)
■ Kinästhetische Schüler (Fühlmenschen)
■ Auditive Schüler (Hörmenschen)

4.2.5.1. Visuelle Schüler (Sehmenschen)

Visuelle Schüler orientieren sich innerlich und nach außen bevorzugt über das visuelle System, das Sehen. Diese neurologische Organisationsweise der „inneren Landkarte" läßt sich im äußeren sicht-, hör- und spürbaren Verhalten erkennen durch die bei dieser „Denkweise" auftretenden Begleiterscheinungen.

Marlis zum Beispiel, die sich in der 6. Klasse befindet, sitzt den größten Teil der Zeit, während sie auf ihre Schreibarbeit konzentriert ist, bewegungslos da. Sie schaut oft von ihrem Blatt auf, wie in die Leere schauend. Ihre Augen sind dann leicht über der Augenmitte, während sie im oberen Brustbereich atmet. Marlis zeigt hier vorwiegend Merkmale in der Körpersprache, die auf die Bevorzugung des visuellen Systems hinweisen. Im anschließenden Klassengespräch sagt sie: „Ich habe es sehen können, wie ich diese Aufgabe lösen kann. Es ist mir wirklich klar und einsichtig geworden." Ihre Stimme ist rasch und relativ hoch. Während sie redet, bewegen sich ihre Augen oft nach oben.

Folgende Merkmale lassen auf die visuelle Grundorganisations- und Orientierungsweise schließen:

■ ruhige Körperhaltung;
■ wenige Gesten, wenn, dann im oberen Körperbereich;
■ Augenbrauen bewegen sich nach oben;
■ zurückgezogener Kopf und Schultern;
■ wenig Mimik im Gesicht;
■ Atmung ist im oberen Brustbereich am ausgeprägtesten;
■ Blick ist leicht über der Mittellinie der Augenstellung (visuelle Augenstellungen);
■ rasche Sprache;
■ relativ hohe Stimmlage;
■ visuelle Prädikatmuster (Wörter, die auf Visualisierung hinweisen);
■ hält Abstand von anderen Menschen (Abstand 1 m oder mehr).

Visuelle Menschen brauchen Bedingungen, die ihnen erlauben, innere Bilder zu sehen und die Betrachtung nach außen zu optimieren. Dazu ist eine ruhige Körperhaltung mit einer visuellen Augenstellung erforderlich. Wichtig ist es dabei, daß kinästhetische Impulse von außen unterbleiben. Berührungen leiten sofort ins kinästhetische System hinüber, wenn sie abrupt und plötzlich erfolgen.

Rapportaufbau und -förderung erfolgen deshalb am besten, indem die Lehrperson den Abstand zur Schülerin einhält, sich selbst körperlich unbewegt hält, ihre Stimme relativ hoch und rasch einsetzt und gleichzeitig selbst in visuellen Kategorien zu denken beginnt, erkennbar durch die dazu passende visuelle Wort- und Satzgestaltung.

4.2.5.2. Kinästhetische Schüler (Fühlmenschen)

Bevorzugt kinästhetische Menschen sind neurologisch anders organisiert. Das Hauptorientierungsinstrument besteht bei ihnen im Fühlen, Empfinden und Handeln. Auch hier gibt es Indizien in der Körpersprache sowie verbalen Sprache, die eine Zuweisung zu diesem Grundtypus ermöglichen.

Henry beispielsweise macht während seiner Schreibarbeit, bei der er nach vorne gebeugt dasitzt, ruckartige Bewegungen. Seine Atmung greift tief. Dabei lehnt er sich fast an seinen Nachbarn an, der dies als willkommene Geste zu interpretieren scheint und in ein „herrliches Spiel" einsteigt, bei dem es darum geht, mit dem Lineal das Blatt des anderen zu verschieben. Unter dem Pult stoßen sie sich an den Füßen. Zusätzliche Bewegung ergreift ihre Gesichter. Henrys Wangen röten sich leicht, während er sich ständig unrhythmisch bewegt. Seine Augen sind oft nach unten gerichtet, während er jetzt mit seinem Nachbarn leise zu reden und flüstern beginnt.

Folgende Merkmale weisen auf die in diesem Beispiel gezeigte kinästhetische Grundorganisation hin:

■ viele Körperbewegungen, die unrhythmisch erfolgen;
■ Atmung im unteren Bauchbereich;
■ viel Mimik und Gestik;
■ Augen oft nach unten rechts gerichtet (in K-Position);
■ sucht Kontakt mit anderen durch Körperberührung (Abstand unter 80 cm);
■ verwendet Wörter, die auf seine kinästhetische Orientierung hinweisen.

Primär vom Gefühl, der Empfindung und der Bewegung aus gesteuerte Lernende fühlen sich am besten verstanden durch eine Lehrperson, die ihrerseits gefühlsmäßig reagiert und auf sie eingeht, indem sie den Abstand gering hält, sich getraut Berührungen einzusetzen, eine kinästhetische, eher ruhige, langsame Sprache redet unter Einbezug von kinästhetischen Ausdrucksweisen.

4.2.5.3. Auditive Schüler (Hörmenschen)

Bei den Hörmenschen besteht die wichtigste Substanz ihrer Welt aus Klang: „Nada Brama" oder: „Die Welt ist Klang". Wichtig ist es, das Hörbare aus dem Visuellen und Kinästhetischen herauszudestillieren und zu verdichten, um mit diesen auditiven „Weltimpulsen" eine auditive Innenwelt (auditive innere Landkarte) auszudifferenzieren. Metaphorisch gesprochen haben Hörmenschen eine enorme Stereoanlage in ihrem Kopf. Auch bei ihnen gibt es Indizien im Verhalten, das sichtbar und hörbar ist, die auf die auditive primäre Bevorzugung schließen lassen.

Roger zum Beispiel, der sich in der 9. Klasse befindet, sieht so aus, als ob er ständig mit irgendeiner Art von Musik befaßt wäre. Er bewegt sich dabei rhythmisch, ein Bein wippt auf und ab, gleichzeitig bewegt sich sein Kopf rhythmisch von der linken zur rechten Seite. Bei seinen Klassenkameraden gilt er als Vielredner. Bei Klassendiskussionen fühlt er sich am wohlsten. Als sehr unangenehm empfindet er es, wenn eine längere Stillbeschäftigung gemacht werden muß, bei der jeder für sich allein arbeiten soll. Da passiert es regelmäßig, daß er sich irgend jemandem zuwenden muß, um zwischendurch etwas zu besprechen. Er argumentiert gerne, kann sich dabei auch oft wiederholen, das gleiche wieder und wieder bringen. Harmonie bedeutet für ihn: in gute Gespräche verwickelt sein, sich verbal austauschen.

Verschiedene Merkmale weisen auf die auditive Bevorzugung bei Schülern hin:

- Rhythmisch bewegter Körper;
- Hände und Arme bewegen sich rhythmisch von der Körpermitte nach außen und innen;
- die Stimme wirkt ebenfalls rhythmisch und melodiös, mit einer Art Sing-Sang;
- kann auf rhetorische Fragen, die durch irgend jemanden gestellt werden, so reagieren, als ob er eine echte Frage gestellt bekommen hätte;
- sehr gesprächig;
- liebt Diskussionen;
- Tendenz zum Erzählen von Nebensächlichkeiten;
- erzählt komplette Geschichte immer wieder von Anfang an;
- kommentiert Bemerkungen anderer mit „Mh", „Ja" usw.;
- Atmung ist in der Mittellage am stärksten;
- verwendet auditive Wörter;
- gibt direkte Reden wider;
- erinnert sich sehr gut daran, was jemand auf welche Weise gesagt hat;
- kann andere in ihren verbalen Äußerungen gut imitieren.

Auditive Menschen fühlen sich dann am besten verstanden, wenn mit ihnen geredet und ihnen Gelegenheit zum Antworten geboten wird. Es sind nicht unbedingt die besten Zuhörer, da das Hauptmotto des Glücklichseins darin besteht, Harmonie zu schaffen, die hörbar ist. Es soll geredet und ausgetauscht werden. Weniger wichtig ist das, was geredet wird, als vielmehr die Tatsache, daß ein verbaler Austausch stattfindet.

Diese zugegebenermaßen sehr grobe Vereinfachung durch die Unterteilung in auditive, visuelle und kinästhetische Menschen liefert eine einfache Orientierung im Dschungel der schulischen Vielfalt. Sie kann als Grundwahrnehmung dienen.

Interessante zusätzliche, neue Differenzierungen lassen sich herstellen, wenn wir die bisher vorgestellten Rapportbildungselemente in Verbindung zu den drei Schülergrundtypen bringen. Die folgende Darstellung läßt verschiedenste Arten von visuellen, auditiven oder kinästhetischen Schülern erkennen:

(Grundidentifikation aufgrund der Augenmuster, Sprachmuster und Körpersprache)

V-Schüler	A-Schüler	K-Schüler

Weg von etwas Unangenehmen

Hin auf etwas Angenehmes

‚Glas halb voll'- orientiert (optimistisch)

‚Glas halb leer'- orientiert (pessimistisch)

Braucht Überblick

Detailorientiert

Sortiert nach Gemeinsamkeiten

Sortiert nach Unterschieden

Braucht Rückmeldungen von außen

Gibt sich selbst Feedback

Primäre Interessen / Inhalte

Bezogen auf sich selbst

Bezogen auf andere

Vergangenheitsorientiert

Gegenwartsorientiert

Zukunftsorientiert

Mit Hilfe dieser Schülergrundtypentabelle, die auch die hier gewählten Meta-Programme, Werte und Grundstimmungen einbezieht, lassen sich die beobachteten Phänomene viel genauer erfassen. Dadurch ergibt sich ein realistischeres Modell als Grundlage für die Anwendung in der Praxis. So kann zum Beispiel eine Schülerin mit Hilfe der Worte, der Körpersprache sowie der Augenhinweise als eindeutig visuell bestimmt werden. Bei Berücksichtigung aller weiteren Kriterien des Modells differenziert sich dieses „visuell" immer mehr aus. So können wir die verschiedensten visuellen, kinästhetischen und auditiven Menschen antreffen. Jede Person ist auf ihre Art einzigartig und kann nur individuell immer wieder von neuem erkannt und eingeordnet werden.

Betrachten wir als Beispiel Markus, der innerhalb einer Erwachsenenbildungsinstitution seine Hochschulreife nachholt. Aufgrund seiner Körpersprache, verbalen Sprache und den regelmäßig beobachteten Augenbewegungsmustern kann man Markus oft als sehr visuell bestimmen. Durch seine Art, Gesten zu machen und während des Redens die Hände und seine Mimik zu gebrauchen, spürt man gleichzeitig viel an kinästhetischem Informationszugang. Seine visuell-kinästhetische Organisation dreht sich stark um Sachthemen. Diese Sachorientierung seiner Interessen geschieht auch in der Freizeit. Über seine Motivation, das Abitur nachzuholen, sagt er: „Ich möchte endlich aus dieser Abhängigkeit von anderen Personen weg und mich auf eine neue Zukunft vorbereiten. Ich sehe schon jetzt bestimmte Projekte vor mir, die ich realisieren möchte." Diese Aussage weist darauf hin, daß er sich gleichzeitig von etwas weg und auf etwas zu bewegen will. Wenn er etwas erklärt, hält er sich sehr vage und allgemein. Er schöpft gleichsam mit großer Kelle, ein Hinweis auf seinen Wunsch nach Überblick und allgemeinen großen Informationen. Bei ihm fällt auf, daß er dazu neigt, die Gemeinsamkeiten mit anderen herauszufinden und zu betonen. Manchmal ist er sehr verschlossen und ganz in sich selbst verkrochen. Auf der anderen Seite gibt es Tage, an denen er sehr stark auf andere Menschen zugeht, gut zuhören kann und großes Interesse an den Tätigkeiten der Mitmenschen zeigt. Dann erzählt er auch gerne von sich und bringt Beispiele aus seiner eigenen Jugend.

Unter Berücksichtigung der Meta-Programme (Denkstile), Überzeugungen und Grundstimmungen, lassen sich die verschiedensten visuellen, auditiven und kinästhetischen Menschen feststellen.

So kann beispielsweise jemand, der grundsätzlich visuell organisiert ist, sich von der Motivationsrichtung her von etwas Unbehaglichem weg und gleichzeitig auf etwas Erwünschtes zubewegen.

Eine „optimistische Brille" mit dem Wunsch nach Überblick beim Lernen kann verbunden sein mit dem Bedürfnis, auf andere bezogen durch die Welt zu gehen.

Ein anderer, primär visuell organisierter Mensch, kann mehr auf sich selbst bezogen, mit einer stark „pessimistischen Brille" bevorzugt an der Vergangenheit interessiert sein und sich gerne an den kleinen Details beim Lernen orientieren.

Dies sind Beispiele für visuelle Menschen. Es gibt unzählige Möglichkeiten der Unterscheidung. Diese können auch getroffen werden bezüglich der primär auditiven und kinästhetischen Organisationsweise.

Auch alle anderen Denkstile, das Wissen über Grundstimmungen und Werte dienen als Merkmale, um zu erkennen, in welcher Art jemand im Augenblick der bewußten Wahrnehmung vermutlich innerlich organisiert ist.

Dieses Modell läßt Spielraum, um für jeden Schüler die im Augenblick passende Definition zu finden.

Mir persönlich gefällt die Auffassung, daß sich Menschen aufgrund der beinahe unbegrenzten Lernfähigkeit trotz einer gewissen Konstanz dauernd ändern können. Die inneren Organisationsweisen können – wenn man sie so betrachtet – wechseln. Dies gibt jedem Schüler und Lehrer die Gelegenheit, immer wieder von vorne anzufangen und auf dem Bewährten aufzubauen.

Betrachten wir noch ein Beispiel einer momentanen Organisationsweise:

Romeo ist in der 4. Klasse. Seine Grundorientierung ist auditiver und kinästhetischer Art. Dies ist darin zu erkennen, daß er gerne viel redet. Seine Artikulation ist sehr genau. Er interessiert sich sehr dafür, wie die Dinge klingen. Neue Wörter, die er hört, wiederholt er sofort und sieht beim Hören des Klanges des Wortes fasziniert aus. Er sagt dann oft: „Das klingt aber lustig." Dann wiederholt er das Wort wieder. Er verwendet oft auditive und kinästhetische Wörter, fast keine visuellen. Seine Augen bewegen sich oft auf der Mittellage, vor allem dann, wenn er sich kurz auf etwas besinnen will. Die anschließenden Äußerungen beinhalten fast regelmäßig entweder kinästhetische oder auditive Wörter. Oft erzählt er die gleiche Geschichte nochmals und schmückt sie dabei genau gleich aus, wie er es das letzte Mal schon tat. Seine Grundstimmung ist sehr optimistisch. Wenn ihm etwas kaputtgeht, kann er sagen: „Jetzt bekomme ich dann sicher dafür wieder von irgend jemandem etwas Neues. Das ist auch gut." Aufgaben liebt er nicht, weil er dabei zuviel schreiben und

Sachen für sich allein machen muß. Dann freut er sich aufs Hören seines Lieblingstonbandes mit der Geschichte vom „Kleinen Prinz".

Ohne alle weiteren Details genau zu schildern, läßt sich bei Romeo zeigen, wie vielfältig die Unterscheidungs- und Erkennungsmöglichkeiten sind. Was Sie gerade lesen, ist eine Einladung, so einfach und differenziert wie möglich Innenwelten zu erkennen und wahrzunehmen, um dadurch die Fähigkeiten zu erweitern, liebevoll auf den anderen zugehen und ihn unterrichten zu können. Die Einfachheit und Klarheit des Schülergrundtypenmodells wird durch die Verbindung mit den zusätzlichen Unterscheidungsmerkmalen farbiger und differenzierter. Jeder Mensch ist einzigartig aufgrund der vielfältigen Kombinationsmöglichkeiten, die die Hauptsinne in die innere und äußere Wahrnehmung einbeziehen.

Zusammenfassung

Wir gehen davon aus, daß die Anschauungen und Werkzeuge des NLP – wie wir schon ausführlich dargelegt haben – bedeutsam sind für die Meisterschaft des Unterrichtens. In einem ersten Schritt befaßten wir uns mit dem Aufbau der Brücke zu den Lernenden: Rapport herstellen. Ich bin überzeugt, daß wir zu diesem Zeitpunkt die Auffassung teilen, daß ohne einen minimalen Rapport zwischen Lehrern, Schülern und der Gruppe untereinander die schulischen Lehr-Lernprozesse gestört oder unmöglich gemacht werden. Unter Rapport, so haben wir gesehen, versteht man die Übereinstimmung zwischen Lehrenden und Lernenden. Diese Beeinflussungs- und Führungsbereitschaft kann bei Schülern unwillkürlich vorhanden sein aufgrund verschiedenster Bedingungen, aber auch bewußt beeinflußt, gefördert und erhalten werden. Die bewußte Förderung und der Aufbau von Rapport geschieht durch Verhaltens- und Wahrnehmungsflexibilität der Lehrperson. Das heißt mit anderen Worten durch Anpassung ihres Verhaltens an dasjenige der SchülerInnen auf verschiedenen Ebenen. Anpassung mit dem Ziel der Rapportförderung kann in folgenden Einstellungs- und Verhaltensbereichen geschehen: Anpassung der Körpersprache wie Grobmotorik, Feinmotorik, Grundkörperhaltung, Atmung, Wahrnehmung und Verständnis für die Augenbewegungsmuster, gesprochene Sprache, Sprechweise, Grundstimmung und Überzeugungen. Innerhalb der inneren Prozesse können vor allem die Denkstile (oder

Meta-Programme) für die professionelle Verständigung sehr hilfreich sein, da diese in tiefen Schichten der Persönlichkeit verwurzelt sind. Wir brachten das gesamte bisherige Wissen in einem einfachen Modell der drei Schülergrundtypen unter ein Dach.

Bisher haben wir Rapportaufbau vor allem unter dem Gesichtswinkel des Umgangs mit Einzelpersonen betrachtet. Dies geschah der Einfachheit halber. Zu Recht wird hier die Frage auftauchen: „Wie baue ich nun einen Rapport mit einer Lerngruppe auf? Wenn eine ganze Ansammlung verschiedener Persönlichkeiten gleichzeitig vor mir als Lehrperson im Blickfeld sicht-, hör- und spürbar sind?"

4.2.6. Rapport mit der Lerngruppe

Wenn wir bisher den Umgang mit einzelnen Schülern ins Zentrum gesetzt haben, so hat das zwei Gründe: Erstens ging es darum, in einfacher Art die Grundprinzipien des Rapportaufbaus vorzustellen, Wege der Umsetzung zu zeigen und entsprechende Beispiele dafür als Anschauungsmaterial zu verwenden. Zweitens ist es einleuchtend, daß die Komplexität des gruppendynamischen Gebildes Lerngruppe noch zusätzliche, ergänzende Rapportbildungsmöglichkeiten verlangt.

Rapport mit einer Lerngruppe besteht aus vier Schritten:

1. In der vorbereitenden **Einstimmung** und Arbeit des Lehrers **auf die Gruppe** sowie das Thema. Sämtliche zur Verfügung stehenden Informationen über die Lernenden sowie deren Beziehungen zueinander werden reflektiert und in die Planungsüberlegungen einbezogen.

2. Die Themenauswahl soll so vor sich gehen, daß dabei einige Fragen bezüglich des gemeinsamen **Interessenschwerpunktes der Lerngruppe** so gut wie möglich beantwortet werden.

3. Bei der **Begegnung mit der Lerngruppe** können möglichst viele Informationen, die körpersprachlich, mimisch, gestisch bei den Schülern sichtbar und intuitiv spürbar sind, durch den Lehrer wahrgenommen und laufend in seine körpersprachlichen, verbalen und mentalen Reaktionen aufgenommen werden.

4. Dann kann auf **die einzelnen Lernenden** abwechselnd verständnisvoll, d.h. rapportbildend eingegangen werden.

4.2.6.1. Die Einstimmung auf die Gruppe

Wer für eine neue Klasse einen Lehr- und manchmal auch Erziehungsauftrag übernimmt, hat verschiedenste Möglichkeiten, sich über die Zusammensetzung dieser zukünftigen Lerngruppe zu informieren. Oft gibt es schriftliche Unterlagen über die zukünftigen Lernenden. Vorinformationen können auch von den früheren Lehrerinnen und Lehrern gewonnen werden. Vor allem gibt es die Gelegenheit, schon vor dem offiziellen Lehr-Lern-Beginn mit den einzelnen zukünftigen Lernenden einen ersten Kontakt anzubahnen. Dies kann entweder auf dem schriftlichen Weg oder durch einen mündlichen Kontakt geschehen. Dieses Vorgehen ist vor allem bei Erwachsenengruppen zu empfehlen.

Aufgrund der vielfältigen Erfahrungen können Lehrer bestimmte Themenbereiche bewußt thematisieren, wahrnehmen und hinterfragen. Dieser Prozeß liefert nützliche Informationen. Folgende Themenschwerpunkte dürften in den Betrachtungsbereich gehören:

- Alter;
- Wissen über Alterszyklus;
- familiäre Verhältnisse;
- Wertauffassungen;
- wo sind „Widerstände" zu erwarten;
- soziale Schichtzugehörigkeit;
- Denkstile (Meta-Programme);

- Wohnort;
- Einkommensgruppe;
- Religionszugehörigkeit;
- Interessenschwerpunkte;
- Bildungsstand;

- spezielle Fähigkeiten;

- usw. usw.

4.2.6.2. Suche nach dem gemeinsamen Thema

Nach dem Erfassen der Persönlichkeiten und subjektiven Organisationsweisen der einzelnen zukünftigen Lernenden soll – immer noch im Bereich der Vorbereitung – hypothetisch herausdestilliert werden, was der wohl gemeinsamste thematische Interessenschwerpunkt aller am Lerngeschehen Beteiligten sein könnte.

Ebenso wichtig ist es, sich den persönlichen Bezug zum Thema bewußtzumachen. Inwiefern sind Sie als Lehrerin oder Lehrer betroffen vom Lehrinhalt? Wo, in welchen Lebensabschnitten, mit welchem Beigeschmack war Ihnen dieses Thema wichtig? Aufgrund solcher Überlegungen kann die Lehrperson das Angebot kongruent vertreten.

Auf der Schnittfläche zwischen vermuteten, intuitiv erfaßten Schüler- und bewußtgemachten Lehrerinteressen wird der Unterricht thematisch aufgebaut.

Wenn jemand eine 4. Klasse der Grundschule übernimmt, weiß der Lehrer beispielsweise, daß im Moment in dem Dorf, in dem er unterrichtet, ein großes Interesse für die neu entstehende Anlage im großen Park besteht, wo verschiedene Tümpeltiere eine neuentstehende Heimat finden. So wird es dort Frösche, Molche, Libellen, viele verschiedenfarbige große und kleine Vögel geben. Sogar Schlangen wird man eventuell durchs Wasser schwimmen sehen und viele andere größere und kleine Tiere. Wenn nun der Lehrer weiß, daß dieses „Riesenbiotop" bei der Bevölkerung nicht einhellig auf Freude und Begeisterung stößt, bei den zukünftigen Viertkläßlern aber aufgrund des Interesses dieser Altersgruppe generell schon, so hat er diese kleine Ambivalenz als eine wichtige Information zur Verfügung, um sie für den Einstieg ins Thema nutzbar zu machen.

Rapport aufbauen und aufrechterhalten heißt in diesem Sinne: Orientierung an den Themen, die die Zielgruppe am meisten interessieren.

Manchmal muß man etwas vermitteln, bei dem im voraus ersichtlich ist, daß es im Widerspruch zu den wichtigsten Wertvorstellungen, Gedanken und Auffassungen der Schüler steht. Dann ist es hilfreich, dieses „Hindernis" selbst zu thematisieren. Dadurch wird wiederum das im Moment vordergründige, gemeinsame Hauptthema erfaßt und reflektiert.

Ein Beispiel ist jene Lehrerin einer Englischgruppe von Erwachsenen, die in einer kleineren Stadt unterrichtet und eine neue Gruppe zugeteilt bekommen hat. Die Lernenden sind verschieden alt, haben gleichzeitig ähnliche Kursvorkenntnisse. Aufgrund der Aussagen der vorhergehenden Lehrerin zeigen die Lernenden jedoch sehr unterschiedliche Leistungen. Wenn nun die neue Lehrerin zusätzlich herausfindet, was die einzelnen Menschen beschäftigt, welchen Beruf sie ausüben, die Altersgruppierung mit deren speziellen typischen Problematiken, den speziellen Interessenschwerpunkten, so kann sie die Lektionen inhaltlich an die Schwerpunkte der Zielgruppe anpassen. Dies ist wichtig, da die Lehrerin durch das „nebensächliche" Spiegeln wichtiger Grundauffassungen der Lernenden, diese wirklich in deren Welt abholt. Das Ergebnis ist ein spontanes Gefühl des Verstandenwerdens. Distanz wird abgebaut, bei gleichzeitigem Aufbau des Respekts dieser Lehrerin gegenüber. Oder anders ausgedrückt: Die Lehrerin baut ihre Nähe zu dieser Zielgruppe innerlich im voraus auf und richtet ihre eigene Landkarte auf diese Menschen aus, indem sie den geeigneten „Sendekanal" sucht und einstellt.

Die Unterrichtsplanung und -gestaltung in didaktischer, inhaltlicher und methodischer Hinsicht orientiert sich an den „Landkarten" der Zielgruppe. Wenn die Vorbereitung in dieser Art getroffen worden ist – vorausgesetzt, die Überlegungen treffen die gemeinsamen subjektiven Realitäten der Lernenden -, sind beste Voraussetzungen vorhanden, um in einen optimalen Kontakt zur Lerngruppe zu treten. Die Einstimmung auf sich selbst, die Lerngruppe und die Einzelnen schafft ein starkes Fundament, um kongruent in der Lernlandschaft zu erscheinen.

4.2.6.3. Die „physische Begegnung" mit der Gruppe

Nach dieser inneren und sachlichen „mentalen" Vorbereitung auf die Lerngruppe findet die „physische" Begegnung statt. Es ist hilfreich anzunehmen, daß Lehrende auch den bekannten Schülern immer wieder neu begegnen, ohne deswegen das frühere Wissen zu verlieren.

Beim Einstieg in eine neue Lehrsequenz – z.B. eine Lektion, Planungsarbeit, oder eine neue Gruppe in der Erwachsenenbildung – soll zuerst die Gruppe als Ganzes wahrgenommen werden. Dies kann am besten geschehen bei der Einleitung ins Thema, der Begrüßung oder Vorstellung. Eines der wichtigsten Instrumente besteht in der Fähigkeit, „defokussiert zu schauen". Darunter versteht man folgendes: Der Lehrer läßt seinen Blick mit einer bestimmten optischen Einstellung über der Lerngruppe ruhen. Das „defokussierte Sehen" ermöglicht die Wahrnehmung der ganzen Breite des Blickfeldes innerhalb von etwa 160 Grad. Ein kleines Experiment verdeutlicht, was gemeint ist:

Der defokussierte Blick: Halten Sie kurz inne. Werden Sie sich bewußt, was Sie vor sich genau in der Mitte ihres Blickfeldes sehen können. Vielleicht ist es ein bestimmter Gegenstand, oder ein anderes Detail des Blickfeldes, das besonders auffällt in der Wahrnehmung. Und nun – ohne daß Sie den Kopf oder die Augen bewegen – nehmen Sie bewußt wahr, was Sie ganz links in Ihrem Blickfeld sehen können. Wie gesagt, ohne daß Sie die Richtung der Augen ändern. Es ist nur Ihre Aufmerksamkeit, die sich auf den linken Bereich des Sehfeldes richtet. Sie schauen mit der Peripherie (den Randzonen Ihrer Augen), die besonders emp-fänglich ist für die Wahrnehmung von Bewegungen. Können Sie etwas Bestimmtes ganz links sehen? Dann schauen Sie – die Augen immer noch auf's Zentrum gerichtet –, was es ganz rechts im peripheren Blickfeld zu sehen gibt. Und nun, als Abschluß nehmen Sie gleichzeitig Mitte, links und rechts wahr und zusätzlich oben und unten, das ganze visuelle Feld. Während Sie gleichzeitig links, rechts, oben und unten sehen können, beginnen sich Ihre Augeneinstellungen zu verändern. Die Augen schal-ten gleichsam auf leer oder Ferneinstellung um. Dabei ist von außen zu sehen, wie sich Ihre Pupillen vergrößern. Diese Vergrößerung ist das Indiz für den „defokussierten Blick". Das defokussierte Schauen ist das Gegenteil des konzentrierten, auf ein bestimmtes, im Zentrum zu sehen-des Detail gerichteten Schauens. Mit dem defokussierten Blick ergibt sich als Nebenprodukt eine neue Art des Abstandnehmens und Loslassens des Geschehens.

In der Arbeit mit der ganzen Lerngruppe – vor allem bei den Einstiegen – ist es besonders wichtig, die Interaktionen oder den Tanz der Beziehungen der Schüler zu sehen. Dazu dient die defo-kussierte Art des Sehens. Der Lehrer redet zum Beispiel über seine Motive, das Thema der Frösche hier zu bringen. Er erzählt dabei ein Beispiel aus seiner Kindheit, das ihm während der Vorbereitung auf's Thema in den Sinn gekommen ist. Er äußert seine Vermutung darüber, daß dieses Thema auch für die Schüler interessant und spannend sein werde. Während er in dieser persönlichen Art seine Schilderung macht, schaut er vor allem zu Beginn und immer von neuem in der defokussierten Art in die Gruppe. Er bewegt dabei leicht den Kopf von links nach rechts, so daß das Zentrum des Hauptblicks abwechselnd alle Lernenden streift. Tatsächlich schaut er aber nicht die einzelnen bewußt an, sondern beachtet vor allem, was von links bis rechts im großen visuellen Wahrnehmungsbogen geschieht. Dabei sieht er beispielsweise, wie ganz links eine Schüle-rin ihre Beine unter dem Pult nach hinten zieht, während gleichzei-tig ganz rechts der Schüler, der ihr in ca. 5 Meter Abstand vis-a-vis sitzt ebenfalls seine Beine bewegt (eine spezielle Art von Synchro-nisation, wie wir jetzt wissen). Im Mittelfeld folgt darauf bei einer Person eine Auf-und-Ab-Kopfbewegung, auf die fast gleichzeitig mehrere weitere Auf-Ab-Kopfbewegungen von anderen Schülern folgen. Nicken in unserem Kulturbereich ist ein Signal für „Ja". Diese Synchronizität der Bewegungen im großen Gruppenbogen ist nur mit Hilfe der defokussierten Sehweise zu erkennen. Die beiden Schüler ganz links und rechts im Blickfeld bewegen nun, nachdem die anderen die Auf-Ab-Kopfbewegungen unwillkürlich geschehen ließen, ebenfalls ihren Kopf und gleichzeitig ihre Beine in die Mittellage. Dies geschieht auf die Äußerung des Lehrers: „Ich weiß natürlich nicht, ob ich allein so begeistert bin bei diesem Thema, denn nur deshalb müßte es noch nicht unbedingt heißen, daß das für alle anderen auch so ist ..." So hat der Lehrer während seiner Einleitung laufend Informationen über die Beziehung zwischen den einzelnen sowie seinem Rapport zur Gruppe. Diese Information ist wichtig.

Aufgrund der mentalen, sachlichen und beziehungsmäßigen inneren Vorbereitung auf die Lerngruppe und die Einzelnen hat die Lehrerin oder der Lehrer eine zusätzliche Fülle von Möglichkeiten, auf die Vielfalt an Reaktionen einzugehen, sich daran anzupassen und dadurch den Rapport zu vergrößern.

4.2.6.4. Wechselnde Einzelbegegnungen

Neben der Wahrnehmung der ganzen Gruppe geht es darum, sich voll auf die einzelnen Schüler einzulassen, mit denen man während des Unterrichts beschäftigt ist. Gleichzeitig findet der sekundenschnelle Wechsel der Wahrnehmung auf das Gruppenganze statt. Es handelt sich um zwei Aktivitäten, die fast gleichzeitig ausgeführt werden sollen: Die Gruppe im Auge behalten (defokussiert) und auf einen einzelnen Schüler konzentriert sein. Beim Austausch mit dem einzelnen Schüler kommen diejenigen Rapportbildungskriterien zum Zuge, die wir früher ausführlich kennengelernt haben. Sie seien nochmals in Erinnerung gerufen: Sprachanpassung, Augensprache lesen, Körpersprache nutzen, Werte und Überzeugungen einbeziehen.

Rapport mit einer Gruppe besteht in einem Wechsel zwischen dem Sehen und Hören der Interaktionen und dem Sich-Einlassen auf eine Einzelperson, wobei hierarchisch die Gruppe höher und wichtiger zu gewichten ist in der Wahrnehmungsorientierung. Auf der anderen Seite kann erkannt werden, daß durch die Intensivierung der Qualität der Kontakte mit jeder der Einzelpersonen gleichzeitig rapportfördernde Auswirkungen im Gruppengebilde festzustellen sind.

Das folgende Diagramm soll das ganze Geschehen veranschaulichen:

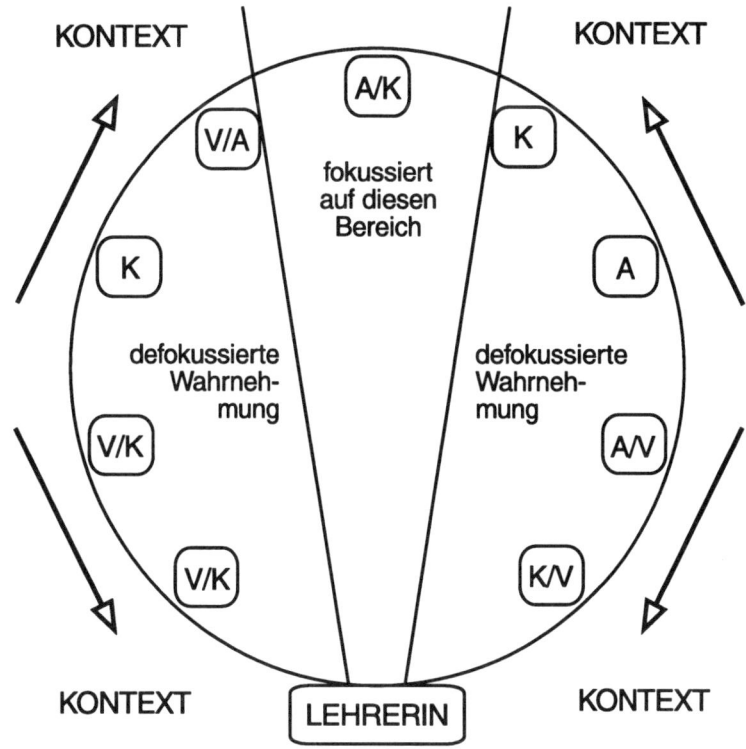

Diagramm:
Die Lehrerin richtet ihre Aufmerksamkeit abwechselnd auf die Gruppe und die Einzelnen. Dabei wandert der fokussierte Blick langsam über die Runde, von links nach rechts und wieder zurück. Dieses Wandern geschieht vor allem beim Informieren durch die Lehrerin.
Sobald ein Kontakt mit einem einzelnen Schüler entsteht, bleibt die Aufmerksamkeit bei diesem Schüler. Gleichzeitig behält sie das Ganze im peripheren Blick, um auch permanent aus der Einzelinteraktion auszuklicken zum übergeordneten Gruppenrahmen.
Das Abholen der einzelnen Schüler geschieht gemäß der Bestimmung nach den Grundtypenkonzepten (visuelle, auditive, kinästhetische Schüler).

Betrachten wir ein Beispiel, bei dem sämtliche Ebenen der Rapportbildung in der Realsituation gezeigt werden. Wir achten bei den Kommentaren vor allem auf den Aspekt des Rapports mit der Gruppe sowie den Einzelnen. Es handelt sich um eine **5. Grundschulklasse.**

117

Die Schüler nehmen ihre Plätze ein. Alle reden durcheinander. Der Lehrer setzt sich vor der Klasse hin. Es bildet sich automatisch eine Runde, wie es die Schüler gewohnt sind. Sie gruppieren sich um den Lehrer herum, ohne daß er speziell dazu auffordert. Es wird ruhig. Der Lehrer leitet folgendermaßen in die anschließende Arbeit ein:

L: Freitagmorgen wird die Tür aufgehen, Erwachsene werden kommen, Eure Eltern und auch ein Herr von der Stadt. Auch andere Leute werden da hereinkommen. Der Lehrer zeigt dabei auf die Tür. Leute, die Ihr gerne dabei habt.

Während der Lehrer in dieser Art redet, schaut er von links nach rechts, scheinbar der Reihe nach jede Schülerin und jeden Schüler an. Bei genauer Betrachtung läßt sich erkennen, daß seine Pupillen groß sind. Sie haben dabei eine spezielle spürbare Wirkung. Mit dieser Art von defokussierter Wahrnehmung kann er sehen, wie die Schüler im Mittelfeld, direkt vor ihm ruhig dasitzen, auf ihn ausgerichtet sind. Ganz links von ihm schauen sich zwei Jungen an, bewegen sich bei dieser Einleitung vor und wieder zurück. Sie schütteln ihre Köpfe dabei leicht von links nach rechts und zurück. Aufgrund dieser Beobachtung geht jetzt der Lehrer davon aus, daß er es vielleicht mit bestimmten Einwänden gegenüber dem nochmaligen Aufgreifen dieser Arbeit zu tun hat. Aus dieser Überlegung heraus erfolgen die nächsten Äußerungen.

Aber ich bin mir gleichzeitig bewußt, daß einige von Euch vielleicht einen besonderen Anstoß brauchen werden, nochmals daran zu gehen. Es ist auch in Ordnung, das so zu empfinden. Ich persönlich finde diese Arbeit sehr spannend und ergiebig, vor allem, weil wir hier die Gelegenheit haben, intensiv immer wieder an einer Sache zu bleiben, an unserer persönlichen, in der Klasse bestimmten Arbeit.

Während er in dieser Art die Einwände, die er in der Körpersprache der beiden Schüler links von ihm glaubte erkannt zu haben, aufgreift, sieht er aus der Peripherie seines Blickes, daß die beiden ihre Haltung derjenigen der anderen Schüler in der Klasse anzupassen beginnen, sich voneinander lösen und sich ihm zuwenden, ein Hinweis, daß er mit seiner Einleitung fortfahren kann.

Wir in der Gruppe haben schon Überlegungen angestellt, was wir da machen werden, was da geschehen soll. Ich hätte es gerne, wenn wir jetzt gruppenweise hören können, was ihr für heute Nachmittag geplant habt ...

Nach der Einleitung und den Berichten aus den einzelnen Gruppen über Vorgehen, Ziele, Zeitstruktur und mögliche heutige konkrete Ergebnisse, begeben sich die einzelnen Gruppen an die Arbeit. Dabei beobachtet der Lehrer sämtliche Aktivitäten aus der peripheren Betrachtungsweise heraus. Die meisten Gruppen begeben sich ins

Freie, da sehr schönes Wetter ist, ausgestattet mit ihren Materialien, die sie benötigen.

Zwei Schülergruppen bleiben noch im Zimmer. Mit einer dieser Gruppen hat der Lehrer eine Abmachung getroffen, daß er mit ihnen zusammen etwas erarbeiten wird. (Aufgrund seiner Vorbereitung und seines vielfältigen Wissens über die gruppendynamischen Funktionsweisen der einzelnen Gruppen sowie deren Leistungs- und sozialen Stand, hat er sich dazu entschieden, heute bei dieser Gruppe dabei zu sein, helfend und steuernd gleichzeitig, als Unterstützung.) Zu dieser Gruppe begibt sich der Lehrer nun. Betrachten wir ihn im folgenden bei seiner Arbeit, bei der die Kriterien des Rapportunterhalts bezogen auf die Gruppe und die Einzelnen nochmals sichtbar werden:

L: Was habt ihr vor mit diesen Bildern? Was könnte man hier tun? Wie könnte man diese Bilder gruppieren?

Während der Lehrer diese Einleitung macht, schaut er defokussiert in diese 6-er Runde, sein Blick wandert von links nach rechts und zurück. Dabei sieht er, wie sich ein Schüler bewegt, seinen Kopf hebt, ihm entgegen. Für den Lehrer ist das ein Signal: „Ich möchte etwas sagen." Er nickt dem Schüler zu, jetzt mit fokussiertem Blick auf den Schüler gerichtet.

S: Man könnte alle Getränke zu einer Gruppe zusammenfassen.
S: Oder alle Kleider ebenfalls. Es gibt viele Möglichkeiten ...

Beim Wechsel vom einen Schüler zum anderen, wendet der Lehrer seinen Blick ebenfalls diesem einen Schüler ganz zu. Gleichzeitig sieht er in der Peripherie seines visuellen Wahrnehmungsfeldes das zeitgleiche Hervortreten zweier Köpfe und deren gleichzeitige Beinbewegungen nach vorne. Während des fokussierten Sehens achtet der Lehrer auf die Bewegungen der Augen seines Gegenübers, um zu wissen, in welchem Sinneskanal er antworten soll, sofern er sich dafür entscheidet.

S: Es ginge auch, wenn man alle jene zusammenbringt, wo etwas mit Sonne drauf ist.
L: Oder eine andere Möglichkeit wäre es, nach Bildern zu suchen, die alle mit bestimmten Lebensgefühlen zu tun haben.

Auch hier, bevor er selbst zu sprechen beginnt, und während er redet, schaut sich der Lehrer der Reihe nach jeden Schüler an. Dieses Mal schaut er fokussiert in jedes Gesicht. Er sieht dabei, daß die Schülerinnen und Schüler ihm ernst ins Gesicht schauen, so wie er selbst auch schaut. Der Rapport ist vorhanden.

S: Ja, zum Beispiel Kraft wäre so ein Lebensgefühl ...
S: Oder Freundschaft wäre auch eines ...

Hier an dieser Stelle sieht der Lehrer, wie die Schülerin, die gerade vom „Lebensgefühl" gesprochen hat, ihren Mund noch geöffnet hat, während schon der Schüler ganz rechts von ihr seine eigene Idee liefert. Jetzt schließt die erste Schülerin ihren Mund und entspannt sich wieder. Der Lehrer behält sie im peripheren Blick im Auge.

In dieser Art fahren die Schüler fort mit der Arbeit. Sie haben viele Werbebilder vor sich. Einige haben sie gemäß eigener Kriterien gruppiert. Jetzt beginnen sie, gemeinsam Bilder mit Tieren auszusuchen, um sie als eine Kategorie auf ein Blatt einzuordnen. Das Stichwort ist „Naturverbundenheit".

S: Oh, ist das aber schön. (Es ist ein Kaninchen abgebildet. Der Schüler sieht berührt aus. Seine Stimme klingt leise, sanft und emotional. Die Augen bewegen sich dabei kurz nach rechts unten [aus seiner Sicht].)

Der Lehrer hört diese Veränderung in der Stimme, richtet seine Aufmerksamkeit ganz auf diesen Schüler, indem er ihm seine Körpervorderseite ganz zuwendet. In den Augenbewegungen erkennt er die Orientierung auf's Gefühl, was zu der wahrgenommenen Stimme paßt. Er weiß, daß er als nächstes im Gefühlskanal reagieren wird, sofern er sich dazu entscheidet. Gleichzeitig schaut er kurz mit der defokussierten Sehweise auf alle Arbeitenden und sieht, daß alle auf diesen Schüler ausgerichtet sind.

L: Es ist ein schönes Kaninchen und das fühlt sich gut an. Erinnert es dich an etwas?
S: Ja, ich habe auch eines zu Hause, gerade vor zwei Wochen geschenkt bekommen. Das ist so schön, wenn man das samtige, weiche Fell streichelt.
L: Deshalb freut dich dieses Bild so sehr.

Drei andere Schüler bewegen sich rasch vor, halten ihre Hände nach oben und beginnen gleichzeitig zu reden, bis sich einer durchsetzt mit seinem Beitrag. Der Lehrer hört und sieht diese gleichzeitigen Aktivitäten und entscheidet sich, den Überschneidungspunkt dieser Interaktionen kurz aufzugreifen.

L: Ja, ich merke schon, ihr habt ein großes Interesse an diesem Kaninchen, und es bringt Euch alle auf verschiedene Gedanken. Äußert diese Ideen nacheinander, damit wir sie hören können.

Die Schüler, die gerade miteinander geredet haben, wenden sich dem Lehrer zu. Er sieht diese Veränderung, schaut mit freundlichem Gesicht in die Runde, während er seinen Gedanken äußert, darauf achtend, daß die Schüler gleichzeitig ihm zugewendet bleiben, jede Bewegung im Überblick beobachtend. Dies geschieht mit der defokussierten und fokussierten Wahrnehmung im Wechsel.

4.3. Einflußreich kommunizieren und Führen

Die sogenannte Basiskommunikation ist das Wichtigste des meisterschaftlichen Unterrichts. Sie ist das Fundament, auf dem das Unterrichtshaus aufgebaut wird. Es besteht in einem guten Rapport zwischen den am Lerngeschehen beteiligten Personen. Erkennbar ist diese Dimension in der Synchronisation von Körpersprache, Sprache, Gesamtausdruck, Empfindungen und Denken. Wie wir gesehen haben, kann diese Übereinstimmung mit den Schülern durch die Lehrerin oder den Lehrer – obwohl sie in der Regel spontan auftritt – auch willentlich gesteuert und herbeigeführt werden. Der Lehrer kann etwas dafür tun, um einen guten Rapport herzustellen. Diese Aktionen bestehen darin, genau zu sehen und zu hören, in welcher momentanen inneren Verfassung und in welcher Art von subjektivem Prozeß sich die Lernenden und die Gruppe befinden, um aufgrund dieser Erkenntnis sein eigenes Verhalten anzupassen. Dies schafft den Boden, auf dem das Lehrgebäude errichtet werden kann.

Die Basiskommunikation – bestehend aus diesem **Rapport** – ist an und für sich etwas Wertvolles. In hilfreichem guten Kontakt zu sein mit den Schülern durch den Aufbau dieser Brücke ist trotzdem **nicht Selbstzweck**. Im Zusammenhang mit Lehr-Vorgängen ist darin vielmehr die nötige Voraussetzung geschaffen, um die Schüler zu bestimmten Zielen hinzuführen, die als sinnvoll erscheinen sowohl aus der Sicht des Lehrers und des Lehrsystems als auch – und dies vor allem – aus der Perspektive der Lernenden selbst. Darum geht es. Heutzutage genügt es nicht mehr, daß allein aufgrund der zugeschriebenen Autorität des Lehrsystems Lehrpersonen auch wirklich als Autoritäten anerkannt werden durch die Schüler. Echte Autorität baut auf dem Vertrauen – oder eben anders gesagt auf dem Rapport – auf. Lehrer, die sich autoritär verhalten, klammern sich an ihre definierte Rolle, die ihnen zugeschrieben wurde aufgrund eines Abschlußzeugnisses oder Zertifikates. Sie bauen oft auf dem Zwang mit Hilfe von Belohnungen und Bestrafungen auf, um die „Untergebenen" in ihre Aufgaben hineinzudirigieren. Anders wirkliche, echte Autoritäten: Sie ruhen in ihrer Menschlichkeit, persönlichen Stärke und dem echten Interesse an den Vorgängen, die die Schüler beschäftigen. Echte Autorität wird den Lehrern durch die Schüler zugeschrieben und nicht umgekehrt. Damit sind wir wieder beim Rapport angelangt. Die Zuschreibung von echter Autorität, als anerkannte Erlaubnis der Führungsperson, Einfluß nehmen zu dürfen, ist sicht-, hör- und spürbar im intensiven Rapport. Erst wenn die Schüler die innere Bereitschaft signalisieren, daß sie dem Lehrer die Erlaubnis gegeben haben, sie in eine bestimmte Richtung zu begleiten und zu führen, kann Unterricht erfolgreich sein.

Rapport ist die Grundlage fürs Führen

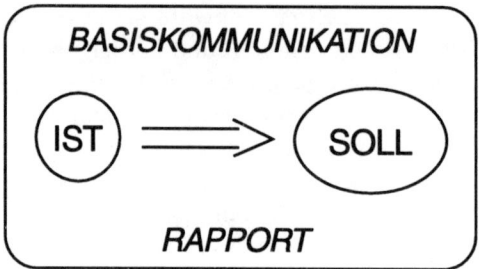

Führen verlangt echte Autorität.
Echte Autorität = Rapport

Diese Führungsbereitschaft auf Schülerseite ist in folgenden Indizien zu erkennen: Die Lehrerin oder der Lehrer verändert das eigene Verhalten (z.B. Körperhaltung, Inhalte, Sprachprozeßebene usw.) so, daß es von demjenigen der Schülerin abzuweichen beginnt. Die Schülerin beginnt von sich aus, ihr Verhalten diesem Lehrerverhalten anzupassen. Oder die Lehrerin gibt dem Schüler eine bestimmte Anweisung, die dieser bereitwillig befolgt, da es ihm einleuchtet. Betrachten wir diese Bereitschaft zu folgen:

Nachdem die Lehrerin während einiger Minuten mit Josef diesen „Tanz" (Rapportaufbau, Anpassung von Bewegungen usw.) getanzt hat, geschieht es halb bewußt, halb automatisch, daß sie selbst sich etwas zurücklehnt (bisher waren beide vorwiegend nach vorne unten orientiert), einen tiefen Atemzug macht und ihren Blick gleichzeitig nach oben in die Bäume vor ihrem Fenster wendet. Wie wird jetzt Josef auf diese Veränderungen bei ihrer Lehrerin reagieren? Josef reagiert folgendermaßen: Zuerst nimmt er, noch immer den Blick zu Boden gerichtet, einen tiefen Atemzug. Dann rutscht er auf seinem Stuhl ebenfalls leicht nach hinten, bewegt seine Beine hin und her und schaut dann seine Lehrerin das erste Mal direkt an. Nur kurz, sehr kurz. Danach senkt er seinen Blick wieder zu Boden. Die Körperhaltung aber bleibt verändert, ähnlich wie die Haltung der Lehrerin. Daraus ist eine erste Kooperationsbereitschaft sichtbar geworden. Darauf aufbauend gibt die Lehrerin die Anweisung: „Komm, wir stehen kurz auf. Ich möchte dich zu einer kleinen Pause einladen, während der ich dir zeige, wie du die Wörter mit Leichtigkeit richtig im Kopf behalten kannst." Josef steht auf, seine Lehrerin gleichzeitig auch. Die Bereitschaft zu folgen ist hergestellt. Nachdem die Basiskommunikation stimmt, kann jetzt der inhaltliche Unterricht beginnen.

Ich gehe in diesem Buch von der Annahme aus, daß es sinnvoll ist zu unterstellen, die Lehrperson solle ihren Rapport aufbauen, um als anerkannte Autorität den Einfluß zu nutzen, um den Schülern bei der Realisierung ihrer Ziele behilflich zu sein. Dabei sollen die Schüler geführt werden durch die Lehrperson, die diese Funktion auch übernimmt und diese Rolle respektvoll auszufüllen weiß.

4.4. Eine wichtige Randbemerkung: Wie steht es mit der Manipulation?

Vermutlich haben Sie sich selbst im Verlaufe des Durcharbeitens des Kapitels über Rapportaufbau und spätestens jetzt, wo klar wird, daß Rapport auch dazu dient, die Schüler zu beeinflussen oder anders gesagt zu führen, mindestens die Frage gestellt: Werden denn hier die Lernenden nicht manipuliert? Werden hier die Schüler ernst genommen? Ist es überhaupt legitim, Methoden anzuwenden, um die Schüler so zu verändern, daß sie aufgrund dieser Beeinflussung leichter, angenehmer und mehr lernen? Ist es vertretbar, sich bewußt und willentlich in einer bestimmten Art und Weise zu verhalten, indem man sein eigenes Verhalten so variiert und demjenigen der Schüler anpaßt, daß diese am Schluß mit den Lehrerzielen kooperieren?

Dies sind ganz wesentliche und wichtige Fragen. Ja, hier wird beeinflußt. Unterricht ist Kommunikation. Und Kommunikation kann nicht stattfinden ohne wechselseitige Einflußnahme. So betrachtet ist Unterricht Beeinflussung. Überall, wo Menschen zur gleichen Zeit am gleichen Ort sind, beeinflussen sie sich entweder bewußt, manchmal gewollt und oft ohne Wissen. In diesem Sinne ist Unterricht Manipulation. Unterricht basiert auf der Grundlage, daß sich lernwillige Menschen in der für sie besten Art beeinflussen lassen wollen, indem sie sich um eine Lehrerin oder einen Lehrer scharen, um ein bestimmtes, gemeinsames Ziel zu erreichen. Wenn schon Unterricht stattfindet, so soll er so wirkungsvoll wie möglich sein. Voraussetzung für die Wirksamkeit von Unterrichtsprozessen ist die Fähigkeit von Lehrenden möglichst mächtige und einflußreiche Bedingungen zu schaffen, die die Fähigkeiten aller Beteiligten in der besten Art nutzen.

Ich erinnere mich an die erste Zeit meiner Gesprächpsychotherapieausbildung, wo gelernt werden mußte, emotionale Erlebnisinhalte der Klienten herauszuspüren, in deren Äußerungen herauszuhören und anschließend in eigenen Worten wiederzugeben. Man nannte dieses Vorgehen „Verbalisierung emotionaler Erlebnisinhalte". Dabei wurde mit Tonbändern gearbeitet, die nachher angehört wurden in Therapeutenausbildungsgruppen mit dem Einverständnis der Klienten. Ich weiß noch genau, wie damals die Frage nach der Manipulation ebenfalls auftauchte. Dabei hat sich die Gesprächpsychotherapie im Sinne Carl Rogers' gerade das Ziel gesetzt nicht zu manipulieren. Man kann nicht nicht manipulieren, könnte man in Anlehnung an Watzlawicks Kommunikationssatz sagen. Die kritische Betrachtung der Manipulation taucht meiner Ansicht nach immer dann auf, wenn jemand etwas Neues im Bereich der Kommunikation erlernt und dabei bewußt Gesprächsführungsmethoden einübt. Ist es in Ordnung, jemandem gut zuzuhören? Ja, sagen die meisten spontan. Dabei ist nichts Schlechtes zu entdecken. Ist es in Ordnung, jemandem noch besser zuzuhören und dabei hilfreich zu sein, wenn dieser Vorgang mit hoher Bewußtheit ausgeführt wird? Hier kommen oft Einwände. So als ob er nicht mehr angemessen wäre, wenn das, was vorher in Ordnung war, plötzlich willentlich gemacht wird.

Ich bin der Überzeugung, daß die inneren Einwände, die auftauchen im Zusammenhang mit den bewußt angewendeten Methoden der Gesprächsführung und hier des Rapportaufbaus, auf wichtige zentrale Wertauffassungen hinweisen. So kann es sein, daß ein echtes Engagement, tiefe uneigennützige Liebe und Respekt vor der anderen Person als treibende Kraft dafür zuständig sind. Es könnten die verschiedensten Motive dahinterstecken, über die sich wohl jede und jeder selbst in der persönlichen Auseinandersetzung Klarheit verschaffen muß. Gewiß kann so jeder die für ihn im Augenblick besten Motive entdecken.

Oft hat es damit zu tun, daß die theoretisch neu gewonnenen zukünftigen Fähigkeiten noch nicht in die Praxis integriert sind. Wenn wir beispielsweise auf dem Klavier ein Musikstück einüben, zum Beispiel das Klavierkonzert von W.A. Mozart KV 467, so kann es sich anfänglich sehr unecht, das heißt unmusikalisch anhören, obwohl die Tasten richtig gedrückt und im zeitlichen Ablauf auch beinahe sekundengenau zum Erklingen gebracht werden. Die Musik löst bei Spieler und Zuhörer ein Mißbehagen aus, wenn sie erst vor kurzem neu eingeübt worden ist. Ähnlich kann es einem mit den Rapportbildungstechniken ergehen, wenn diese noch nicht zum Bestandteil der eigenen Persönlichkeit geworden sind. Man merkt bei der Ausführung selbst das Neue, Unvertraute und spürt, wieviel Bewußtsein und Wille darin zum Ausdruck kommen. Es fehlt die Spontaneität und Direktheit, wie sie jemand vorweist, der in seinem Verhalten in sich selbst ruht, weil die Methoden zu einem Bestandteil der Persönlichkeit geworden sind. Erst durch vielfachen Gebrauch – und den gleichzeitigen Umwandlungsprozeß der ganzen Persönlichkeit – wird die Anwendung der Techniken zur Selbstverständlichkeit, beginnen die Prozesse unbewußt und unwillkürlich abzulaufen, wie die Verwendung einer Fremdsprache nach einiger Zeit Aufenthalt im entsprechenden Land.

In diesem Sinne möchte ich Sie im folgenden einladen, die Ideen zur konkreten Umsetzung der Basiskommunikation so regelmäßig in die Praxis einfließen zu lassen, daß Sie eines Tages feststellen werden, daß Sie ohne willentliche Einflußnahme die vorher bewußt eingeübten Verhaltensweisen so praktizieren, als ob sie schon immer zu Ihnen gehört hätten.

Anwendungsmöglichkeiten zur Basiskommunikation

In diesem Abschnitt werden Ideen vorgestellt, wie anhand von Übungen die Basiskommunikation in der konkreten Unterrichtspraxis umgesetzt werden kann. Voraussetzung zum erfolgreichen Umgang damit ist die kontinuierliche und tägliche Auseinandersetzung und Kontaktnahme mit diesem Lernstoff. Obwohl Faszination und Begeisterung die besten Voraussetzungen für ein erfolgreiches Lernen sind, genügen sie allein nicht, um wirklich anhaltend erfolgreich zu sein. Wie bei jeder neuen Sprache, die erlernt werden soll, geht es darum, sich täglich über längere Zeit den neuen Vokabeln und Satzkonstruktionen bewußt auszusetzen. Die Basiskommunikation, wie wir sie kennengelernt haben, ist eine solche neue Sprache.

Grundgedanken zu den Übungen:

1. Einer der wichtigsten Grundsätze für alle Übungen, die in diesem Buch vorgeschlagen werden ist die folgende Überlegung: Es ist wichtig, daß Sie sich wirklich für die andere Person und deren momentane Äußerungen interessieren.

2. Die Zeitdauer-, Zeitrahmen- und Häufigkeits-Angaben geben Ihnen einen Hinweis von außen. Es kann sehr hilfreich sein, wenn Sie die Übung durchgelesen haben, daß Sie für sich selbst eine eigene Einschätzung zu Häufigkeit, Zeitdauer und Zeitrahmen machen. So können Sie sich bewußt machen, welche Hinweise Sie sich selbst von innen geben würden. Daraus kann eine gute Balance zwischen Außenhinweisen und Innenerfahrung entstehen.

3. Es ist wichtig für das Lernen, damit Sie an Ihr Lernziel gelangen, daß Sie sich die Freiheit erlauben, die Übungen so umzugestalten, daß diese einerseits anspruchsvoll genug sind, um Sie zu motivieren, und auf der anderen Seite realistisch genug, daß Sie sich nicht überfordern.

4. Es ist auch möglich, daß Sie die Übungen lieber anders sortieren. Vielleicht möchten Sie zum Beispiel anstatt meiner Unterteilung in Übungen für die Wahrnehmungsfähigkeit, Übungen zum Be-

ginn von Unterrichtseinheiten, Übungen am Schluß des Unterrichts und Übungen während des Unterrichts, lieber durch alle meine Kategorien hindurchgehen und als erstes alle Übungen, die hauptsächlich mit dem Auditiven bzw. dem Visuellen zu tun haben, auswählen und einüben.

5. Noch eine mögliche Änderung, die Sie vielleicht vornehmen möchten, ist die, noch kleinere oder größere Übungsschritte aus den angeregten Experimenten zu gestalten.

6. Eine interessante Frage, die Sie vielleicht als erstes beantworten möchten ist: Wie werde ich anders sein, wenn ich mein Lernziel bezogen auf diese Vorschläge erreicht habe? Wie werden die Schüler und Kolleginnen und Kollegen anders sein, wenn ich mein Ziel erreicht habe? Wie wird sich der Kontext verändern, wenn ich dort angekommen bin, wo ich hingehen möchte? Wenn Sie Lust haben, beantworten Sie alle drei Fragen. Schauen Sie später zurück auf Ihre Antworten und vergleichen Sie Übereinstimmungen und Unterschiede!

Lassen Sie sich überraschen, wie viele der Inhalte, die Sie lernen wollen durch diese Übungen, schon im Bereich Ihrer unbewußten (automatischen) Kompetenzen liegen!! Und lassen Sie sich faszinieren von dem Reichtum des Neuen bzw. des Neuzuentdeckenden und den vielen Möglichkeiten, die Sie sehen, hören und spüren werden, Ihre altvertrauten sowie Ihre neuen Kompetenzen anzuwenden.

Die Experimente, die folgen, sind systematisch aufgebaut. Dabei bin ich von vier Übungsbereichen ausgegangen:

A Übungen, die die Wahrnehmungsfähigkeiten der Lehrerin oder des Lehrers trainieren helfen. Dies kann am besten in einem Rahmen geschehen, innerhalb dessen man keine Kommunikationsverpflichtungen hat, sondern als Beobachter anderer Menschen bei Kommunikationsabläufen dabei sein kann.

B Übungen im Unterrichtsrahmen, die zu Beginn von Unterrichtseinheiten sinnvoll sind.

C Übungen, die am Schluß des Unterrichts Anwendung finden können.

D Übungen während des Unterrichts.

A. Übungen im „neutralen" Beobachtungsrahmen

1. Körpersprache sehen, den Tanz sehen

Nehmen Sie sich jeden Tag zehn Minuten Zeit, allein an einen Ort zu gehen, wo Sie Menschen im Zweiergespräch beobachten können. Zum Beispiel können Sie in ein Restaurant gehen. Setzen Sie sich so, daß Sie als Beobachter unauffällig sehen können, wie die Kommunikation zwischen den beiden Personen geschieht.

a) Beobachten Sie einige Male nur, was Sie erkennen können in der Körpersprache. Beobachten Sie den „Tanz der Körper". Können Sie die Symmetrie und Gleichzeitigkeit der Bewegungen sehen? Oder können Sie erkennen, wo Asymmetrien auftreten? Hören Sie bewußt nicht darauf, was gesagt wird. Schauen Sie nur.

b) Beobachten Sie danach einzelne Elemente aus den großen Bewegungsabläufen. Zum Beispiel können Sie die Mimik einer Person beobachten. Wie wirkt der Gesamtgesichtsausdruck auf Sie? Welche Größe hat die Augenöffnung? Wie ist die Gesichtsfarbe? Ist das Gesicht beim Reden bewegt oder eher wenig bewegt? Sind es große oder geringfügige Gesichtsbewegungen, die sichtbar sind? Wechseln Sie dann zu einem anderen Körperteil über, z.B. dem rechten Arm und der rechten Hand. Dann zur linken Hand. Vergleichen Sie die Ausdrucksweise der rechten mit derjenigen der linken Hand. Achten Sie weiter auf die Atmung. Wo setzt sie an? Wie ist das Tempo, das Sie sehen können? Usw. Bestimmen Sie selbst die verschiedensten Körperteile, die Sie der Reihe nach sehen können. Beziehen Sie auch jene unter dem Tisch mit ein. Dann beobachten Sie in der gleichen Weise die andere Person. Und am Schluß vergleichen Sie nochmals jeden der beobachteten Körperteile der beiden Personen. Wie sind sie in Inter-Aktion? Inwiefern beeinflußt wer wen auf welche Art? Worin ist das zu sehen? Wo gibt es Übereinstimmungen und wo Verschiedenheiten? Oft ist es gut, diese Übung mindestens zehnmal durchzuführen, bevor Sie zur nächsten Übung wechseln. Wie oft, in welchen Zeiträumen müssen Sie vermutlich diese Übung durchführen, bis Sie nicht mehr ungewohnt ist?

2. Sinn-volle Sprache hören, Sprachduette hören

Suchen Sie einen Ort auf, wo Sie Menschen beim Gespräch zuhören können. Für diese Übung eignen sich auch Kino, TV, Radio-Interviews, Videoaufnahmen, Bücher, Zeitungsberichte von wörtlich wiedergegebenen Gesprächen. Hören Sie darauf, was die zwei beobachteten Menschen miteinander verbal austauschen. Richten Sie zuerst Ihre Aufmerksamkeit während ca. drei Minuten nur darauf, herauszuhören, welche Worte Person A verwendet. Sind es Worte, die auf die Visualisierung, den auditiven oder kinästhetischen Bereich hinweisen? Hören Sie in dieser Art drei Minuten zu. Dann wenden Sie sich mit Ihren Ohren der zweiten Person zu. Hören Sie auch hier auf die Worte und verdeutlichen Sie sich, welche Sinneskanäle dieser Mensch während dieser ca. drei Minuten in erster Linie anspricht. Es geht auch dabei wiederum um den Prozeß und nicht um die Inhalte. Als dritten Schritt hören Sie darauf, inwiefern Person A und Person B die gleiche sinnesspezifische Sprache reden. Inwiefern reden Sie eine unterschiedliche Sprache? Welche Auswirkungen können Sie hören? Wer paßt sich wem an? Es geht bei dieser Übung um ein systematisches Training der eigenen auditiven Außenwahrnehmung.

3. Körpersprache lesen während eines Gespräches

Nehmen Sie sich vor, in der folgenden Woche jeden Tag einmal mit jemandem ein alltägliches, kleines Gespräch zu führen. Entscheiden Sie sich für jemanden, mit dem Sie keine beruflichen Aufgaben mit dem Gespräch erledigen müssen. Ein ganz gewöhnliches alltägliches Gespräch soll es sein. Der Inhalt ist dabei nicht wichtig. Während Sie in dieses Gespräch involviert sind, schauen Sie auf die Körpersprache, d.h. die nonverbalen Anteile der Kommunikation Ihrer Gesprächspartnerin oder Ihres Gesprächspartners. Achten Sie auf die Grobkörperhaltung, die Bewegungen, Mimik und Gestik.

4. Seine eigene Körpersprache anpassen

In der darauffolgenden Woche nehmen Sie sich vor, jeden Tag einmal ein kurzes alltägliches Gespräch zu führen mit jemandem.

Dabei schauen Sie wiederum wie bei Übung 3 auf die Körpersprache des Gegenübers. Zusätzlich nehmen Sie Ihre eigene Körpersprache bewußt wahr. Achten Sie auf Ihre eigenen Körperbewegungen, die Grundkörperhaltung im Gespräch. Spüren Sie Ihren eigenen Gesichtsausdruck (ist er ernst, lächeln Sie? usw.). Nachdem Sie auf diese Art die Körpersprache des Gegenübers und Ihre eigene bewußt erkannt haben, beginnen Sie die folgenden drei Minuten bewußt, Ihre Grobkörperhaltung sowie Gesten und eventuell die eigene Mimik den körpersprachlichen Ausdrucksweisen Ihres Gesprächspartners anzugleichen. Das heißt: Wenn Sie sehen können, daß Ihre Gesprächspartnerin ganz unbewegt dasteht, Ihre Mimik sehr unbewegt ist, dann verhalten Sie sich ebenfalls ruhig, bringen Ihren Körper in die gleiche Haltung und lassen Ihre Mimik ruhen. Dabei führen Sie das Gespräch weiter. Vielleicht ist es für Sie leichter, wenn Sie der anderen Person eine interessante Frage stellen, damit Sie zuhören können. Es ist wichtig, daß Sie sich wirklich für die andere Person und deren momentane Äußerungen interessieren.

5. Während des Gesprächs Prozeßworte hören

In der darauffolgenden Woche bringen Sie sich wiederum jeden Tag einmal in eine nichtberufliche, „gewöhnliche" Gesprächssituation mit einer Person. Jetzt geht es darum, daß Sie auf die Worte hören, die diese Person verwendet. Welchen hauptsächlichen Sinneskanal können Sie heraushören? Können Sie einen bevorzugten Sinneskanal, der durch die Worte angesprochen ist, heraushören? Oder werden mehrere verwendet? Wie ist die Verteilung zwischen z.B. visuellen, auditiven, kinästhetischen, Geruchs- und Geschmacksworten?

6. Eigene Worte während des Gesprächs anpassen

Wählen Sie in der folgenden Woche wiederum jeden Tag eine nichtberufliche Gesprächssituation aus. Das Nichtberufliche ist wichtig, weil die Übung so leichter ist. Jetzt geht es darum, daß Sie auf zwei Dinge achten: Zuerst hören Sie, während Sie im Gespräch sind, auf die Prozeßworte Ihres Vis-à-Vis. So hören Sie z.B., wie Ihr Gegenüber sagt: „Ich fühlte mich wirklich schlecht." „Fühlte" ist vom Prozeß her kinästhetisch (gefühlsmäßig). Wenn Sie auf diese Art erkennen, in welcher Sinnesebene sich das Vis-à-Vis befindet, dann passen Sie Ihre eigenen folgenden Worte dem Sprachgebrauch der anderen Person an. In diesem Beispiel würden Sie dann etwa sagen: „Ja, da fühlst du dich wirklich sehr unangenehm berührt." Wichtig ist es, daß Sie dabei gleichzeitig den Inhalt des Gesprächs in Erinnerung behalten. Ihre Hauptkonzentration neben dem Inhaltlichen liegt aber auf dem Prozeß, der sich über die Worte erkennen und ausdrücken läßt. Und zweitens passen Sie ihre eigenen Worte an diejenigen der anderen Person an. Sie begeben sich in die gleiche Prozeßebene. Verschreiben Sie sich dieser Übung mit hoher Konzentration für täglich fünf Minuten. Den Rest des Gesprächs lassen Sie wie gewohnt ablaufen.

7. Körpersprache sehen und Prozeßworte hören

In der folgenden Woche begeben Sie sich wiederum bewußt in alltägliche, nichtberufliche Gesprächssituationen mit jeweils einer Person. Nehmen Sie sich für die folgende Übung jeweils wiederum zehn Minuten Zeit. Dabei geht es jetzt darum, sich gleichzeitig auf die Körpersprache und die verwendeten Worte zu konzentrieren. Diese Übung ist insofern wiederum etwas leichter als die vorhergehende, als Sie selbst jetzt nur Zuhörer und Beobachter sein dürfen. Während des Gesprächs beobachten Sie die Körperbewegungen, Mimik, Gestik des Gegenübers und hören gleichzeitig auf die verwendeten Worte. Also: Sehen der Körpersprache und Hören auf die Prozeßworte gleichzeitig, darum geht es.

8. Mittanzen und im gleichen Prozeß reden

Führen Sie in der folgenden Woche wiederum täglich während etwa zehn Minuten ein privates Gespräch mit jemandem. Schauen Sie auf die Körpersprache der anderen Person und hören Sie gleichzeitig auf deren Worte. Dann passen Sie gleichzeitig Ihre Körpersprache und Ihre eigenen Worte an die Prozesse der anderen Person an. Sie sehen zum Beispiel viel unrhythmische Bewegung beim Vis-à-Vis und hören dabei gefühlsmäßige Worte. Ihre eigene Reaktion wird dann so sein: Sie lassen Ihren eigenen Körper auch bewegt werden, während – falls Sie sich entscheiden, etwas zu sagen – Ihre Worte ebenfalls im Gefühlsbereich angesiedelt sind (fühlen, begreifen usw.)

9. Wem läuft der Mund über? Oder: zentrale Überzeugungen bei anderen

Begeben Sie sich in der folgenden Woche wiederum jeden Tag während zehn Minuten in eine Situation, in der Sie bei einem Gespräch dabeisein können, entweder selbst beteiligt sind oder nicht. Finden Sie für sich heraus, was die wichtigen Überzeugungen und Werte der anderen Person sind (oder der verschiedenen anderen). Beantworten Sie innerlich etwa Fragen wie: Was ist dieser Person wichtig? Wofür würde sie durchs Feuer gehen? Um welches Zentrum kreisen die Äußerungen und Reaktionen dieser Person? Womit beschäftigt Sie sich emotional am meisten? Was ist ihr Kernthema? usw. Wenn Sie glauben, dieses „Zentrum des Zyklons" gefunden zu haben, dann bringen Sie es in eine Formulierung, die Ihnen die Bestätigung dafür liefert oder das Gegenteil, so daß Sie daraus lernen können.

10. Erkennen der Augensprache

Wenn Sie in der folgenden Woche wiederum jeden Tag einmal in ein „gewöhnliches" Gespräch verwickelt sind, schauen Sie, während Sie auf die verwendeten Prozeßworte hören, gleichzeitig auf die Bewegungen der Augen. Wohin bewegen sie sich? Interessant ist diese Beobachtung vor allem bei den Sätzen, aus denen Sie keine Worte hören können, die auf irgendwelche Sinnesmodalitäten hinweisen. Solche Sätze sind z.B.: „Ja, ich kann verschiedene Möglichkeiten erkennen." Wenn Sie auf die gleichzeitig ablaufenden Augenbewegungen achten, können Sie vielleicht sehen, daß während dieser Äußerung die Augen nach rechts oben wandern (aus der Sicht der anderen Person). Das heißt für Sie, daß sich die andere Person in diesem Moment eine innere konstruierte visuelle Vorstellung macht. Sie können sich in dieser Art jeden Tag während zehn Minuten in dieser Wahrnehmungsfähigkeit trainieren.

B. Übungen beim Einstieg in Unterrichtseinheiten

Nachdem Sie ihre Wahrnehmungsfähigkeit durch die vorhergehenden, systematisch aufeinander aufbauenden Übungen erweitert haben, können Sie beginnen, diese Basisfähigkeiten auch im Unterricht anzuwenden.

11. Die SchülerInnen bewußt begrüßen

In der folgenden Woche begrüßen Sie von jetzt an immer zu Beginn des gemeinsamen Tages, der gemeinsamen Lerneinheit, die Schüler mit hohem Bewußtsein. Geben Sie jeder Person zu Beginn die Hand. Schauen Sie sie genau an. Während Sie „Guten Tag ...... (Name)" oder „Grüß dich ......(Name)" sagen, sehen Sie genau, wie die Person aussieht. Durch diese Art, sich „in die Schuhe der anderen Person" zu stellen, können Sie vielleicht sogar eine „Ahnung" von der inneren Grundstimmung dieser Person bekommen. Während der Begrüßungszeremonie von wenigen Sekunden erlauben Sie sich, die Grundkörperhaltung kurz zu übernehmen.

12. Das Gießkannenprinzip

In der folgenden Woche achten Sie auf folgenden Einstieg in die Arbeit mit der Lerngruppe. Bevor Sie zu Ihrer Lerngruppe etwas zu sagen beginnen (z.B. die Eröffnung, die Einleitung, eine bestimmte Anweisung usw.), schauen Sie jede Schülerin und jeden Schüler bewußt und fokussiert an. Beginnen Sie zum Beispiel ganz links und lassen Sie Ihren Blick wie einen Wasserstrahl über die ganze Gruppe streifen, dabei jedes Gesicht und jede Körperhaltung bewußt wahrnehmend. Schauen Sie dabei bewußt darauf, wie jede Person aussieht. Dieses Einstiegsritual schafft einen intensiven Rapport unter den Gruppenmitgliedern zu Ihnen als Autoritätsperson. Nachdem Sie die visuelle Bewegung von links nach rechts haben geschehen lassen und den Blick in umgekehrter Richtung über die Gruppe führen, können Sie beginnen, gleichzeitig das zu sagen, was Sie als Einleitung gedacht haben.

13. Peripherer Blick (defokussiert schauen)

Nachdem Sie sich jetzt die Begrüßung sowie die Anwendung des „Gießkannenprinzips" zur Gewohnheit gemacht haben, weil Sie es letzte Woche systematisch bei jedem Lektionsbeginn, jeder Art von Einstieg und jeder Wiederbegegnung mit der Lerngruppe angewendet haben, erlauben Sie sich das Training des peripheren Blicks. Nachdem Sie eingestiegen sind noch während Sie etwas formulieren, wechseln Sie zwei Sekunden auf die periphere Sehweise über. Das heißt, Sie schauen z.b. ins Mittelfeld der Gruppe und können dabei das ganze Blickfeld sehen, wenn Sie die Augen auf Weiteinstellung gleichsam in die Ferne schweifen lassen. Vor allem können Sie so die Randzonen sehr gut sehen. Machen Sie sich dabei bewußt, was sie ganz links und ganz rechts noch erkennen können. Können sie den Tanz unter den Lernenden beobachten? Die Gleichzeitigkeit oder Verschiedenheit im Körperausdruck? Vielleicht sehen Sie dabei auch ein unbewegtes Lernfeld. Schauen Sie diesen Tanz oder diese Unbewegtheit nur an, ohne weiter etwas damit tun zu müssen. Es geht hier nur um das sehr kurze Training im peripheren Schauen. Sie können sich diese Sehweise während dieses kurzen Beginns zur Gewohnheit werden lassen.

C. Übungen in der Abschlußphase des Unterrichts

14. Körper- und Hörtest (Geht es den Schülern gut?)

In der folgenden Woche können Sie Ihre Aufmerksamkeit auf besonders gestaltete Abschlußphasen des Unterrichtsprozesses richten. Nehmen Sie sich genau die letzten 30 Sekunden, bevor Sie sich von der Lerngruppe verabschieden, die Zeit, um das Gießkannenprinzip anzuwenden. Schauen Sie jede Schülerin und jeden Schüler bewußt an. Beantworten Sie für sich die Frage: Geht es diesem Menschen jetzt gut? Sieht er danach aus, als ob die Dinge in Ordnung seien? Lassen Sie sich für den Moment überraschen, wie Sie damit umgehen werden, wenn Sie dabei feststellen sollten, daß bei einem Schüler etwas nicht ganz in Ordnung ist. Es geht vorerst nur darum, sich darin zu trainieren, zu erkennen, wie es den Schülern nach dem Lernen geht. Der Rest ist Ihrer bisherigen Intuition und Ihrem angestammten Können und Wissen überlassen.

15. *Sich bewußt verabschieden von jedem einzelnen*

In der folgenden Woche können Sie Ihre Fähigkeit nutzen, sich von jeder Schülerin und jedem Schüler jeden Tag bewußt zu verabschieden. Bei diesem Verabschiedungsritual schlage ich Ihnen vor, es zu Ihrem Ziel werden zu lassen, nochmals mit jeder Person einen guten Rapport herzustellen. Geben Sie der Person die Hand. Schauen Sie dabei auf deren Körperhaltung, die sie im Moment einnimmt. Spiegeln Sie diese Grundkörperhaltung kurz, indem Sie die gleiche Haltung einnehmen. Erlauben Sie sich dabei ebenfalls, auch den Gesichtsausdruck dieses Menschen bewußt zu sehen und im eigenen Gesicht im Gesamtausdruck ähnlich werden zu lassen. Also: Wenn der Schüler, den Sie gerade freundlich verabschieden, im Gesicht kein Lächeln zeigt, zeigen Sie auch keines. Schauen Sie freundlich, innerlich wohlgesonnen, aber auch neutral im Ausdruck. Bei einer anderen Schülerin, die Sie anlächelt bei der Verabschiedung, lächeln Sie auch. Sagen Sie zu jeder Person etwas Wohlwollendes bezogen auf den heutigen oder folgenden Tag.

D. Übungen während des Unterrichts

Ich schlage die folgenden Übungen deshalb für den Schluß vor, weil Sie innerhalb anderer Aktivitäten eingebettet erfolgen. Sie sind als Lehrerin oder Lehrer während des Unterrichts mit vielen anderen zusätzlichen wichtigen Dingen beschäftigt. Ich denke da an den Lernstoff, das Management des Unterrichts, den Einsatz verschiedener Medien visueller, auditiver, kinästhetischer Art, das Zeitmanagement usw.

Ich lade Sie wiederum ein, wie bisher sehr subtil vorzugehen, im eigenen „richtigen" Tempo, um wirklich an der persönlichen Umsetzung des Gelernten dranbleiben zu können.

16. Kleingruppen bei der Arbeit beobachten

Sie können in der folgenden Woche kleine Lerngruppen bei der Arbeit (z.B. 4er Gruppen oder 2er Gruppen) beobachten. Am besten gelingt diese Beobachtungsaufgabe dann, wenn Sie sich während einer Gruppenarbeitseinheit nur einer einzigen Gruppe in dieser Art zuwenden. Schauen Sie dabei auf den Tanz der Körper, die Mimik und Gestik. Hören Sie den Schülern zu, um dabei zu hören, welche Prozeßworte sie verwenden. Welchem neurologischen Grundtypus können Sie die einzelnen Schüler heute in diesem Kontext dieser Lerngruppe zuordnen? Welche Sinnessysteme verwenden diese Schüler zu diesem Zeitpunkt bevorzugt? Darf ich Ihnen vorschlagen, diese Beobachtungsergebnisse in einem persönlichen Schülerbeobachtungsheft – oder auf andere Art – einzutragen? Bei der nächsten Gruppenarbeit haben Sie die Gelegenheit, eine andere Gruppe zu beobachten.

17. Tonalität, Timbre und Ausdrucksart einzelner Schüler hören

In der folgenden Arbeitswoche können Sie mit folgender Aufgabe experimentieren: Nehmen Sie sich täglich eine in der Unterrichtsplanung mit sich selbst verbindlich ausgehandelte Zeit von zweimal fünf Minuten vor für eine Rapportübung auf der auditiven Ebene. Immer dann, wenn sich bei einem Austausch mit der Klasse die Lernenden zu einem bestimmten Thema zu äußern beginnen, oder Fragen stellen, dann hören Sie die folgenden fünf Minuten sehr genau auf die Sprechart derjenigen Personen, die sich gerade äußern. Ist die Sprache rasch oder eher langsam, die Stimme hoch oder eher tief? Welche speziellen Ausdrucksweisen verwendet die Person? Erlauben Sie sich – sofern Sie sich zu einer sprachlichen Reaktion entscheiden -, ebenfalls in der gleichen Art zu reden. Greifen Sie Schlüsselwörter, die die Schülerin oder der Schüler verwendet hat, ebenfalls in der gleichen Tonalität und Ausdrucksweise auf. Nachdem Sie in dieser Art fünf Minuten sehr konzentriert Ihre Übung gemacht haben, wenden Sie sich dem Unterricht auf die Ihnen selbstverständliche, wirkungsvolle Art wieder zu.

Günstig ist es, wenn Sie sich eine Zeit von fünf Minuten für den Vormittag reservieren und die anderen fünf Minuten für den Nachmittag. Selbstverständlich können Sie auch andere für Sie passende Zeiten wählen.

18. Übergänge von einer Lehreinheit zur nächsten bewußt sehen

Stellen Sie sich für die folgende Woche die Aufgabe, sorgfältig zu schauen bei Übergängen von einer Lehreinheit zur nächsten. Wenn Sie beispielsweise eine Instruktion gegeben haben, sofort folgende Aufgabe X zu lösen, dann schauen Sie genau auf die darauf folgende Reaktion der Lerngruppe. Schauen Sie dabei jede einzelne Schülerin und jeden Schüler fokussiert an. Spiegeln Sie ganz kurz Gesichtsausdruck und Grobkörperhaltung in Ansätzen. Anschließend schauen Sie in der defokussierten Art und sehen dabei die gesamte Lerngruppe mit deren Reaktionsweisen. Sie können sich folgende Fragen beantworten: Wie sehen die einzelnen aus? Sind sie im guten Zustand? Sehen sie danach aus, als ob sie verstanden hätten, was sie jetzt tun sollen? Oder gibt es einzelne Schülerinnen oder Schüler, die so aussehen, als gäbe es für sie noch Fragen zu beantworten, bevor sie beginnen können? Haben Sie den Rapport mit allen Schülern? Oder hat Ihre Anweisung ein Stück Rapportverlust gebracht? Wie sieht die gesamte Klasse als Gruppenorganismus aus?

19. Rapport mit den fünf Schülern vertiefen, bei denen Sie es am nötigsten haben

Suchen Sie fünf Schülerinnen oder Schüler Ihrer Lerngruppe aus, bei denen Sie sich entscheiden, daß es wichtig sei, den Rapport zu vertiefen. Führen Sie mit jedem dieser Personen in dieser Woche je ein kurzes Einzelgespräch von etwa zehn Minuten. Passen Sie dabei Ihre Körpersprache und Prozeßworte an. Ich möchte Ihnen vorschlagen, als Gesprächsinhalt etwas auszuwählen, wovon Sie denken, daß darin die Stärke der anderen Person liegt. Stellen Sie Fragen, interessieren Sie sich für die wichtigen Dinge der anderen Person. Die Themenauswahl für diese Übung ist zweitrangig. Wichtig ist es, daß durch den Kontakt der Rapport vertieft wird. Sie können gleichzeitig herausfinden, wie diese jeweilige Person neurologisch organisiert ist. Welchen Grundtypus repräsentiert sie im Moment?

20. Beobachten aller Schüler, um neuen Grundtypenklassenspiegel zu erstellen

Begleitaufgabe für die folgende Woche: Nehmen Sie Ihren Klassenspiegel zu Hilfe (oder Ihre Teilnehmerliste Ihrer längerfristigen Veranstaltung). Überlegen Sie sich, bevor Sie die Lerngruppe das nächste Mal konkret vor sich haben, welche Grundtypen Sie innerhalb der Klasse vorfinden. Wer ist primär kinästhetisch, auditiv oder visuell organisiert? Wer ist visuell-kinästhetisch oder kinästhetisch-visuell, auditiv-visuell, visuell-auditiv oder in noch einer anderen Art neurologisch organisiert? Welche Schülerinnen und Schüler haben alle Sinne gleichermaßen zur Verfügung? Wer kann leicht zwischen den Sinnesmodalitäten hin- und herwechseln? Beziehen Sie nach einer ersten Grobunterscheidung auch die Feinunterscheidungskriterien mit ein (Grundstimmung, Orientierungsrichtung nach außen oder innen, auf's Positive oder weg vom Negativen, zukunfts- oder vergangenheitsorientiert, detailbezogen oder ganzheitlich orientiert, bezogen auf Erreichtes oder noch nicht Erreichtes, auf's Neue oder auf's Bewährte, sach- oder beziehungsbezogen).

In einem zweiten Schritt nehmen Sie Ihre Schüler unter dem Blickwinkel der Frage „Wie ist sie oder er organisiert?" wahr. Tragen Sie Ihre Ergebnisse für jede Person auf einer neuen Tabelle ein. Diese Ergebnisse nützen Ihnen für Ihre persönliche Schärfung der Wahrnehmung und geben Ihnen Rückschlüsse darüber, wie die einzelnen Lernenden höchstwahrscheinlich verstanden sein wollen. Am besten nehmen Sie sich eine bestimmte Anzahl von Schülerinnen und Schülern für jeden Tag vor. Wenn Ihnen aber daneben auch andere Informationen zufallen, dann können Sie diese zufälligen Ergebnisse ebenfalls in die Tabelle eintragen.

21. Mit jedem Schüler einmal pro Tag einen bewußten guten Kontakt

In der folgenden Woche nehmen Sie bewußt mit jedem einzelnen Schüler jeden Tag einmal Kontakt auf. Dabei achten Sie darauf, körpersprachlich, mimisch, gestisch zu spiegeln (sich anpassen). Beschränken Sie sich auf sehr kurze Sequenzen, z.b. während einer Stillbeschäftigung, bei der Sie irgendwann einmal einen Durchgang durch die Klasse machen, um zu sehen, wie es läuft. Passen Sie Ihre Sprache an. Nutzen Sie das Wissen um die Grundorganisationsweise dieser Person, indem Sie sich diese in der momentanen Situation nochmals vergegenwärtigen und überprüfen. Das heißt, wenn Sie sehen, daß Sie es im Moment mit einem visuell stimulierten Schüler zu tun haben, halten Sie den Abstand ein, „verschütten" *Sie keine inneren Bilder, verwenden Sie die visuelle Sprache. Usw.*

22. Augenbewegungen lesen

Bestimmen Sie fünf Lernende (Schülerinnen oder Schüler), mit denen Sie in dieser Woche je ein Gespräch führen möchten, weil Sie daran glauben, daß dies nützlich sein könnte. Führen Sie jeden Tag einmal ein kurzes Gespräch mit je einer Schülerin oder einem Schüler zu einem bestimmten Zeitpunkt durch. Dabei beobachten Sie die Bewegungen der Augen, wenn die Schülerin oder der Schüler inwendig Informationen sucht. Dies geschieht dann, wenn Sie zum Beispiel eine persönliche Frage gestellt haben. Während Sie die Augenbewegung sehen können (z.B. oben links = visuelle Erinnerung), schauen Sie auch auf die Körpersprache und hören auch auf die verwendeten Worte. Nutzen Sie diese beobachteten Grundlagen, um sich selbst in diese entsprechenden Sinneskanäle zu begeben (körpersprachlich und verbal).

23. Sich Schülern abwechselnd anpassen, Flexibilitätstraining

In der folgenden Woche bestimmen Sie für jeden Tag eine bestimmte Unterrichtseinheit, von der Sie wissen, daß Sie während dieser Zeit ins Gespräch kommen werden mit der Klasse und mit einzelnen. Dabei nehmen Sie sich vor, sich bei jedem kurzen Gesprächsaustausch mit einem Schüler innerlich und damit auch äußerlich im Verhalten anzupassen. Das heißt: Hören Sie genau auf die Prozeßworte (visuell, auditiv, kinästhetisch) und sehen Sie auf die Körpersprache. Beim nächsten Schüler verfahren Sie ebenso.

24. „Defokussiertes" und „fokussiertes Hören"

Für die folgende Woche bestimmen Sie für jeden Tag eine Zeit, in der es möglich ist, mehrere Stimmen gleichzeitig zu hören. Zwei Dinge werden bei dieser Übung trainiert: Einerseits geht es darum, den Gesamtchor hören zu können mit Vordergrund und gleichzeitigem Hintergrund. Auf der anderen Seite lernen Sie die Fähigkeit zu trainieren, Einzelstimmen heraushören zu können. Wenn Sie sich beispielsweise die Zeit während der Gruppenarbeiten der Schüler als persönliches Experimentierfeld vorgenommen haben, so setzen Sie sich so hin, daß Sie bei einer Gruppe das Gespräch als Ganzes hören, ohne die einzelnen Worte bewußt wahrzunehmen. Hören Sie auf die Klänge, die kommen und gehen, die Lautstärke, die „klingenden" Antworten, so als ob Sie einem Orchester zuhören würden. Danach wechseln Sie auf die „fokussierte Hörweise". Hören Sie abwechselnd je einer Schülerin zu. Dabei können die anderen Stimmen Hintergrund werden. Bewußt können Sie Ihre Aufmerksamkeit den Inhalten und der Ausdrucksart dieser einen Person zuwenden. Wechseln Sie nach jeweils ca. 30 Sekunden Ihre Aufmerksamkeit von einer Person zur anderen. Danach nehmen Sie wieder das Rauschen, Tönen, Klingen, Gerede der ganzen Klasse wahr. Führen Sie diese Übung jeden Tag einige Male während jeweils etwa 30 Sekunden durch.

25. Einzelgespräche mit den Schülern

Führen Sie in den folgenden Wochen mit jeder Schülerin und jedem Schüler je ein Einzelgespräch von etwa zehn Minuten durch. Finden Sie heraus, wie es dem Schüler im Moment in der Schule ergeht. Stellen Sie Fragen, mit deren Hilfe Sie herausfinden können, womit sich diese Person am meisten beschäftigt: Vorlieben, Hobbys, Interessenschwerpunkte. Obwohl die Inhalte dieses Gespräches an sich schon spannend sind, besteht das Ziel in einer Vertiefung des gegenseitigen Verständnisses. Passen Sie Grundkörperhaltung, Mimik, Gestik, Sprachprozeß (Worte) der „Schülerlandkarte" an. Lassen Sie sich überraschen, inwieweit sich die Schülerin oder der Schüler im Gespräch Ihnen anzupassen beginnt, wenn Sie von sich aus Ihre Haltung etwas ändern, oder in einem anderen Sinneskanal antworten. Folgt der Schüler mit der Bewegung? Verwendet er plötzlich auch Worte aus dem von Ihnen gebrauchten Sinneskanal? Auf diese Art können Sie sich darin trainieren, zu erkennen, daß ein tiefer Rapport vorhanden ist, die Voraussetzung für's Lehren.

26. Sehen und „schützen" von innengerichteten Zuständen

In der folgenden Woche beobachten sie Zustände von Schülern, bei denen Sie erkennen können, daß „innere Informationen" abgerufen, innerlich geschaut oder erspürt werden. Nehmen Sie sich wiederum eine geplante Zeitspanne von beispielsweise einer Viertelstunde pro Tag für die Übung vor. Schauen Sie während dieser Zeit im Wechsel zwischen defokussierter und fokussierter Sehweise darauf, wo jemand betroffen aussieht. Erkennbar ist diese Betroffenheit in den Augenbewegungen. So können Schüler den Blick plötzlich aufgrund bestimmter Äußerungen oder visueller äußerer Eindrücke nach rechts unten wenden und ihn dort in der Luft hängen lassen. Oder jemand anderer schaut gleichsam ins Leere, wobei der Blick über der Mittellinie liegenbleibt, ein bißchen nach links oben gewendet. Jetzt – nachdem Sie das Innengerichtetsein des Schülers gesehen haben – schützen Sie diesen Zustand. Diesen Schutz geben Sie, indem Sie andere Schüler bitten zu warten: „Halt, warte noch, Markus ist noch nicht fertig." Bleiben Sie mit Ihrer Aufmerksamkeit voll bei diesem Schüler während der folgenden 20 Sekunden. Wenn er dann wieder herausgekommen ist und sich geäußert hat, darf der andere Schüler seinen Beitrag ebenfalls bringen. Bleibt der Schüler noch in sich, so sagen Sie etwa zu ihm: „Ist es gut, wenn sich andere äußern?" oder: „Bist du fertig?" Auf das Ja-Nicken des Schülers findet die Fortsetzung des Gesprächs statt. Verfahren Sie mit jedem Schüler in der gleichen Art, sobald Sie dieses „Nach-Innen-Gehen" beobachten können. Erweitern Sie Ihre Fähigkeit, Hüterin oder Hüter von innengerichteten Zuständen zu sein.

Voraussetzung für die wirkungsvolle Nutzung dieses Wissens ist die konsequente Anwendung durch das individuelle tägliche Training. Es sei hier nur am Rande schon jetzt erwähnt, daß es selbstverständlich am günstigsten sein kann, diese Fähigkeiten zusammen mit anderen gemeinsam zu erlernen. Manchmal ist es besonders hilfreich, eine kompetente Fachperson dafür beizuziehen, sei es, indem man sich für ein Intensivseminar „NLP in der Unterrrichtspraxis" anmeldet oder eine Trainerin oder einen Trainer dafür engagiert. Dies ersetzt aber nie die persönliche Durchführung der Übungen.

Nach der konsequenten Durchführung dieser 26 Übungen zur Basiskommunikation dürften sich Ihre Basisfähigkeiten vertieft und teilweise automatisiert haben. Sie sind einen Weg gegangen, der von teilweiser unbewußter Inkompetenz über bewußte Inkompetenz zu bewußter Kompetenz und schließlich zu unbewußter Kompetenz geführt hat. Sie dürften festgestellt haben, daß sich dadurch die verschiedensten positiven Nebeneffekte ergeben haben. So könnte es durchaus sein, daß Sie selbst sich auch in gewisser Weise zu ändern begonnen haben, verfeinert in der Wahrnehmung und den Verhaltensweisen im Umgang mit den Mitmenschen, auch dann, wenn Sie nicht am „üben" sind. Vielleicht haben Sie sogar bestimmte Einstellungen geändert. Wie auch immer: Im folgenden wenden wir uns der zweiten Säule des meisterhaften Unterrichts zu. Es handelt sich um die Zielklarheit.

5
Zielorientiertheit

Wenn eine stabile Brücke zwischen Lehrer und Schülern besteht, dann können Informationen gesammelt werden über den jetzigen sowie den gewünschten Lernzustand, das Ergebnis. Oder anders gesagt: Nachdem mit Hilfe der Kommunikationsinstrumente ein optimaler Rapport entstanden ist, geht es darum, die Aufmerksamkeit den Unterrichtszielen zuzuwenden. Es muß nicht speziell betont werden, daß der „Unterhalt dieser Brücke zu der Lerngruppe und den Einzelnen" weiterhin als Hauptsache im Hintergrund im Auge behalten werden muß.

5.1. Die Bedeutung der Zielorientiertheit für das Lehren-Lernen

Herr Müller betritt den großen Laden, wo es die verschiedensten Dinge zu kaufen gibt. Als er gerade die Schwelle übertreten hat, entwickelt sich folgender Dialog zwischen ihm und dem Verkäufer.
„Grüß Gott, was darf es denn sein?"
„Ach Sie, ich weiß auch nicht, ich bin einfach so hereingekommen, weil meine Frau gesagt hat, es wäre gut, wenn ich mal bei Ihnen hereinschauen würde."
„Bitte sehr, schauen Sie sich ruhig um."
Einige Zeit verstreicht. Herr Müller weiß einfach nicht, warum er da ist. Nicht uninteressiert, aber trotzdem ein bißchen hilflos, schlendert er durch die Verkaufslandschaft mit den verschiedensten verlockenden Angeboten, worauf sich ihm der Verkäufer zuzuwenden beginnt.
„Darf ich Ihnen behilflich sein? Hier haben wir die neuesten Hemden aus Seide, die aus Italien kommen, farbig und bunt, sehr leicht zu tragen und von Hand gut waschbar."
„Ja gut, dann geben Sie mir doch eines davon. Was denken Sie, was am besten für mich wäre,wissen Sie, ich weiß nicht so recht."
„Ja, schauen Sie hier, dieses wundervolle Violett mit den Rosafarbtönen, dies würde sehr gut zu Ihrem Typ passen. Ich bin sicher, darin werden Sie ein herrliches Gefühl haben, wenn Sie dieses samtene Gewebe auf Ihrer Haut fühlen."
„Gut, ist in Ordnung."

Am Schluß tritt Herr Müller mit den verschiedensten Gegenständen beladen ins Freie, mit lauter Dingen, von denen er vorher nicht wußte, daß er sie braucht. Einige davon kann er wirklich brauchen, über andere ist er erstaunt, als er zu Hause seine Einkäufe betrachtet. Am anderen Morgen, als er sich gerade rasieren will, kommt ihm in den Sinn, warum er in den Laden gegangen ist. Er wollte doch ein neues Kabel für seinen Rasierapparat kaufen, weil das andere einen Wackelkontakt hat ...

So kann es Schülern ergehen, wenn Sie ins schulische Lehrfeld eintreten, vor allem dann, wenn dieser Entschluß nicht ganz freiwillig, sondern auf Verordnung hin geschieht. Aber auch bei einer begeisterten Hingabe ans Unterrichtsgeschehen, wie es beispielsweise bei freiwilliger Erwachsenenbildung geschieht, können auf willenlose Weise die seltsamsten Resultate herauskommen.

Die Bedeutung und Wichtigkeit der Zielklarheit für den Unterricht kann deshalb nicht genug hervorgehoben werden. Mit der Zielorientierung ist einer der wichtigsten Eckpfeiler meisterschaftlicher Unterrichtung angesprochen. Wer innerhalb des Unterrichts keine faßbaren, bestimmten und klaren Ziele ins Auge faßt, muß sich am Schluß der „schulischen Reise" nicht wundern, irgendwo aufzutauchen. Diese Landung kann sowohl an einem angenehmen wie auch einem unangenehmen Ort geschehen. Selbstverständlich können auf einer „unbestimmten Fahrt ins Blaue" einerseits sehr faszinierende, überraschende Dinge geschehen, Begegnungen mit interessanten Menschen und Dingen, auf die man sonst nie gestoßen wäre. Auf der anderen Seite kann man sich sehr unbehaglich fühlen darüber, wenn am Schluß erkannt wird, daß man seine Lernfähigkeiten nicht optimal nutzen konnte, weil es nicht einsichtig war, wozu diese oder jene Arbeit getan werden sollte, da der Sinn des Ganzen nicht spürbar geworden ist.

Eine Unterrichtspraxis, die auf klaren, transparenten Zielen aufbaut, die gemeinsam mit den Lernenden thematisiert und herausgearbeitet werden, bietet verschiedene Vorteile gegenüber einem Vorgehen, bei dem es für die Lernenden ein verschleiertes Geheimnis bleibt, wohin man sich gemeinsam bewegen soll und nicht gefragt wurde, was die eigenen Lernbedürfnisse sind.

Bei mangelhafter oder ausbleibender Klärung und Offenlegung der Lehr- und Lernziele aller Beteiligten bleiben einerseits wichtige Chancen ungenutzt und andererseits können verschiedene blockierende Hindernisse entstehen.

Zielklarheit bringt **folgende Vorteile** mit sich:

- Erhöhung der Motivation;
- Verteilung der Verantwortung auf alle Beteiligten;
- Erhaltung und Vertiefung des Rapports, sowohl zwischen Lehrenden und Lernenden als auch innerhalb der Lerngruppe;
- Bearbeitung echter Fragestellungen;
- Einsicht in Planung, Methoden, Zeitstrukturen und Begründungen;
- Verminderung der Konflikte durch größere Kooperation aller am Lernen involvierten Personen;
- Erhöhung des individuellen Engagements;
- Mitbeteiligung und selbstgesteuertes Lernen;
- emotional günstige Lernbedingungen, weniger Ängste;
- Gewinn von Zeit und Effizienz durch Verlangsamung in der Anfangsphase;
- Steigerung der Kreativität;
- bessere und nachhaltigere Lernergebnisse;
- lustvolles Lernen;
- Verminderung der Lernwiderstände;
- Einübung in Vorgehensweisen, die als Modell für andere Lebens- und Lernbereiche brauchbar sind;
- Trainieren der Entscheidungsfähigkeit;
- Training der Selbstwahrnehmung ("Was will ich?")
- usw. usw.

Wer weiß, wohin die Reise gehen soll, kann besser ans Ziel gelangen und die dafür notwendigen Schritte planen und durchführen.

5.2. Klärung des vorhandenen Lernzustandes: Was können die einzelnen Schüler schon jetzt?

Am Anfang jedes Lernens stehen bestimmte Grundfähigkeiten und Vorerfahrungen, die einbezogen werden wollen. Wer sich Unterricht unterzieht, hat schon andere wirkungsvolle private Lernerfahrungen gemacht. Schülerinnen und Schüler bringen in jede neue Lernsituation viele früher erworbene Fähigkeiten mit. Eigene Lernmethoden sind vorhanden und werden schon lange angewendet. Man denke hier etwa an die immense Fülle von Fähigkeiten, die ohne jede bewußte methodisch geplante Unterrichung erworben werden.

Alle wissenschaftlichen Studien, die sich auf die kindliche Entwicklung und das Lernen beziehen, weisen darauf hin, daß ein Kind von ungefähr 9 Jahren etwa die Hälfte aller Kenntnisse erworben hat, die es mit 18 Jahren besitzen wird. Dabei wird davon ausgegangen, daß ein Mensch mit 18 Jahren erwachsen ist, also zu diesem Zeitpunkt die volle Entfaltung der Fähigkeiten sichtbar wird. Mia Kellmer Pringle gibt in ihrer großangelegten Studie zur kindlichen Entwicklung einen Überblick über jene Entwicklungsbereiche, bei denen zum angegebenen Zeitpunkt die entsprechenden Fähigkeiten zur Hälfte realisiert sind (*Kellmer Pringle* 1979, 29) So werden folgende sechs Bereiche genannt. Zur Hälfte entwickelt sind bei folgendem Alter:

Größe (vom Zeitpunkt der Empfängnis an)	mit	2½ Jahren
Intelligenz	mit	4
Wortschatz	mit	8
Angriffslust bei Jungen	mit	3
Abhängigkeitsbedürfnis bei Mädchen	mit	4
Schulkenntnisse	mit	9

Es wird aufgrund dieser Untersuchung deutlich, daß vor allem in den ersten Lebensjahren in der Regel intensivere Fortschritte, stärkere Veränderungen und eine raschere Entwicklung stattfinden, als in einem späteren Zeitabschnitt, der vergleichbar ist.

In den ersten Lebensjahren wird ein eigenes individuelles Repertoire an Lerntechniken entwickelt, mit deren Hilfe die wichtigen Lebensstrategien erworben werden.

Da jede Lerngeschichte einen höchst persönlichen Verlauf nimmt, befinden sich Schüler zur gleichen Zeit an sehr unterschiedlichen Entwicklungsstandorten. Eine Fülle von Fähigkeiten und Interessen sind vorhanden aufgrund der Selbstunterrichtung, sei es über die Beobachtung von Vorbildern, mit Hilfe von Erfahrungen und Experimenten, durch Einsichten in bestimmte Zusammenhänge oder auf andere Art.

Weil Schüler verschieden sind, ist es wichtig, für die Klärung der Ziele den augenblicklichen Standpunkt aller Fähigkeiten und Begrenzungen herauszuarbeiten.

Eine Klärung des IST-Zustandes kann durch die folgenden **Fragen an die Schülerinnen und Schüler** vorgenommen werden:

146

- Was hast du schon alles gelernt bezogen auf diesen Fachbereich?
- Was hast du zuletzt gemacht?
- Was ist dir gut gelungen dabei?
- Wo sind Hindernisse aufgetaucht?
- Was hast du gemacht, um mit den Hindernissen umzugehen?
- Welche Bereiche interessieren dich aus dem neuen Stoffbereich am meisten?
- Welche Bereiche interessieren dich am wenigsten?
- Wie steht es generell mit deinem Interesse (Motivation) bezüglich dieses Fachbereichs?

Betrachten wir ein Beispiel, anhand dessen sichtbar wird, wie der aktuelle Zustand mit einer einzelnen Schülerin erfaßt wird. Es handelt sich um Hermine, eine Schülerin der vierten Grundschulklasse. Die Lehrerin hat mit ihr einen guten Rapport aufgebaut. Bei Hermine stellt sie im Verlaufe der ersten Wochen fest, daß deren Leistungen im Bereiche der Rechtschreibfähigkeiten sehr stark schwanken. Das eine Mal macht sie wenige Fehler, dann wieder wie zufällig sehr viele. Folgender Dialog entwickelt sich zwischen ihr und der Schülerin:

L: *Wie geht es dir mit dieser schriftlichen Arbeit? Mir ist nämlich aufgefallen, daß es dir manchmal gelingt, viele Wörter richtig zu schreiben. Und plötzlich schreibst du die Wörter zufällig richtig oder falsch.*
S: *Ja, ich weiß. Das ist wirklich ein Problem. Ich weiß halt auch nicht, was das ist.*
(Die Schülerin senkt dabei ihren Kopf, ihre Augen bewegen sich nach unten rechts [ein Hinweis auf die Gefühle], sie rutscht auf dem Stuhl leicht hin und her.)
L: *Das muß sehr unangenehm für dich sein. (Hier äußert sie sich im Gefühlskanal.) Möchtest du zusammen mit mir herausfinden, wie wir dieses Problem für's Lernen nutzen können?*
S: *Ja, sehr gerne. Wenn S i e (dieses Wort wird eigenartig hervorgehoben, ein Hinweis auf einen inneren Selbstzweifel?) denken, daß das geht. Ich bin schon dafür zu haben.*
L: *Ja, ich selbst glaube daran, daß man da etwas machen kann. Glaubst du auch daran?*
S: *(Zögernd, sie wiegt den Kopf hin und her.) Ja-a. Ich möchte schon daran glauben.*
L: *Aber es gibt da einen Zweifel, ob du es kannst?*
S: *Ja, manchmal weiß ich, daß ich es kann. Und dann ist es wie umgekehrt. Dann zweifle ich wirklich daran. Ich komme mir dann irgendwie dumm vor.*
L: *Irgendwie dumm? Wann ist es dir das letzte Mal gelungen, die Arbeit gut zu machen?*

S: *Das war gerade gestern, als wir die Wörter auf dem Blatt in die Lücken hineinschreiben durften. Das ist gut gegangen. Ich habe sie richtig geschrieben, ohne Fehler.*

L: *Wie hast du das gemacht, gestern?*

S: *(Die Schülerin verändert ihre Körperhaltung. Sie richtet sich etwas auf, ihre Augen richten sich auf die Lehrerin, sie nimmt einen tiefen Atemzug, stellt ihre Beine nebeneinander auf den Boden: Für die Lehrerin wird sichtbar, in welcher Körperhaltung Hermine am besten arbeitet, dies ist die benötigte Grundfähigkeit, die sich körperlich zeigt.) Ja-a. Es ist einfach gut gelaufen. Ich wußte einfach, daß ich es kann. Es gibt bei mir so Tage, wo ich weiß: Ich kann es heute. Dann gibt es Tage, wo ich es einfach nicht kann.*

L: *Kannst du selbst Einfluß nehmen darauf, wann es so ein Tag oder ein anderer ist?*

S: *(Erstaunt.) Wie meinen Sie? Ob ich etwas dafür kann, wenn es nicht gut läuft?*

L: *Ob du irgendeinen Einfluß nehmen kannst darauf, ob es gelingt oder nicht?*

S: *Manchmal denke ich schon, ich kann etwas dafür tun.*

In dieser Art wird der Problembereich – hier dargestellt im Gespräch mit einem einzelnen Schüler – durch die Lehrerin eingekreist und gleichzeitig nach Fähigkeiten Ausschau gehalten, die für eine mögliche Lösung in Frage kommen könnten. Es soll so genau und so leicht wie möglich herausgefunden werden, wovon die Schülerin loskommen und worauf sie sich zubewegen will.

5.3. Kriterien motivierender und erreichbarer Ziele

Erst wenn schulische Zielsetzungen von Lernenden und Lehrenden bestimmten Kriterien entsprechen, können sie die höchste Spannung und Treibkraft entfalten. Diese Kriterien entstammen der Erfahrung von Menschen, die ihre gesetzten Ziele erreicht haben. Sie sind empirisch selbst überprüf- und nachvollziehbar.

■ So ist es hilfreich, sich genau der Bestimmung des jetzigen Zustandes zu widmen, im Sinne einer Momentaufnahme von intellektuellen, sozialen und emotionalen Fähigkeiten.

Diesen Bereich haben wir gerade betrachtet in Abschnitt 5.2. Obwohl die Trennung zwischen IST- und SOLL-Zustand künstlich geschaffen wurde, erscheint es sinnvoll, von einer solchen Trennung auszugehen. Dadurch wird die Aufmerksamkeit bewußt auf die bestehenden Fähigkeiten gelegt und gleichzeitig in der Planungsphase ein innerer Kontakt zur Lerngruppe und den Einzelnen hergestellt durch Wahrnehmung der drei Ebenen: Intellekt, Emotionen und Sozialität.

■ Ziele sollen so genau formuliert werden, daß sie mit persönlicher Leistung und Anstrengung erreichbar sein können, so daß der Schüler prinzipiell etwas dafür tun kann.

Es können etwa folgende Fragen gestellt werden, sei es an einzelne oder die Gruppe:
Hast du selbst die Möglichkeiten, diese Ziele zu erreichen? Liegt es in deiner Kraft?
Weniger günstig unter diesem Aspekt sind Ziele zu betrachten, die auf das Glück setzen, auf günstige Zufälle, den Glauben an die Handlinien, das eigene Horoskop, die zufällige Hilfe eines Mäzens usw. Allerdings sei hier angefügt, daß der Glaube an das eigene Glück sehr wohl als mächtiges Grundvertrauen seinen besten Beitrag zur Motivationssteigerung beitragen kann. Darin liegt eine der Hauptfähigkeiten, die Handlungen mit dem nötigen Glauben zu unterstützen. Wenn man Ziele erreichbar definiert zusammen mit der Überzeugung, daß auch die Zufälle günstig gestimmt sind, ergeben sich die erstaunlichsten Ergebnisse.

■ Ziele sollen den Kontext miteinbeziehen.

Unter Kontext sind die Umstände zu verstehen innerhalb derer die Ziele auftreten können: genauer Ort, Zeitpunkt, mit wem. Es handelt sich dabei um eine Eingrenzung und Spezifizierung der Zielvorstellung. Eine intensive Auseinandersetzung, die im Moment keine Generalisierungen zuläßt wie „immer", „überall", ist die Folge.

■ Zielbestimmungen sollen Wissen darüber liefern, wovon der Lernende einerseits weg will und andererseits, worauf er zugehen will.

Es gibt aufgrund der individuellen Denkstile zwei Wege sich zu motivieren: Die einen Schüler bringen sich am besten in Fahrt, indem sie sich ausmalen, was schlimmstenfalls eintreten würde, wenn sie dies oder das nicht erreichen. Sie sind angespornt durch die Vorstellung des schrecklichsten Ereignisses, vor dem Sie sich schützen möchten. Andere Schüler orientieren sich am besten dadurch auf ein Ziel und tun das Nötige dafür, indem sie sich ausmalen und spüren, wie es sein wird, dieses Ziel erreicht zu haben. Die einen sind belohnungs-, die anderen strafvermeidungsmotiviert. Die Klärung dieser Frage schafft eine doppelte Motivation durch eine Stoßrichtung von hinten und eine Sogwirkung von vorne, von etwas Unerwünschtem weg auf etwas Wünschenswertes zu.

■ Ziele sollen sowohl sinnesspezifisch-konkret als auch theoretisch-abstrakt ausformuliert werden.

Lernende formulieren ihre Ziele oft vage oder abstrakt. Dies ist die eine Polarität der Formulierung von Zielen. Die verallgemeinerte große Fassung. Die andere Ebene betrifft die Detailfassung, indem gefragt wird: Woran genau wirst du erkennen, wenn du dein Ziel erreicht hast? Was wirst du hören, sehen, fühlen und tun? Das Ziel wird so herausgearbeitet durch immer kleiner gefaßte Fragen, daß dieses so verinnerlicht und fühlbar wird, daß es beim Auftreten eindeutig erkannt werden kann, sei es durch etwas, was gesehen, gehört oder gefühlt wird. Die verallgemeinerte und vor allem die Feinfassung der Zielformulierung sind wichtig.

■ Ziele können auf der anderen Seite auch sehr vage, bildhafte Vorstellungen enthalten, in Form von Metaphern, Bildern, Gedankenfetzen und selbstgesprochenen Sätzen.

Die bildhafte und vage Art, Ziele zu benennen, ist oft eine mächtige Ressource (Fähigkeit), die genutzt werden kann. Es handelt sich um eine Art von Fühl-Bildern, ähnlich dem Traumgeschehen. Zum Beispiel: „Ich möchte auf dem Pferd durch die Lande reiten", oder: „Ich bin der Gesandte des Königs, auf der Suche nach dem Silberschatz auf dem Planeten Terra X." (Äußerung eines Schülers der 9. Klasse, der gerne Science-Fiction Romane liest.)

■ Ziele sollen sprachlich so ausformuliert werden, daß der Bezug zum inneren Tiefenerleben (Tiefenstruktur) gewährleistet wird. Der Bezug zu den durch die Worte symbolhaft erfaßten Erfahrungen soll möglichst genau hergestellt werden.

Generalisierungen sollen überprüft, Tilgungen rückgängig gemacht und Verzerrungen ins Lot gerückt werden. So kann der Lehrer, der Schülern hilft ihre Ziele klarzustellen, überall dort, wo ihm etwas ungenau und unklar erscheint, nachfragen. Als Richtlinie kann gelten: Überall dort nachfragen, wo Ihnen Informationen fehlen, eigene Bilder, Gedanken, Gefühle zu Hilfe genommen werden müssen, um zu einer inneren Vorstellung darüber zu kommen, was die andere Person mit ihrer Äußerung meint.

Beispiele dazu sind etwa folgende Formulierungen: „Ich möchte einfach mehr lernen." (Mehr von was lernen?) – „Man versteht mich einfach nicht." (Wer genau versteht dich nicht? Was genau versteht man nicht? Usw.) – „Er hat mich nicht gern." (Wie genau weißt du das? Was genau macht die andere Person?) – „Ich weiß genau, was du denkst." (Gedankenlesen. Was genau denkst du, daß ich denke? Wie genau weißt du, was ich denke?)

Eine spezielle Variante sind Äußerungen, die verneinend die Ziele darlegen, wie z.B.: „Ich möchte, daß ich nicht immer abgelenkt werde von den anderen." (Das ist es, was du nicht möchtest, abgelenkt werden von den anderen. Was möchtest du? Oder: Woran würdest du merken, wenn du nicht mehr abgelenkt würdest?)

■ Ziele sollen auf die Vergangenheit, Gegenwart und Zukunft bezogen sein.

Etwa folgende Fragen können hierbei gestellt werden: Wie wirst du über die Vergangenheit denken, wenn du diese Ziele, die du dir jetzt vorgenommen hast, erreicht haben wirst? Wie wird die Erreichung dieser Ziele deine ferne Zukunft beeinflußen? Wie weit denkst du in die Zukunft? Kannst du dir vorstellen, wie das dann sein wird, wenn du jetzt dieses ... lernst, wenn du ... so alt sein wirst?
    Ziele sollen so definiert werden, daß sie denjenigen zeitlichen Horizont einnehmen, der der Sache entspricht. Einerseits sollen sie einen sehr kurzen zeitlichen Rahmen umfassen und gleichzeitig auch in einem größeren Zeitraum eine Vision enthalten.

■ Ziele sollen zum eigenen Teil werden. Dies geschieht durch konkretes Durchphantasieren und Spüren der Zielrealität.

Durch genaues Hinterfragen werden die Schüler eingeladen, eine so genaue innere Vorstellung über das Ziel entstehen zu lassen, daß sie sich am Schluß der Befragung ins Ziel hineinbegeben können. Was heißt das? Es wird so getan, als ob das Ziel schon erreicht wäre und auf diese Art im Rollenspiel ausprobiert, wobei vor allem gefühlt werden kann, wie es sein wird.

■ Ziele sollen auf vorhandene und mögliche Fähigkeiten bezogen sein.

Welche Möglichkeiten hast du, deine Ziele zu erreichen? Woran denkst du, wenn ich dich frage: „Welche deiner Fähigkeiten kennst du und hast du zur Verfügung, um dein Ziel zu erreichen?" – „Wo hast du früher schon einmal ein ähnliches Ziel erreicht? Wie benennst du diese Fähigkeit, die du dort eingesetzt hast?" – „Wie würde diese Fähigkeit auch auf dieses Ziel bezogen zum Zuge kommen können?"

■ Ziele sollen genau auf Vor- und Nachteile hin untersucht werden. Jede Veränderung bringt immer beide Aspekte mit sich.

Vor- und Nachteile sollen untersucht werden. Diese Überlegung ist besonders wichtig. Hindernisse, die jede positive Veränderung mit sich bringt, werden in der Faszination und Begeisterung oft übersehen, überhört und nicht gespürt. Inwieweit werden sich Veränderungen einstellen, die Nachteile bringen werden? Glaube ich daran, daß ich damit umgehen will und kann? Wie werde ich diesen Nachteilen und auftretenden Hindernissen begegnen?

Die Hauptfragen für eng gesteckte Ziele könnten kurz gefaßt etwa so lauten:

Zielfragen:

Was willst du?
Oft werden dabei negative Formulierungen genannt, wie: „Ich möchte nicht immer ..." Antwort: „Das ist es, was du nicht möchtest, was möchtest du?" – „Ich möchte entspannt sein vor dem Fußballturnier ..."

Evidenzfragen:

Wie würdest du wissen, wenn du das Ziel erreicht hättest?
Gefragt sind dabei sinnenhafte Informationen. Zusätzlich kann dabei gefragt werden:
a) Wenn du das Ziel erreicht hast, was tust du? (Verhalten)
b) Welche Gefühle wirst du haben?
c) Welche Gedanken wirst du haben?
Wenn immer noch Unklarheit besteht:
d) Zeig mir, wie du aussehen wirst, wenn du das Ziel erreicht hast.

Kontextfragen:

Mit wem zusammen willst du dieses Ziel erreichen?
Wo willst du es erreichen (Ort)?
Wann willst du es erreichen? (diese neue Verhaltensweise usw. zur Verfügung haben?)

Ökologiefragen:

Was wird diese Veränderung dir an Vorteilen bringen?
Welche Nachteile werden sich einstellen?
Bist du bereit und fähig, mit den Nachteilen umzugehen?

5.4. Klarheit über die Lehrziele vermitteln

5.4.1. Die vorbereitende Zielklärung durch die Lehrerin oder den Lehrer

Der erste Schritt zur Zielklarheit besteht in einer intensiven Vorbereitung, bei der die Kriterien einer „ausgewogenen Zielklärung" – wie wir sie gerade betrachtet haben – berücksichtigt werden. Je genauer ein Lehrer über seine Ziele Vorstellungen hat, geordnet nach Prioritäten, umso kongruenter kann er diese den Schülern gegenüber vertreten und bei dem sich vielfach ändernden, teils chaotisch anmutenden Lerngebilde seine Hauptrichtung im Auge behalten. Hauptsächliches kann dadurch von Nebensächlichem unterschieden werden. Lehrer können sich zum richtigen Zeitpunkt für die jeweils notwendigen Hilfestellungen und Direktiven entscheiden. Wer als Lehrer den Schülern mit Weitblick und Perspektiven begegnet, hat die Voraussetzungen geschaffen, die Schüler genau informieren zu können über die zu erreichenden Ergebnisse.

Diese Lernziele beziehen sich einerseits auf die größeren Entwürfe, die sogenannten Fernziele. Auf der anderen Seite lassen sich die sogenannten Mittel- und kurzfristigen Ziele sichtbar machen. Eine persönliche innere Klärung möglichst vieler Aspekte der Zielvorstellung erlaubt erst eine genaue Vermittlung seiner Anliegen an die Schüler, eine Klarheit, die ermöglicht, daß auch für die Schüler spürbar und sichtbar wird, was erreicht werden soll.

Dabei sind vor allem drei Arten von Zielebenen vorbereitend zu berücksichtigen: die Sachebene, die soziale Ebene sowie die emotionale Ebene.

Folgende Fragen z.B. dienen der Vorbereitung auf die Ziele:

■ *Welches Fernziel möchte ich mit meinem Unterricht erreichen?*
■ *Was konkret sollen die Schüler können, wenn sie das Ziel auf den verschiedenen Ebenen erreicht haben? Was werden sie vom Wissen her dazugelernt haben? Woran wird dies überprüfbar sein? Wie werden sie sich fühlen am Schluß und während des Lernprozesses, wenn er optimal vor sich geht? Welche Ziele werden während der inhaltlichen Wissensvermittlung und des Wissenserwerbs in sozialer Hinsicht erreicht werden? Woran werden Sie das als Lehrer erkennen?*

- *Woran werden Sie sehen, hören und spüren, wenn das Ziel überdurchschnittlich erreicht worden ist?*
- *Was sind die Minimalanforderungen, die jede Schülerin und jeder Schüler erreicht haben sollen?*
- *Welche Teilelemente ergeben sich aus den Fernzielen?*
- *Welche Kurzziele lassen sich daraus ableiten? Aufgrund welcher Hinweise wird Gewissheit entstehen, die Ziele erreicht zu haben?*
- *Welche Auswirkungen werden sich einstellen bezogen auf früher Gelerntes, Gegenwart und Zukunft?*
- *Inwieweit wird dieses neue Können, Wissen und Erleben zusammen mit dem bisherigen nützlich sein?*

5.4.2. Die Mitteilung gegenüber der Lerngruppe

Aufgrund der Vorbereitung kann der Lehrer mit geklärten Zielen vor die Lerngruppe treten. Die Schüler haben dadurch die Möglichkeit, optimal informiert zu werden über die Hauptrichtung sowie die Teiletappen der Reise. Dies gibt ihnen die Gelegenheit, sich damit anzufreunden, neutral zu bleiben oder Ablehnung zu empfinden. Vor allem wird dabei auch sichtbar, woran erkannt werden soll, ob die Ergebnisse zufriedenstellend oder optimal erreicht worden sind.

Die Information gegenüber der Lerngruppe kann sich nach bestimmten Grundsätzen richten. So ist es wichtig, daß die Mitteilungen überzeugend geäußert werden. Man gibt an, wozu das Ergebnis in einem größeren Rahmen dienen soll und bezieht Weltbilder und Wertauffassungen der Schüler in die Überlegungen mit ein. (Dies unterstützt gleichzeitig den Rapport und hält ihn weiterhin aufrecht.) Damit wird auch an das schon Bekannte angeknüpft, so daß die Lernziele durch eine von innen gesteuerte Motivation unterstützt werden.

Betrachten wir ein **Beispiel:** Es handelt sich um den Unterricht einer Gruppe Erwachsener, die alle in einer Institution der Kinderbetreuung arbeiten, wo sie Teamleitungsfunktionen haben. Um diese Rolle kompetent ausführen zu dürfen, müssen sie ein Zertifikat erwerben. Dies bedingt die Teilnahme an einem berufsbegleitenden Jahreskurs. Die Schilderung erfolgt von jenem Punkt an, wo die Einleitung schon stattgefunden hat und die Lehrerin auf die Ergebnisse zu sprechen kommt. Diese Äußerungen der Lehrerin finden zum Zeitpunkt statt, nachdem die Lerngruppe auf Plakaten in 4er Gruppen aufschreiben durfte, was ihre Vorstellungen, Erwartungen, Befürchtungen und Vorurteile an dieses Fach seien. Die Ergebnisse aus den Gruppen wurden auch schon angehört. Jetzt äußert die Lehrerin ihre Ziele folgendermaßen:

„... Ich freue mich, euch dieses Jahr aufgrund der letztjährigen Erfahrungen darüber informieren zu können, was ihr in diesem Fach meiner Ansicht nach lernen könnt. Ich denke, daß ihr ein Recht darauf habt, genau zu wissen, was hier geschehen kann. (Fach Psychologie) Ich bin sehr zuversichtlich, daß eure Wünsche in Erfüllung gehen können. Eure Erwartungen überschneiden und decken sich mit dem, was mir wichtig erscheint. Darüber bin ich froh. (Die Lehrerin kann hier sehen, wie fast alle bejahend nicken.) Ihr werdet bis zum Schluß dieses Jahres informiert werden und daran arbeiten, welche verschiedenen Erziehungsstile es gibt. (Sie verweist auf verschiedene Plakate, worauf die Verbindung zu diesem Themenbereich ersichtlich wird.) Wie ich weiß, habt ihr euch schon verschiedentlich damit auseinandergesetzt. Ihr könnt euch somit darüber freuen, da ihr verschiedene Ideen, die ihr schon selbst herausgefunden habt, hier in dieser Weiterbildung wiederfindet. Ich freue mich über dieses fazinierende Gebiet. Wir lernen zwei Hauptdimensionen kennen, nämlich erstens: Wie wirkt sich Wertschätzung und Verständnis in den verschiedenen Bereichen aus? Zweitens: Wie ist das mit dem Thema der Lenkung und Steuerung? Wieviel Führung und auf welche Art ist hilfreich? Wann bewirkt sie das Gegenteil? Ich weiß: Das ist ein wichtiges Thema für euch. (Viele Schülerinnen nicken, sehen bejahend aus. Der Rapport verstärkt sich, sichtbar in den uns bekannten Hinweisen.) Ein weiteres Thema ist die Bestrafung. Wie steht es damit? Auch daran seid ihr interessiert, wie ich hier auf diesem Plakat erkennen kann. Ihr werdet dazu Ideen bekommen. Am Ende und auch im Verlaufe des Jahres werdet ihr zeigen können, wie ihr Schritt für Schritt die Dinge, die wir lernen, in der Praxis umsetzen könnt, sei es im Umgang mit dem Team oder den Eltern. Auch was die Kinder betrifft, lernt ihr Anwendungsmöglichkeiten kennen, könnt sie selber entdecken und erarbeiten. Am Schluß des Jahres bekommt ihr eine Aufgabe: Ihr führt mit jemandem aus Eurem Team ein Gespräch, das ihr auf Tonband aufnehmt. Dabei könnt ihr die Fähigkeiten, die wir als wichtig erachten, einsetzen. Vor allem zeigt ihr dann, daß ihr fähig seid, ein Gespräch in verständnisvoller Art zu führen. (Einige Schülerinnen sehen betroffen aus, fast verängstigt. Dieses Gefühl greift die Lehrerin auf.) Eine spannende Herausforderung also, die zuerst fast ein bißchen Angst machen kann, wenn man das so hört. Ja. Es ist meine Aufgabe, euch dabei zu helfen im Verlaufe dieses Jahres, so daß ihr alle diese Aufgabe lösen könnt.(Die Schülerinnen, die verängstigt aussahen, verändern Gesichtsausdruck und Körperhaltung. Es wird ersichtlich, daß sich die Angst vermindert hat.)"

Im Anschluß an diese weitgesteckte Zielvorgabe findet eine Diskussion mit der Lerngruppe statt. Alle können Fragen dazu stellen, Bedenken äußern, Begeisterung ausdrücken oder ihr neutrales Gefühl.

Dieses Beispiel zeigt die vage, weitgefaßte und gleichzeitig sehr konkrete Formulierung des Fernzieles.

Ein zweites **Beispiel** zeigt den gleichen Zielformulierungsvorgang bei einer 5. Grundschulklasse, bezogen auf ein Teilziel im Verlaufe des Jahres.

„Um uns nochmals zu vergewissern wo wir stehen, orientieren wir uns kurz. Unser gemeinsames Fernziel besteht bekanntlich darin, unseren Schulhauseingang neu zu gestalten. Bisher hing dort ein großes Bild, das vor einigen Jahren eine 6. Klasse mit Begeisterung gemalt hat. Jetzt ist es schon so alt, daß es nicht mehr schön aussieht. So haben wir den Auftrag übernehmen dürfen, uns etwas dazu einfallen zu lassen und es auch in die Tat umzusetzen. Am Anfang sind wir mit viel Elan ans Thema herangegangen, haben dann aber bald feststellen müssen, daß es gar nicht so einfach ist, überhaupt nur schon ein Thema dafür zu finden, das für alle gut ist. Ich bin deshalb glücklich darüber, daß wir diese Klippe sehr gut geschafft haben. (Viele SchülerInnen bejahen dies.) Dies ist euer Verdienst. Ich kann euch dazu gratulieren. Aber es ist erst ein guter Anfang. Heute wird mit der Fortsetzung begonnen. Wir haben ja das letzte Mal Gruppen gebildet, die an verschiedenen Themen arbeiten. Ihr habt die Themen ausgewählt und sie aufeinander abgestimmt. Deshalb kann daraus etwas Ganzes werden. Mein Wunsch ist, daß ihr euch Klarheit darüber verschafft, wie eure Gruppenziele aussehen. Was konkret werdet ihr tun? Wie wollt ihr an die Arbeit herangehen? Ihr habt dazu eine halbe Stunde Zeit. Das Vorgehen überlasse ich eurer Phantasie und Freiheit. Bringt mir pro Gruppe eine Auflistung über die Aufgabenverteilungen. Dies ist ein gutes Ergebnis. Ist euch die Aufgabe klar? (Der Lehrer schaut sich in der Runde um, beobachtet jeden Schüler genau und betrachtet vor allem auch die Interaktionen innerhalb jeder Gruppe. Bei einzelnen Schülern, bei denen Unsicherheit deutlich wird, fragt er nach.) In genau 30 Minuten treffen wir uns wieder hier in diesem Raum. Ihr könnt euch verteilen. Auch den Hof könnt ihr einbeziehen. Wem es nützt, der kann im Schulhauseingang arbeiten. Laßt es mich wissen, wo ihr hingeht für die nächsten 30 Minuten ..."

156

5.4.3. Der Lerngruppe helfen, ihre Ziele zu artikulieren

Die Erwartungen, Wünsche und Hoffnungen der Schüler an Schule, Unterricht und Lehrer können auf verschiedene Arten sicht- und spürbar sein. Grundsätzlich ist es hilfreich, die Schüler am Beginn eines Lehrprozesses zum Mitgestalten der Zielformulierung einzuladen.

Dabei gibt es drei Möglichkeiten, die Lerngruppe in den Prozeß der Zielbestimmung respektvoll und hilfreich einzubeziehen:
1. indem die Lerngruppe zuerst veranlaßt wird aktiv zu werden;
2. die Lehrperson zuerst eigene Vorstellungen äußert;
3. Lehrer und Schüler sich gleichzeitig an die Ziele herantasten.

5.4.3.1. Die Lerngruppe zuerst

Die **Lerngruppe** wird eingeladen, sich **zuerst** damit auseinanderzusetzen, was sie von diesem Thema, Fach, Lernabschnitt usw. erwartet.

Eine **Erwachsenenbildungsgruppe beispielsweise** hat sich ums Thema Bestrafung mit einer dafür zuständigen, kompetenten Lehrerin zusammengefunden. Nach einer Begrüßungsrunde, bei der sich jede anwesende Person kurz vorgestellt hat, bittet die Lehrerin die Anwesenden, zu zweit jene zehn Bereiche herauszufinden, die sie unbedingt in den folgenden zehn Abenden bearbeitet haben wollen. Jede Untergruppe hat kleine Zettel zur Verfügung, auf die sie jeweils eine Idee stichwortartig aufschreibt. Anschließend referiert je eine Person und befestigt dabei ihre Zettel vorne auf einer Pinwand. Nachdem alle Ideen sichtbar sind, werden sie nach Schwerpunkten geordnet, woraus sich fünf Schwerpunktbereiche erkennen lassen. Diese Bereiche werden innerhalb der Gruppe nach gemeinsamen Prioritäten aussortiert, also: Was soll zuerst, was an zweiter und dritter Stelle bearbeitet werden usw.

Anschließend bringt die Lehrerin auch ihre Vorstellung in die Diskussion ein. Die Feinplanung erfolgt gemäß den früher aufgeführten Kriterien der Zielformulierung. Die uns schon vertrauten Fragen kommen zum Zuge: Woran werden wir erkennen, wenn wir das erreicht haben, was wir wollen? Wo, wem gegenüber, zu welchem Zeitpunkt möchten Sie was können? Was sind Ihre Verhaltensweisen, von denen Sie selbst wirklich wegkommen wollen? Was möchten Sie dafür zur Verfügung haben? Worauf müssen Sie achten, damit die Dinge, die wir hier lernen, wirklich zu Ihrem Besten sind? Jede Veränderung bringt Vor- und Nachteile mit sich. Was ist das Schlimmste, das passieren könnte? Wie wird Ihre Umgebung darauf reagieren, wenn Sie plötzlich Dinge anders sehen und machen? usw. usw.

Das Ausformulieren der Ziele mit Hilfe des geschulten Leiters in dieser differenzierten, genauen Art, führt beispielsweise dazu, daß deutlich werden kann: Ja, aber möchte ich denn wirklich plötzlich auf die Strafe verzichten, wenn herauskommen sollte, daß dies eine der ungünstigsten Erziehungsmaßnahmen ist? Wie werden denn meine Nachbarn darüber denken? Ein Vater beispielsweise kann erkennen, daß er unglaubwürdig wird, wenn er einfach auf eine wirksame Methode verzichten müßte und hält fest, daß er die Strafe als Erziehungsmaßnahme behalten will. Er erklärt sich jedoch bereit, weil es für alle anderen in Ordnung ist, mitzumachen und räumt sogar ein, daß es dann vielleicht möglich wird, sich ein bißchen zu ändern, falls er dies als nötig erachtet.

In einer **zweiten Grundschulklasse** setzen sich die Schülerinnen und Schüler mit ihrer Lehrerin in Kreisform zusammen. Diese sagt ihnen: „Wir können uns in den folgenden drei Wochen mit dem Thema Natur befassen. Darunter kann man Verschiedenes verstehen. Ihr dürft euch dazu äußern, was euch bei diesem großen Thema am meisten interessiert. Ich bin gespannt darauf, was euch einfällt. ... Die Zweitkläßler bringen ihre Meinungen dazu: „Vulkanfilm im Fernsehen gesehen." – „Wir sind gerade in den Ferien gewesen und haben einen ganz großen Wald durchwandert, der nicht mehr aufhören wollte." – „Im Sommer sind wir an einem schönen See gewesen ..." ... Die Kinder nennen ein breites Spektrum an Ideen, Tieren, Pflanzen, geographischen Bereichen, anderen Ländern, eigenen Erlebnissen usw.

Die Lehrerin – die sich einige Notizen gemacht hat – faßt die Ideen am Schluß zusammen: „Also, da gibt es die verschiedensten Ideen, die euch in den Sinn gekommen sind. Da haben wir einmal verschiedene Länder und Landschaften. Ihr habt verschiedene Tiere genannt. Es wurde auch vom Schutz der Landschaften und der Tiere geredet usw... Ich selbst habe mir dazu auch etwas Ähnliches gedacht, womit wir uns befassen könnten. Sehr faszinierend finde ich persönlich auch ... und ..." Auch hier folgt anschließend die Feinplanung gemäß den Kriterien einer „ausgewogenen" Zielformulierung.

5.4.3.2. Die Lehrperson zuerst

Die **Lehrerin oder der Lehrer** vermittelt **zuerst** einen Einblick in seine Zielvorstellungen, um anschließend die Lerngruppe dazu Stellung nehmen zu lassen.

An einem **Elternabend**, an den nachher verschiedene weitere anschließen werden, trägt der Lehrer seine Zielvorstellungen in globaler Art an die Eltern heran. „Wir sind hier auf Ihren Wunsch hin zusammengekommen, um uns mit den Möglichkeiten zu befassen, wie Eltern ihre

Kinder gut durch die Pubertät hindurchbegleiten können. Eltern haben dazu verschiedene Meinungen. Dies ist logischerweise anzunehmen, weil wir ja alle verschieden sind. Ich möchte zuerst meine Ideen über mögliche Ziele vorstellen. Anschließend lade ich Sie zu einer Diskussion darüber ein. Ich bin sicher, daß wir heute Abend mit einer Einigung hinausgehen werden. Auf diesem Plakat, das ich bereitgestellt habe, sind meine Vorstellungen zu sehen. Sie können Gesprächsstoff für fünf Abende liefern. Zuerst haben wir den Schwerpunkt ‚Entwicklungspychologisches Wissen zur Pubertät erarbeiten'. Weiter habe ich notiert: ‚Umsetzung dieses Fachwissens in den Erziehungsalltag zu Hause', ‚Die Bedeutung der Pubertät für die schulische Entwicklung'. Dies sind die drei Schwerpunkte, die ich unbedingt in diesen Abenden wiederfinden möchte. Sie sind so formuliert, daß sie jeden Spielraum offen lassen. Auf diese Themen bin ich deshalb neugierig geworden, weil ich mich selbst zusammen mit meinen eigenen Söhnen und Töchtern gerade damit befasse. Gleichzeitig spüre ich selbst die Herausforderung täglich in meinem Unterricht ... (Der Lehrer äußert sich noch weiter kurz dazu, dann lädt er die Eltern zum Mitdenken ein.) So, das sind meine generellen Überlegungen zur Einleitung in dieses Thema. Ich bin gespannt auf Ihre Stellungnahme dazu. Darf ich Sie bitten, meinen Vorschlag in Vierergruppen zu diskutieren, gerade in jener Zusammensetzung, wie Sie jeweils an einem Tisch sitzen.

In der **fünften Grundschulklasse** hat sich der Lehrer entschieden, das Hauptthema Wasser zu behandeln und den Unterricht in den nächsten vier Wochen in sämtlichen Fächern um dieses Thema zu gestalten. In seiner Einleitung nimmt er Bezug zu seinen Vorüberlegungen, die die vermuteten, intuitiv und auch objektiv wahrgenommenen Bedürfnisse und Interessenschwerpunkte der Schüler einbeziehen: „Ich darf euch meine Überlegungen vorstellen für ein spannendes, faszinierendes nächstes Thema. Es ist ein weites Thema, das uns viel Spielraum läßt, eigene Ideen einfließen zu lassen. Viele von Euch haben sich selbst auch schon damit auseinandergesetzt. Wir kommen auch täglich damit in Kontakt. Jeden Tag einige Male. Es handelt sich um das Thema Wasser. Mich selbst hat dieses Naß sehr beschäftigt in der letzten Zeit, als ich ferngesehen und Zeitung gelesen habe. Gerade letzte Woche haben wir zu Hause darüber diskutiert, ob wir eine Spülmaschine kaufen sollen. Was braucht weniger Wasser, selber abwaschen oder mit der Maschine? Wasser ist der wichtigste Gegenstand auf dieser Erde. Ich habe mir die folgenden Schwerpunkte aufgeschrieben. Ich zeige Sie euch hier auf dieser Tageslichtprojektorfolie. (Er zeigt mit Tageslichtprojektor seine Darstellung mit verschiedenen Symbolen und Wörtern.) Dieses Kraftwerk hier steht symbolisch für Wasser als Energieträger. Der Afrikaner zeigt die Bedeutung des Wassers als wichtigstes Lebenselement. Dieses kleine Bildchen zeigt die Bedeutung des Wassers in der Industrie. Der Globus hier weist darauf hin, daß Wasser auf der Erde verschieden verteilt ist. Hier seht Ihr eine Wetterkarte ... (Anschließend bekommen alle Schüler eine Auflistung dieser Ideen auf einem fotokopierten Blatt. Sie werden eingeladen Stellung zu beziehen.)

5.4.3.3. Lehrer und Schüler gleichzeitig

Lehrerinnen und Schüler begeben sich **gemeinsam** auf die Suche nach den Zielen. Dieses Vorgehen dürfte das natürlichste, lebensnaheste sein. Es versteht sich von selbst, daß dabei der Lehrer trotzdem verantwortlich ist für die Einleitung ins übergeordnete Thema. So gesehen leitet immer die für den Lehrprozeß verantwortliche Person ein. Diese Rolle kann jedoch auch durch jemanden aus der Lerngruppe eingenommen werden.

5.5. Die Einigung über die Lehr- und Lernziele

Es ist sehr wichtig, die Lerngruppe für die Unterrichtsziele zu überzeugen und sie dadurch zu gewinnen oder sich als Lehrer von neuen Zielen der Lerngruppe überzeugen zu lassen. Eine der Möglichkeiten bietet sich durch die Klarstellung der Zielsetzungen des Lehrers. In einem zweiten Schritt zur Motivationsoptimierung soll Raum gegeben werden für Wünsche, Erwartungen und somit bewußte oder noch unartikulierte Zielvorstellungen der Lerngruppe und der Einzelnen. Was wollen die Schüler erreichen? Was sind deren Ziele? Erst wenn die Schüler nachgedacht haben über ihre Zielvorstellungen, sind die verschiedenen Standpunkte sichtbar. Eine Auseinandersetzung mit den unterschiedlichen und gemeinsamen Auffassungen wird nötig. Das heißt konkret: Die Schüler werden nach ihren Erwartungen und Zielen gefragt. Dadurch ist die Voraussetzung gegeben, nach Übereinstimmungen zu suchen.

Um eine günstige Übereinstimmung zwischen Lehrerzielen und Schülerzielen zu erreichen, können die folgenden Schritte einen guten Beitrag leisten:

■ Es soll alles unternommen werden, um die Institutions- und Lehrerziele nochmals zu verdeutlichen.

■ Den Schülern soll ermöglicht werden, ihre Ziele zu artikulieren.

■ Gemeinsamkeiten und Unterschiede sollen sichtbar werden.

- Die Gemeinsamkeiten sollen hervorgehoben werden.
- Übergeordnete gemeinsame Zielrichtungen sollen gesucht werden.
- Es soll allen am Klärungsprozeß Beteiligten ständig klar sein, daß das Ziel darin besteht, sich über die gemeinsamen Ziele zu einigen, diese auszudiskutieren, auszuhandeln, einen gangbaren Konsens zu finden.

Der Einbezug der Lerngruppe kann auf verschiedenen Ebenen des Planungs- und Zielklärungsprozesses geschehen. Entsprechend unterschiedlich wird sich auch die Art der Zielformulierung und Erarbeitung gestalten. Die folgende Graphik verdeutlicht die Möglichkeiten des Einbezugs der Lerngruppe in die Zielfindungsprozesse.

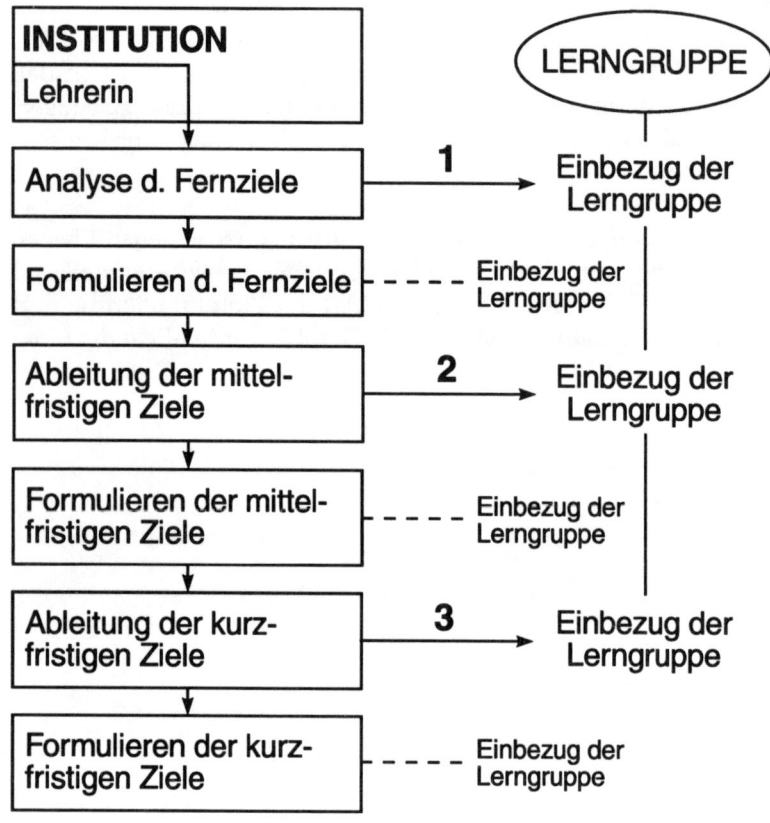

Verschiedene Ebenen, bei denen die Lerngruppe in den Zielprozeß
einbezogen werden kann:

Ebene 1: *Es handelt sich um den Einbezug auf einer sehr allgemeinen Ebene.
Dabei werden die langfristigen, generellen, institutionellen Ziele berücksichtigt.*
Ebene 2: *Hier haben wir es mit mittelfristigen, schon konkreteren Zielen zu
tun.*
Ebene 3: *Diese, auf die Gruppe bezogene Ebene, ist die konkreteste. Darin
finden sich die naheliegenden, kurzfristigen Ziele mit einem großen Konkretisierungsgrad.*

Beispiel zur Ebene 1:

„Wir werden uns im Verlaufe dieses Jahres (dieses Ausbildungsganges) mit der Thematik des zweiten Weltkrieges befassen. Im besonderen werden wir die verschiedenen Ursachen, geschichtlichen Hintergründe, Ablauf und Auswirkungen auf die heutige Situation herausarbeiten. Dies wird unser Thema sein in diesem Jahr. Offen ist dabei die Art des Vorgehens, ein großer Teil der Arbeitsmittel, die Art, wie wir innerhalb unserer Lerngruppe gemeinsam oder einzeln arbeiten wollen. Ich selbst (der Lehrer) habe hier einige Grundlagenliteratur bereitgestellt, die ich als wichtig erachte. Dieses Buch wird obligatorisch sein. Es ist meiner Ansicht nach das fundierteste, neutralste Werk bezogen auf unser Thema ..."

Diese Einleitung zeigt das hohe Abstraktionsniveau einer Zielangabe durch den Lehrer. Die Ziele sind sehr weit gesteckt, gleichsam die Hauptrichtung markierend und freiheitgewährend bezüglich den meisten anderen Bereichen des „Wie", „Womit", „mit Wem zusammen". Bezüglich der Zeit ist nur angegeben, daß das Thema durchgenommen werden soll im Verlaufe des Jahres usw. Die Lernenden können anschließend eingeladen werden zum Mitdenken und Mitplanen über die daraus ableitbaren kürzer greifenden Ziele sowie die Art der Methoden und Mittel.

Zielsetzungen auf der Ebene 1:

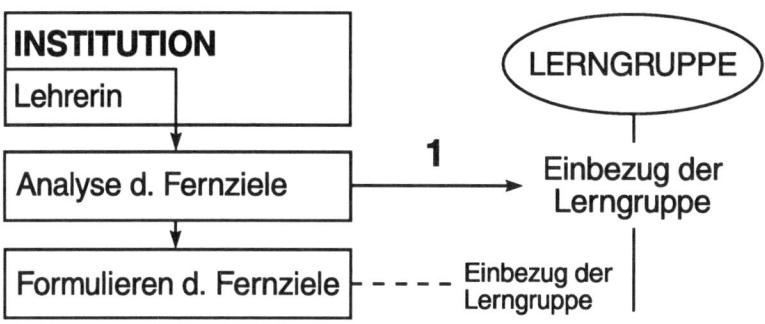

*Die verschiedenen Kriterien einer „ausgewogenen Zielformulierung"
kommen auf den verschiedenen Zielebenen in unterschiedlichem Ausmaße
zur Realisierung. Auf der Ebene 1 sieht das Ergebnis des Realisierungs-
grades folgendermaßen aus:*

Realisierungsgrad	stark	mittel	gering
Erreichbarkeit			x
Kontextualisierung			x
weg von, hin zu		x	
sinnesspezifisch-konkret			x
theoretisch-abstrakt	x		
Erfassen der Tiefenstruktur			x
alle Zeitebenen erfassen	x		
Spüren d. Zielrealität			x
auf Fähigkeiten bezogen		x	
Einbezug von vagen Vorstell. / Metaphern	x		
Abwägen von Vor- und Nachteilen		x	

Beispiel zur Zielebene 2:

*L: Wir haben soeben, wie ihr selber gemerkt habt, ein Kapitel unseres Unterrichts
beendet. Im folgenden werden wir uns mit einem weiteren spannenden Themenbereich befassen. Es handelt sich dabei um das sogenannte Wurzelziehen. Ich
möchte dabei so vorgehen, daß ich euch heute vormittag eine Einführung in
dieses Thema gebe. Dabei habt Ihr die Gelegenheit, auf verschiedene Arten
mitzudenken und mitzuunterrichten. Da staunt Ihr. Ja. Ich habe verschiedene
Ideen bereitgestellt, wie ihr euch selber in dieses Thema von verschiedenen Seiten
her einarbeiten könnt. Ich stelle sie anschließend noch im Detail vor. Hier sage
ich es, damit Ihr euch jetzt schon damit anfreunden könnt, daß ich nicht die
ganze Zeit hier vorne reden und euch Dinge zeigen werde. Es ist meine
persönliche Meinung, daß man dann am meisten und raschesten lernt, wenn
man sich selbst aktiv mitbeteiligen kann. Wie klingt das für euch bis hierher?
(Der Lehrer schaut dabei in die Lernrunde, und die Schülerinnen und Schüler
beginnen mit einigen Rückmeldungen, nachdem zuerst ein kurzes Schweigen
eingetreten ist.)
S: Ja, Sie beginnen doch recht rasch, so früh am morgen.
S: Es ist schön, wenn sie uns wieder einmal etwas darbieten. Darauf freue ich
mich. Der zweite Teil, der mit dem „selbst arbeiten", da weiß ich nicht so recht.
L: Ich bin ein bißchen rasch. Ihr stoppt mich einfach, wenn es zu rasch geht.
Wißt Ihr, ich habe mich gestern abend spät noch in dieses Thema hineinvertieft.
Deshalb habe ich einen Vorsprung. Ich bin auch schon ein bißchen wacher, weil
ich heute früher gekommen bin. (Er lacht in die Runde, dabei erkennend, daß*

164

einige zurücklächeln, andere eher kaum eine Gesichtsreaktion zeigen. Es ist die erste Stunde am Morgen.)

S: Ich lasse das auf mich zukommen. Eigentlich bin ich noch nicht so ganz wach, wie ich es gerne hätte. Aber ich werde zunehmend lebendiger, wenn ich jetzt auch rede und mitdenke.

S: Ich hänge noch an dem „uns unterrichten". Also: Wir sollen auch mitunterrichten? Wie haben Sie das gemeint?

L: Ich kann schon kurz antworten, möchte aber nachher nochmals darauf zurückkommen. Also, da haben wir (er zeigt auf die Wandtafeldarstellung) einmal die Idee, daß einige in einem Buch nachlesen könnten, wie das Wurzelziehen geht. Es ist eine einfache Darstellung. Eine andere Gruppe könnte Zahlen miteinander multiplizieren und dann herauszufinden versuchen, wie man vom Ergebnis wieder auf die Anfangszahl zurückrechnen kann usw. Ich werde diese Ideen nachher nochmals vorstellen. Ist das in Ordnung, Christoph? (Christoph nickt, sieht zufrieden aus.)

S: Aha, jetzt versteh ich, worauf Sie hinauswollen.

L: Ja. Wichtig ist mir, daß Ihr schon zu Beginn des neuen Stoffes eine Idee bekommt, was wir in der nächsten Zeit lernen werden. Dieser Stoff ist Vorschrift. Er ist im Lehrplan für diese Stufe enthalten. Ich selbst stehe voll dahinter. Es handelt sich um ein sauberes, klares Wissen, das ich persönlich sehr interessant finde. Ich lasse mich gerne überraschen, wie Ihr das finden werdet, nachdem Ihr es gelernt habt ...

S: Ja, hoffentlich finde ich das dann auch so spannend.

L: Wer weiß.

S: Es war nicht so ernst gemeint.

L: Gut (einige Schüler lachen). Ich möchte euch auch noch mitteilen, welche zeitlichen Vorstellungen ich habe bezüglich dieses neuen Stoffs. In unserem Mathematikbuch ... (einige Schüler nehmen ihre Bücher zur Hand) ja, nehmt ruhig eure Bücher zur Hand und werft kurz einen Blick auf die Seiten 94-118. ... (Die Schüler blättern darin herum, während der Lehrer wartet.) Da könnt Ihr sehen, wieviel Stoff das ist. Ich habe mir gedacht, daß wir diesen Stoff in drei Wochen verarbeitet haben. (Einige Schüler zeigen mit ihrer Mimik, daß ihnen der Stoff sehr umfangreich erscheint.) Ja, es sieht auf den ersten Blick danach aus, als ob das viel Stoff wäre. Wir sind aber frei darin, soviel zu machen, wie uns nötig scheint, um die Ideen zu verstehen und damit automatisch umgehen zu können.

In dieser Art diskutieren Lehrer und Schülergruppe, die fortlaufend einbezogen wird in den Planungsprozeß. Der Lehrer erkennt Einwände, greift sie sofort auf und nutzt sie als Chance für die Planung. Die Atmosphäre wird zunehmend aktiv und herzlich. Die Schüler getrauen sich das zu sagen, was ihnen durch den Sinn geht.

Es handelt sich um die Klärung mittelfristiger Ziele, wie z.B. Monats- oder Wochenziele, die von den großen weitgefaßten Zielen abgeleitet werden.

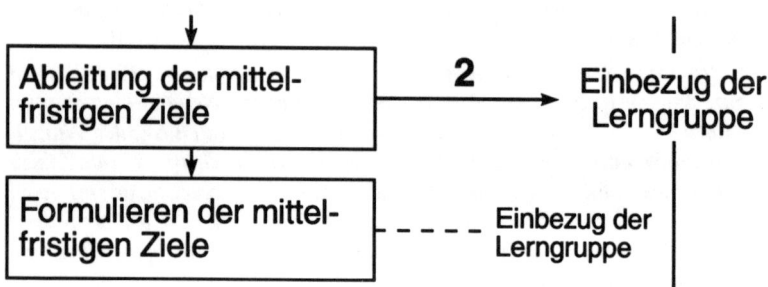

Wie aus der folgenden Tabelle zu erkennen ist, werden hier die Kriterien der „ausgewogenen Zielformulierung" wiederum anders gewichtet und realisiert. Es findet eine Verlagerung zum Mittelfeld hin statt. Der Konkretisierungsgrad der Ziele nimmt zu. Die Allgemeinheit der Fomulierung, das Unspezifische und Vage nimmt ab.

Realisierungsgrad	stark	mittel	gering
Erreichbarkeit		x	
Kontextualisierung		x	
weg von, hin zu		x	
sinnesspezifisch-konkret			x
theoretisch-abstrakt		x	
Erfassen der Tiefenstruktur		x	
alle Zeitebenen erfassen		x	
Spüren d. Zielrealität		x	
auf Fähigkeiten bezogen		x	
Einbezug von vagen Vorstell. / Metaphern		x	
Abwägen von Vor- und Nachteilen		x	

Beispiel zur Zielebene 3:

Es haben sich Gruppen gebildet, die für sich arbeiten. Gruppe 4 beispielsweise hat die Aufgabe übernommen, verschiedene Pflanzen herauszufinden, die zur Zeit der Römer als Heilkräuter verwendet wurden. Sie will damit ein Plakat gestalten und die Ergebnisse übersichtlich darstellen. Die Gruppe diskutiert im Moment zusammen mit dem Lehrer ihr Vorgehen. Der Lehrer sieht seine Aufgabe darin, der Gruppe zu helfen, die Formulierung und Zielsetzung so griffig wie möglich herauszuarbeiten, ihr Wege aufzuzeigen, wie sie dies anstellen kann. Folgendes Gespräch findet statt:

L: *Was ist eure Aufgabe?*
S1: *Wir suchen die Pflanzen, die zur Zeit der Römer eingesetzt wurden als Heilkräuter.*
S2: *Dazu haben wir ein Buch gefunden, das Christian von seinem Vater bekommen hat. Verschiedene Abbildungen daraus könnten wir verwenden.*
L. *Was wird ein gutes Ergebnis sein nach diesen zwei Vormittagen?*
S1: *Wir werden ein Plakat erstellt haben, denke ich. Darauf können verschiedene Pflanzen abgebildet sein.*
S2: *Darunter könnten wir ja dann auch die Namen schreiben ...*
S3: *Und darüber einen Titel schreiben: „Die Heilpflanzen der Römer".*
S4: *Der Titel könnte auch anders lauten, das wäre eine Aufgabe für jemanden: Titelvorschläge herausfinden.*
L: *Wer von euch übernimmt jetzt welche Aufgaben? Wie wollt Ihr als Gruppe arbeiten, damit Ihr vorwärtskommt mit der Arbeit und am Schluß das herausschaut, was Ihr wollt?*
S1: *Wir müssen das jetzt noch diskutieren.*
L: *Seid Ihr anderen damit einverstanden? (Die anderen nicken.) Gut, dann diskutiert das jetzt miteinander. Ich werde euch zuhören*
S2: *Ich finde, wir müssen zuerst aufschreiben, welche Aufgaben es überhaupt zu tun gibt.*
S5: *Ja, da haben wir einmal die Pflanzen im Buch, die wir aussortieren können.*
S2: *Im zweiten Buch stehen die Namen der Pflanzen, die die Römer verwendet haben. Diese könnte ich herausschreiben und dir jeweils hinüberreichen, so daß du sie im andern Buch suchen kannst ...*

Nachdem die Gruppe herausgearbeitet hat, wer welche Aufgaben übernehmen könnte, fragt der Lehrer auch noch:

L: *Wenn Ihr jetzt so vorgeht, seid Ihr dann zufrieden mit eurer Arbeit? Gibt es irgendwelche Nachteile, die wir nicht berücksichtigt haben, wenn Ihr so vorgeht?*
S1: *Ja, ich denke, wir wollen etwas viel. Ich bin mir nicht sicher, ob wir das Plakat so vielfarbig und schön hinkriegen, wie wir es uns hier vorgenommen haben.*
L: *Aha, vielleicht solltet Ihr dies nochmals überdenken.*

S4: Wir könnten es ja versuchen und wenn die Zeit nicht reicht, uns damit begnügen, daß wir grobe Skizzen der Pflanzen gemacht haben, auch farbig, aber eben nicht so genau ausgemalt. Das würde auch genügen für den Zweck, den wir vorhaben.
L: Gibt es sonst keine Einwände mehr gegen das geplante Vorgehen?
(Die Schüler sagen „Nein".)

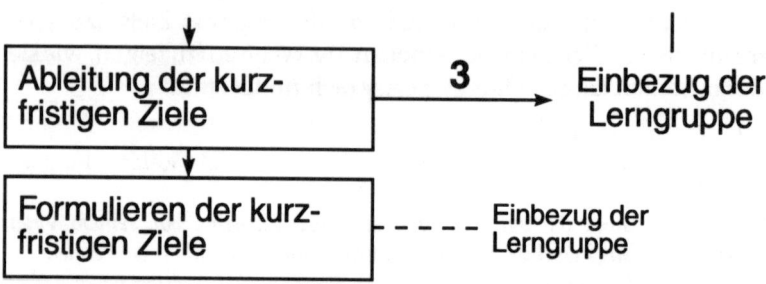

Wie wiederum aus der Tabelle ersichtlich ist, verändert sich der Realisierungsgrad der Kriterien der „ausgewogenen Zielformulierung" nochmals und zwar weiter in Richtung der Konkretisierung, noch weiter weg von Verallgemeinerung, Abstraktion und Vagheiten. Es handelt sich dabei um die Bestimmung der kurzfristigen Zielsetzungen mit einer starken Ausformulierung der verschiedenen Details wie konkrete Handlungen, spezifische sinnenhafte Erfahrungen usw.:

Realisierungsgrad	stark	mittel	gering
Erreichbarkeit	x		
Kontextualisierung	x		
weg von, hin zu	x		
sinnesspezifisch-konkret	x		
theoretisch-abstrakt			x
Erfassen der Tiefenstruktur	x		
alle Zeitebenen erfassen	x		
Spüren d. Zielrealität	x		
auf Fähigkeiten bezogen	x		
Einbezug von vagen Vorstell. / Metaphern			x
Abwägen von Vor- und Nachteilen	x		

5.6. Einzelnen Schülerinnen und Schülern helfen, ihre Ziele zu klären

Oft ist es nötig, einzelnen Lernenden zu helfen, ihre persönlichen Lernziele zu formulieren und sie dadurch zu ermöglichen. Solche Hilfen sind beispielsweise dann angezeigt, wenn:

- sich jemand nicht voll und ganz hinter die gemeinsam mit der Lerngruppe herausgearbeiteten Zielsetzungen stellen kann;
- jemand willentlich schon ja sagt zu den gemeinsamen Zielen, aber irgendwie sträubt sich innerlich etwas dagegen;
- jemand während des Einstiegs in den Lehr-Lernprozeß an eigene Grenzen stößt, die ihr oder ihm vorher nicht bewußt waren;
- jemand von Motivationsproblemen geplagt wird;
- jemand innerlich dauernd abgelenkt wird, so daß sie oder er nicht bei der Sache bleiben kann;
- jemand Kommunikationsprobleme im Umgang mit den Klassenkameraden oder sich selbst lösen will;
- jemand sich gehemmt fühlt, vor der Klasse zu reden;
- jemand Schwierigkeiten hat, sich bei bestimmten Inhalten zu konzentrieren;
- jemand einen niedergeschlagenen Eindruck macht;
- usw. usw.

Oft sind es die Schüler selbst, die in irgendeiner Art ihren Veränderungswunsch oder ihre Ziele bekanntgeben. In der Regel sind diese Formulierungen wenig ausdifferenziert und dadurch schwer erreichbar. Dann ist es nötig, daß der Lehrer dem Schüler hilft.

Auf der anderen Seite geschieht es ebenfalls regelmäßig, daß der Lehrer seine eigenen Maßstäbe zu Hilfe nimmt, um zu erkennen, wo eine Schülerin oder ein Schüler danach aussieht und sich so verhält, als ob sie oder er einen Außenanstoß brauchten, um sich selber klarzuwerden, wohin die nächsten Schritte führen sollen und wie das geschehen soll. Dann kann auch der Lehrer die Initiative ergreifen und der Schülerin oder dem Schüler zur Zielklarheit und dadurch zu Alternativen aus Engpässen helfen.

Ich erinnere mich an einen Schüler, von dem mir ein Lehrer berichtet hat. Benedikt, ein Schüler der 12. Klasse, isolierte sich innerhalb der Lerngruppe zunehmend. Zu Beginn des Jahres war er in gutem Kontakt mit den verschiedensten Klassenkameraden. Der Lehrer konnte jeweils hören, wie er zu den Geburtstagen eingeladen wurde. Die meisten der

Mitschüler gingen mit ihm sehr freundlich um. Benedikt seinerseits war ebenfalls sehr aufgeschlossen, nahbar und herzlich offen gegenüber den anderen. Oft machte er Witze, machmal solche, die der Lehrer selbst, wenn er sie hörte, auch etwas sexistisch fand. Aber er konnte gleichzeitig sehen, wie die anderen darüber herzhaft lachten – vor allem die Jungen. Niemanden konnte er sehen, der ablehnend aussah gegenüber Benedikt. In der letzten Zeit war dies anders geworden. Benedikt hatte sich zurückgezogen. Die Kontakte zu den anderen begannen sich immer mehr auf die Gruppenarbeiten zu beschränken, wo sich auch erkennen ließ, daß der Rapport unter den Gruppenmitgliedern gestört war (dies war sichtbar in den verschiedensten Kriterien, wie wir sie kennengelernt haben). Aufgrund dieser nicht mehr zufälligen, verschiedentlich wahrgenommenen Veränderung – wofür mir der Lehrer noch viele weitere Hinweise schilderte – entschloß sich der Lehrer, mit Benedikt darüber zu reden. Auf diese Art kam es zu einem Gespräch, bei dem sich die nächsten Feinziele sehr persönlicher Art herausarbeiten ließen. Das Gespräch entwickelte sich folgendermaßen:

L: Ich mache mir Sorgen um dich. Ich habe in letzter Zeit verschiedentlich festgestellt, daß sich die Kontakte, die du zu deinen Schulfreunden früher gepflegt hast, verändert haben. Nun bin ich mir aber nicht so sicher, ob ich mir das nur einbilde, oder ob wirklich etwas daran stimmt. (Der Schüler blickt erschrocken drein, zuckt leicht zusammen, seine Gesichtsfarbe verändert sich, sein Puls beschleunigt sich, sichtbar am Hals an der Halsschlagader.) Du weißt, daß ich dich nicht mit meinen Ideen überfahren möchte. Ich sehe, daß ich dich ein bißchen überrenne mit meinen Ideen in diesem Moment, obwohl das genau nicht meine Absicht ist. (Der Schüler beruhigt sich wieder, Entspannung tritt ein, nicht wie zu Beginn.) Ich mach mir Sorgen. Kannst du mir weiterhelfen damit? Bist du überhaupt bereit, jetzt mit mir in dieser Art zu reden? Du weißt, du kannst sagen „Ich will nicht" oder was auch immer. Sind wir uns da einig, so wie du mich kennst?

S: (nickt) Ja. Sie haben mich wirklich gerade überfahren. Das stimmt. Ich glaub Ihnen auch, daß Sie das nicht wollen. ... (zögernd) ... und es stimmt auch ... (stockt) ..., ja, ich erzähl es Ihnen, da Sie es ja ohnehin gemerkt haben ... ja, es ist nicht alles gut.

L: Mh. Erzähl weiter ...

S: Also, es ist so: Ich hab mich in Miriam verliebt. Am Anfang ging auch alles sehr gut, ich dachte, sie liebt mich wirklich. Wir waren zusammen in der Disco, haben gut getanzt. Es war ein wunderbarer Abend. Ich hab sie dann nach Hause gebracht. Sie gab mir einen Kuß. Es war phantastisch. Ich ging dann nach Hause und hatte wirklich Feuer gefangen. Ich war sicher, daß wir von jetzt an eine Beziehung hätten. Dies war vor etwa zwei Monaten. Seither gab es keine Disco mehr, auch kein Fest. Und ... (seine Augen werden feucht. Röte steigt in seine Wangen, während sein Blick nach unten auf den Boden rechts wandert) ... seither ist nichts mehr gleich. Es ist wie verhext. Ich fühle mich nicht mehr als der von früher seit ich Feuer gefangen habe und innerlich alles glüht. Ich bin sicher, daß sie denkt, ich sei jetzt ein bißchen komisch. Wissen Sie, es ist wirklich meine Schuld ... das Ganze ist so wirr, ich versteh mich selbst nicht mehr. Sie haben es ja gemerkt, wie ich mich zurückziehe und in der Schule nicht mehr ganz dabei bin ...

L: Du hast dich verliebt in Miriam und fühlst dich seit jenem Abend in der Disco nicht mehr als der Gleiche. Die Auswirkungen spürst du in verschiedenen Bereichen deines Lebens.

B: (nickt) Ja, so ist es ...

L: Darf ich dir eine Frage stellen?

B: (schaut auf, überrascht) Ja, können Sie schon.

L: Gut. Die Frage lautet: Was genau möchtest du erreichen in deiner Situation jetzt? Kannst du mir diese Frage beantworten?

B: Mh. Ja, ich möchte nicht mehr so verklemmt reagieren, wie ich das jetzt tue, ich möchte mich nicht so zurückziehen, so krepiere ich ja innerlich und richte mich zugrunde. Wissen Sie, wenn ich sie so jeden Tag sehe und so tatenlos bin ...

L: Mh. Das ist es, was du sicher nicht willst, nicht mehr so tatenlos sein, nicht mehr so seltsam reagieren, wie du es deiner Ansicht nach jetzt tust. ... Benedikt: Was möchtest du erreichen? Das ist es, was du nicht willst.

B: Ach so. Ja. Das ist schon schwieriger zu beantworten ... (er macht eine Pause und schaut nach oben links = visuelle Erinnerung) ... warten Sie ... ja. Das ist auch schwierig zu sagen. Also ... ich möchte, daß es mit Miriam wieder so ist, wie an jenem Abend ... äh, daß ich wieder so frei bin, wie dort. Dort war ich irgendwie einfach mit voller Power ich selbst, einfach ein Superkerl. Darauf hat sie angesprochen. So möchte ich sein.

L: Wie warst du super dort?

B: Also: Ich fühlte mich herrlich. Wir waren wie ein Paar, ein Liebespaar. Zwar haben wir uns nicht abgeknutscht, nein, nein. Aber es war inwendig Freiheit da. (Benedikt verändert seinen Körperausdruck und seine Körperhaltung, er sieht jetzt locker, entspannt aus.)

L: Herrlich war es, mit innerer Freiheit, wie ein Liebespaar. Was genau würdest du jetzt tun, wenn du wieder dieses Gefühl von innerer Freiheit haben würdest, auch heute noch?

B: Ja also ... ich würde ... ja, ich würde Miriam einfach alles sagen können, was mir so an Ideen durch den Kopf geht, z.B. daß ich sie hübsch finde ... oder ich könnte sie fragen: Was machst du heute nachmittag ... oder was hast du vor übers Wochenende ... ja so.

L: Du könntest sie einfach fragen und sagen, was dir durch den Kopf geht.

B: Ja.

L: Dies wäre dein Wunsch an dich. Dich wieder so frei zu fühlen, daß du alles fragen und sagen könntest, was dir durch den Kopf geht. Wenn du dir vorstellst, dein Wunsch könnte schon in nächster Zeit in Erfüllung gehen, wo würde er vermutlich deiner Ansicht nach Realität?

B: Wie meinen Sie, den Ort oder den Zeitpunkt?

L: Beides. Ja. Wo und wann?

B: Mh. Sie fragen recht genau ...

*L: Ja. Wenn dir das recht ist ... es kann nur hilfreich sein, meine ich, aber ich
weiß nicht.*

*B: Doch, doch, ist schon gut, fragen Sie nur weiter, es ist sehr überraschend,
was Sie mich da so alles fragen. Irgendwie wird das Problem kleiner. Was haben
Sie gefragt? ... Aha: Ort und Zeitpunkt. Also: Ich könnte mir vorstellen, wenn
ich den Wunsch erfüllt hätte, daß ich sie sicher nicht hier in der Klasse
ansprechen würde, sondern nach der Schule. Ich weiß, wo ich sie jeden Tag
treffen könnte, wenn ich wollte. Ich könnte eine zufällige Begegnung herbeifüh-
ren, bei der wir allein wären.*

L: Wann und wo wäre das genau?

*B: Zum Beispiel heute abend bei der Käserei, wo wir jeweils die biologische Milch
holen. So wie zu Großvaters Zeiten. Mit dem kleinen Milchkübel.*

*L: Aha. Also bei der Käserei. Wie würde das genau zugehen, wenn es gut laufen
würde; wenn du dein Ziel erreichen würdest?*

*B: Aha, das ist ja ein Ziel. Mir wird fast unheimlich bei diesem Wort Ziel. Aber
es stimmt schon. Ja, das ist mein Ziel. Ich will mit Miriam reden, frei, frisch von
der Leber, so wie an jenem Abend. Ich will wissen, woran ich mit ihr jetzt bin.*

L: Wie würde dieses Treffen vor sich gehen?

*B: Also. Ich würde sagen: Hallo Miriam. Ich freue mich, dich hier zu treffen. Ich
hab auch ein bißchen Angst gehabt ... nein ... das mit der Angst würde ich lieber
nicht sagen ... das lassen wir weg ...*

L: Das wäre nicht günstig, wenn du deine Angst ausdrücken würdest.

B: Nein, das merke ich jetzt.

In dieser Art führte der Lehrer das Gespräch, dabei die Kriterien einer
ausgewogenen Zielformulierung berücksichtigend. Am Schluß endete
es mit einem Rollenspiel, in das sich der Schüler heineinbegab und innerlich neue Möglichkeiten durchphantasierte. Dabei verwarf er verschiedene, zuerst spontan aufgetretene Ideen, um sie durch verfeinerte, für ihn
durchführbare zu ersetzen. Immer wieder machte ihn der Lehrer auch
auf die möglichen Nachteile aufmerksam, die eintreten könnten, wenn
er das so und so ausführen und innerlich spüren würde. Nachteile, die
auch die Nachfolgeerscheinungen seiner Zielhandlung und seines Ziel-
erlebnisses mitberücksichtigten. Am Schluß formulierte Benedikt für sich:

*B: Also, ich werde heute Abend um 19 Uhr Miriam bei der Käserei treffen. Ich
werde auf sie zugehen und ihr mit diesem Gesichtsausdruck und dieser Stimme
sagen (er geht in die entsprechende Körperhaltung und verwendet die Stimme,
die er haben wird): „Hallo Miriam. Ich freue mich, daß ich dich treffe. Ich möchte
mit dir reden. Es hat Mut gekostet, da ich mich aus deiner Sicht vermutlich in
der letzten Zeit ein bißchen eigenartig benommen habe. Laß uns darüber jetzt
reden. Komm bitte mit ... (usw. usw.).“*

Diese Art von hilfreicher Zielbefragung berücksichtigt die allerfeinsten Ebenen der subjektiven Wahrnehmung. Möglichst viele Zielformulierungskriterien werden integriert. In der Arbeit mit einzelnen Personen sind die folgenden Kriterien am ausgeprägtesten von allen bisher vorgestellten Zielformulierungsebenen: Erreichbarkeit, Kontextualisierung, Konkretheit, Einbezug aller Sinneserfahrungen, Hinterfragen ungenauer sprachlicher Formulierungen, Zukunfts- und Gegenwartsbezogenheit, Abwägen von Vor- und Nachteilen.

Ein **anderes Beispiel** hörte ich von einer Lehrerin, die mit einer vierten Grundschulklasse arbeitet. Sie wurde gewahr, daß sich Carmen, eine ihrer Schülerinnen, vermehrt in Schwierigkeiten brachte bei der Arbeit an Textmaterial. Vor allem fiel es diesem Mädchen schwer, sich bei Bildergeschichten zu motivieren, die Sätze dazu aufzuschreiben. Bei einer Bildergeschichte ist eine Serie von Bildchen sichtbar, die in einer logischen zeitlichen Abfolge der Reihe nach im Heft erscheinen. Darunter soll je ein Satz geschrieben werden, der aussagt, was hier geschieht. Irgendwie sträubte sich Carmen unwillkürlich gegen diese Arbeit. Ein Ausschnitt aus dem folgenden Gespräch mit dieser Schülerin zeigt nochmals die Art des Befragens durch die Lehrerin, um zusammen mit der Schülerin zu realistischen, errreichbaren und motivierenden Zielen zu gelangen.

Es ist wiederum der Zeitpunkt, wo Carmen ihre Aufgabe widerwillig anpackt und sehr lange verweilt, ohne einen Satz zu Papier zu bringen. Alle Schüler arbeiten still beschäftigt. Jetzt nimmt sich die Lehrerin Zeit für Carmen:

L: Carmen, du kommst nicht weiter? Stimmt das?

C: Bewegt den Kopf hin und her, in dieser Art bestätigend, daß sie nicht weiterkomme.

L: Was ist das Problem dabei? (Die Lehrerin redet beinahe im Flüsterton mit Carmen, um dadurch die anderen Schüler nicht zu behindern und gleichzeitig auch Carmen nicht zu sehr der „Öffentlichkeit" preiszugeben. Sie sagt zur Klasse:) Ihr dürft ruhig weiterarbeiten.

C: Ich weiß es auch nicht. Ich habe einfach keine Ideen.

L: Du hast einfach keine Ideen. Sie sind wie weggeblasen. Weißt du denn, worum es bei der Geschichte geht?

C: Ich verstehe die Geschichte schon. Ich habe schon ein Gefühl davon.

L: Worum geht es denn? Kannst du es mir erzählen?

C: *Ja. Es geht um einen Jungen, der schlittschuhlaufen will. Er läuft dann plötzlich über die Verbotstafel hinaus und fällt ins eiskalte Wasser. Dann wird er krank.*

L: *Gut. Du verstehst also die Geschichte, wie ich höre. Genau das ist der Inhalt. Du hast dich gut einfühlen können in diese Geschichte und kannst nachspüren, worum es sich handelt. Gut.*

C: *Ja. Das habe ich schon gespürt. Das geht schon. Aber ich kann es nicht aufschreiben. Es ist mir zuviel auf einmal.*

L: *Es sind viele Bilder, in die du dich einfühlen mußt. Und das gelingt gut; dich hineinversetzen der Reihe nach und dann die Geschichte verstehen. (Carmen nickt, bestätigend, daß sie das kann.) Möchtest du wissen, wie du dir diese Arbeit erleichtern kannst, die du jetzt machen mußt?*

C: *Ja schon, aber ... ich kann es eben nicht.*

L: *Das ist das Problem für dich. Du denkst von dir: „Ich kann es nicht!"*

C: *Ich kann es schlecht. Ich weiß das eben. Es ist immer das gleiche mit diesen Bildergeschichten.*

L: *Und das ist es, was ich denke, was geändert werden müßte, wenn es ginge. Was denkst du dazu?*

C: *Ja, es wäre schon gut (ihre Stimme wirkt so, als ob im zweiten Teil des Satzes ein Aber käme, das Aber hängt in der Luft).*

L: *Es wäre schon gut, sagst du. Aber irgendwie ist da das Aber?*

C: *Ja, das Aber. Manchmal glaub' ich wirklich, daß ich es nicht kann.*

L: *Möchtest du es können? Oder noch anders: Möchtest du daran glauben, daß du es kannst? Oder was möchtest du?*

C: *Ich möchte ... ah ... ich möchte es schon können. Aber ich kann es nicht.*

L: *Das hast du bisher geglaubt über dich.*

C: *Es ist ja auch nicht gegangen, deshalb glaub' ich es.*

L: *Ja. Du wirst deine Gründe dafür haben. Sag mir Carmen, was genau möchtest du können? Wenn jetzt ein Wunder passieren würde, woran würdest du merken, daß du dein Problem nicht mehr hast? Was wäre das Kleinste, Winzigste, an dem du merken würdest, daß jetzt dieses Problem mit den Bildergeschichten gelöst ist?*

C : *Ich könnte zum ersten Bildchen der Geschichte den Satz aufschreiben, der mir in den Sinn kommt. Dann könnte ich zum zweiten Bildchen gehen und dort ebenfalls das Sätzchen schreiben und so weiter. (Carmen schaut die Lehrerin an, indem sie ihr den Kopf stark zuwendet. Sie sieht „verschmitzt" aus.)*

L: *Also: Ein gutes Ergebnis wäre dann gegeben, wenn du das erste Bildchen mit einem Satz beschriften würdest. Dann würdest du das zweite mit dem Satz versehen usw. usw. Was wäre die Hauptsache dabei, damit dies gelingen könnte?*

C: *Die Hauptsache ist, daß es Bildchen um Bildchen vorwärtsgeht. Ja, so wäre es gut. Ein Bild nach dem anderen. Schauen Sie, ich habe ja hier den ersten Satz geschrieben. Das ist gelungen.*

L: *Ja. Ein Bild und einen Satz. Dann die nächste Aufgabe: Ein Bild und einen Satz, usw.*

174

C: *Ja. Das wäre das Ziel, das ich erreichen möchte.*

L: *Was hindert dich daran, das so zu machen?*

C: *(Sie sieht erstaunt aus.) Ich weiß auch nicht mehr.* Eigentlich, wenn wir das so angehen, scheint es kein großes Problem zu sein. Oder gar keines. Ich weiß auch nicht.

L: *Du meinst, es könnte sein, daß es gar kein Problem ist, oder keines mehr ist?*

C: *Ja.*

L: *Möchtest du es wirklich können, bei solchen Aufgaben wie dieser Bildergeschichte mit Leichtigkeit rangehen können, indem du Bild um Bild bearbeitest? Eines nach dem anderen, und jedes wie neu?*

C: *Ich möchte es können. Ja.*

L: *Bist du ganz sicher. Ich überleg' mir gerade, daß es ja auch Nachteile geben könnte. Ich stelle nämlich fest, daß wir immer wieder einmal miteinander in dieser Art arbeiten. Das ist doch auch etwas Schönes, für mich auf jeden Fall, wenn ich dann merke, daß dabei etwas herauskommt, so daß ich ein gutes Gefühl haben kann. Vielleicht müßte ich mich dann plötzlich nicht mehr so um dich kümmern. Wäre das nicht schade?*

C: *(Verschmitzt lächelnd richtet sie sich auf und strahlt übers ganze Gesicht.) Ja, da müssen Sie sich dann etwas anderes einfallen lassen.*

L: *(Lacht auch und wird dann wieder ernst.) Im Ernst gefragt. Einmal angenommen, du könntest plötzlich solche Aufgaben gut lösen, welche Nachteile hätte das?*

C: *Keine. Ich hätte ein gutes Gefühl.*

L: *Keine Nachteile. Ja vielleicht. Welche Vorteile hättest du denn davon?*

C: *Ja. Ich hätte weniger Hausaufgaben. Es wäre leichter für mich mitzukommen. Das heißt: Eigentlich komme ich ja schon mit. Ich kann nur die Sätze nicht so gut schreiben. Schauen Sie. Den ersten habe ich schon gemacht. Erst beim zweiten Bild ist es schwierig geworden.*

L: *Aha. Ja, das stimmt. Also könnte man eigentlich fast spüren, wie du die Aufgabe schon gelöst hast. Aber nochmals kurz zurück. Also du sagst, es gebe nur Vorteile.*

C: *Ja, das stimmt.*

L: *Welche weiteren Vorteile würde denn das bringen? Wenn du einmal ein bißchen weiter denkst?*

C: *Aha. Wie weit denken Sie?*

L. *Ach, nehmen wir einmal an, so bis zum Ende des Jahres. Was denkst du, welche Auswirkungen würde das haben, wenn du beginnen würdest, deine Fähigkeit Sätze schreiben zu können mit Leichtigkeit anzuwenden, von einem Bild zum nächsten, immer wieder neu. Verstehst du was ich meine? ... nicht ganz? Es ist ein komplizierter Satz ... Also: Welche Auswirkungen würde das haben bis am Ende des Schuljahres?*

C: *Meinen Sie, wenn ich solche Geschichten mit Sätzen versehen könnte? (Die Lehrerin nickt) Ja. Es wäre ein sehr gutes Gefühl. Ich käme mir selbst gut vor.*

Meine Eltern würden sich auch freuen. Ich selbst könnte dann nicht mehr sagen:
„Ich kann es halt nicht."

L: Lauter Vorteile?

C: Ja.

L: Gut, dann bist du einverstanden damit, daß wir da etwas zu ändern versu-
chen, oder vielleicht die Veränderung, mit der du schon angefangen hast,
vertiefen? Willst du das?

C: Ja.

L: Kannst du damit schon heute beginnen?

C: Ja.

L: Glaubst du daran, daß du es schaffen kannst, bei einem Bild zu beginnen und
dann beim nächsten Bild der Geschichte auch wieder wie neu zu beginnen usw.
usw.?

C: Ja. Das glaub' ich. Ich glaub' jetzt sogar, wo wir so geredet haben, daß ich
das vermutlich sogar schon kann.

L: Willst du jetzt damit anfangen?

C: Ja. Ich hab auch schon eine Idee. Ich nehme das zweite Bild und beginne damit,
als ob es das erste wäre.

L: Sehr gute Idee. Es ist deine sehr gute Idee. Probier es aus. Weißt du, was du
als erstes tun mußt? ...

Hier beginnt schon die Veränderungsarbeit mit der Schülerin. Die Ziele
sind geklärt, eine erhöhte Motivation hat sich aufgebaut, und beim
genauen Hinhören kann man bemerken, wie die Art der Äußerungen,
die die Schülerin über sich selbst macht, hoffnungsvoller zu werden
beginnen. Ihre Überzeugung von „Ich kann das nicht" beginnt sich auch
schon als fragwürdig zu erweisen durch die momentan spürbare gelungene Erfahrung.

5.7. Zielprozeßbegleitungen für verschiedene Personen im Unterrichtsfeld

Wenn wir davon ausgehen, daß der Lehrer aus seiner Perspektive
im Zentrum des psychologischen, interaktionellen und methodisch-
didaktischen Geschehens steht (= Unterricht), dann bestehen für ihn
verschiedene Möglichkeiten der Einflußnahme.

Der Lehrer hat dabei auf den verschiedensten Ebenen Überlegun-
gen zu den Zielen anzustellen. Diese Ziele erfordern die nötigen
Planungsschritte, in dem Sinne, wie wir sie ausführlich in diesem
Kapitel kennengelernt haben.

Im schulischen Interaktionsfeld gibt es verschiedene Zielgruppen, für die es je nach Bedarf sinnvoll sein kann, sich mit Zielüberlegungen zu befassen. Ich möchte die wichtigsten vorstellen:

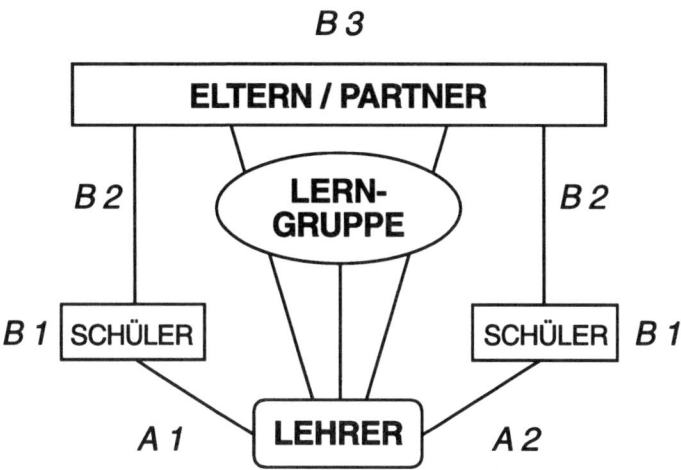

A: Für sich selbst / Selbstveränderung

1. zur Persönlichkeitsveränderung (bezogen auf die allgemeine menschliche Verfassung sowie individuelle berufliche Zielsetzungen)
   – emotionelle Reaktionsweisen
   – Einstellungen / Denken
   – verhaltensmäßige Reaktionen
2. eigene Veränderung bezogen auf spezielle andere (SchülerInnen / Eltern / Kollegen).

B: Für Andere / Fremdveränderung

1. für einzelne Schüler
   – Hilfestellungen bei selbst formulierten Schwierigkeiten
   – Hilfestellungen bei vom Lehrer „angebotenen" Problemen
2. für die Lerngruppe (Gruppendynamik)
   – von der Klasse formulierte Wünsche und Ziele
   – vom Lehrer aufgegriffene Wünsche und Ziele

3. für Mitglieder im Außenkreis des Lernfeldes (wie z.B. Eltern, Partner usw., die das Lerngeschehen hintergründig mitbestimmen)
   - Eltern oder Partner wünschen sich eine Lösung für ihr Kind oder ihren Partner
   - Eltern oder Partner kommen mit Anliegen, die das Verhalten des Lehrers betreffen
   - die Lehrerin oder der Lehrer tritt mit seinen Anliegen den Eltern oder der Partnerin gegenüber auf.

Anwendungsmöglichkeiten zur Zielorientiertheit

Die Umsetzung der folgenden Übungsideen zur Zielorientierung richtet sich nach den gleichen Grundgedanken, wie sie für die Übungen zur Basiskommunikation beschrieben wurden. Es versteht sich von selbst, daß auch hier gilt, daß Sie selbst bestimmen, welche Reihenfolge Sie als passend erachten. Vielleicht möchten Sie bestimmte Übungen leicht verändern, oder Sie fühlen sich angeregt, eigene Ideen zu entwickeln. Hier sind vermutlich wenig Grenzen gesetzt.

Die Übungen, die ich hier beschreibe, können Sie als Ergänzung zu den – schon jetzt täglich praktizierten Übungen zur Basiskommuniation – betrachten. In diesem Sinne möchte ich Sie von nun an dazu einladen, sich täglich zwei Kategorien von Übungen zu verschreiben: 1. die Übungen zur Basiskommunikation (die sozusagen zu einem festen Bestandteil Ihrer Persönlichkeit wie das Zähneputzen geworden sind), und 2. die Übungen zur Zielorientierung. Ich bin sicher, daß Sie es mit der daraus resultierenden Begeisterung eher nötig haben werden, sich nicht zu viele Übungen auf einmal vorzunehmen. Sie können es sich erlauben, sich Zeit zu geben, eine Übung nach der anderen in der geeigneten, verdaubaren Portion konsequent anzuwenden, um dann zur nächsten zu wechseln, während Sie das Gelernte aus den vergangenen Übungen schon auf unwillkürliche, halbautomatische Art geschehen lassen können.

Die Anregungen entsprechen in der Abfolge der Darstellung, wie wir sie kennengelernt haben bei der vorhergehenden Beschreibung zum Thema Zielorientiertheit. Fünf Kategorien von Anwendungsmöglichkeiten möchte ich Ihnen vorschlagen:

A – Anregungen, die Sie für sich selbst durchführen können, um die Unterrichtsziele auf den verschiedenen Ebenen ins Bewußtsein zu bringen und sie gemäß der Zielkriterien zu überprüfen.

B – Anregungen, die dazu anleiten, mit der Gruppe und für die Gruppe die entsprechenden Ziele zu hinterfragen und kurz-, mittel- und langfristige Visionen abzuleiten.

C – Anregungen, die die Fähigkeit fördern, zusammen mit einzelnen Schülerinnen und Schülern individuelle Ziele klären zu helfen.

D – Anregungen zur Vermittlung des „Prinzips der Zielorientierung" an die Schüler.

E – Anregungen, die dazu einladen, den zielorientierten Umgang auch auf andere Zielgruppen auszudehnen, wie zum Beispiel auf Gespräche mit Eltern, Elternabende, öffentliche Veranstaltungen und das Lehrerkollegium.

A. Anwendungsideen zur Überprüfung Ihrer Unterrichtsziele

1. Fernziele überprüfen

Nehmen Sie Ihren Lehrplan zur Hand und machen Sie sich bewußt, welche Fernziele darin zum Ausdruck gebracht werden, die Sie mit Ihrer Lerngruppe ansteuern wollen. Machen Sie sich davon ein inneres Bild: Lassen Sie vor dem inneren Auge jemanden sichtbar werden, der diese Zielsetzungen erreicht hat. Woran erkennen Sie das? Was sehen, hören und fühlen Sie? Was tut die andere Person, die die Fernziele erreicht hat? An welcher Körperhaltung können Sie es erkennen? Machen Sie sich ein sehr genaues Bild des erreichten Zieles. Welche Vorteile bringt das dieser Person, die das Ziel erreicht hat? Gibt es auch Nachteile, die eintreten könnten, die Sie berücksichtigen müssen? Wo, zu welchem Zeitpunkt, unter welchen Umständen ist dieses Lernergebnis besonders hilfreich? Wie stehen Sie zu diesen Zielsetzungen, welche Bewertungen nehmen Sie persönlich vor? Können Sie diese Ziele kongruent vertreten? Wenn nicht, so verändern Sie bestimmte Aspekte des Zielbildes so lange, bis Sie spüren können, daß Sie dahinterstehen können.

Diese Idee können Sie auf die verschiedenen Fächer anwenden. Es handelt sich um einen Vorschlag, den Sie auch anwenden würden, ohne daß er hier zur Sprache gekommen wäre. Diese Übung kann Ihnen helfen, diesen Prozeß noch bewußter und verfeinerter zu gestalten.

2. Überprüfen der mittelfristigen Ziele

Aufgrund der Vorstellung der Fernziele (siehe dazu Übung 1, die vorher erfolgen muß) können Sie sich überlegen: Welche „großen Schritte" (Abschnitte) ergeben sich, um dorthin zu gelangen? Diese Wegabschnitte bilden die Grundlage für die mittelfristigen Zielsetzungen. Geben Sie diesen Abschnitten je einen Namen. Zum Beispiel könnten Sie sich sagen: Schritt 1 heißt „Groß- und Kleinschreibung", Schritt 2 bedeutet „Satzteile unterscheiden" usw. Betrachten Sie vor dem geistigen Auge diese „großen Schritte" so, daß Sie diese auf einer Linie vor sich sehen können. Es spielt dabei keine Rolle, ob Sie diese Linie vor sich von links nach rechts (rechts = Ziel, links = Beginn) oder umgekehrt wahrnehmen. Vielleicht sehen Sie das Fernziel und die Abschnitte weit vor sich in der Ferne. Machen Sie sich ein inneres Bild über die Abschnitte, die zum Fernziel führen. Anschließend entwickeln Sie eine Vorstellung darüber, zu welchem Zeitpunkt Sie bei welchem Abschnitt zu sein gedenken. Nachdem Sie sich diese innere Vorstellung bewußt angeeignet haben, können Sie sie zu Papier bringen. Zeichnen Sie die Zielvorstellung sowie die Abschnitte auf einem Blatt, das Ihnen von nun an als Orientierung zur Verfügung stehen kann.

3. Überprüfen kurzfristiger Ziele

Jetzt können Sie sich speziell mit den kurzfristigen Zielen bewußt auseinandersetzen. Wählen sie einen Lerngegenstand (z.B. ein Fach) aus. Betrachten Sie nochmals die „Lernlinie", auf der sich Ihre Schüler vermutlich bewegen werden (die visuelle Vorstellung der Abschnitte). Betrachten Sie dabei besonders den ersten „großen Schritt" oder Abschnitt, durch den Sie Ihre Schüler führen wollen. Machen Sie sich ein Bild von einem Schüler, der diesen Abschnitt durchschritten hat. Woran sehen Sie, daß er dieses mittelfristige Ziel erreicht hat? Was tut, fühlt, sagt er, und an welcher Körperhaltung können Sie sehen, daß er dort angekommen ist? Schauen Sie dieses mittelfristige Ziel genau an und gewinnen Sie Ideen über die dorthin führenden „kleinen Schritte". Welche Schritte können Sie sehen? Woran können Sie es hören? Wieviele unterscheidbare kleine Schritte ergeben sich? Gibt es weitere Unterteilungsmöglichkeiten? Lassen Sie sich überraschen, wieviele Unterteilungen Ihnen in den Sinn kommen. Wählen Sie aus dieser Fülle an Möglichkeiten diejenige Anordnung aus, die Ihnen am besten entspricht, und machen Sie sich ein Bild über diese Schritte. Nehmen Sie sich die kurze Zeit, um für jeden Schritt konkret anhand des Bildes eines Schülers zu erkennen, woran Sie wissen, daß die kleinen Teilziele erreicht worden sind.

4. Bestandsaufnahme der Fähigkeiten der Schüler

Um sich orientieren zu können, auf welchem Potential Sie aufbauen, können Sie für einzelne Schüler eine Übersicht über deren vorhandene Fähigkeiten gewinnen. Es genügt, um einen Durchschnittswert Ihrer Lerngruppe zu erhalten, wenn Sie dabei einzelne Schüler stellvertretend der Betrachtung unterziehen. Was können die Schüler bezogen auf die Lernlinie schon jetzt? Wo ist ihr Platz darauf? Inwieweit verschiebt sich dadurch der Ausgangspunkt des Lernstarts nach vorne oder hinten? Günstig dürfte es sein, wenn Sie die Schülerauswahl so treffen, daß Sie die wichtigen Extreme Ihrer Lerngruppe damit erfassen können: sehr leicht lernende Schüler, solche aus dem Mittelfeld und Schüler, die Mühe haben beim Lernen.

5. Erstellen einer Interessenliste der Schüler

Es kann sehr hilfreich sein, zu wissen, welche speziellen Interessen die Lernenden beschäftigen. Ich möchte Sie deshalb einladen, eine Schülerkartei zu erstellen. Tragen Sie darin laufend jene Schwerpunkte ein, von denen Sie wissen, daß diese den einzelnen Schülern besonders am Herzen liegen. Was ist es, wofür die Schüler durchs Feuer gehen würden? Was ist für sie besonders wertvoll? Worum kreist deren Denken? Diese Liste dient dazu, sie für die Suche von besonders geeigneten Themen als Richtlinie zu verwenden. Sie können sich die stark motivierenden Themen Ihrer Schüler in Erinnerung rufen und schauen, inwiefern diese mit Ihren Lehrinhalten übereinstimmen. Sonst überlegen Sie, wie Sie Übereinstimmung erreichen können.

6. Zielvorstellungen entwickeln über das „Erscheinungsbild der Klasse"

Nehmen Sie sich die Zeit, während einiger Tage die Klasse daraufhin wahrzunehmen, inwiefern deren „Erscheinungsbild" Ihren Vorstellungen entspricht. Wenn nicht, so überlegen Sie sich: Wie sollten sich die Schüler verhalten? Wie sollten sie aussehen? In welcher Art sollten sie sich äußern? Welche Art von Kommunikationsformen wünschten Sie sich? Welche Verhaltensweisen usw. Lassen Sie sich dabei Zeit, eine optimale und realistische Sicht des wünschenswerten Klassenerscheinungsbildes entstehen zu lassen. Überprüfen Sie ebenfalls sehr genau die Vor- und möglichen Nachteile, die dieses Ziel den einzelnen Lernenden bringen würde.

Schauen Sie in einem weiteren Schritt, wann Ihre Klasse schon jetzt den wünschenswerten Zustand zeigt. Teilen Sie dann – sofort, wenn Sie diesen wünschenswerten Zustand sehen und hören – der Klasse mit, daß Ihnen dieser Zustand gefällt. Machen Sie der Klasse ein Kompliment dafür: „So, wie wir gerade jetzt miteinander geredet haben, erscheint es mir als sehr günstig für ein optimales Lernen. Gratulation." Dann beschreiben Sie genau, was Sie mit „wie wir gerade geredet haben" meinen. Geben Sie eine genaue Beschreibung dessen, was Sie sehen, hören und fühlen. Zum Beispiel könnte das etwa so klingen: „Wenn Ihr wie gerade jetzt so intensiv beim Austausch mitmacht und einander in dieser Art ausreden laßt, so daß alle Beiträge angehört werden können, so ist das für mich und sicher auch für euch ein sehr bereichernder Informationsaustausch. Ich fühle mich sehr wohl mit euch."

B. Anwendungsideen, um Ziele mit der Gruppe klarzustellen

7. Zielvorstellungen an die Lerngruppe vermitteln

Schritt 1: Wählen Sie eine bestimmte Lehreinheit aus, die Sie mit den Schülern neu beginnen. Beispielsweise könnten Sie die Einführung in ein Thema, eine einzelne Lektion innerhalb eines größeren Themenbereiches, die Ankündigung einer bestimmten Arbeit auswählen.

Schritt 2: Überlegen Sie sich die Zielsetzungen, die Sie damit erreichen möchten. Stellen Sie sich selbst etwa folgende Fragen: Was konkret möchte ich den Schülern beibringen? Woran werde ich das erreichte Ergebnis erkennen? Was werden die Schüler wissen und tun? Welche Erfahrungen werden Sie damit machen? Wofür wird das Gelernte gut sein? Wie werden sich die Schüler fühlen, wenn die Ziele gut erreicht sind? Was wird ein gutes, was ein sehr gutes Ergebnis sein? Inwieweit wird dieses Wissen nützlich sein? (Es sind die Fragen der „ausbalancierten Zielformulierung", die wir kennengelernt haben in diesem Kapitel. Schlagen Sie diese Zielüberlegungen nochmals nach, wenn Sie sie noch nicht perfekt erinnern.)

Schritt 3: Entwerfen Sie eine Formulierung Ihrer Ziele, die Sie Ihrer Lerngruppe mitteilen möchten. Ziehen Sie dabei in Betracht, daß Sie unter Umständen den Schülern nicht alles mitteilen möchten und daß die Art der Formulierung die Lerngruppe in deren Denkweise abholen soll.

Schritt 4: Teilen Sie Ihre Ziele der Klasse in der passenden Art mit. Lassen Sie die Schüler Fragen stellen und Kommentare dazu abgeben. Beziehen Sie Anregungen und Wünsche der Lernenden in Ihre Überlegungen wohlwollend mit ein. Am Schluß vergewissern Sie sich, daß Einigkeit über die Ziele besteht. Fassen Sie diese nochmals kurz und prägnant zusammen.

8. Die Lerngruppe Ziele formulieren lassen

Bei dieser Übung geht es um die Einführung in ein „neues Thema". Sie können sich dafür entscheiden, die ersten wichtigen Informationen bezüglich der Zielvorstellungen an Ihre Schüler zu delegieren.

Schritt 1: Geben Sie Ihrer Klasse als Einleitung die Idee eines „großen Themenbereichs". Dies könnte etwa folgendermaßen lauten: „Wir haben die letzten vier Wochen an Thema X gearbeitet. Als Anschluß daran paßt das Thema Y. Unter diesem Thema kann man verschiedenes verstehen. Ich habe mir gedacht, euch an diesem Punkt mitdenken zu lassen darüber, welche Ziele wir damit verfolgen. Es gibt viele Möglichkeiten ...

Schritt 2: Wählen Sie eine Form, die der Klasse ermöglicht, die Zielvorstellungen mitzuerarbeiten. Als Methode können Sie beispielsweise wählen: Einzelarbeit schriftlich, Austausch in Untergruppen (Zweier-, Vierer-, Sechsergruppe usw.), Diskussion mit allen,

Brainstorming (alle Ideen dürfen genannt werden, die einem durch den Kopf gehen. Es darf vorerst kein Kommentar abgegeben werden) usw.

Schritt 3: Wenn Sie genügend Vorschläge gesammelt haben, leiten Sie dazu über, eine gemeinsame Entscheidung zu treffen, welches Thema in den Vordergrund rückt und als nächstes angegangen werden soll.

Schritt 4: Lassen Sie die Schüler die verfeinerten Zielvorstellungen entwickeln.

Auf diese Art haben Sie einen Auftrag von der Klasse übernommen, für den Sie die Führungsverantwortung sowie didaktische und methodische Oberaufsicht übernehmen können. Vielleicht definieren Sie dabei Ihre Rolle auch anders, indem Sie auch bezüglich des weiteren methodischen Vorgehens die Klasse Ideen entwickeln lassen. Fassen Sie die Ziele die gemeinsam formuliert wurden, am Schluß nochmals prägnant zusammen.

C. Anwendungsideen, um Ziele mit einzelnen herauszuarbeiten

9. *Einzelnen Schülern dabei helfen herauszufinden, was sie wollen*

Sie können sich für die folgenden Tage den Auftrag erteilen, darauf zu achten, wo eine Schülerin oder ein Schüler nach Ihrer Hilfe verlangt, weil Unklarheit über die nächsten Ziele besteht. Zum Beispiel können Sie aufmerksam sein, wann sich Schüler über etwas beklagen, das nicht so läuft wie es sollte. Dann – selbstverständlich muß sich auch der Rahmen dafür eignen – können Sie beispielsweise sagen: „Das ist es nicht, was du willst. Was möchtest du erreichen? Wenn es kein Problem mehr wäre, woran würdest du es erkennen? ... usw." Das heißt: Sie helfen dem Schüler, seine Ziele ins Bewußtsein zu bekommen und sie „ausbalanciert formulierbar" zu machen. Lassen Sie sich überraschen, wie es Ihnen gelingen wird, von Mal zu Mal immer mehr Beweglichkeit beim Befragen zu gewinnen.

10. Schülern helfen, sich „genau" auszudrücken

Diese Anwendungsmöglichkeit erlaubt Ihnen Ihre Fähigkeit zu trainieren, „auf respektvolle, sanfte Art Schülern zu helfen, sich genau auszudrücken". Genau ausdrücken heißt: Der Schüler benennt die zur Äußerung gehörenden sinnenhaften Erfahrungen so genau wie möglich. Sie können ihm dabei behilflich sein, indem Sie sich erlauben, überall dort nachzufragen, wo Ihnen etwas unklar erscheint. Fragen Sie so lange nach, bis Sie sich ein genaues Bild über die Schüleräußerung machen können. Ein genaues Bild ist dann gegeben, wenn sich die Vorstellung des Schülers mit dem Bild, das Sie erschaffen, möglichst ähnlich sind. Hunderprozentige Übereinstimmung ist praktisch unmöglich. Es handelt sich um die größtmögliche Annäherung zwischen gesendeter Mitteilung und entzifferter Botschaft. Eine Schülerin kann beispielsweise in einer Diskussionsrunde sagen: „Ich finde das nicht modern." Anstatt zu nicken und zu sagen: „Gut, ja, ich verstehe", können Sie sich bewußtmachen, daß Sie sehr wenig darüber wissen, was die Schülerin eigentlich damit konkret meint. Also können Sie nachfragen: „Darf ich noch mehr darüber wissen?" Auf das Ja-Signal der Schülerin können Sie nun weiterfragen: „Was heißt das genau ‚nicht modern'?" Erlauben Sie sich mit dem Einverständnis Ihrer Gesprächspartner so lange weiterzufragen, bis Sie meinen, Sie hätten eine konkrete, anschauliche, sinnenhafte Vorstellung über die Information, die Sie bekommen haben. Es ist in diesem Zusammenhang selbstverständlich, daß Sie dabei auf einen optimalen Rapport achten. Dieses „Nachfragen" können Sie überall dort anwenden, wo es paßt, daß Sie in diese sehr feinen Erfahrungsbereiche vorstoßen und es als hilfreich erscheint. Dadurch wird die Diskussion belebt, anschaulich, interessant und motivierend. Die folgenden Rahmenbedingungen können z.B. Anlaß sein, genau nachzufragen: Gesprächsrunden, Klassendiskussionen, Rückmeldungen von Schülern, Fragen einzelner Schüler.

D. Anwendungsideen zur Vermittlung des „Prinzips der Zielorientierung" an die Schüler

Bei den Übungen 12-16 ist es wichtig, sie in der aufgeführten Reihenfolge auszuführen, da sie aufeinander aufbauen.

11. Die Schüler informieren über die Bedeutung der Zielorientierung

Bereiten Sie sich darauf vor, Ihren Schülern das Wissen über die Wichtigkeit zielorientierten Vorgehens zu geben. Sie können es unter dem Themenbereich „lernen lernen" oder „Lernmethodik" vorstellen. Informieren Sie Ihre Schüler darüber, daß alles, was lebendig ist, auf Ziele ausgerichtet ist. Erinnern Sie an Beispiele wie Pflanzen und Tiere. Pflanzen wachsen, werden größer. Aus einem Samenkorn wachsen kleine Blätter und daraus wird ein emporwachsender Stiel mit einer Knospe. Am Schluß öffnet sich die Blume und entfaltet ihre Pracht, immer auf das Licht ausgerichtet. Suchen Sie eigene metaphorische Bilder für die Aussage: „Lebendige Wesen sind zielorientiert." Auch Menschen sind zielorientiert. Lehren Sie Ihre Schüler, daß es wichtig ist, bei den lebendigen Zielsetzungen mitzuwirken, daß Glück unter anderem eine Folge klarer Ziele ist. Derjenige, der weiß, wohin die Reise gehen soll, landet dort, wo er hinwill. Finden Sie Wege, dieses Konzept der „Zielorientiertheit" als zentrales Konzept farbig und anschaulich an die Schüler heranzutragen.

12. Anleitung der Schüler zur Entwicklung persönlicher „Visionen"

Geben Sie den Schülern ein leeres Blatt. Erklären Sie, daß es das ganze Leben symbolisiert: Vergangenheit, Gegenwart und Zukunft. Sagen Sie: „Das Leben kann man sich so einrichten, wie man es haben will." Lassen Sie die Schüler auf dem Blatt darstellen, was Sie erreichen möchten in ihrem Leben. Was möchten die Schüler bekommen oder tun? Wenn Sie diesen Impuls gegeben und die Schüler daran gearbeitet haben, gibt es verschiedene methodische Möglichkeiten weiter voranzugehen. Zum Beispiel könnten Sie:

■ die Schüler über ihre Arbeiten austauschen lassen in der gesamten Gruppe, der Reihe nach,

■ sie in kleinen Gruppen einander Einblick in die Arbeiten gewähren lassen,

■ immer zwei Schüler miteinander über das reden lassen, was sie herausgefunden haben
usw. usw.

Wenn Sie mit Erwachsenen arbeiten, können Sie die gleiche Idee im Sinne des „Lebenspanoramas" anwenden. Die TeilnehmerInnen gestalten auf einem großen Blatt ihren Lebenslauf mit den Zeitebenen „Vergangenheit", „Gegenwart" und vor allem auch „Zukunft". Dann wählen Sie Ihre Ihnen vertrauten Methoden der Bearbeitung.

13. Anleitung der Schüler zur Überprüfung von Vor- und Nachteilen von Zielsetzungen

Als nächsten Schritt erklären Sie Ihren Schülern, daß wir uns oft Dinge wünschen, die wir gar nicht brauchen, daß es wichtig ist, genau zu wissen, was wir wirklich wollen. Oft geschieht es, daß wir in dem Moment, wo wir es haben, merken, daß es gar nicht wirklich das ist, was wir uns wünschen. Wir haben es dann, und wir stellen fest, daß es uns kühl läßt und bedeutungslos ist. Lassen Sie die Schüler sich fragen: „Was würde geschehen, wenn ich das wirklich hätte? Wie würde ich mich fühlen? Was würde ich damit anfangen und tun? Ist es das, was ich wirklich möchte, daß es geschieht?" Helfen Sie den Schülern zu Äußerungen zu gelangen, die etwa so klingen: „Ich möchte XY wirklich."

14. Genau sein bei Zielformulierungen und Wunschäußerungen

Nun helfen Sie den Schülern, genau zu sein bei den Formulierungen von Wünschen, Hoffnungen, Träumen, Visionen oder Zielen. Sagen Sie den Schülern, daß es wichtig sei zu wissen, wann ein richtiger Schritt in die richtige Richtung erfolgt. Es ist wichtig zu erkennen, wann etwas geschieht, das ein Hinweis für die Bewegung auf das Ziel hin ist. Lassen Sie die Schüler folgende Fragen beantworten: „Was würde ich sehen, hören, fühlen, riechen und schmecken, wenn ich das Ziel erreicht hätte? Woran würde ich es erkennen? Woran würde ich zuallererst merken, daß ich auf dem richtigen Weg bin?" Wählen Sie für Ihre Klasse bezüglich der Methoden der Bearbeitung Ihre Ihnen vertrauten Vorgehensweisen: schriftliche und verbale Mittel.

15. *Drei Wege finden*

Lassen Sie die Schüler herausfinden, wo sie jetzt stehen. Bitten Sie sie, herauszufinden, welche Wege es gibt, sich auf die Ziele zuzubewegen. Aus den möglichen Wegen können nun die Schüler drei Alternativen formulieren. Lassen Sie sie diese Möglichkeiten einander mitteilen, so daß diese durch das Formulieren motivierend und verbindlich werden können.

E. Anwendungsideen im Umgang mit verschiedenen weiteren Zielgruppen

16. *Zielorientiertheit bei Elternbesprechungen*

Nutzen Sie das Wissen über die Zielorientiertheit bei Elterngesprächen. Wählen Sie eine Situation aus, bei der Sie mit Eltern über die Fortschritte ihres Kindes reden möchten. Bereiten Sie sich auf dieses Gespräch so vor, indem Sie sich ein Bild über den momentanen sowie wünschenswerten zukünftigen Zustand des Schülers machen können. Bringen Sie das, was Sie auf diese Art innerlich sehen, in eine formulierbare Fassung. Erlauben Sie sich, die Überlegungen auch schriftlich festzuhalten. Diese schriftlichen Unterlagen können Sie beim Gespräch nutzen. Während des Gesprächs können Sie darauf hinweisen, daß es darum geht, Standort und zukünftige Ziele zu bestimmen. Dann führen Sie das Gespräch so, daß Sie Schritt für Schritt gemeinsam Klarheit über die möglichen Ziele gewinnen.

In der gleichen Art können Sie vorgehen, wenn es sich um andere Zielgruppen handelt: Besprechungen mit anderen Erwachsenen, die über die Fortschritte eines bestimmten Kindes informiert werden wollen; Kollegen, die in einem anderen Fach Ihre Schüler unterrichten und wissen wollen, wie es steht usw.

17. Zielorientiertheit bei Sitzungen

Erlauben Sie sich, bei Sitzungen – im Kollegenkreis, Vorgesetzten-
kreis, Elternversammlungen – zielorientiert zu handeln. Stellen Sie
zu Beginn die Frage nach den Zielen. Bringen Sie selbst Ihre Vorstellungen über den erstrebenswerten Zustand in die Diskussion
ein. Hinterfragen Sie unklare Äußerungen, so daß sie greifbar,
fühlbar und sichtbar werden können. Fragen Sie nach bei generellen
Aussagen, die bei Ihnen ein „Fragezeichen" hinterlassen. Sagen Sie:
„Woran werden wir erkennen, wenn wir die Ziele X erreicht haben?" Verhalten Sie sich „penetrant", wenn es darum geht, auf der
„Ziellinie" zu bleiben. Verhindern Sie Ablenkungen, indem Sie auf
diese Linie zurückführen. Selbstverständlich achten Sie dabei auf
den Vorrang des Rapports, an den ich Sie wieder erinnern darf. Falls
Sie selbst die Sitzungsleitung haben, können Sie mit der Definition
von Zielen und deren beobachtbaren Verhaltenseinheiten (Operationalisierung) beginnen. Auch wenn Sie TeilnehmerIn sind, können Sie wie oben erwähnt verfahren.

18. Klarheit im privaten Bereich

Auch im persönlichen, privaten Rahmen bieten sich Gelegenheiten,
das Wissen klarer Ziele zu nutzen. Wenn Sie in einem privaten
Gespräch bestimmte Äußerungen hören, die ein „Fragezeichen"
hinterlassen, dann ist wiederum der Zeitpunkt gegeben, sich zu
entscheiden, ob sie das Gesagte „unklar und vage" lassen wollen,
oder ob es für Sie wichtig ist, wissen zu wollen, worum es wirklich
geht. Achten Sie in der nächsten Zeit bei privaten Gesprächen
darauf, wo solche „Unklarheiten" auftreten. Entscheiden Sie sich
bewußt für eine der zwei Möglichkeiten: entweder für „unklar
lassen" oder „Klarheit schaffen". Wenn Sie sich für die Variante
„Klarheit" entscheiden, dann fragen Sie nach, wenn etwas unverständlich geblieben ist. Unverständlich ist es dann, wenn die sinnenhaften Erfahrungen fehlen. Achten Sie unter anderem auch auf die
sogenannten Nominalisierungen, die Sie sanft und respektvoll hinterfragen können. Zum Beispiel hören Sie von jemandem: „Ja, es
scheint schon so, als ob sich gewisse Hoffnungen abzeichnen würden." „Gewisse Hoffnungen" wäre dann ein Begriff, der Informationen versteckt, die Sie entdecken könnten, sofern die andere Person

dazu bereit ist darüber zu sprechen. Sie sagen dann: „Da sind gewisse Hoffnungen vorhanden. Weißt du, ich möchte mir darunter etwas vorstellen können. Bist du bereit, noch mehr dazu zu sagen. Was meinst du genau mit ‚gewisse Hoffnungen'?"

6
Wirkungsvoll Lehren: Der Lehrprozeß

Optimaler Unterricht umfaßt die vier Fundamente: Basiskommunikation, Zielklarheit und -übereinstimmung, wirkungsvolle Unterrichtsmethoden und hilfreicher Umgang mit den auftauchenden Hindernissen. Ausführlich kennengelernt haben wir die ersten zwei Ebenen in Kapitel 4 und 5 (Aufbau und Erhalt des Kommunikationsgefäßes sowie das Herausarbeiten von Zielen).

Das 6. Kapitel zeigt, worauf es ankommt, damit der Unterrichtsprozeß so wirkungsvoll wie möglich sein kann. Ich stelle sieben Bereiche vor, auf die es aufgrund der Erfahrungen von erfolgreichen Praktikern und unter Einbezug des NLP-Wissens ankommt. Die verwendeten Auswahlkriterien entsprechen meiner persönlichen inneren Landkarte. Ich gehe davon aus, daß die hier gewählte Abfolge *eine* sinnvolle Möglichkeit darstellt.

Die sieben Bereiche, die den Lehr-Prozeß maßgebend bestimmen sind:

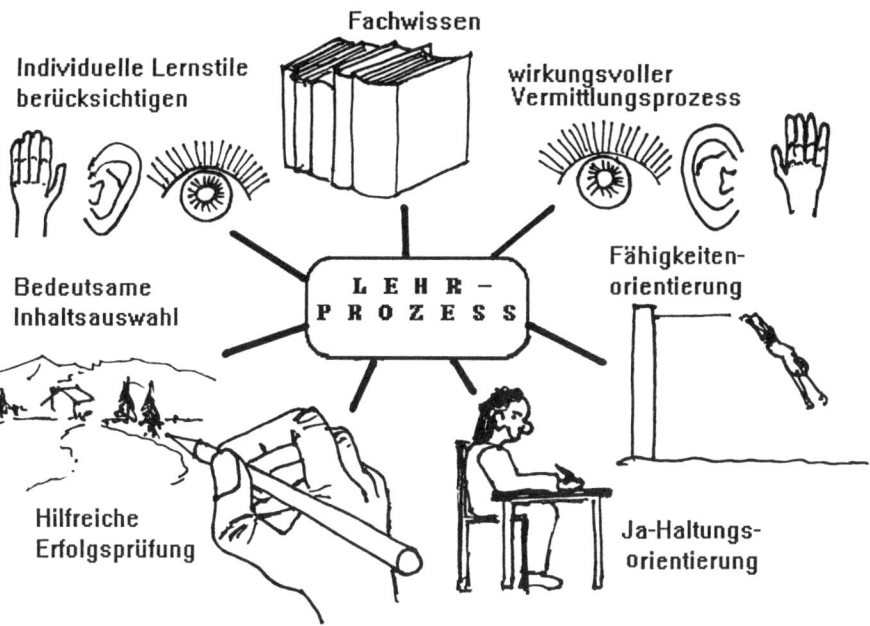

Fachwissen

Individuelle Lernstile berücksichtigen

wirkungsvoller Vermittlungsprozess

Bedeutsame Inhaltsauswahl

LEHR – PROZESS

Fähigkeitenorientierung

Hilfreiche Erfolgsprüfung

Ja-Haltungsorientierung

1. Fachwissen
2. wirkungsvoller Vermittlungsprozeß
3. Ja-Haltungsorientierung
4. Fähigkeitenorientierung
5. individuelle Lernstile beachten
6. bedeutsame Inhaltsauswahl
7. hilfreiche Erfolgsprüfung (Feedback)

6.1. Fachwissen

Im Verlaufe dieser Arbeit habe ich mit verschiedenen Lehrenden geredet und ihnen die Frage gestellt: „Worauf kommt es an, wenn man eine gute Lehrerin oder ein guter Lehrer ist?" Die Antworten sind spannend. Wie bereits erwähnt, gehe es darum, die Schüler zu erreichen. Sehr rasch beleuchten Lehrende einen Bereich, der mir ebenfalls als erstrangig – und selbstverständlich – erscheint. Sie sagen: „Es kommt darauf an, daß man das Fachwissen beherrscht und wirklich kompetent mit der zu lehrenden Sache vertraut ist."

Was heißt es, das Fachwissen zu beherrschen? Damit ist gemeint, Fragen nach dem WAS, WOMIT und WIE zu beantworten:

1. Wissen über die Inhalte, die Fakten, den Lern- und Lehrstoff;
2. Wissen über methodisch-didaktische Grundsätze und Variationsmöglichkeiten;
3. Wissen über lernpsychologische und gruppendynamische Gesetzmäßigkeiten.

6.1.1. Wissen über Fakten, Lehr- und Lernstoff

Lehrer haben in der Regel eine ergiebige Ausbildung hinter sich, in der sie sich einen Überblick über das Fachgebiet angeeignet haben. Dadurch sind sie befähigt, auf leichte Art die für die Lerngruppe passende, „richtig große" Wissensauswahl aus dem Fachbereich zu treffen. Wenn sie „über der Sache stehen", bringt dies wichtige Vorteile. Ihre Aufmerksamkeit ist frei für die Kommunikation und Gruppendynamik. Deshalb ist die Fähigkeit, das Fachwissen selbst so im Griff zu haben, daß man beweglich darüber verfügt, eine der erstrebenswerten Voraussetzungen für den meisterschaftlichen Unterricht. Erst wer sich während des Unterrichtens nicht mehr auf die

194

Sache allein konzentrieren muß, kann sich den Schülern in der besten Art zuwenden. Energie wird frei für den Aufbau und Unterhalt von Rapport. Es kann gesehen und gehört werden, wie es den Schülern geht, ob und wie sie bei der Sache sind usw. Über Fachwissen verfügen heißt deshalb: Lehrer überblicken die Fakten so, daß sie dem Inhalt fast keine bewußte Aufmerksamkeit mehr zu schenken brauchen.

Wie kann diese Voraussetzung immer wieder neu mit wechselnden Teilinhalten spielerisch geschaffen werden? Ein einleuchtender und in der Regel auch praktizierter Weg, um Sicherheit und Überblick zu gewinnen, besteht darin, sich die Zeit zu nehmen, die Vorbereitungsarbeit so zu gestalten, daß eine innere Repräsentation des inhaltlichen und methodischen Ablaufs entsteht.

6.1.2. Wissen über methodisch-didaktische Grundsätze

Einer Person, die lehrt, wird zugestanden, daß sie über methodisch-didaktisches Wissen und Können verfügt. Diese Fähigkeiten werden in den Grundausbildungen für Lehrerinnen und Lehrer erworben. Darunter versteht man das Wissen um die visuellen, auditiven und kinästhetischen Hilfsmittel sowie deren geplanten Einsatz. Vorausgesetzt wird auch Grundlagenwissen über die Führung anderer Menschen. Ich denke dabei an die Fähigkeit, eine Lerngruppe anleiten zu können zum Austausch untereinander. Ein anderer Aspekt ist die Vermittlung wirkungsvoller Arbeitsmethoden, die sowohl innerhalb der ganzen Lerngruppe als auch in den Untergruppen angewendet werden. Es handelt sich um das Wissen, wie man als Lehrer Impulse so gibt, daß sich die Gruppe um ein Thema zentrieren kann. Es ist gut, über die Fähigkeit zu verfügen, entscheiden zu können, wann es paßt, leiterzentriert (lehrerzentriert) oder schüler- und gruppenzentriert vorzugehen. Dieses Wissen hilft wiederum, die Ohren und Augen auf angenehme Weise frei zu halten, um die verfeinerten Lehr-Lernprozesse wie beispielsweise die Schülerzustände zu erfassen, Interaktionen wahrzunehmen, Rapportkriterien zu berücksichtigen usw.

6.1.3. Wissen über psychologische, sozialpsychologische und lernpsychologische Gesetzmäßigkeiten

Auch die Verfügbarkeit eines psychologischen Modells kann helfen, die vielfältigen Ereignisse während des Unterrichts für sich einzuordnen und sich dadurch sicher zu bewegen. Das persönliche Menschenbild kann sich auf die Grundlagen der Entwicklungspsychologie, Lerntheorie, humanistischen Psychologie, der Führungsstilforschung oder andere wissenschaftlich abgesicherte Modelle abstützen.

Die **Entwicklungspsychologie** beleuchtet die Informationen, die die Lebensphase der Lernenden betrifft und kann dazu generelle Aussagen als Orientierungshilfe zur Verfügung stellen (*Oerter* 1982).

Aus der **Humanistischen Psychologie** liegen viele Forschungsergebnisse über die menschlichen Grundbedürfnisse, deren Entwicklung und Behinderungen vor. Es sei dabei vor allem an die bahnbrechenden, faszinierenden Arbeiten von Abraham Maslow erinnert, der als Begründer der Humanistischen Psychologie gilt, und sich mit der Entfaltung psychologisch gesunder Menschen befaßt hat (*Maslow* 1954).

Die **Lerntheorie** hat sehr entscheidende Erkenntnisse über die Substanz von Lernprozessen zutage gefördert (*Tausch, A. & R.* 1970). Sie hebt die Bedeutung des *Beobachtungslernens* besonders hervor. Damit ist die Tatsache angesprochen, daß Vorbilder – zum Beispiel Eltern oder Lehrer – eine große Wirkung auf die Lernenden haben. Die Bedeutsamkeit dieses Lernprinzips wird allgemein unterschätzt. So kann davon ausgegangen werden, daß die Art der Disziplinierung, die ein Lehrer anwendet, ebenfalls sein Abbild findet in der Art, wie die Schüler miteinander umgehen. Wenn Lehrende Kraftausdrücke und Abwertungen verwenden, dient dieses Verhalten als Modell für die Lernenden. Wenn gleichzeitig ein respektvoller Umgang von den Kindern verlangt wird, besteht ein interessanter Unterschied zwischen Forderung und gelebtem Beispiel. Oft verhalten sich Erwachsene vor allem Kindern gegenüber geringschätzend und verachtend, erwarten aber im selben Atemzug Achtung und Respekt. Damit eine Person für eine andere als Modell (Vorbild) dient, müssen bestimmte Bedingungen erfüllt sein:

1. Hohes Prestige des Vorbildes begünstigt das Imitieren.
2. Eine gute gefühlsmäßige Beziehung fördert das Nachahmen.
3. Aggressive Modelle sind leider äußerst wirksam.

Eine einfache Konsequenz für den Unterricht ergibt sich daraus: Wenn sich Kinder unerwünscht verhalten, ist es heilsam, sich selbst in den Mittelpunkt der Betrachtung zu stellen, und sich zu überlegen, inwiefern man den Kindern nicht selbst dieses unerwünschte Verhalten vormacht. Denn über dieses Lernprinzip werden sowohl Verhaltensweisen als auch Einstellungen erlernt. So erwerben Kinder mit ängstlichen Müttern oder Vätern in vielen Fällen durch Beobachtungslernen eine eigene ängstliche Reaktion. Oder Erwachsene, die Kinder gerne mit Gewaltanwendung zur Befolgung von Anweisungen anhalten, haben sehr oft Kinder, die zusammen mit anderen ebenfalls dazu neigen, ihren Willen mit Gewalt durchzusetzen. Da positive gefühlsmäßige Beziehungen (Rapport) eine der besten Voraussetzungen für das Beobachtungslernen bilden, erscheint es erstrebenswert, sich zuerst darum zu kümmern.

Auch das Lernen durch *Belohnung und Bestrafung* beleuchtet die Lerntheorie. Es gibt zwei Arten von Bestrafung: Erstens die Bestrafung durch unangenehme Konsequenzen und zweitens die Bestrafung durch das Ausbleiben von Belohnungen. Das Wissen über diesen Bereich ist wichtig für den Unterricht. Oft handeln wir als Lehrende so, als ob wir keine Erkenntnisse über Wirksamkeit und Nebeneffekte von bestrafenden Verhaltensweisen hätten. Man weiß aufgrund der Lerntheorie, daß Strafe wirkt. Das nicht gewünschte Verhalten ändert sich jedoch auf eine unökologische Art, weil dabei die folgenden Nebenwirkungen auftreten:
1. Die Strafe erzeugt oft Angst.
2. Die Beziehung zwischen Lehrer und Schüler wird in einer negativen Art geprägt. Die Schülerin oder der Schüler entwickelt Abneigung, Mißtrauen, und Unlustgefühle gegenüber der bestrafenden Person.
3. Die bestrafte Person lernt, anhand der aggressiven „Vorbilder" selbst aggressiv zu handeln, wenn sich andere nicht so verhalten, wie sie es gerne hätte.

Eine Form, die aufgrund der lerntheoretischen Erkenntnisse vertretbar erscheint, ist das Ignorieren und Nicht-Eingehen auf unerwünschtes Verhalten bei gleichzeitigem Würdigen des erwünschten Verhaltens.

Aus der **Erziehungs- und Führungsstilforschung** gibt es bestimmte interessante Sichtweisen (*Schneewind/Hermann* 1980). Mit dem Begriff Erziehungs- oder Führungsstil ist die Tatsache umschrieben, daß sich Erzieher und Führungspersonen grundsätzlich in der gleichen Art verhalten. Zum Beispiel wird beobachtet, daß Lehrer bei auftretenden Schwierigkeiten mit Kindern zu bestimmten Erziehungs- und Führungsmitteln greifen, wie Zurechtweisungen, Schimpfen, das Gespräch suchen, freundlich stoppen usw. Ein Teil der Lehrer reagiert in kniffligen Situationen vorwiegend mit Bestrafungen, wogegen andere das wertschätzende und einfühlsame Gespräch bevorzugen. Erziehungsstile resultieren aus bestimmten zugrundeliegenden Einstellungen. Drei Stile werden immer wieder hervorgehoben:

1. der autoritäre Führungsstil,
2. der demokratische Führungsstil,
3. der Laissez-faire-Führungsstil.

Beim *autoritären Führungsstil* bestimmt die Leitungsperson die meisten Tätigkeiten. Die einzelnen Mitarbeiter bekommen eng umschriebene Aufgaben zugeteilt, ohne daß sie den Überblick über das gesamte Projekt erhalten. 60 Prozent der Leiteraussagen bestehen aus Befehlen, Anweisungen, Anordnungen und Kommandos. Lob und Kritik werden personenbezogen gegeben wie z.B.: „Das hast du wieder verpfuscht."

Die *Reaktionen bei den Lernenden* sind bei diesem Erziehungs- und Führungsstil folgender Art: Starke Abhängigkeit von der Leiterperson, keine Aktion ohne die Leiterinitiative, gespannte Gruppenatmosphäre, häufige Streitereien, Ausbleiben gemeinsamer Gruppenaktionen, apathisches Reagieren einzelner Kinder, Neigung zu Opposition und Feindseligkeit, Förderung des individuellen Besitzstrebens.

Beim *demokratischen Führungsstil* teilt die Leiterin ihre Ziele mit und begründet sie. Der Umgangston ist partnerschaftlich. Gruppenentscheidungen sind willkommen. Der Leiter bemüht sich, alle am Lerngeschehen zu beteiligen. Aus verschiedenen Alternativen kann ausgewählt werden. 25 Prozent der Leiteraussagen bestehen aus Vorschlägen. Die wenigen Anweisungen werden tolerant, freundlich und wertschätzend geäußert. Oft wird in Untergruppen gearbeitet, wobei sich der Leiter auch als Gruppenmitglied versteht und als solches anerkannt wird.

Die Auswirkungen auf die Lernenden sind ein Gefühl der Freiheit in Grenzen, Verständnis, Toleranz, innere Selbstgespräche wie „Ich bin in Ordnung", „Man mag mich". Alle beteiligten Personen suchen gemeinsam nach Lösungen für die auftauchenden Fragen. Viele Vorschläge entwickeln sich auf kreative Art und werden respektvoll berücksichtigt. In einer freundlichen Atmosphäre von Wohlwollen handeln die Schüler selbständig und sind zufrieden.

Der Überblick über die verschiedenen Grundwissensbereiche wie das Wissen über den Fachbereich, Entwicklungspsychologie, Humanistische Psychologie, Lerntheorie und Führungsstilforschung geben Orientierungshilfe im Dschungel der schulischen Vielfalt.

Auch das hier vorgestellte Unterrichtsmodell liefert wesentliches, neues Grundlagenwissen, mit dessen Hilfe innerer Halt und zusätzliche Klarheit entstehen können.

6.2. Wirkungsvoll unterrichten

6.2.1. Sinnen-reich unterrichten

Wie bereits erörtert, gibt es in jeder Lerngruppe verschiedene Menschen mit unterschiedlicher innerer Organisation. Die Substanz, auf denen die Unterschiede aufgebaut sind, ergibt sich aufgrund der persönlichen Bevorzugung der Sinne. Schülerinnen und Schüler können sich im Verlaufe ihrer Entwicklung aufs Sehen, Hören oder Fühlen spezialisieren. Die meisten Menschen verfügen über die Fähigkeit ihre Aufmerksamkeit zu bewegen, das heißt: Sie können sowohl sehen, hören als auch gut fühlen. Andere haben gelernt, bestimmte Sinne zu bevorzugen. Viele Kombinationsmöglichkeiten der Sinnesanwendungen lassen sich deshalb beobachten. Da Lernende in dieser Weise unterschiedlich sind, erfordert dies von den Lehrenden eine Berücksichtigung. Wie sollen nun diese Verschiedenheiten der Schülerinnen und Schüler vom Lehrer genutzt werden? Damit befassen wir uns jetzt. Verschiedene Möglichkeiten der Anwendung dieses Wissens lassen sich herausschälen.

6.2.1.1. Hilfsmittel für die Sinne

Die Hauptidee besteht darin, in einem generellen Lehrverfahren möglichst viele Schüler zu erreichen. Dies geschieht, indem man alle Sinne in diesen Prozeß der Vermittlung und Arbeitsweise einbezieht. Es gibt verschiedene Möglichkeiten, alle Sinne zu nutzen beim Lernen und Lehren.

Zuerst geht es um den bewußten **Einsatz der Medien.** Viele Schüler werden erreicht, indem man gleichzeitig oder abwechselnd alle menschlichen Sinne zum Klingen bringt, das heißt visuelle, auditive und kinästhetische Mittel einsetzt. Betrachten wir dazu eine 7. Klasse, bei der über die Hilfsmittel verschiedene Sinne der Schüler mindestens einmal erreicht werden. Der Informationsfluß unter den Schülern und zwischen ihnen und dem Lehrer wird hier nicht detailliert wiedergegeben, da es vor allem um die Beleuchtung des Sinnen-Reichtums geht.

1. Beispiel:

Der Lehrer bittet alle Schüler nach vorne zu kommen und einen Kreis zu bilden. Er zeigt **englisches Geld** und stellt in strukturierender Weise Fragen: „What have we got here?" Die Schüler geben jeweils die entsprechende Antwort. Diese Fragesequenz geschieht in sehr raschem Tempo. „Please could you take your seat", sagt der Lehrer, worauf sich die Schüler wieder an ihre Plätze begeben.

Auf dem **Tageslichtprojektor** zeigt der Lehrer nochmals Geldscheine, sie dabei in englischer Sprache erklärend. Die Schülerinnen und Schüler können ihn dabei auch unterbrechen. Auf der Folie werden Dinge, die man kaufen kann, sichtbar. „We want to go shopping", sagt der Lehrer, „was könnt Ihr sehen?" Die Schülerinnen und Schüler halten ihre Hände hoch, wobei sie der Lehrer mit Namen aufruft. Die Lernenden beantworten die Fragen auf englisch.

Wiederum bringt der Lehrer eine **Folie mit einer Einkaufsliste.** Abwechselnd dürfen die Schüler darauf mit einem Stab einen Gegenstand zeigen und einen Satz dazu formulieren, im Sinne von: „Here, we have bananas."

Danach bekommen die Schüler die Anweisung, ihr Buch hervorzunehmen, in dem auf einer bestimmten Seite **farbige Bilder zu sehen** sind mit Gegenständen und der jeweils entsprechenden Preisangabe. Auch hier **fragt** nun der Lehrer: „Wieviel kostet ...?" Die Schüler **antworten** abwechselnd.

Jetzt können die Schüler Zweiergruppen bilden. Dabei entsteht eine entspannende **Bewegung** in der ganzen Klasse. Innerhalb dieser Gruppe dürfen die Lernenden eine Verkaufs**situation spielen**, sich dabei die englischen Grundlagen dazu lebendig erwerbend: „Ich hätte gerne ..." – „Ich hätte gerne ... Was kosten ...?"

Im Anschluß an diese Rollenspiele wird die Klasse zu einer **Stillbeschäftigung** – Einzelarbeit – eingeladen. Die Frage, die beantwortet werden soll, lautet: „What has Mrs Hill in ihrem Einkaufskorb?"

Während dieser Stillbeschäftigung dürfen die Schüler abwechselnd verschiedene amerikanische und englische Geldscheine **befühlen, anschauen** und **beriechen.**

Nach Abschluß der Einzelarbeit lädt der Lehrer die Schüler ein, sich gegenseitig **mitzuteilen,** was sie aufgeschrieben haben. Dabei nimmt der Lehrer kurze auditive Korrekturen vor, wie beiläufig, indem er den Satz wiederholt.

Jetzt bewegt sich der Lehrer zu einem Tonbandgerät mit dem Hinweis: „Ihr könnt euch das jetzt anhören." Auf dem Tonband wird eine kurze Verkaufsszene hörspielmäßig vorgestellt. Die **Schüler hören nur zu.**

Nach dem Anhören beantworten die Schüler Fragen nach dem Verständnis dieses Spiels. „Worum geht es hier?", ist die offene Frage des Lehrers, die jetzt durch die Schüler beantwortet wird. Dabei öffnet sich das Gespräch. Ein Austausch auch unter den Schülern findet statt.

Abschließend können die Schüler nochmals das **Tonband anhören,** während sie **gleichzeitig** in ihrem Buch auf Seite 57 den gesprochenen, gespielten Text **mit ihren Augen** mitverfolgen können.

In diesem Lehrausschnitt werden in sehr rascher Folge sämtliche Sinne aktiviert. Es werden sowohl externale visuelle und auditive Medien eingesetzt, als auch internale Prozesse vom Lektionsaufbau her berücksichtigt. Folgende Mittel – lassen wir sie uns nochmals vergegenwärtigen – setzt der Lehrer ein: Folie für den Tageslichtprojektor, Buch mit farbigen Bildern, geschriebener Text, eigenes Schreibmaterial, Tonbandgerät, Geldmünzen und -scheine, Rollenspiel, Arbeit in Zweiergruppen und Einzelarbeit. Die Schüler sind **aufgefordert zu hören, zu sehen, zu riechen und zu betasten.**

2. Beispiel:

Ich möchte den sinnenreichen Einsatz verschiedener Außenimpulse nochmals veranschaulichen. Es handelt sich bei diesem Beispiel um eine 5. Grundschulklasse. Das übergeordnete Thema, an dem diese Lehrerin mit der Klasse arbeitet, ist „Wald". Heute hat sie sich darauf vorbereitet, ihrer Klasse bewußtzumachen, wie vielfältig die Informationen sind, die man anhand der Wahrnehmung der Unterschiede der Baumrinde gewinnen kann.

Um Anschauungsmaterial zu gewinnen, das auch für die Schüler bedeutsam ist, hat die Lehrerin der Klasse einen Auftrag erteilt. Die Klasse sollte im Verlauf der Woche Rinden von verschiedenen Bäumen suchen, die die Schüler dann mitbringen durften. Gleichzeitig sollen sie auch schauen, wie die dazugehörigen Bäume aussehen. Dadurch können sie später bei Bedarf die Bäume den Rinden zuordnen. Diese Rinden liegen jetzt hinten auf einem Materialtisch.

Die Lehrerin selbst hat verschiedene Bücher mit farbig abgebildeten Bäumen, vier Dias (Ahorn, Pappel, Fichte und Kiefer), ein Blatt mit den Namen der vier Bäume, die über das Blatt regelmäßig verteilt sind, vorbereitet. An der Wandtafel, für die Schüler nicht sichtbar, sind verschiedenste Begriffe aufgeführt, wie etwa: rauh, glatt, grobfaserig, dick, dünn, grobporig, längsfaserig, gerippt, gerillt, querfaserig. Dies sind vor allem Spürwörter. Es sind ebenfalls Wörter aufgeführt, die den visuellen, auditiven, olfaktorischen und gustatorischen Bereich ansprechen, wie etwa: weißschimmernd, getupft, schwarzgrau, rotbraun, hellgrau, silbergrau, harzduftend, matt tönend, leise, laut, wohlklingend usw.

Schauen wir uns einen Ausschnitt aus der Abfolge an, wie die Lehrerin diese Hilfsmittel einsetzt:

1. Die Schülerinnen und Schüler bilden einen Kreis. Alle Kinder legen ihre Rinden in die Mitte und stellen sie sich gegenseitig vor. Dabei schildert jedes Kind kurz, wie es zum Gegenstand gekommen ist, wo es seinen Fund gemacht hat und gibt eine kleine Beschreibung seiner Rinde. **(Hier schauen die Schüler und reden dazu, V nach außen und A nach außen.)**

2. Im Anschluß an diese Rindenvorstellungsrunde dürfen die Schüler eine Skizze ihrer Bäume machen, unter denen sie die Rinden gefunden haben **(visuelle Erinnerung wird wachgerufen und anschließend über die Schreibbewegung in ein Außenbild umgesetzt)**, die sie auch abwechselnd gegenseitig betrachten **(visuelle Außenrichtung)**.

3. Danach holt die Lehrerin ihre Rinden, die sie von vier Bäumen hat und bringt sie ebenfalls in die Mitte des Kreises, dabei erklärend, daß auch sie ihre Hausaufgabe gemacht habe. Ihre Rinden sind unter einem großen violetten Tuch versteckt. Sie lädt die Kinder ein, gemeinsam ihre Hände unter das Tuch zu halten und zu spüren, ob sie die eine oder

andere Rinde aufgrund ihrer eigenen Funde wiedererkennen können. **(Bei diesem Schritt wird das Spüren in den Vordergrund gerückt.)**

4. Die Lehrerin zeigt vier Dias, auf denen Ahorn, Fichte, Kiefer und Pappel zu sehen sind. Es handelt sich um gut beleuchtete Farbaufnahmen. Dazu erzählt sie, wie sie in jene Gegend gegangen sei und die Aufnahmen gemacht habe. Sie veranschaulicht, wie sie Leute gefragt hätten, wofür sie diese Bilder brauche, ältere Leute und jüngere, die stehengeblieben seien, weil sie sich wirklich große Mühe gegeben habe, wunderbare Aufnahmen zu machen. **(Auch hier wird das Sehen ins Zentrum gerückt.)**

Damit Sie als Leserin und Leser auch eine Außen-Ansicht über die vier Bäume haben, können Sie schon jetzt auf das Arbeitsblatt schauen, das die Schüler später bekommen.

AHORN KIEFER FICHTE PAPPEL

5. Erst jetzt nimmt die Lehrerin Bezug auf ihre immer noch geheimnisvoll versteckten Rindenschätze. Sie beschreibt sie in Worten, dabei vor allem hinweisend darauf, wie sich die Rinden verschieden anfühlen und wie sie aussehen. Gleichzeitig zeigt die Lehrerin die Dias nochmals, dabei

203

ihre verbalen Äußerungen unterstützend. **(Hier wird ein auditiver Impuls gegeben von außen, die Schüler hören zu, während gleichzeitig das Schauen eine wesentliche Rolle spielt.)**

6. Und nun ist der spannende Moment gekommen, bei dem endlich diese unsichtbaren Perlen – die unter dem Tuch verwahrten Rinden – ans Licht gezogen werden. Die Schüler dürfen sie herumreichen, berühren, betasten und anschauen. Ein reges Raunen entsteht unter den Schülern durch die Faszination der Gegenstände aufgrund der Vorarbeit und Neugier, die sich durch das bisherige methodische Vorgehen aufgebaut hat. **(Hier ist wiederum die Kinästhetik im Vordergrund, auch haben die Schüler Möglichkeiten, spontan ihren Gefühlen den Lauf zu lassen.)**

7. Die Lehrerin gibt die Erklärung: „Hier seht Ihr die Rinde des Ahorns. Und hier ist die Rinde der Pappel ..." So zeigt sie die vier Rinden **(visuelle Impulse und auditive Untermalung)**.

8. Die Rinden machen die Runde durch die Klasse, werden von einer Hand zur anderen gereicht. Dabei sind die Schüler eingeladen zu spüren, wie unterschiedlich sich die Struktur der Oberfläche anfühlt. Sie dürfen auch daran riechen. **(Auch hier wird das Fühlen bewußt eingesetzt, gleichzeitig spielt der Geruchssinn eine Rolle.)**

9. Nachdem die Rinden wieder bei der Lehrerin angelangt sind, nimmt sie diese der Reihe nach in die Hand und bittet die Klasse, genau zu hören. Sie sagt: „Ich habe das, was ich euch jetzt vorstelle, selber zu Hause mit meinen Kindern ausprobiert, auch mit meinem Mann. Ich habe mich nämlich gefragt: „Kann man Rinden hören? Klingen sie unterschiedlich?" Hört einmal. Jetzt schlägt sie mit einem Fingerknöchel an die erste Rinde. Ein dumpfer Ton ist zu hören. Anschließend klopft sie an die zweite Rinde. Der Ton ist etwas tiefer und dumpfer. Nun können die Schüler ihre Augen schließen. Die Lehrerin wiederholt diesen Vorgang. Sie sagt: „Ich klopfe jetzt auf die Rinde der Kiefer. Und jetzt klopfe ich auf die Fichtenrinde. Welches ist das?" Dabei klopft sie auf eine der beiden Rinden. Die Kinder finden heraus, um welchen der beiden Gegenstände es sich handelt. Am Schluß gibt es Variationen zu allen vier Rinden. **(Bei diesem Arbeitsschritt wird die Aufmerksamkeit der Schüler vor allem auf's Hören konzentriert.)**

In dieser sinnen-reichen Art verfährt die Lehrerin weiter. So dürfen die Schüler in der Folge auf den Blättern mit den vier Bäumen die entsprechenden Rindenmerkmale – auf der Wandtafel sind Vorgaben zur Auswahl vorhanden – eintragen. In 4er Gruppen können sie je zwei der Bäume pantomimisch darstellen, indem sie ihren Körper mit der ganzen Haltung zum Baum werden lassen. Nach dieser Gruppenarbeit stellen sie die Bäume (die sie jetzt selbst sind) den anderen Mitschülern vor. Diese dürfen raten, um welchen Baum es sich dabei handelt. Das gleiche dürfen sie zu einem späteren Zeitpunkt mit Tönen gestalten. Wenn diese Fichte ein Ton wäre, wie würde sie tönen? Die anderen Schüler können auch hier wieder raten.

Am Schluß dürfen die Schüler einen ihrer Lieblingsbäume auswählen und dazu eine kleine Geschichte erfinden.

6.2.1.2. Alle Sinne ansprechen durch lebendige Schilderungen und Informationen

Himmel und Erde waren schon geschaffen. Riesig erblickte man das Meer, worin große und kleine Fische hochsprangen, nach Mücken und Fliegen schnappten und miteinander spielten und sich liebkosten. In der Luft flogen Vögel herum, große und kleine mit kurzen und langen Schnäbeln und sangen ihre eigenen herrlichen Melodien, jede Art auf besondere Weise. Harmonisch mischten sich die Töne untereinander und erklangen in einem lebendigen und gleichzeitig beruhigenden Orchester. Es wimmelte von verschiedenen Tieren auf dem Lande. Da waren die riesigen grauen, dickhäutigen Elefanten, die zarten Dromedare, kuscheligen und weichen Bären und die goldgelb in der Sonne strahlenden Löwen. Ein Trompeten, Quietschen und Brummen war das! In der Luft lag ein vielfältiger, anmutiger Duft. Angenehm war die Wärme der Luft und das leichte Säuseln des Windes zu spüren. Alles war da, um sich zu sagen: „Hier läßt es sich gut leben."

„Nur etwas fehlt", so sagte sich Prometheus, als er auf diese Erde hinabsah und seinen Fuß daraufsetzte, die prickelnde, angenehme Erde zwischen seinen Zehen, den angenehmen Geruch und Duft in seiner Nase und die vielfältigen Melodien der Natur in seinen Ohren. Er wußte, daß in dieser Erde der Same des Himmels schlummerte. Prometheus stammte von den alten Göttern ab, und er war voller Erfindungsgeist und Einfälle. Darum nahm er Ton vom Boden in seine großen und feingliedrigen Hände, befeuchtete ihn mit dem Wasser des Flusses und begann etwas zu formen. Er bildete einen großen Klumpen daraus, aus dem am oberen Ende so etwas wie eine Kugel entstand, die verbunden war mit dem Rest. Unten sah man nach und nach, wie sich zwei längliche Würste zu bilden begannen und links und rechts ebenfalls zwei astförmige Gebilde. An deren Ende formten sich fünf kleine Ästchen, die in drei Abschnitte unterteilt waren. An der kleinen Kugel begann Prometheus zwei kleine Vertiefungen hineinzudrücken. In der Mitte ließ er einen Tonwulst elegant herauswachsen und darunter eine kleine Querschlucht entstehen. Zunehmend begann das Tongebilde so auszusehen, daß es ihm ähnlich wurde. Von den Tierseelen entlehnte er sich jetzt gute und böse Eigenschaften und schloß sie in die Brust dieses Gebildes ein. Er hatte eine gute Freundin. Athene hieß sie. Sie war die Göttin der Weisheit. Weil ihr das Werk von Prometheus so gut gefiel, ging sie hin und hauchte dem halbbeseelten Gebilde Geist ein.

So entstanden die ersten Menschen und füllten bald vielfältig die Erde. Lange wußten sie aber nicht, wie sie sich ihrer edlen Glieder und des in ihnen lebenden Götterfunkens bedienen sollten. Sie irrten wie Traumgestalten umher und wußten nicht, wie sie das, was sie sahen, hörten, fühlten, rochen und schmeckten, auf die beste Art nutzen sollten. Unbekannt war ihnen die Kunst, Steine auszugraben und zu behauen, aus Lehm Ziegel zu brennen, Balken aus dem gefällten Holze des Waldes zu zimmern und sich daraus Häuser zu bauen. Wie Ameisen hausten sie in sonnenlosen Höhlen, und es wimmelte von ihnen. Alles was sie verrichteten war zufällig und planlos. Es war gleichgültig, ob es Sommer, Frühling, Herbst oder Winter war.

Da bekam Prometheus Mitleid mit diesen Geschöpfen und nahm sich ihrer an: Er lehrte sie den Auf- und Niedergang der Gestirne zu beobachten, erfand ihnen die Kunst zu zählen, die Buchstabenschrift, lehrte sie Tiere ans Joch spannen und als Genossen ihrer Arbeit verwenden, gewöhnte die Rosse an Zügel und Wagen, erfand Nachen und Segel für die Schiffahrt. Auch für alle anderen Fälle des Lebens belehrte er die Menschen. In früheren Zeiten wußte man kein Heilmittel anzuwenden, wenn jemand krank wurde, kannte man weder Salben zur Linderung noch zuträgliche Kost. Aus Mangel an Arznei starben die Kranken oft grausam. Darum zeigte ihnen Prometheus die Mischung milder Heilmittel, um die Krankheiten damit zu bekämpfen. Er lenkte ihren Blick unter die Erde und ließ sie Erz, Eisen, Silber und das Gold entdecken. In alle Bequemlichkeiten und Künste des Lebens führte er sie ein ...

In dieser Art fährt der Lehrer mit seiner Geschichte fort, die er hier einer 7. Klasse erzählt. Es handelt sich um den großen Themenkreis: Menschenbilder, Weltbilder und im speziellen griechische Sagen. Zu Beginn hat er den Schülern gesagt: „Ich erzähle euch eine Geschichte. Es ist eine griechische Sage, die ich sehr spannend finde. Ihr dürft euch jetzt in jene Körperhaltung begeben, die für euch am besten paßt, damit Ihr gut zuhören könnt. Hört einfach zu und entspannt euch dabei. Schenkt euch eine kleine Pause. Ihr habt diese Entspannung auch verdient, da Ihr schon viel gearbeitet habt heute. Die Sage, die ich euch erzähle, handelt von Prometheus..." Während dieser Einführung haben die Schülerinnen und Schüler die verschiedensten Körperstellungen eingenommen, einzelne liegen gleichsam auf dem Pult, den Kopf in die Arme gesenkt, andere sitzen gerade und ganz ruhig. Während der Schilderung, die der Lehrer auch mit Gesten und Mimik unterstreicht, ist es absolut ruhig im Raum. Man hört nur die Stimme des Lehrers, und seine Bewegungen sind zu sehen. Offensichtlich erreicht er seine Schüler mit seiner Geschichte. Warum können diese Schülerinnen und Schüler dem Lehrer so gut zuhören und sind begeistert? Sämtliche Sinne werden abwechselnd aufgerufen! Es ist ein ausgezeichnetes Beispiel für die sinnenreiche, gesprochene Präsentation von Informationen. Dadurch steigt die Faszination, und gleichzeitig werden die unterschiedlich organisierten Schüler abwechselnd erreicht. Der Lehrer spricht visuelle, auditive, kinästhetische, olfaktorische und gustatorische Wahrnehmungen an. Darauf kommt es an. Wenn alle Sinne abwechselnd berührt werden, können Schilderungen leben. Die Bereitschaft zuzuhören steigt. Eine hohe innere Motivation gedeiht. Der Inhalt bleibt in Erinnerung und kann leicht wiederbelebt werden.

Wie kann man die Fähigkeit lebendiger Erzähl- und Informationskunst entwickeln und vertiefen? Ein Rezept gibt es, das leicht anzuwenden ist: Man kann sich vornehmen, für jede Sinnesmodalität verschiedenste Wörter herauszusuchen. Danach baut man die Erzählung mit Hilfe dieser Sinneswörter zusammen. Diese Arbeitsweise ist sehr wirkungsvoll.

Hören wir ein **Beispiel**, das die **Vorbereitung** verdeutlicht:

Die Lehrerin hat sich vorgenommen, eine einleitende Schilderung eines Waldspaziergangs vorzubereiten, bei dem die verschiedensten Dinge geschehen. Sie überlegt sich die Sinneswörter für jede Modalität, das heißt für's Sehen, Hören, Fühlen, Riechen und Schmecken.

Sie hört: knacken von Holz unter ihren Füßen, Vögel in den Bäumen, das Knattern eines Spechtes, das Rascheln von Blättern, Rascheln im Gebüsch, das Surren von Insekten am Weiher, das Quietschen der Schuhe im Sumpf, das Bewegen von dürrem Laub unter den Füßen beim Gehen usw.

Sie sieht: grünes Laub der Bäume, Sonnenstrahlen zwischen dem Geäst der Tannen durchstrahlen, das braune Laub auf dem Boden, die schwarzen Hölzer, das glänzende Wasser im Teich, die grünblau schimmernde Libelle, den grau-braunen Frosch, die Bewegungen der Kaulquappen im braunen Wasser, die Bewegung der Äste bei der Berührung, eine rasche schlängelnde Bewegung auf dem Weg, eine dünne Schlange usw.

Sie spürt: den sanften Luftzug im Gesicht, den weichen Boden unter den Füßen, die knorrigen Aststücke unter den Schuhen, die Dornenspitzen am linken Fußknöchel, den freudigen Atemrhythmus, die Freude in der Brust, das lockere Gesicht usw.

Sie riecht: den moderigen Laubduft, den Moosgeruch, den Blattgeruch bei der Berührung, den moorigen Teich, den Geruch von verbranntem Holz usw.

Sie schmeckt: die Erinnerung an das letzte Würstchen, das sie im Feuer gebraten hat.

Die **Erzählung**, bei der die bewußtgemachten **Sinneswörter** verwendet werden, klingt dann folgendermaßen:

„Gestern ging ich allein in unserem großen Wald spazieren. Die Sonne schien warm, und die Strahlen leuchteten weißlich und gelb zwischen den Ästen der Tannen. Sie sahen aus wie Silberstreifen, die auf den Waldboden fielen. Dieser war ganz mit dürrem, braunem Laub bedeckt. Der letzte Föhn hatte es im Herbst von den Bäumen heruntergeweht. Unter meinen Füßen war es weich wie auf einem flauschigen Teppich. Darüber bewegte ich mich. Über mir im Geäst eines Baumes hörte ich das laute und rasche Knattern eines Grünspechtes. Andere Vögel pfiffen ihre Melodien aus verschiedenen Richtungen. Irgendwann knackte etwas unter meinen Füßen. Zweige waren unter der Last meines Körpers entzweigebrochen. Überall war Rascheln zu hören, von den Blättern der niedrigen Sträucher und den Gebüschen. Schwarze Hölzer lagen überall auf dem Boden, über die ich mich bewegte. Weit vorne sah ich schon den Teich. Grünblau schimmernde Libellen tanzten in der Luft. Man hörte das Quak Quak der Frösche von allen Seiten. Ein sanfter Luftzug berührte mein Gesicht, das ganz ruhig und entspannt geworden war. Ich spürte die Freude, die meine Brust durchströmte. Begierig sog ich die reine Waldluft ein. Es roch nach feuchtem Moos und Sumpf. Schon spürte ich, wie meine Füße leicht versanken. Ich hörte das Quietschen der Schuhe beim Herausziehen. Als ich mich ganz langsam einem Frosch näherte, der sein Quaken ertönen ließ, verfing ich mich plötzlich an einem Gestrüpp. Dornen gruben sich in meinen linken Knöchel. Fast hätte ich geschrien. Ein stechender Schmerz durchfuhr mich. Ich sah die Spitzen und entfernte sie. Immer noch saß dort der grau-braune Frosch. Fast schien er mir in die Augen zu schauen. Neben ihm konnte ich die schwarzen Kaulquappen sehen, wie sie sanft vorbeiglitten, unbeirrt und ruhig. Mooriger Duft lag in der Luft. Es roch nach verbranntem Holz, das mich an ein Würstchen aus dem Feuer erinnerte. Das Wasser lief mir bei dem Gedanken im Munde zusammen. Da sah ich sie. Ich wußte nicht woher sie kam. Plötzlich war sie da, direkt vor mir, in greifbarer Nähe. Sie bewegte sich auf mich zu, direkt auf mich zu. Starr stand ich da. Starr vor Schreck, der meine Glieder durchfuhr. Ich getraute mich nicht, eine Bewegung zu machen. Wie gebannt schaute ich sie an. Schlängelnd, mit weichen, steten Bewegungen überquerte sie meinen linken Fuß, berührte sogar meine Hosen, die Schlange mit den roten Augen. Lange werde ich sie in Erinnerung behalten. ..."

Damit man viele unterschiedliche Schüler erreicht, ist es wichtig, alle Sinne anzusprechen beim Informieren, Referieren oder Schildern. Jedoch passen die von außen kommenden, gehörten Worte mehr oder weniger gut zu der bevorzugten inneren persönlichen Wahrnehmungsweise der Empfänger. Wenn zum Beispiel hoch visuell organisierte Menschen eine Sprache hören, die bevorzugt den auditiven Bereich betrifft, können sie weniger gut zuhören. Die Bilder fehlen. Es ist für solche Menschen ein Glück, nach regelmäßigen Abständen über die Sprache auf Bildhaftes aufmerksam gemacht zu werden. Umgekehrt fühlen sich Schüler, die vorwiegend kinästhetisch ansprechbar sind, schlecht, wenn gefühlsmäßige, das Spüren und Empfinden betreffende Wörter ausbleiben. Sie sind erleichtert, wenn in regelmäßigen Abständen Gefühle und Empfindungen angesprochen werden. Auch die hauptsächlich auditiv organisierten Schülerinnen und Schüler schätzen es, wenn sie mit den auditiven Wörtern immer wieder abgeholt werden.

Durch ein verbales **Streuverfahren über alle Sinne** kann man abwechselnd alle Lernenden erreichen. Zwar richtet man sich dabei nicht ausschließlich auf eine Organisationsweise aus. Glücklicherweise verfügen die meisten Menschen über die Fähigkeit, Informationen, die von außen stammen, innerlich passend zu machen. Das heißt: Die Schülerinnen und Schüler, die bevorzugt visuell speichern (Informationen erinnerbar machen), erlauben sich bei Wörtern, die das Hören betreffen, dazu ein Bild entstehen zu lassen. Wer sich bevorzugt auditiv orientiert, verwandelt Wörter, die visueller Natur sind, innerlich zu etwas Hörbarem. Personen, die sich am leichtesten über das Spüren erinnern, haben gelernt, visuelle und auditive Wörter innerlich in spürbare Erfahrung umzuwandeln. Die Information wird innerlich begreifbar gemacht. **Viele Lernende** können mit Hilfe des Streuverfahrens über alle Sinne **erreicht** werden. Dadurch lernen die Schüler leichter, angenehmer und mit größerem Engagement. Störungen vermindern sich dadurch.

Für den Lehrer eröffnet die Planung des Streuverfahrens viele faszinierende, neue Wahrnehmungen seines Fachbereiches. Alle Sinne werden geöffnet. Augen, Ohren, Gefühl, Geruch und Geschmack können ihren Beitrag zu einer lebendigen, ausdrucksstarken Schilderung leisten. Für ihn selbst gewinnt dadurch der Lehrstoff ebenfalls an Tiefe und Weitblick.

6.2.2. Systematisch ritualisieren

Wenn sich während des Unterrichts – und auch sonst im Leben – bestimmte Abläufe regelmäßig und in der gleichen Art wiederholen, so lernen wir zu wissen, was geschieht, geschehen wird und welche Reaktionen, die dazugehören, verlangt werden. Im NLP heißt dieser Vorgang Ankern. Es ist ein Prozeß, bei dem die Gesetzmäßigkeiten der klassischen Konditionierung genutzt werden. Dabei wird ein bestimmter physiologischer Zustand – dies kann zum Beispiel ein Körperzustand sein – systematisch mit einem zusätzlichen Reiz verbunden. Wenn dieser Reiz wieder auftritt, wird der damit verknüpfte seelisch-körperliche Zustand automatisch wiederbelebt.

Zur besseren Verständigung sei an die Pawlovschen Hunde erinnert. Pawlov, ein russischer Forscher, hat die klassische Konditionierung entdeckt. Was heißt das? Er experimentierte mit hungrigen Hunden, die natürlicherweise Speichel absondern, wenn sie mit einem Fleischstück geruchs- und sehmäßig in Berührung gebracht werden. Hunde haben einen ausgeprägten Geruchssinn. Fleisch riechen, bedeutet für dieses Tier, falls es hungrig ist, daß ihm automatisch das Wasser im Maul zusammenläuft und Speichel herausfließt. Pawlov machte folgendes Experiment: Er ließ sehr kurz (optimal 0.5 Sekunden) vor der Darbietung des Geruchs und Anblicks des Fleisches einen Glockenton erklingen. Diesen Vorgang wiederholte er einige Male. Interessante Dinge geschahen nun: Dieser neutrale Reiz löste die Speichelreaktion ebenfalls aus. Dies geschah, ob das Fleisch nachher folgte oder nicht. Der Glockenton wird zum Signal für: „Jetzt bereitmachen: Fleisch kommt. Mhm." Der Hund reagiert konditioniert auf diesen neutralen Reiz. Dieser Ton ist zu einem Anker geworden, der bestimmte Körper- und Gefühlsreaktionen auslöst.

Menschen reagieren auch konditioniert. Man denke etwa an vertraute Musikstücke, bestimmte Gerüche wie etwa Mandarinengeruch, Kerzenlicht, Weihnachtsmänner, Autoritätspersonen usw., auf die wir mit bestimmten unwillkürlichen inneren Reaktionen antworten. Wir fühlen uns in einer bestimmten Art, bestimmte Erinnerungen tauchen plötzlich auf, wir können uns an bestimmte Sätze erinnern usw.

Schüler lernen mit Hilfe von Ankern oder Konditionierung die verschiedensten Dinge, ohne sich dessen bewußt zu sein. Zum

Beispiel wissen Schüler genau, wann Sie es als Lehrer ernst meinen mit bestimmten disziplinierenden Anordnungen. Schüler sehen Ihnen an, ob Sie heute reizbar oder eher unbegrenzt tolerant sind. Lehrer haben oft eine Ahnung über diese Art von Vorgängen im Unterricht. In der Regel weiß man jedoch nicht, wie man diese Kraft, die in dieser ursprünglichen Art von Lernen steckt, auf konstruktive Weise zum eigenen und dem Wohle der Schüler nutzen kann.

Ich werde jetzt zeigen, in welchen Bereichen es möglich ist, die Prinzipien des Ankerns im Schulbereich nutzbar zu machen. Es handelt sich um eine Ideensammlung, die als Anregung dienen kann, die eigenen Fähigkeiten zu nutzen, um eigene Felder zu entdecken, bei denen es sinnvoll erscheint, sich ans Ankern zu erinnern. Die Bereiche sind:

- ■ Unterrichtsphasen mit bestimmten Abläufen
  - – Anfangsrituale
  - – Übergänge zu Einzelarbeiten
  - – Beendigung von Einzelarbeiten, Übergang zur Klassenaktivität
  - – Beendigungsrituale
- ■ Gruppenzustände ritualisieren wie z.b.:
  - – Aufmerksamkeitsrichtung nach außen
  - – Aufmerksamkeitsrichtung nach innen
  - – Sachorientiertheit
  - – Gefühlsorientiertheit
- ■ Vermittlung wichtiger inhaltlicher Konzepte: Regeln (Eselsbrücken)
- ■ Disziplin
- ■ Erzählen von Geschichten mit metaphorischem Gehalt
- ■ im Umgang mit einzelnen Schülern: Ankern bestimmter emotivkörperlicher Zustände wie z.b. Fähigkeitenorientiertheit, Ja-Haltungsorientierung, Innenrichtung, Außenrichtung usw. bei der Lösung von tiefgreifenden Problemen.

Es ist auch hier wiederum wichtig, darauf hinzuweisen, wie hilfreich es ist, diese äußerst wirksamen Konzepte innerhalb einer Gruppe von Kolleginnen und Kollegen gemeinsam mit einer in diesen Methoden ausgebildeten Person zu lernen.

Ich möchte **einige Beispiele für das Ankern** wiedergeben, die die Anwendung in der Klasse zeigen:

Beispiel 1: Bei einer Lehrerin läßt sich beobachten, wie sie mit ihrer Erwachsenengruppe systematisch in der gleichen Art in die Lektion einsteigt. Sie steht zuerst so vor der Gruppe, daß ihr Gesäß das Pult berührt. Es ist fast eine Steh-Sitzposition. Dabei schaut sie jede Person die hereinkommt lächelnd an. Ihre Körperhaltung ist unbewegt. Die Beine stehen nebeneinander. Wenn alle anwesend sind und sie beginnen möchte, richtet sie sich auf, bewegt sich zur Türe und schließt sie. Dann nimmt sie einen tiefen Atemzug. Bis sie wieder vor ihrem Pult steht, hat sich die Gruppe zu einer Lerngruppe verwandelt. Der neue Standpunkt der Lehrerin ist etwa drei Meter neben dem vorhergehenden. Alle haben sich in die Lernposition begeben. Als nächstes erfolgt die freundliche Begrüßung. Seit dieser Beginn als Signal wirkt, ist es überflüssig geworden, darauf zu warten, bis alle bereit sind. Die Lernmotivation stellt sich vom Wechsel zwischen Standpunkt 1, Bewegung zur Türe und zurück zu Standpunkt 2 ein. (Beispiel für Beginn-Anker)

Beispiel 2: Eine 6. Grundschulklasse hat bei ihrem Lehrer folgendes gelernt: Immer dann, wenn der Lehrer, nachdem die Schüler einzeln gearbeitet haben, seinen Stuhl mit der rechten Hand hebt und ihn vor die Wandtafel in der Mitte des Raumes vor der Klasse hinstellt, gilt dies als Einladung, nach vorne in den Kreis zu kommen. (Beispiel für Übergang von einer Arbeitsform zur nächsten)

Beispiel 3: Eine Lehrerin hat sich entschieden, die Übergänge von der Unterrichtung der Gesamtgruppe zu den Einzelarbeiten wirkungsvoll zu gestalten, indem sie folgenden Vorgang verankert: Wenn sie mit ihrer Auftragserteilung fertig ist, schaut sie sich von links nach rechts der Reihe nach schweigend jeden Schüler an. Sie steht dabei ruhig, ihre Atmung ist relativ hoch. Dann wendet sie ihren Blick in der defokussierten Weise in die Mitte des visuellen Feldes und fragt immer gleich: „Gibt es dazu noch Fragen?" Sie wartet unbewegt, dabei darauf achtend, wo eine Reaktion verbaler oder nonverbaler Art erfolgt. „Sind noch Fragen da", sagt sie, „gut, ich komme bei dir noch vorbei, warte! Die anderen können jetzt beginnen." Wenn keine Fragen vorhanden sind, dann sagt sie auch: „Gut, dann könnt Ihr jetzt beginnen." Sie wartet noch so lange, bis sich alle Schüler an die Arbeit gemacht haben. (Übergang von der Klassenaktivität zur Einzelaktivität)

Beispiel 4: Die Beendigung der letzten Lektion oder Arbeitseinheit hat ein Lehrer folgendermaßen systematisiert: fünf Minuten vor dem Hinausgehen der Klasse sagt er: „Hört zu. Es ist Zeit zum Aufräumen." Die Schüler wissen genau, was damit gemeint ist. Dies hat er ihnen zu Beginn am ersten Tag mitgeteilt und der Klasse gesagt, daß dies wichtig sei. Auf dieses: „Es ist Zeit zum Aufräumen" beenden die Schüler die Arbeit, an der sie beschäftigt sind. Sie räumen die Dinge in ihre Mappe, lesen Papierfetzen, die am Boden liegen, auf, zerknüllen sie und werfen sie in den Papierkorb. Während der ganzen Zeremonie wartet der Lehrer schweigend. Wer fertig ist, nimmt die gleiche Haltung wie der Lehrer ein. Nachdem der Lehrer gesagt hat: „Ich wünsche euch einen schönen Abend", begibt er sich zur Türe und verabschiedet jeden Schüler. (Beispiel für ein Beendigungsritual.)

Beispiel 5: Es gibt Phasen beim Unterrichtsvorgang, bei denen es für Herrn Jakob wichtig ist, daß ihm die Schüler die volle Aufmerksamkeit zuwenden. Er will, daß die Schüler die Richtung ihrer Aufmerksamkeit nach außen orientiert haben, d.h.: Er will, daß ihm alle zusehen und zuhören. Zu diesem Zweck begibt er sich immer genau an den gleichen Platz vor der Klasse und nimmt immer die gleiche Körperhaltung ein. Er beginnt damit, daß er sich auf diesen Platz zubewegt, einen tiefen Atemzug nimmt, unbewegt für zehn Sekunden dort steht und zu reden beginnt, wenn es ganz still geworden ist. Seine Stimme ist dabei bestimmt, rasch, eher laut und kräftig.

Beispiel 6: Wenn Herr Jakob wünscht, daß die Klasse sich inneren Prozessen zuwendet und reflektiert über vergangene, gegenwärtige und zukünftige persönliche, emotionell berührende Dinge, dann holt er seinen Stuhl und setzt sich vor der Klasse hin – es ist bei ihm in Hufeisenform gestuhlt –, um dann mit ruhiger, langsamer, weicher Stimme, die eher leise wirkt, zu reden: „Wir haben uns in letzter Zeit intensiv mit verschiedenen Weltbildern auseinandergesetzt. Es gibt unterschiedliche Auffassungen über die Entstehung der Erde und vor allem der Menschen. Nachdem wir uns in dieser Art damit auseinandergesetzt haben, bin ich neugierig darauf, zu erfahren, wie es euch dabei gegangen ist. Welche Perspektiven habt Ihr gewonnen und wo steht Ihr im Augenblick mit diesem Thema ..." Diese Art von Tonfall und Körperhaltung geschieht immer dann, wenn die Klasse und die einzelnen Schüler eigene Gefühle, Gedanken, Wahrnehmungen und Erinnerungen aus sich schöpfen. Die Stimmqualität des Lehrers wird zur Brücke nach innen. (Beispiel für das Ankern der Aufmerksamkeitsrichtung und bestimmter emotionaler Zustände.)

Beispiel 7: Eine Lehrerin nutzt das Prinzip des Ankerns im Zusammenhang mit inhaltlichen Konzepten. Sie hat der Klasse beigebracht, daß die Flächenberechnung eines Dreiecks am besten zu verstehen ist, indem man weiß, daß die Dreieckfläche die Hälfte einer Viereckfläche ist. Dazu benutzt sie – um dieses Konzept immer wieder sichtbar werden zu lassen – ihre beiden Handflächen, die sie nebeneinanderlegt, so daß diese symbolisch ein Viereck bilden. „Dies ist ein Viereck", sagt sie dazu. Anschließend nimmt sie beide Hände langsam auseinander und bemerkt gleichzeitig, beinahe im Flüsterton: „Zwei Dreiecke." Nachdem sie diesen Vorgang einige Male während ihrer Präsentation an verschiedenen Beispielen durchgeführt hat, kann sie von jetzt an die Regel jedesmal, wenn es nötig ist, in Erinnerung rufen, indem sie stillschweigend beide Hände zur Fläche werden läßt und diese anschließend langsam auseinanderbewegt. (Ankern inhaltlicher Konzepte.)

Beispiel 8: Betrachten wir jene Lehrerin, die einen großen Karton an einem Platz vorne im Klassenraum aufgehängt hat, auf dem auf der einen Seite nur die Farbe des Kartons und auf der anderen ein Gesicht mit dem Finger auf dem Mund zu sehen ist. Die Schüler haben aufgrund verschiedenster systematischer Wiederholungen gelernt, daß sie schweigen oder nur noch flüstern dürfen, sobald dieses Gesicht erscheint. Es handelt sich hier um einen visuellen Anker (ähnlich dem Lichtimpuls beim Hund). Diese „Silence", wie dieses Gesicht benannt ist und von allen genannt wird, ist das Beispiel für einen Disziplinierungsanker. Die Vorteile sind offensichtlich: Man muß nicht immer von neuem auf kreative Art die genau richtige Ruhe mit den Schülern zusammen herausfinden, ausdiskutieren, auskämpfen, erspüren. Die Lehrerin hat dieses „Symbol" gemeinsam mit den Schülern etabliert. Nun kann sie aus der Distanz disziplinieren. Es ist klar, was der Karton von der einen und von der anderen Seite her zu bedeuten hat. Reden im einen, Schweigen im anderen Fall.

Beispiel 9: Der Lehrer hat der Klasse eine Geschichte erzählt von einem jungen Bären, der sich durch verschiedenste schwierige Situationen hindurchkämpft. Auch wenn es unmöglich erscheint, gelingt es ihm im letzten Augenblick immer wieder, einen Ausweg aus der Sackgasse zu finden. Die Geschichte hat die Schüler tief beeindruckt. Der Lehrer nutzt die Gestalt des jungen Bären, indem er bei schwierigen Klassensituationen oder Engpässen einzelner Schüler den Bären erwähnt: „Wir können uns an den Bären in uns erinnern, dann werden sich die Dinge zum Richtigen wenden."

6.3. Vom „Nein" zum „Ja": Ja-Haltungsorientierung

Schüler empfinden im Verlaufe des Lernvorganges unterschiedlich. Wenn sie sich ablehnend gegenüber Stoff, Gruppe, sich selbst oder dem Lehrer fühlen, wird das Lernen behindert oder blockiert. Der Lerninhalt verbindet sich mit negativen Gefühlen und fällt deshalb bevorzugt dem Vergessen anheim: Die Erinnerung daran erweckt die unlustvollen oder schmerzhaften Gefühle wieder zum Leben. Davor schützen sich die Schüler. Hingegen begünstigt die Verbindung von Wohlwollen und Bejahung innerhalb jeder Lernsituation das Aufnehmen, Verarbeiten und Behalten von Informationen. Die Lehrinhalte verschmelzen mit den angenehmen Gefühlen und nehmen deren Färbung an. Der Stoff wird deshalb gerne wieder erinnert und gebraucht.

Aus diesen Gründen ist es wichtig zu sehen, wo die Schülerinnen und Schüler stehen und zu erkennen, ob sie dem Geschehen bejahend oder verneinend gegenübertreten. Die Beobachtung des „Ja" oder „Nein" bei den Lernenden wird zu einem wichtigen „Navigationsinstrument", mit dessen Hilfe man sich orientieren kann.

Unter **Ja-Haltung** ist eine bio-psychische Gesamtverfassung zu verstehen, in der die Person bei Kräften ist. Dies betrifft Gefühl, Intellekt und sozialen Kontext, in dem sie sich gut aufgehoben und getragen fühlt. Gleichzeitig ordnet sich die Person dem gemeinsamen Ziel unter und ist bereit diese Richtung zu unterstützen. Zu den aktuellen Ereignissen sagt sie innerlich und als Folge davon auch äußerlich ja.

Unter **Nein-Haltung** ist eine körperliche, seelische und geistige Gesamtverfassung zu verstehen, in der sich die Person einer im Moment laufenden Aktion innerlich und äußerlich widersetzt. Sie fühlt sich im Moment innerhalb des sozialen Kontextes gefühlsmäßig und intellektuell in eine andere Richtung gezogen: Andere Perspektiven und Visionen sind bestimmend. Die Person ist mit den Gesamtzielen oder anderen Aspekten des Geschehens nicht einverstanden und innerlich angespannt.

Wenn während des Unterrichts Schüler in Nein-Haltungen verwickelt werden oder sich bewußt hineinbegeben, ist es wichtig, dies zu erkennen. Je länger eine Nein-Haltung übersehen und überhört wird, umso stärker beginnt sie sich auszudrücken und sichtbar zu werden. Der Streß und Druck steigt, wodurch die Herausforderung wächst. Oft raubt die unbeachtete Nein-Haltung Kräfte auf den verschiedensten Ebenen beim Lehren und Lernen.

Die Ja-Haltung dient als Grundlage wirksamen Lernens und Lehrens. Je öfter und intensiver alle Beteiligten ja sagen können zu dem, was gerade geschieht, umso besser ist es. Das Lehr-Lernfeld wird stabil und das Lernen lustvoll und engagiert.

Deshalb leuchtet es ein, daß jene Lehrerinnen und Lehrer, die die Fähigkeit entwickelt haben, Ja-Haltungen zu fördern und Nein-Haltungen zu erkennen und zu verändern, sich die Arbeit erleichtern. Die Ziele können besser und vertiefter erreicht werden.

Betrachten wir ein **Beispiel**, bei dem auf dramatische Weise sichtbar wird, wie sich **Nein-Haltungen** zeigen können und wie dieser Lehrer damit umgegangen ist, um sie zu nutzen und zu verändern:

Ein Lehrer, der grundsätzlich gleichermaßen von Eltern und Schülern sehr geschätzt wird, hat mir erzählt, wie er in eine spezielle Situation mit seiner Klasse verwickelt war, bei der eine sehr deutliche Nein-Haltung zum Ausdruck kam. In der Schule werden manchmal Arbeiten geschrieben und korrigiert. Dies war auch hier der Fall. Den Schülern wurde angekündigt, daß die Arbeiten benotet würden. Jetzt kam der Zeitpunkt der Rückgabe der Arbeiten an die Schüler.

Als Markus, einer seiner Schüler, das Blatt entgegennimmt, wirft er einen sehr kurzen, raschen Blick darauf, dann hat er genug gesehen. Zuerst erbleicht er, erstarrt, um dann leicht zu erröten. Blut schießt in seinen Kopf. Er beginnt leicht zu zittern, um dann die schriftlich korrigierte Arbeit vor sich auf den Boden zu werfen. Mit beiden Füßen trampelt er wie wild darauf herum. Seine Enttäuschung bringt ihn außer sich, es schreit aus ihm heraus: „Gopferdammi Siech nomol." (Ein starker Fluch auf Schweizerdeutsch.) Dabei schaut er zornig in die Richtung des Lehrers. Es handelt sich um einen entscheidenden Moment. Wie wird der Lehrer reagieren? Dieser schaut sich in der Klasse um, sieht, wie betroffen und neugierig gleichzeitig verschiedenste Schüler und Schülerinnen schauen, darauf wartend, was jetzt geschehen wird. Der Schüler nimmt eine Schere, nachdem er das Blatt rasch aufgelesen hat und schneidet an der Arbeit einen Papierstreifen ab. Und jetzt geschieht etwas Überraschendes und sehr Rührendes. Der Lehrer wendet sich abwechselnd der Klasse und dem Schüler zu, während er mit ruhiger Stimme und entspanntem Gesichtsausdruck sagt: „Hier geschieht im Moment etwas sehr Wichtiges für Markus." Er wartet, läßt die darauf folgende äußerlich wahrnehmbare und innere Reaktion beim Schüler geschehen. Markus beendet seine Trampelaktion. Der Lehrer sagt: „Es ist sehr wichtig, wenn man seine Enttäuschung und seine Wut zeigen kann." Er sagt dies wiederum in die Richtung der Klasse, die fast gemeinsam und hörbar aufatmet, und behält gleichzeitig Markus im Auge. Markus beruhigt sich ebenfalls. Es ist, als ob ein frischer Wind durch das Zimmer wehen würde. Sein Lehrer schaut ihn sehr mitfühlend an, mit entspanntem Gesicht. Er nimmt selbst einen tiefen Atemzug, sieht wie auch Markus einmal durchatmet und wiederholt dann: „Ja, es ist sehr, sehr wichtig zu merken, wenn man enttäuscht ist und erzürnt. Es ist auch in Ordnung, wenn du es auch noch zeigen kannst." Während der Lehrer dies sagt, berührt er Markus ganz sanft an seiner rechten Schulter. Der Schüler beruhigt sich, und es folgt ein kurzer Austausch mit ihm, bei dem der Lehrer seine Gefühle nochmals würdigt und vorschlägt, daß er mit ihm anschließend ein Gespräch führen möchte. Markus hat sich gesetzt. Tränen quellen ihm wie Perlen aus den Augen, die er nun hemmungslos kommen läßt. Der Lehrer teilt noch die restlichen Blätter aus, gibt einen Auftrag an die Klasse und wendet sich dann ganz Markus zu.

Dieses Vorgehen hat mich beeindruckt. In der Regel drängt sich die Wahrnehmung des Wandels vom Nein zum Ja nicht auf so dramatische Weise auf. Sie läuft dann sehr subtil ab.

Betrachten wir zum **Beispiel** Marlis, bei der sich ein **Nein** zeigt, das die Lehrerin zuerst übersieht. Sie bemerkt es erst, als es sich vertieft. Wir können dabei auch die Hintergründe für das Nein erkennen:

Marlis ist in der 6. Klasse. Sie ist bei einer ihr beliebten Lehrerin. Doch heute fühlt sie sich nicht so gut. Sie ist zu spät aufgestanden. Ihre Mutter hat vergessen den Wecker zu stellen, was sie sonst macht.

Mit dieser Grundstimmung kommt die Schülerin etwas verspätet zur Schule. Sie meint, die Lehrerin schaue sie dabei ein bißchen „böse" an. Dies ist ihre Perspektive. Die Lehrerin sagt jedoch nichts. Irgendwann im Verlaufe der folgenden Stunde geschieht folgendes: Marlis ist immer noch verärgert über das Zuspätkommen. Sie findet, sie sei nicht schuld.

So in Gedanken versunken, läuft der Unterricht neben ihr ab. Deshalb hört sie gar nicht recht zu. Plötzlich wird sie von der Lehrerin aufgerufen, und sie soll zu irgend etwas eine Antwort geben. Da sie nicht antworten kann, ruft die Lehrerin jemand anderen auf. Etwas später, als Marlis wieder nur mit halbem Ohr dabei ist, da sie einfach gefangen ist durch die Geschichte von heute morgen, soll sie wieder eine Antwort geben. Sie weiß sie wieder nicht. Die Lehrerin sagt: „Na, komm endlich, wach auf!" Obwohl die Lehrerin dabei freundlich aussieht, kommen diese Worte bei Marlis schlecht an. Sie fühlt sich beleidigt. Ihre Körperhaltung, die ohnehin schon nach vorne gebeugt war, senkt sich weiter. Ihre Mundwinkel verengen sich leicht. Ihr Gesicht wird eine kleine Nuance bleicher, als es ohnehin schon war, und sie atmet laut, fast hörbar aus. Ihren Kopf neigt sie leicht auf die linke Seite, während in ihrem Inneren ein Satz aufsteigt: „Dies ist ein total verschissener Tag. Heute läuft bei mir nichts. Und die Lehrerin mag mich nicht." Ihre Augenbrauen ziehen sich ein wenig zusammen. Die Augenöffnung verengt sich. Sie schaut vor sich auf's Pult, ohne sich dabei zu bewegen.

Das beginnende Nein ist „gleichsam hausgemacht". Marlis bringt es aus ihrem Alltag in die Schule herein. Verstärkt wird es dadurch, daß die Lehrerin zu Beginn übersieht, in welcher Verfassung sich Marlis befindet. Mit ihrer Äußerung: „So komm jetzt, wach auf!", die gut gemeint ist, fühlt sich Marlis verletzt. Dieses Gefühl verstärkt ihre „Nein-Haltung" und beginnt sich auch auf die Lehrerin und das Selbstgespräch zu übertragen, indem sie sich sagt: „Das kannst du nicht. Sie hat dich nicht gern usw." Erst als die Lehrerin erkennt, in welcher inneren Verfassung sich Marlis befindet, kann sie sie herausholen in einen neutralen, arbeitsfähigen Zustand. Schauen wir, wie das vor sich ging:

Als die Lehrerin die Klasse einlädt, zum bestehenden Thema eine schriftliche Arbeit zu machen, sieht sie plötzlich Marlis vor sich. Das erste Mal nimmt sie deren Haltung, Gesichtsausdruck, Mimik, ruhige Körperhaltung, den flachen Atem und die fahle Haut so bewußt wahr. Sie erteilt noch den Auftrag an die Klasse und begibt sich dann zu Marlis. Sie setzt sich neben sie und sagt: „Geht es dir nicht gut heute?" Das Mädchen wendet den Blick und ihren Körper von der Lehrerin ab. Ihr wird plötzlich bewußt, daß sie Marlis zweimal aufgerufen hat und diese keine Antwort gewußt hat. Sie hört innerlich auch, wie sie ihr gesagt hat: „Na komm, wach auf!" Da geht ihr ein Licht auf. Sie sagt: „Du, Marlis, hab ich dich verletzt vorhin mit meiner Bemerkung, daß du aufwachen sollst? Es tut mir leid, wenn dem so ist. Das wollte ich nicht." Jetzt verändert Marlis ihre Körperhaltung. Sie richtet sich ein bißchen auf und wendet ihren Kopf der Lehrerin zu. Sie sagt: „Na, also verletzt ... Ja, so etwa." Die Lehrerin sagt: „Tut mir wirklich leid. Glaubst du mir das?" Marlis erwidert: „Ja, ich glaube Ihnen schon. Eigentlich hat es nichts mit Ihnen zu tun. Meine Mutter hat mich heute zu spät geweckt, deshalb bin ich zu spät gekommen." Marlis und die Lehrerin diskutieren nun in dieser Weise aus, was geschehen ist. Während des Gesprächs verändert Marlis ihre Körperhaltung. Blut strömt vermehrt in ihr Gesicht. Sie beginnt sich leicht zu bewegen, richtet sich auf und ist bereit, die Arbeit zu machen.

Es gibt verschiedene Arten von Ja- und Nein-Haltungen. Bei jedem Menschen muß dies individuell entdeckt werden. Das Instrument, das hilft, die verschiedenen Arten von Nein- und Ja-Haltungen zu unterscheiden, ist das **Kalibrieren.** Sich kalibrieren heißt: **Ein Meßinstrument entwickeln, mit dem die Verfassung einer anderen Person erkannt werden kann.** Durch das Gesetz der Gleichzeitigkeit zwischen geistigen, emotionalen, denkmäßigen und körperlichen Aktivitäten kann ein „innerer Zustand" von außen erkannt werden. Man kann den Körperausdruck sehen und die Feinheiten der Stimme hören.

Mit Kalibrieren ist jene Beobachter- und Zuhöreraktivität gemeint, die einem erlaubt, bestimmte Zustände wieder zu erkennen. Ein Vergleich mit dem Urmeter drängt sich auf. Damit wird bestimmt, wann genau eine Länge ein Meter ist. Beim Kalibrieren meint man: Es wird bestimmt, wann ein Körperausdruck und bestimmte Stimmfeinheiten zu einer Ja- oder Nein-Haltung gehören. Die Unterschiede erkennt man durch genaues Beobachten von Grobkörperhaltung, Gelenkwinkel, Muskeltonus, Mimik, Gestik, Haltung, Gesichtsfarbe, Handstellungen, Beinstellungen, Atmung, Richtung der Augenbewegungen usw. Beim Hören kann man etwa auf die Qualität der Stimme, Intonation, Färbung, Stimmelodie, das Auf und Ab, Geschwindigkeit, Intensität und Lautstärke achten.

Sich Kalibrieren ist eine Fähigkeit, die alle Menschen in unterschiedlichem Maße anwenden. Schüler erkennen anhand bestimmter Ausdrucksweisen bei ihren Lehrern, in welcher Verfasssung sich diese befinden. Die Schüler kalibrieren sich. Dadurch wissen sie, was heute drin liegt und was nicht.

Nein- und Ja-Haltungen können immer wieder neu entdeckt werden bei jedem Schüler, weil sie höchst persönliche Ausdruckweisen sind. Es gibt so viele Körperausdrucksarten und so viele Interpretationsmöglichkeiten wie es Schüler gibt. Selbstständlich bekommt man mit der Übung eine „Ahnung", wie eine Ja- bzw. eine Nein-Haltung etwa aussehen kann. Die Haltungen sind unterschiedlich ausgeprägt. So gilt es in einem Spektrum zwischen Ja und Nein viele Positionen zu erkennen, wie zum Beispiel: Kongruentes hundertprozentiges Ja, viel Ja mit wenig Nein, viel Nein mit wenig Ja bis zu kongruentem Nein.

```
NEIN ───────────────────── JA

1    2    3    4    5    6    7    8

VERSCHIEDENE POSITIONEN ZWISCHEN
JA UND NEIN. Die erstrebenswerte Position beim
Unterricht bewegt sich zwischen 6 und 8
```

Wünschenswert ist es, obere Bereiche innerhalb der Ja-Nein-Skala zu erreichen. Die Ja-Haltungsorientierung richtet sich auf dieses Zielfeld aus.

Es gibt **fünf Aspekte, auf die sich Nein- oder Ja-Haltungen beziehen** können:

1. den größeren Kontext,
2. die Gruppe oder einzelne andere,
3. die Sache,
4. die Lehrperson,
5. die Methode.

Beim vorhergehenden Beispiel mit der zurückgegebenen Prüfungsarbeit bezog sich die Nein-Haltung auf der tiefsten Ebene auf den Schüler selbst. Auf der oberflächlichen Ebene kam sie bezogen auf die Sache sowie die Person des Lehrers zum Ausdruck. Schichtweise verwandelte der Lehrer die Nein-Haltung in einen neutralen Zustand.

Bei Marlis, in unserem letzten Beispiel, richtete sich die Nein-Haltung auf den familiären Kontext und übertrug sich durch das Mißverständnis auf die Lehrperson. Sache, Methode sowie Gruppe und andere hatten damit nichts zu tun.

Sehr eindrücklich ist es für mich jedesmal, wenn ich meinen Sohn zu dem freiwilligen Freitagabend-Turnen begleite, bei dem ich die Gelegenheit zum zusehen und zuhören nutze. Die Kinder aus verschiedenen Altersstufen von der 1. bis zur 6. Klasse sind in einer hochmotivierten Verfassung. Es sind junge Leiterinnen, die für die Veranstaltung verantwortlich sind. Deren Stil ist geprägt durch viele Äußerungen, die man als überstrukturierend oder geringschätzend bezeichnen könnte wie z.B.: „He, steh sofort auf. Nicht so langsam." – „Ich hab gesagt, Ihr sollt euch beeilen." – „Nein, nicht so, sondern so." – „Heut macht Ihr es aber besser als letztes Mal! (ein versteckter Vorwurf)." Dabei wirkt ihre Stimme und Körpersprache schroff und uneinfühlsam. Lauter Voraussetzungen, bei denen ich, wenn ich es nicht selbst anders sehen würde, gesagt hätte, daß sich die Kinder unwohl fühlen würden, weil der Rapport nachlasse. Das Gegenteil ist in dieser Gruppe der Fall. Sämtliche Kinder befinden sich in einer dauernden Ja-Haltung. Sie führen die Anweisungen aus, rasch, zielstrebig und engagiert. Sie rennen dem Ball nach mit allen Kräften. Wenn ich verschiedenen Kindern zuhöre, wie sie über die Veranstaltung reden, so höre ich lauter wohlwollende, positiv bewertende Äußerungen wie: „Lässig war es heute." – „Das nächste Mal möchte ich dann auch wieder ..." Es ist eine Ja-Haltung, die auf die Sache abzielt. Weil das Turnen selbst so wichtig und faszinierend ist, spielt die Art der Anweisung und Strukturierung offensichtlich eine untergeordnete Rolle.

Bisher haben wir Ja- und Nein-Haltungen bezogen auf Schülerzustände betrachtet. **Lehrerinnen und Lehrer** können jedoch **auch in Nein-Haltungen** verwickelt sein. Auch dann gibt es die genannten Zielrichtungen dieser inneren Nein-Haltungen, sei es als Nein gegenüber den Aktionen, Verhaltensweisen, emotionalen Zuständen von Schülerinnen und Schülern oder gegenüber kontextuellen oder persönlichen Bedingungen. Es ist dann besonders wichtig, sich wieder in einen neutralen Zustand führen zu können.

Als **besonders herausfordernd** werden Situationen empfunden, bei denen eine **ganze Lerngruppe in einer Nein-Haltung** gefangen ist, erkennbar daran, daß die Schüler beispielsweise die Arbeit unmotiviert und mittelmäßig ausführen, ihre Aufmerksamkeit auf die verschiedensten Dinge außerhalb der Schule richten, wortkarg sind usw. Oft sieht sich der Lehrer in einer Gruppensituation, bei der er sich in einen mühsamen Kampf einlassen könnte wegen der verschiedensten Details. Oft hängen sie verschwommen, unfaßbar und unausgesprochen in der Luft. Auch dabei sind Nein-Haltungen untergründig verantwortlich.

Was kann getan werden mit Nein-Haltungen? Welche Möglichkeiten gibt es, Schülerinnen und Schüler oder sich selbst aus Nein-Haltungen zu Ja-Haltungen hinüberzuleiten?

Ich freue mich, Ihnen einige Ideen vorstellen zu können, die ich aufgrund eigener Erfahrungen und des Austauschs mit kompetenten Lehrerinnen und Lehrern innerhalb verschiedener Trainings zusammentragen konnte. Zuerst gehe ich ein auf die Veränderung von Nein-Haltungen bei einzelnen Lernenden. Die anschließende Ideensammlung gibt Hinweise, wie man einer Gruppe helfen kann, aus festgefahrenen, unproduktiven Haltungen herauszutreten. Zuletzt betrachten wir, welche Möglichkeiten Lehrer haben, wenn sie selbst durch Nein-Haltungen gestreßt sind.

6.3.1. Die Verwandlung von Nein-Haltungen einzelner Schüler

Lehrerinnen und Lehrer sehen sich oft in die Lage versetzt, daß einzelne Schüler nicht ganz „bei der Sache" sind aufgrund einer Nein-Haltung. Sofern dieser Zustand erkannt wird, gibt es zwei grundsätzliche Möglichkeiten damit umzugehen:

Erstens: Man läßt den Schüler. Zweitens: Man gibt ihm Hilfestellung, indem man ihn sanft zur „Sache zurückholt" oder in einen anderen inneren Zustand führt.

In der Regel sind Nein-Haltungen Orientierungshilfen für die Schüler, um spüren zu können, wie sie die verschiedenen Aspekte eines Geschehens beurteilen. So gesehen ist jede Reaktion ein wertvoller Beitrag, der genutzt werden will. Wenn wir diese Ansicht teilen, so ist es verständlich, dem Schüler zu erlauben, in seiner Nein-Haltung so lange zu verweilen, bis es für ihn gut ist herauszukommen. Manchmal wäre es schlimm, Schüler herauszuholen, weil es richtig ist, daß sie im Moment durch den Prozeß des Nein hindurchgehen müssen.

Ich erinnere mich an eine 8. Klasse von „noch schulbildungsfähigen Kindern", die ich unterrichtete. Otto war plötzlich sehr erzürnt über das Mißlingen einer Schreibarbeit. Er war so zornig, daß er sein Schreibzeug mit der Schreibfeder voran heftig auf sein Blatt aufschlug, so daß die Feder im Pult durch das Heft hindurch steckenblieb. Sein Gesicht war feuerrot geworden, seine Bewegungen sehr heftig. Als ich aufmerksam wurde durch diese Handlung, die nicht zu überhören und übersehen war, ging ich zu ihm hin. Da ich mich selbst frei fühlte und diese Aktion nicht persönlich nahm, setzte ich mich vorsichtig neben Otto, berührte ihn sanft an der Schulter und sagte zu ihm: „Heute läuft es nicht so, wie du möchtest." Dabei beobachtete ich ihn. Seine Lippen waren eng. Sein Gesicht gerötet. Die Muskeln fühlten sich hart an und vibrierten unter meinen Fingern. Da ich ihn kannte, wußte ich, daß es für ihn gut sei, wenn ich ihn in seinem Zustand lasse. Er selber würde den Zeitpunkt bestimmen, wann er wieder zu arbeiten beginnen wollte. Ich sagte: „Du bist jetzt sehr wütend. Es ist anzunehmen, daß du auf dich selbst wütend bist, darauf, daß dir die Arbeit nicht gelungen ist. Laß dir Zeit. Arbeite im Moment nicht weiter. Erlaube dir, deine Wut zuerst abklingen zu lassen, und dann können wir gemeinsam schauen, was wir damit machen. Dann kann die Arbeit erst gelingen." Ich ließ ihn dann in seinem Zustand, aus dem er nach und nach herauskam. Zu sehen war die innere Veränderung an seiner Körperhaltung. Er richtete sich nach etwa 15 Minuten langsam auf, riß sein Schreibwerkzeug aus dem Pult und Heft heraus, führte nochmals eine heftige Bewegung damit aus und beruhigte sich. Die Gesichtsfarbe veränderte sich. Sein Rot wich einem Rosarot und anschließend ging es fast in ein Gelb über. Dann schaute er zu seinem Nachbarn hinüber auf dessen Heft. Nachdem er sein Pult von sich aus wieder in Ordnung gebracht hatte, gab er mir einen Wink, daß ich kommen solle.

Bei diesem Schüler hatte ich mich entschieden, ihn in der Nein-Haltung zu lassen. Es war für mich die „richtige Wahl". Wie sich zeigte, entstand dadurch für Otto die Möglichkeit, seinen Zustand zu ändern. Vermutlich lernte er, daß es in Ordnung ist, bestimmte Gefühle zu empfinden und diese auf seine Art auszudrücken. Gleichzeitig konnte er entdecken, wie er selbst Möglichkeiten in sich hat, seine Zustände zu verändern und den Zeitpunkt dafür zu bestimmen. Was genau in ihm vorgegangen ist, läßt sich nur schwer bestimmen. Es läßt sich auch nicht sagen, was passiert wäre, wenn ich Otto früher und auf andere Art hätte herausholen wollen aus seiner festgefahrenen Situation.

Als Regel kann gelten: Wer in einer Nein-Haltung ist, wehrt sich gegen das Lernen. Informationen prallen ab, oder nur ein kleiner Teil davon wird aufgenommen. Die Anregung der Sinne ist begrenzt. Das persönliche Schutzsystem läuft auf vollen Touren. Deshalb soll Schülern – sofern es möglich ist – aus diesen Haltungen herausgeholfen werden. Es gibt verschiedene Möglichkeiten für den Lehrer:

1. Er erkennt, in welchem Sinnessystem sich der Schüler gerade bewegt und holt ihn in einem **anderen Sinnessystem** ab. Dies kann beispielsweise durch eine sanfte Berührung geschehen, einen leisen Kommentar oder eine Bewegung innerhalb des Blickfeldes des Schülers.

2. **Er spricht die Nein-Haltung direkt an.** Dabei ist zu berücksichtigen, daß dies auf sehr respektvolle fragende Weise geschieht. Beispielsweise könnte die Lehrerin sagen: „Helmut, ich weiß nicht, was du gerade denkst. Du siehst so aus, als ob du nicht mehr ganz einverstanden bist mit dem, was gerade läuft ..."

3. Er veranlaßt den Schüler zu einer **Körperhaltungsänderung.** Dadurch kann sich auch die innere Haltung und Einstellung ändern: „Darf ich dir einen Vorschlag machen? Kannst du mal ausprobieren, wie es dir gelingt, wenn du folgende Haltung einnimmst und dich so hinsetzt."

4. Er gibt dem Schüler eine **spezielle Aufgabe,** die dieser nur lösen kann, indem er seinen inneren Zustand wandelt.

5. Er fragt den Schüler was er jetzt an seiner Stelle vorschlagen würde. Es handelt sich um einen **Rollentausch:** „Wenn du jetzt die Lehrerin wärst, was würdest du vorschlagen?"

6. Er bittet den Schüler um **Mithilfe.**

7. Er verändert die Instruktionsweise, indem er **Stimme, Rhythmus und Tempo** variiert. Zum Beispiel kann er plötzlich leise und langsam zu referieren beginnen oder umgekehrt.

8. Er nimmt Bezug zur Nein-Haltung in Form einer **Geschichte.** Dazu werden wir später noch mehr hören. Es ist eine indirekte Art die Dinge anzusprechen.

9. Er führt ein **Einzelgespräch** mit dem Schüler, um zu klären, worum es geht. Beide suchen gemeinsam nach Auswegen. Für mich persönlich ist dies die direkteste und kongruenteste Methode, um tiefsitzende, schon länger anhaltende Nein-Haltungen zu verstehen und zu wandeln.

6.3.2. Zustandsänderung einer ganzen Lerngruppe

Besonders nützlich sind Ideen, die helfen, Nein-Haltungen einer Lerngruppe zu verändern. Hier werden einige Vorschläge gemacht, die als Anregung dienen. Es handelt sich um eine unvollständige Sammlung, was Sie ermutigen soll, die eigene Kreativität anzuregen und sich an das vorhandene persönliche Repertoire zu erinnern. Die Vorschläge dienen ebenfalls dazu, neue Impulse selbst zu entdecken und weiterzuentwickeln.

Die hier zur Sprache gebrachten Gedanken werden des Umfangs
wegen nur stichwortartig vorgestellt.

1. Wechsel der Sinnessysteme:

■ von außen nach innen, von innen nach außen, von einem System zum
anderen: vom Sehen zum Hören, vom Hören zum Sehen, vom Tasten
zum Riechen usw.;

■ Einbezug der Bewegungsebene;

■ Einbezug der auditiven Ebene, z.b. ein Lied singen;

■ auf Pult stehen: fremdsprachige Wörter einmal aus anderer Position;
Wörter laut rufen;

■ Rhythmus dazumischen wie rhythmisches Sprechen von Texten;

■ Hören: Kind bekommt Triangel, schlägt darauf, die anderen müssen
herausfinden, aus welcher Richtung der Ton kommt;

■ Hören: drei Schüler gehen abwechselnd, die anderen haben ihre Augen
geschlossen. Sie müssen herausfinden, wer die drei sind;

■ 20 Bilder sind zu einem bestimmten Thema vorhanden, die Schüler
müssen auswählen und begründen warum;

■ aus wichtigem Thema Wettbewerb machen, die ersten drei bekommen
einen Preis, die anderen bekommen auch etwas;

■ 3 bis 4 Kinder gehen hinaus, andere wechseln ihre Kleider, tauschen aus,
Schmuck etc.;

■ auf kinästhetische Ebene wechseln: z.B. Anspannung verstärken mit
Körper, dann Loslassen, Anspannen und Loslassen.

2. Wechsel der Arbeitsformen:

■ Wechsel von der Großgruppe zu Untergruppenaktivitäten, zu Einzelarbeit;

■ Wechsel Ruhe, Reden, selber Reden, Zuhören;

■ kleinen Spaziergang machen lassen. Nachher bestimmte Dinge erfragen,
wie z.B.: „Wie hat Y ausgesehen?" (Tür beim Hauseingang, Bild über
dem großen Fenster usw.);

■ Alle legen sich auf den Boden. Diskussion auf diese Art. Nur hören;

■ Anweisung zum herumgehen und betrachten der Arbeiten anderer
Schülerinnen und Schüler;

■ bei Müdigkeit: Anweisung auszuprobieren, in welchen verschiedenen
Positionen man auf einem Stuhl arbeiten kann, günstigste Position herausfinden lassen (besonders geeignet im Umgang mit Pubertierenden,
die „besondere Haltungen" einnehmen);

- Idee für den Rechenunterricht: Zahlenreihe mit bestimmtem lustigen Rhythmus oder bestimmter lustiger selbstentwickelter Melodie, Spiel im Kreis;
- spielerisches Lernen langweiliger Dinge: Wer eine Antwort weiß, darf den nächsten Schüler aufrufen;
- wer etwas gesagt hat, darf aufstehen;
- im Freien arbeiten im Kreis;
- Schreibunterricht spüren: 1. Kind legt Arme auf's Pult; 2. Kind schreibt auf dessen Rücken. „Lesen", was gespürt wird.

3. Spiele:

- Lied: Hallo nimm diesen Schuh;
- Würfelspiele oder Kartenspiele mit bestimmten zusätzlichen Lernaufträgen verbunden;
- Sketche, Spiele verschiedener Art;
- Schere, Stein, Papier als Abwechslung zwischendurch;
- wer kann länger auf einem Bein stehen?
- Hände gegen Hände: Kämpfen;
- Bewegung spiegeln, jemand darf eine Bewegung vormachen, die anderen machen sie nach;
- verschiedenste Singspiele;
- Zungenbrecher, Schnabelwetzer;
- Gerüchtespiel: 6 Personen gehen nach draußen. Drinnen wird jemandem Geschichte ins Ohr geflüstert, Person kommt herein, flüstert sie dem nächsten ins Ohr usw., Was erzählt letzte Person?
- Volkstanz;
- Zaubertrick vorführen und ausprobieren lassen wie z.B. mit Hand einen Finger von einer Hand zur anderen sausen lassen;
- laut-leise Spiele;
- einhaken mit den Händen, mit Daumen herunterdrücken, dreimal rechts, links, rechts, dann herunterdrücken.
- Blinzelspiel;
- Telefonspiel, der Reihe nach etwas ins Ohr flüstern, eine wichtige Botschaft durchleiten;
- gordischer Knoten: Alle geben sich die Hände, durcheinandergehen, aufwickeln und wieder entwickeln, gut als Schlußpunkt geeignet;
- jemand im Kreis darf führen und Bewegungen machen, die anderen Kinder ahmen nach. Ein Kind weiß nicht wer führt. Es soll herausfinden wer. Wechseln;
- ich seh etwas, das du nicht siehst;
- Jonglieren;
- Schiffe versenken, 2-3 Minuten. Wichtig, daß Zeit genau begrenzt wird;

- ich gehe nach Paris. Ich nehme mit 1 Paar Schuhe, 1 Paar Schuhe und 1 Pullover, 1 Pullover und einen Aal (Doppelbuchstaben als Regel, oder andere Regel);
- Hans pieps einmal. Die Augen sind verbunden bei jemandem, der dies wünscht. Ein Kind piepst. Herausfinden, wer es war. Nach bestimmter Zeit Wechsel;
- Elefantenspiel, Lehrer voran über Pult, untendurch, Kinder folgen ihm, Wechsel des Elefantenführers.

4. Prozeß sichtbar machen und öffnen:

- Blitzlicht: Blatt nehmen, drei Ideen mit Lösungen geben lassen, Austauschen;
- Runde: Jede Person sagt, was gerade der letzte Gedanke war;
- bei aggressiver Stimmung: mit Zeitung kämpfen lassen, gerollte Zeitung;
- Zweier-Gruppe: Zwei, die kämpfen wollen einander gegenüber aufstellen lassen. Beide sollen so laut sie können „Ah" rufen. Wer kann länger rufen. Die anderen sind SchiedsrichterInnen;
- bei viel Streit, Zusatzauftrag für bestimmte Schüler (vier Schüler beobachten, schreiben Beobachtungen auf, auch Selbstbeobachtungen aufschreiben lassen);
- sich persönlich exponieren, eigenes Erlebnis bringen.

5. Kreative Formen:

- gemeinsam eine Geschichte erfinden und weiterentwickeln, barfuß, auf dem Boden sitzend im Kreis;
- mit der ganzen Klasse im Schulzimmer eine Reise machen. Beschreiben lassen. Alle Requisiten dienen als alles, z.B. Pulte als Berge, Stühle als Hügel, der Boden als See, Wald usw. Austausch: einigen gelingt es gut, anderen weniger. Wie kommt das? Hinweis auf Unterschiede;
- Spiel mit Instrumenten wie Trommeln, Glöckchen, Deckeln, Hölzchen, Steinen usw.
- Körper gemäß bestimmtem Thema modellieren lassen, so daß sie etwas darstellen (Beispiel: einen griechischen Gott, Adam und Eva, eine Schaufensterpuppe, eine selbstbewußte Person usw.);
- Wortfolgen erfinden: Baumschule ... Schulglocke ... Glockenton ... Tonkrug;
- Fingerakrobatik vorführen, nachmachen lassen, z.B. beide mittleren Finger zusammen, kleine Finger, Zeigefinger und Daumen gespreizt, dann Zeigefinger und Mittelfinger zusammen, Rest gespreizt usw.

6. Rollenspielformen:

- Anweisung zur Verwandlung in eine wichtige Persönlichkeit. Handlung in Fremsprache als diese Person ausführen lassen (z.B. Diego Maradonna, Marilyn Monroe, Micky Mouse, der heilige Franz von Assisi usw.).

7. Überraschungseffekte:

- bei Abtriften: Zwischenfrage nach etwas völlig anderem;
- etwas bewußt tolpatschig vormachen;
- mit farbiger Kreide einen Satz schreiben wie: „Ich bin entsetzt: Ihr lernt nicht das, was wir uns vorgenommen haben." Dann sagen: „Wer möchte einen Satz dazu schreiben?" Die anderen sehen schweigend zu. Schriftlicher Dialog. Vorschlag: Schüler als Hilfslehrer. Wer es begriffen hat, soll Stoff einem anderen Schüler erklären, der es noch nicht kann;
- ungewöhnliches Verhalten an den Tag legen, z.B. Lehrerin legt Beine auf das Pult, nimmt Kaugummi, Lippenstift und bemalt sich Lippen, kommt mit schwarzem Zahn;
- T-Shirt: hinten steht etwas geschrieben, Spruch darauf = Einleitung ins Thema des Tages.

8. Zielebene einbeziehen:

- Fernziel verdeutlichen, Nahziel in diesen Kontext stellen.

9. Gemeinsame Aktivitäten:

- für die Zusammenarbeit besonders geeignet: zusammen kochen ohne zu reden, nur mit Gestensprache;
- etwas tun mit der bevorzugten Hand auf dem Rücken (festgebunden).

10. Arbeitsrahmenbedingungen ändern:

- Fenster öffnen, frische Luft, Aufstehen, sich kurz bewegen;
- bei Unruhe einer Schülerin oder eines Schülers diesem erlauben, kurz eine Runde ums Schulhaus zu rennen (wichtig, daß es freiwillig geschieht, als Idee zu dessen Wohlbefinden, nicht als Disziplinierungsmaßnahme).

Wie sich diese Ideen **innerhalb des Unterrichts** spielend einsetzen lassen, möchte ich anhand eines **Beispiels** zeigen. Es handelt sich um eine 6. Grundschulklasse:

Herr Wagner stellt fest, daß seine Klasse unruhig und zappelig wirkt. Die meisten Schüler sind nicht mehr voll beim Unterricht. Während er diesen Zustand diagnostiziert, weiß er, daß sich darin der Hinweis zeigt, die Ebene zu wechseln. Die Schülerinnen und Schüler haben lange Zeit am gleichen Thema einzeln gearbeitet. Der Rapport zu diesen Kindern ist grundsätzlich bestens.

„Hört mir zu! Ihr solltet jetzt diese Arbeit beenden. Ihr könnt morgen nochmals darauf zurückgreifen. Legt alles beiseite. Versorgt die Dinge", läßt er vernehmen. „Kommt nach vorne." Die Schüler wissen, was gemeint ist. Alle sitzen um den Lehrer herum. Es wird absolut still. Der Lehrer verhält sich ganz unbewegt. Sein Blick liegt ruhig in defokussierter Weise auf der Klasse. Er wartet. In der Hand hält er einen kleinen Ball. Er erklärt: „Jeder bekommt diesen Ball zugeworfen. Fangt ihn auf. Das ganze soll schweigend geschehen." Er wirft ihn einer Schülerin zu, die ihn überrascht auffängt. So fliegt der Ball von einem Schüler zum anderen. Nach etwa zwei Minuten – immer noch schweigend – dürfen vier Jungen in die Kreismitte gehen. Herr Wagner erklärt: „Immer zwei dürfen jetzt mit den Händen auf die Hände der anderen Person schlagen. Nur mit den Händen auf die Handflächen. Wer daneben schlägt, hat einen Minuspunkt. Wer trifft, hat einen Pluspunkt. Die Hände müssen in der Luft bleiben." Anschließend versuchen die Schüler in der Mitte, den Daumen des Gegners zu erwischen. Dabei darf der Platz mit den Füßen nicht verlassen werden. Bisher ist außer den Worten des Lehrers kein anderes Wort zu hören gewesen. Es sind auch erst wenige Minuten verstrichen. „Die anderen sehen einen Stummfilm und schauen den beiden Spielern zu. Ich selbst bin der Untertitel dieses Films. Ihr dürft die Kämpfer anspornen mit euren Rufen. Alles geschieht lautlos." Lautlos „rufen" die Schüler „Hopp, hopp". Alle gestikulieren und bewegen sich.

Anschließend erfolgt ein Durchgang mit dem Daumenfangen, wiederum stumm. Dann wechselt der Lehrer die Sinnesebene. Plötzlich stellt er das Tonbandgerät an. Musik ist zu hören. Es ist die Begleitmusik zu einem Lied, das die Schüler kennen. „Wer hat Angst vor Dracula", sagt der Lehrer, „Ihr könnt den Text mitsingen." Wie bei einer Explosion ertönen die Kinderstimmen im Rock-Rhythmus.

Nach Abschluß dieses Liedes wird zu einem neuen Arbeitsthema gewechselt.

6.3.3. Lehrerin bzw. Lehrer benötigt eine Zustandsveränderung

Es kann vorkommen, daß man als Lehrerin oder Lehrer selber unfrei ist aufgrund einer Nein-Haltung. Fast jede Situation kann dazu Anlaß sein.

Josef geht in die 2. Klasse der Grundschule zu Herrn Müller. Grundschüler sind sehr erfindungsreich und offen im Denken. Es war um die Weihnachtszeit herum, als ihm plötzlich ein Licht aufging. Er wurde gewahr, daß sein Lehrer Kaspar heißt. Kaspar, wie einer der drei Könige, Kaspar wie der Suppenkaspar und Kaspar wie der Kasperl im Theater. Da er diese Gedanken sehr lustig fand, kamen sie ihm wieder in den Sinn, als er das nächste Mal dem Lehrer begegnete. Viele Klassenkameraden waren auch dabei. Josef sagte zu seinem Lehrer: „Sind Sie der Kasperli?" Die Schüler rundherum lachten. Josef lachte auch. Nur einer lachte nicht. Herr Müller reagierte beleidigt.

Voraussetzung, um Schülern zu helfen, aus Nein-Haltungen herauszutreten, ist auf Lehrerseite seine innere Freiheit Ja sagen zu können zur Nein-Haltung des Schülers. Der Lehrer selbst soll das Problem oder die Bewertung des Schülers erkennen und sich dabei neutral fühlen können. Wenn sich im Lehrer selbst eine innere Stimme meldet die „Nein" schreit, dann sind die Voraussetzungen nicht gegeben, hilfreich umgehen zu können mit dem, was den Schüler beschäftigt.

Was kann die Lehrperson tun, um diese Neutralität erreichen zu können?

■ Erstens geht es darum, herauszufinden, ob man als Lehrerin oder Lehrer den Zustand des Schülers annehmen kann. Dies gilt auch für den Umgang mit Nein-Haltungen von Schülern. Annehmen heißt: Sehen und Hören, daß ein Nein da ist. Diese Grundhaltung eröffnet verschiedene Wege. Man kann entweder eingreifen oder es sein lassen.

Herr Müller zum Beispiel kann sich bewußtmachen, daß er beleidigt ist. Er kann wahrnehmen, wenn er sich die Frage stellt, daß er in heftiger Weise gefühlsmäßig reagiert auf diese einfache Frage eines Kindes, das dabei freundlich und neugierig dreinschaut.

■ Wenn man bei sich selbst eine Nein-Haltung feststellt – in Form eines unangenehmen Gefühls oder einer negativen, inneren Bewertung –, ist es wichtig, sich diese **Tatsache einzugestehen** und Ja dazu zu sagen. „Ja, ich bin mit der Nein-Haltung dieser Schülerin nicht einverstanden und fühle mich deswegen schlecht."

■ Nach dieser Selbsterkenntnis gibt es die Gelegenheit, die Dinge von außen aus **Distanz** zu betrachten. Die Lehrerin nimmt sich einen Augenblick Zeit, um in der Phantasie gleichsam die ganze Lernsituation von außen anzuschauen: Sich selbst zusammen mit der Klasse und speziell der Nein-Haltung des Schülers. Aus dieser distanzierten Wahrnehmungsposition heraus, kann die Lehrperson entdecken, was die persönlichen Gründe sind für das Nicht-Akzeptieren der Schülerhaltung. Auf diese Art können sich Möglichkeiten ergeben, auf neutrale Weise wieder ins Geschehen einzusteigen.

Herr Müller merkt, während er ein schlechtes Gefühl hat und den Schüler zurechtweist, er solle anständig sein, daß diese Reaktion tiefere Gründe hat. Ohne sich dessen bewußt zu sein, erinnert ihn etwas an dieser Aussage an seine eigene Schulzeit, als ihn jeweils seine Kameraden hänselten „Kasperli, Kasperli". Als er darüber nachdenkt, kommt ihm diese Erinnerung plötzlich in den Sinn. Er fühlt sich wirklich wieder so wie damals. Um von diesen Gefühlen Abstand zu bekommen, phantasiert er die dazugehörige Situation und sieht sich selbst als Kind, das er war. Sein Gefühl verändert sich. Neue Möglichkeiten sind nun vorhanden: Herr Müller erklärt dem Kind, daß er das nicht gern höre, daß es aber in Ordnung sei, tolle Ideen zu haben und diese auch mitzuteilen. „Weißt du, früher haben sie mich immer gehänselt mit Kasperli, Kasperli, deshalb höre ich das nicht gerne."

Es ist mir wichtig festzuhalten, daß die Fähigkeit des Abstandnehmens (Dissoziierens) trainiert werden kann. Am besten gelingt dieses Training innerhalb einer Gruppe von Lehrern unter fachkundiger Leitung. Manchmal ist es auch nötig, Probleme aus der eigenen Vergangenheit bewußtzumachen und zu lösen. Oft gelingt es erst auf diesem Wege, der Klasse und den einzelnen Schülern gegenüber eine tolerante, (größtenteils) bedingungslos wertschätzende Grundhaltung zu leben.

6.4. Fähigkeitenorientierung

6.4.1. Fähigkeitenorientierung: Was ist das?

Mit dem Begriff der Fähigkeitenorientierung ist gemeint, daß die Lehrperson ihre Aufmerksamkeit auf die Fähigkeiten der Schüler richtet. Diese Sichtweise betrifft sowohl vorhandene, schon aktualisierte als auch brachliegende oder zukünftige, noch zu entfaltende Ressourcen.

Sie wird genährt durch bestimmte, dahinterstehende Überzeugungen, wie etwa jene, daß Menschen grundsätzlich alle Möglichkeiten haben, um gut zu lernen und zu dem zu werden, was ihnen wertvoll erscheint. Jede Verhaltensweise einer anderen Person dient einem tieferen, zielstrebigen und hilfreichen Zweck und ist damit sinnvoll. Manchmal kann der Sinn leicht erfaßt werden. Oft jedoch ist er geheimnisvoll verborgen und bedarf einer speziellen Wahrnehmung, um erkannt zu werden.

Im Gegensatz dazu richtet sich die Problemorientierung danach aus, was problematisch und fehlerhaft erscheint.

Bei der Fähigkeitenorientierung wird der Genuß der Suppe betont. Das heißt: Es wird nach den Qualitäten der Denk- und Verhaltensweisen der Schüler Ausschau gehalten, um diese Merkmale zu beleuchten.

Bei der problemorientierten Wahrnehmungsweise wird das Haar in der Suppe gesucht, gefunden und negativ bewertet.

Die fähigkeitenorientierte Grundhaltung betrachtet Fehler als Gelegenheit, um herauszufinden, wie sich daraus die nächsten Lernschritte ableiten lassen. Jeder Fehler dient als Stein zum Erfolg. Es wird angenommen, daß es unmöglich sei, dauernd ohne Fehler erfolgreich zu lernen.

Wir alle haben zu einem sehr frühen Zeitpunkt unseres Lebens dieses Grundprinzip kennengelernt anhand eines erfolgreichen Lernprozesses: Wir haben gehen gelernt. Dieser faszinierende Vorgang zeigt sich uns immer von neuem bei den eigenen und fremden Kindern, die wir beobachten können. Wenn Kinder gehen lernen, ist dieses Lernen mit vielen kleinen und größeren „Fehlern" verbunden. Diese Fehler – in Form des Umstürzens, Schwankens, sich Anschlagens, Stolperns usw. – sind es, die die Grundlagen liefern für das erfolgreiche Gehen. Fehler dienen als genaue Rückmeldungen über das Ergebnis der Handlungen. Die laufende Korrektur führt am Schluß zum Erfolg. Das Leben selbst funktioniert aus dieser Perspektive betrachtet fähigkeitenorientiert.

6.4.2. Wie wirkt sich die Fähigkeitenorientierung auf die Schüler aus?

Anfang der 70er Jahre saß Herr Rosenthal in einem Theater in einem Musical. Ein Dienstmädchen in ihrer Rolle sprach dort den Satz: „Wenn Sie mich wie eine Dame behandeln, so verhalte ich mich wie eine Dame. Und wenn Sie mich wie ein Dienstmädchen behandeln, dann werde ich zum Dienstmädchen." Dieser Gedanke ließ diesen Herrn nicht mehr los. Da er Professor an einer großen amerikanischen Universität war und sich mit pädagogischen Fragestellungen beschäftigte, stellte er daraus abgeleitet zusammen mit einem Kollegen die folgende wissenschaftliche Frage: Könnte es sein, daß Schüler innerhalb ihrer Klassen gute Leistungen erbringen, weil die Lehrer an ihre Fähigkeiten glauben? Und umgekehrt: Könnte es sein, daß Schüler leistungsmäßig deshalb nicht das Beste zeigen können, weil die Lehrer dieses Verhalten erwarten?

Professor Rosenthal und Jacobson testeten in einer Schule einer mittelgroßen Stadt der USA alle Schüler der Schuljahre 1-6. So wurde deren Intelligenz objektiv erfaßt. Den Lehrern wurde gesagt, dieses Vorgehen erlaube, herauszufinden, welche Schüler im Verlaufe dieses Testjahres besonders hervorragende Leistungen erbringen würden. Die Lehrer bekamen eine Liste mit denjenigen Namen ihrer Klasse, die sich steigern würden in ihren Leistungen. Es waren 20 % der Schüler jeder Klasse, die erwähnt wurden. Tatsächlich wurden diese Schüler jedoch zufällig ausgewählt. Das heißt: Die Lehrer erwarteten nun von diesen Schülern (= Experimentalgruppe) eine besondere Leistungssteigerung, obwohl sie sich nicht von dem Rest der Gruppe (= Kontrollgruppe) unterschieden. Die Lehrer waren ein ganzes Jahr lang in diesem Glauben. Alle Schüler wurden mehrmals getestet, um damit die intellektuellen Veränderungen erfassen zu können. Nach zwei Jahren, als die Schüler schon während eines Jahres bei neuen Lehrern waren, wurden sie nochmals getestet, um herauszufinden, ob sich auch nach dem ersten Jahr weitere Auswirkungen des Experiments zeigen würden.

Das Ergebnis war verblüffend: Die Experimentalgruppe – jene Schüler, von denen die Lehrer besondere Leistungen erwarteten – zeigte nach einem Jahr in den Tests überraschend höhere Leistungssteigerungen auf als die Kontrollgruppe. Ihr IQ-Wert (Intelligenz-Quotient) war sehr viel mehr gestiegen (signifikant), als derjenige der anderen Schüler. In besonderem Maße profitierten jene Schüler, die mexikanisch aussahen, also üblicherweise besonders diskriminierend behandelt wurden. Weiter profitierten die jüngsten Kinder am meisten von den „Erwartungswirkungen" ihrer Lehrer. Diese Auswirkungen traten ein, obwohl die meisten Lehrer nicht einmal mehr die Namen der vom psychologischen Institut bezeichneten Schüler kannten (*Rosenthal & Jacobson* 1971).

Somit begann sich mit dieser Untersuchung im Jahre 1968 ein faszinierender Wissenschaftszweig auszubreiten. Viele Forscher interessierten sich in der Folge für das Phänomen der Auswirkung von Einstellungen, Überzeugungen und Erwartungen. Auf verschiedenen Wegen konnten sie die folgende Tatsache bestätigen: Erwartungen und Einstellungen können gewaltige Wirkungen entfalten, sei es im Bereich der Psychotherapie, Interviewpraxis, experimentellen Psychologie, Psychodiagnostik, Gerichtspraxis und vor allem im Unterricht.

Die Fähigkeitenorientierung ist unter diesem Gesichtspunkt zu betrachten. Die dahinterstehende Einstellung dürfte ihre positiven Wirkungen auf die gleiche Art entfalten, wie dies bei den Untersuchungen über die Erwartungsauswirkungen zum Ausdruck kam.

Obwohl es weiterhin ein Geheimnis bleibt, aufgrund welchen Zaubers diese Effekte zustandekommen, darf angenommen werden, daß sich der Glaube an die Fähigkeiten der Schüler über die verschiedensten Verhaltensweisen des Lehrers überträgt. Man denke etwa an nonverbales Verhalten, Art des Blickkontaktes, Zuwendung zu den Schülern, bestätigendes Verhalten, ermutigende direkte und indirekte Äußerungen, Art des Körperkontaktes, gesprochene Worte usw.

Ein wichtiger Aspekt, der sich aufgrund psychotherapeutischer und lernberaterischer Arbeit immer wieder zeigt, betrifft die Art, wie jemand lernt, innerlich zu sich selbst zu sprechen. Wer von außen die Existenz seiner Fähigkeiten oft genug bestätigt bekommt, lernt, mit sich selbst ebenfalls in dieser positiven, selbstbestätigenden Art umzugehen. Die Bedeutung fürs Lernen ist unmittelbar nachvollziehbar.

Beim problemorientierten Lehrerverhalten dagegen zeigen sich die Auswirkungen in umgekehrter Weise, nämlich im Sinne ungünstiger, „unerwünschter Lern- und Verhaltensgewohnheiten" bei den Schülern. Diese zeigen sich ebenfalls in den verinnerlichten Modellen, wie man mit sich spricht.

Die Fähigkeitenorientierung zeigt sich bei Lehrenden in den verschiedensten Reaktionsweisen, die sich auf das Verhalten und die Äußerungen der Schüler beziehen. Betrachten wir dazu ein Beispiel aus einer 8. Klasse, bei dem der Lehrer fähigkeitenorientiert auf die Mitteilungen der einzelnen Schüler und der Klasse eingeht:

6.4.3. Fähigkeitenorientierung in der Praxis: Beispiel

L: Ich zeige Euch jetzt Lichtbilder. Ihr könnt dazu später eine Geschichte erfinden, die eurer Ansicht nach paßt. Ein Bild und eine Geschichte, die Ihr in euer Notizbuch schreiben werdet. Doch bevor wir soweit sind, zeige ich euch das Lichtbild (Dia). Ich darf euch jetzt einladen, zuerst die Ideen zu äußern, die euch durch den Kopf gehen. (Ein Dia wird projiziert: Versteinerte Menschen in grausamen Stellungen, auf verschiedenste Arten gekrümmt, aneinandergeklammert, über- und nebeneinander innerhalb eines engen Raumes.) Vielleicht

sagt Ihr zuerst nur, was Ihr seht, ohne zu bewerten. Was seht Ihr auf dem Bild?
Wir werden nachher unsere Phantasien äußern darüber, was wir vermuten, was
hier passiert ist.
S: Eine Ausgrabungsstätte.
L: Weiter.
S: Trauer.
L: Woran siehst du die Trauer auf diesem Bild?
S: Es sieht aus wie tot.
S: Man sieht das Gesicht.

Als jetzt Schweigen eintritt, läßt es der Lehrer geschehen. Er fährt so
fort, daß daraus hervorgeht, daß sich darin eine Fähigkeit zeigt.

L: Ja ... (Die Schüler schweigen nun.) ... Nehmt euch ruhig Zeit, genau
hinzuschauen. ... Oder ist es so, daß Ihr lieber direkt beginnen möchtet, anstatt
noch die mündliche Vorbereitung zu machen?
S: Ich finde es Quatsch.

Auf diese unspezifische Aussage erfolgt die Nachfrage, um die
Äußerung konkreter zu machen. Der Lehrer hört die negative Bewertung dieses Schülers und entscheidet sich dafür, auf der sachlichen
Ebene zu reagieren. Er verlangt noch mehr Informationen, um zu verstehen, welche Erfahrung dahintersteckt. Seine Stimme sowie sein Gesichtsausdruck drücken sachliches, wohlwollendes Interesse aus, das
Gegenteil von Kritik. Der Lehrer bleibt in der Ja-Haltung.

L: Quatsch heißt was? Kannst du bitte noch mehr dazu sagen?
S: Ich weiß nicht, was ich mit diesem Bild anfangen soll.
S: Ich finde es auch Quatsch. Es sagt nicht so viel aus. Man weiß nicht, was
gemeint ist damit.
L: Ja. Es ist ein Bild, das Gefühle auslöst.

Auch hier bestätigt der Lehrer die Äußerung „Ich finde es auch
Quatsch ..." als einen wichtigen Beitrag zur Diskussion: „Es löst Gefühle
aus."

L: Peter, was meinst du?
S: Diese Menschen könnten eigentlich auf der Stelle erstarrt sein. So sehen sie
aus.
S: Es sieht so aus, als ob Krieg gewesen wäre. Als ob eine Atombombe abgeworfen
worden wäre.
S: Eine Bombe. Vielleicht auch mit Giftgas gefüllt. Oder Vietnam.
S: Es erinnert mich an ein Konzentrationslager. Vielleicht sind es Menschen,
die vergast worden sind.
L: Ja. Wollt Ihr einmal begründen, daß das eine mehr zutrifft als das andere.
Welcher Beitrag ist weshalb wahrscheinlicher für euch?

S: *Ich glaube eher, daß es keine Überschwemmung ist. Dabei wären die Menschen weggeschwemmt worden.*

S: *Aber es könnte doch eine Überschwemmung gewesen sein, der Morast ist geblieben. Das Wasser ist abgezogen.*

L: *Also: Irgendwie eine schreckliche Situation.*

S: *Vielleicht doch ein KZ. Sie konnten der Grausamkeit nicht mehr ins Gesicht sehen. Deshalb die gekrümmten Leiber.*

S: *Also: Ich finde immer noch, es ist ein Vulkanausbruch.*

S: *Es könnten auch eingefrorene Menschen sein.*

Der Schüler macht dabei ein ernstes Gesicht. Ein anderer Schüler lacht. Da diese Äußerung dem Lehrer etwas gewagt erscheint, greift er sie wohlwollend auf, um zu unterstreichen, daß wirklich jede Äußerung akzeptiert wird und einen hilfreichen Beitrag darstellen kann.

L: *Eine neue Idee, die du da bringst. Ja.*

Der Schüler, der lachte, wird nun auch ernst. Er äußert sich als nächster und bezieht Stellung.

S: *Es könnten so Steinzeit ... so ... Moorleichen sein.*

L: *Moorleichen ... Herbert: Was denkst du?*

S: *Vulkanausbrüche. Für mich handelt es sich hier um das Ergebnis eines Vulkanausbruchs.*

Die folgende Äußerung stellt eine zusammenfassende Betonung der bisherigen gemeinsamen Fähigkeiten der Gruppe dar. Das schon Erreichte wird in den Vordergrund der Wahrnehmung gerückt.

L: *Sehr spannend ist das, was Ihr da seht. Ihr habt auch schon zu interpretieren begonnen. Jetzt merken wir, wie das Bild durch eure Wahrnehmungen Dimensionen bekommt. Das war die Idee, die ich euch vorschlagen wollte. Habt Ihr aber selbst schon gemacht. Ich zeige euch jetzt die Lösung.*

L: *(Ein nächstes Dia wird projiziert: Stadtplan)*

S: *Es handelt sich um eine versunkene Stadt. Hier sehen wir einen Lageplan.*

L: *Eine versunkene Stadt meinst du. Versunken unter was?*

S: *Unter Wasser. Es sieht total überschwemmt aus. Die ganze Stadt wurde überschwemmt.*

S: *Ich denke, sie ist unter Lava ertränkt worden oder unter Geröll.*

S: *Erde, Schlamm ...*

S: *Magma. Ja, das muß es sein. Magma hat diese Stadt überflutet.*

S: *Es ist ein Vulkanausbruch.*

(Jetzt wird wieder das erste Bild eingeblendet.)

L: *Darf ich nochmals fragen: Was ist das?*

S: *Ich würde auf jeden Fall nicht dorthin gehen.*

S: *Ich begleite dich dann auch.*

(Das dritte Bild erscheint: Ein wunderschöner farbiger Prunkbau wird sichtbar mit Mosaiksteinen, Perlen, fein herausgearbeiteten Wänden, Böden und Decken. Viertes Bild: Die Skizze eines Gebäudes erscheint, eine Zeichnung.)
S: In der Mitte ist ein Garten zu sehen.
L: Ja. Dies ist das Atrium. Ich hab gehört, diese Räume seien erfunden worden, damit man später Asterix schreiben könne. Miriam, was hast du heute morgen gemacht? Selbstverständlich möchte ich nicht die allerprivatesten Dinge hören.
S: Ich bin zuerst aufgestanden. Nach dem Frühstück hab ich Musik gehört ... Gewaschen hab ich mich auch noch.
L: Jetzt möchte ich dich in das Frauenbad entführen.
(Bild des Bades ist zu sehen. Es handelt sich um einen riesigen Raum.)

Die Äußerung enthält eine zweite Botschaft: „möchte ... entführen". Darin drückt sich das Wohlwollen ganz beiläufig aus.

L: Seht Ihr das? Kennt Ihr etwas, das noch so aussieht, wie diese Ränder da (er zeigt mit dem Lichtpfeil auf bestimmte Stellen)?
S: Es sind, glaube ich, Kleiderfächer.
L: Ja. So, jetzt wechseln wir. Ihr seht hier etwas für die Jungen.
S: Sind die draußen? (Die anderen lachen.)
(Das Bild eines Männerdampfbades erscheint. Die Schüler schauen nur. Anschließend zeigt der Lehrer ein Dia, auf dem Öfen sichtbar sind.)
L: Was ist das?
S: Vielleicht ist es ein Pizzaofen. (Die Äußerung wirkt etwas schüchtern. Die Stimme ist leise, vibriert stark, wirkt zurückgehalten.)
L: La pizza. (Der Lehrer betont dieses Wort auf „italienische Art".)

Auch hier würdigt der Lehrer in der kürzesten Art die vorhergehende schüchtern formulierte Aussage. Dadurch werden die anderen am Modell ermutigt, alles, was ihnen durch den Kopf geht, äußern zu dürfen.

S: Diese brennen sie aus Ziegeln ...
L: Und diese kegelartigen Dinger da vorne?
S: Es sind Backöfen. So denke ich. Die kann man umdrehen.
L: Ja. Genau. Ihr seid gut mit euren Überlegungen und Beobachtungen. Es sind wirklich Öfen. Man kann sie wirklich drehen. Es sind Mühlen.

Der Lehrer betont die Fähigkeiten der Klasse: „Ihr seid gut ..."

(Neues Bild wird gezeigt: Verschiedene Kreise sind abgebildet.)
S: Das sind Kübel für die Nahrung.
L: Ja. Das sind alte römische Kühlschränke.
(Neues Bild erscheint: Raum)
S: Dann ist das das Bild einer alten römischen Küche. (Der Schüler hat die Intonation des Lehrers übernommen.)
L: Ja. Und wenn wir es noch etwas genauer bestimmen können.

Die indirekte Form der Anweisung, die den Lehrer im „Wir" einschließt, wirkt wenig aufdringlich. Die gemeinsame Aktion wird betont.

S: Ist es vielleicht ein WC? (Einige Schüler lachen.)

Hier reagiert der Lehrer sehr ernst. Er betont auch dabei den hilfreichen Gehalt dieser Aussage. „Es ist alles möglich."

L: Es ist alles möglich, ja. In diesem Fall handelt es sich um kein WC.
S: Es sieht aus wie ein Laden.
L: Schaut den Laden genau an.
S: Es ist ein McDonalds.

Aufgrund des Aussehens dieses Schülers während dieser Äußerung und der Art der Betonung dabei, ist es nicht eindeutig klar, ob sich dieser Schüler selbst dabei ernstnimmt oder nicht. Der Lehrer entschließt sich, die Aussage von der positivsten, hilfreichsten Seite her anzunehmen.

L: Ja. Das ist eine interessante Aussage. Ein alter McDonalds ist es, so würden wir heute sagen. Genau. Siehst du etwas im Bereich des Ladens?
S: Es hat Feuer dort ...

In dieser Art führt der Lehrer das Gespräch fort. Zu Beginn machte es den Anschein, als ob die Klasse nicht genug motiviert sei, um einzusteigen auf das erste Bild. Als immer mehr Dias die anfängliche Szene klären halfen, wurde das Gespräch lebhafter. Wie Sie selber mitverfolgen konnten, gab es verschiedene herausfordernde Stellen. Dabei war die Fähigkeitenorientiertheit besonders gefragt. Schöne Beispiele in dieser Gesprächsrunde sind jene mit dem „Quatsch" und dem „McDonalds", wo der Lehrer einfach darauf eingeht. Jede Mitteilung wird als ein passender, sinnvoller Beitrag gewürdigt und genutzt. Die anfänglich vorhandene kleine Rapportstörung in Form von Motivationsmangel löste sich deshalb nach und nach auf.

6.4.4. Scheiße in Humus verwandeln

Die Mutter von Marianne kommt zur Kindergärtnerin, weil sie sich Sorgen macht wegen ihrer kleinen Tochter. Im Kindergarten wirkt Marianne schüchtern und wehrlos. Wenn man ihr ein Spielzeug wegnimmt, überläßt sie es sofort den anderen Kindern. Die Kindergärtnerin hört sich an, was die Mutter berichtet. Diese erzählt: „Marianne spielte mit einem anderen Kind im Sandkasten. Bisher war sie immer so friedfertig. Heute wurde Marianne plötzlich so zornig, daß sie dem anderen Mächen so stark in den Arm gebissen hat, daß sich unter dem dicken Pullover die Zähne abgebildet haben. Sie war bisher so friedliebend und angepaßt, ein richtiger Sonnenschein. Ich mache mir wirklich Sorgen. Was meinen Sie?" Die Kindergärtnerin erwidert: „Ja. Sie machen sich große Sorgen um Ihr Kind. Manchmal kann es sehr hart sein, wenn sich die Dinge ändern. Jetzt hat Marianne einen wichtigen Schritt getan. Sie hat gelernt sich zu wehren."

Dies ist ein kleines Beispiel, das zeigt, wie den Ereignissen unterschiedliche Bedeutungen zugeschrieben werden können. Es gibt keine guten oder schlechten Ereignisse an und für sich. Ob etwas als gut oder schlecht bewertet wird, hängt von der jeweiligen Bedeutung ab, die man den Ereignissen zuschreibt. Grundsätzlich ist jedes Verhalten in irgendeinem Kontext sinnvoll.

Dem Beißen von Marianne ordnet die Mutter eine negative Bewertung zu. Dies ist eine Sichtweise. Die Kindergärtnerin lenkt die Aufmerksamkeit der Mutter auf einen Aspekt der Verhaltensweise von Marianne, der das „unerwünschte Beißen" plötzlich in einem völlig anderen Licht erscheinen läßt. Das Beißen wird als Beweis für einen Entwicklungsschritt gewertet. Ein problematisches Verhalten erscheint auf dem Hintergrund dieser neuen Bewertung als eine besondere, begrüßenswerte Fähigkeit. Beide Definitionen können als „wahr" bezeichnet werden.

In einer gemischten Schulklasse von Vor-Pubertierenden verhielten sich einige Knaben plötzlich unangepaßt und störend. Sie warfen kleine Flugzeuge aus Papier durch die Gegend, grinsten sich zu und legten ihre Füße auffällig lässig auf des Nachbarn Stuhl oder Tisch. Dabei schauten sie verstohlen zu den Mädchen hinüber. Der Lehrer erkannte darin das Bestreben der Jungen, den Mädchen zu imponieren. Gleichzeitig durften sie aber nicht offen zu ihren Gefühlen stehen. Aufgrund dieser Wahrnehmungsperspektive sagte der Lehrer zu dieser Schülergruppe: „Schaut, es ist nichts Schlechtes dabei, bei den Mädchen Eindruck machen zu wollen. Ich kenne das auch von früher her, als ich so alt war. Das muß einfach sein." Aufgrund dieser Äußerung änderten die Schüler ihr Verhalten sofort. Sie wollten ja auf keinen Fall, daß es offensichtlich wurde, daß sie auf die Mädchen bezogen handelten.

Die Jungen fühlten sich ernstgenommen, und sie verstanden gleichzeitig die Botschaft des Lehrers, ihr Verhalten zu ändern. Der Lehrer deutete das „störende" Werbeverhalten als grundsätzlich nützliche Verhaltensweise, die dazu diene, auf sich aufmerksam zu machen. Auf der anderen Seite nutzte er auch die Fähigkeit der Schüler, ihr Liebeswerben nicht zu offensichtlich werden zu lassen.

Betrachten wir die **Gegenüberstellung**en von **problemorientierter** und **fähigkeitenorientierter** Bedeutungsgebung (links: problemorientierte Sichtweise, rechts: fähigkeitenorientierte Deutung). Jeweils anschließend sind mögliche Reaktionsweisen von Lehrern aufgeführt:

Beispiel: Junge zerkratzt Farbe an Auto

■ ... er ist zerstörungswütig, aggressiv.

● ... er ist frustriert und braucht Hilfe.

■ Die Lehrerin fühlt sich verletzt und beleidigt. Aus diesem Gefühl heraus sagt sie: „Du enttäuschst mich sehr mit deinem Verhalten. Am liebsten möchte ich dir eine kleben."

● Die Lehrerin ist zwar schockiert. Gleichzeitig spürt sie Mitleid mit diesem Jungen und sieht gleichsam die andere Realität der Frustration hinter dieser Verhaltensweise. Aus dieser Wahrnehmungsposition heraus sagt sie: „Komm, ich glaube dir geht es ganz schlecht, wenn du so etwas machst. Das müssen wir besprechen, und zwar gerade jetzt."

Beispiel: Ein Schüler liegt gleichsam auf seinem Pult

■ ... er beteiligt sich absichtlich nicht.

● ... es geht ihm nicht gut, er langweilt sich.

■ Der Lehrer sieht den Schüler in dieser Position auf seinem „Pult liegen". Er sucht innerlich nach Möglichkeiten, wie er damit umgehen soll. Da ihm im Moment nichts einfällt, beläßt er es mit dem Hinweis, ihn nach der Schule in einem Einzelgespräch zurechtzuweisen. In diesem Moment sieht der Lehrer leicht verärgert aus.

● Als der Lehrer den Schüler so „daliegen sieht", deutet er dieses Verhalten als Langeweile. Er fragt sich, ob es dem Schüler wohl gut gehe, oder ob ihm etwas fehle. Während dieser Überlegungen bewegt er sich auf den Schüler zu und fragt ihn mitfühlend: „Sag mal, Helmuth, geht es dir nicht gut?" Da der Lehrer wie ein Helfer oder Berater aussieht, richtet sich Helmuth sofort auf und sagt: „Nein, nein. Entschuldigung, mir geht es schon gut. Ich war nur gerade in Gedanken anderswo."

Beispiel: Lehrerin erzählt und ein Mädchen kichert mit der Nachbarin

■ ... sie stört den Unterricht absichtlich. Sie wollen zeigen, wie langweilig der Unterricht ist.

● ... sie sorgt für Unterhaltung, diese beiden Mädchen sind eng befreundet.

■ Die Lehrerin wird innerlich angespannt. Sie weiß zuerst nicht, woher dieser Streß kommt. Dann sieht sie die beiden Mädchen miteinander kichern. Sie ruft laut: „Gabriele und Mirta: Genug!" Dieses „Genug" ist nicht umkehrbar, das heißt, es klingt so, daß es unter Erwachsenen als Beleidigung aufgefaßt würde.

● Als die Lehrerin die beiden Schülerinnen so kichern sieht, taucht bei ihr eine Erinnerung auf. Sie fühlt sich wieder wie damals, als sie im gleichen Alter wie die beiden Schülerinnen war und erinnert sich, wie sie eine Freundin hatte. Mit der zusammen konnte sie über die wichtigsten Dinge reden. Manches mußte einfach zum unpassendsten Moment gesagt werden, vor allem dann, wenn es um intime Dinge ging. Aufgrund dieser Erinnerung deutet sie das Verhalten der Mädchen als ein „wichtiges, intimes Gespräch" oder „wichtiges freundschaftliches Geplänkel". Sie entscheidet sich, in ihrer Rede den Tonfall und das Tempo zu ändern, um den beiden Mädchen ein sanftes, unauffälliges Signal zu geben.

Beispiel: Schüler am Lehrerpult beim Durchsuchen von Unterlagen

■ ... er ist ein Betrüger.

● ... er sorgt sich wegen der Prüfung.

■ Aufgrund der unmittelbar auftretenden Bewertung „ein Betrüger am Werk", reagiert der Lehrer rasch und unbarmherzig. Er gibt der Klasse einen Auftrag und bittet den Schüler zu einem Einzelgespräch, bei dem er ihm zuerst laut sagt: „Du bist ein Betrüger. Das ist sehr schlimm. Ich mache mir Sorgen, daß aus dir so noch das Schlimmste herauskommen kann. Ich werde deinen Vater und die Mutter benachrichtigen müssen ..."

● Der Lehrer gibt der Klasse eine Beschäftigung und bittet den Schüler anschließend zu einem Einzelgespräch nach hinten. Da er sich Sorgen macht um diesen Schüler, redet er sehr betroffen und respektvoll, so daß es die anderen nicht verstehen können. Er sagt: „Ich erinnere mich an meine eigene Schulzeit, als ich einmal sehr schlecht dran war notenmäßig. Es ging knapp auf knapp. Da war ich so verzweifelt, daß mir etwas ähnliches durch den Kopf gegangen ist, wie das, was ich bei dir gesehen habe. Ich hätte mich aber nie getraut, das auszuführen. Ich frage mich, wie es mit dir steht?..."

Beispiel: Schüler haben pornografische Zeichnungen an die Tafel gezeichnet

■ ... das sind „Schweine", denen muß man Anstand beibringen.

● ... aha: sie sind an diesen Themen interessiert, da können wir etwas draus machen.

■ Herr Schweizer ist entsetzt über das, was er da sieht. Zwar hat er auch schon Pornohefte gesehen und kennt die Aufklärungsliteratur. Trotz dieses Wissens kommt ihm innerlich das Wort „Schweine" in den Sinn. Er empfindet diese Zeichnungen auch als gegen sich selbst gerichtet, da er im Prinzip ein züchtiger, eher scheuer Mensch ist. Sehr mißmutig geht er zur Tafel, nimmt den Schwamm und beginnt sie mit hastigen raschen Bewegungen auszuwischen, dazu murmelnd: „Verdammte Schweinerei".

● Herr Rüstig kommt ins Zimmer und sieht diese Zeichnungen mit den nackten Leibern und den naturgetreuen Abbildungen verschiedenster menschlicher Sexualpraktiken vor sich. Er ist auch überrascht. Nachdem er sich gefaßt hat, sagt er: „Ihr habt mich überrascht. Aber ich denke: Ihr habt das nicht wegen mir gezeichnet. Es zeigt vielmehr, wie groß euer Interesse an sexuellen Fragen ist. Das sind auch die wichtigsten Lebensfragen in eurem Alter. Die Zeichnungen sind sehr gut ausgeführt. Kompliment dazu. Hier sind viele Talente am Werk gewesen. Ich möchte euch vorschlagen, daß wir dieses Thema nochmals aufgreifen, um zu schauen, was sich daraus machen läßt ..."

Beispiel: Schüler sagt: „Das finde ich absoluten Quatsch."

■ ... er ist frech und hochnäsig.

● ... er getraut sich, eine eigene Meinung zu haben.

■ Der Oberstufenlehrer hört Simon, als er sagt: „Das ist absoluter Quatsch." Er bezieht diese Worte auf seine letzte Äußerung. Da er die Aussage des Schülers als frech deutet, sagt er: „Simon, ich bitte dich, es ist unanständig wie du mit mir redest." Dabei sieht er erzürnt aus.

● Die Lehrerin hört Simon, als er sagt: „Das ist absoluter Quatsch." Sie läßt diese Aussage innerlich nachklingen und hört dabei sich selbst fragen: „Interessant, diese Reaktion von Simon. Was meint er wohl damit? Auf jeden Fall getraut er sich, seine Meinung zu äußern." Aufgrund dieser inneren Bedeutungsgebung sagt sie zu Simon: „Du getraust dich, deine eigene Meinung zu haben und sie auch zu äußern. Was meinst du mit Quatsch?" Dabei sieht sie interessiert aus. Ihre Stimme wirkt freundlich und neutral.

Der Kernpunkt der Nutzung des Fähigkeitenprinzips läßt sich folgendermaßen zusammenfassen: Es sollen für die Lernenden nützliche Bedeutungen geschaffen werden. Die fähigkeitenorientierte Deutung schafft beim Lehrer einerseits Abstand zum Geschehen und andererseits Kontakt zu eigenen kreativen Möglichkeiten. Dadurch kann er besser umgehen mit den verschiedensten schulischen Herausforderungen.

Die jeweilige Deutung, die man einem Ereignis gibt, kommt beim Schüler an über das, was gesagt und getan wird.

6.4.5. Schüler lehren, den eigenen Fähigkeiten zu begegnen

Wenn eine Lehrerin oder ein Lehrer die Unterrichtstätigkeiten fähigkeitenorientiert durchsortiert, so gibt es verschiedenste Möglichkeiten, diesen Grundsatz auch auf der inhaltlichen und methodischen Ebene zu nutzen:

Erstens bietet sich die Gelegenheit, diese Überzeugung selbst **beispielhaft vorzuleben**. Dies kann geschehen, indem die Lehrperson:

■ bei eigenen Fehlern dazu steht, diese laut äußert und anschließend den Nutzen benennt: „Oh, da ist ja ein Fehler. Faszinierend. Danke, daß du das entdeckt hast. Das gibt mir die Gelegenheit, nochmals genauer über die Bücher zu gehen."

■ eigene Fähigkeiten laut benennt und sich daran freut: „Wenn ich euch mit dem Klavier begleite, macht mir das das wirklich großen Spaß. Ich beherrsche dieses Instrument auch immer besser."

■ Beispiele aus dem eigenen Leben erzählt, die zeigen, wie die Lehrperson fähigkeitenorientiert denkt.

■ immer wieder die Überzeugung äußert, daß Menschen vielfältige Möglichkeiten haben, sich zu verwirklichen. Das Gegenteil wären einfältige Möglichkeiten.

■ eigene Zielsetzungen laut benennt (wie wir es betrachtet haben im Zusammenhang mit der Zieldimension), bei der Evaluation die neu erworbenen Erkenntnisse hervorhebt und ausbleibende Ergebnisse als Chance definiert, daraus etwas zu lernen.

■ im Umgang mit den Schülern stets demonstriert, daß jede Äußerung und Verhaltensweise als hilfreicher Schritt angesehen werden kann. *Ein Beispiel dazu haben wir gehört.*

Zweitens könnnen Sie als Lehrerin oder Lehrer ihre **Schüler für bestimmte Aufgaben gewinnen**, die nur gelöst werden können, wenn dabei eigene Fähigkeiten wahrgenommen, entwickelt und angewendet werden. Lehrende, die diese Idee umsetzen, können die Lernenden etwa dazu einladen:

- eine eigene Bewertung von Arbeiten vorzunehmen, indem zuerst betrachtet und geäußert wird, was besonders gut gelungen ist.
- eigene Arbeiten danach zu bewerten, wo ein nächster Arbeitsschritt aus bestimmten „Fehlern" abgeleitet werden kann.
- die Ergebnisse von Arbeiten der Schüler gegenseitig danach beurteilen zu lassen, was schon gelungen ist und wo sich noch die Gelegenheit bietet, ein Ergebnis als Zwischenstufe für weiteres Lernen zu nutzen.
- herauszufinden, wie man das gelungene Ergebnis zustandegebracht hat. Diese Erkenntnis kann anschließend formuliert werden.
- ein Thema zu bearbeiten, das Fähigkeiten und angenehme Themen betrifft.
  Dies könnte etwa sein: ein angenehmes Erlebnis; meine besondere Fähigkeit, als ich über mich angenehm überrascht war; Bericht über etwas, an dem man besonderes Interesse hat, usw.
- eigene Bewertungsmaßstäbe zu entwickeln über das Gelingen einer sich vorgenommenen Aufgabe unter Einbezug der Zielsetzung und Teilziele.
- die eigenen Ziele so klein zu halten, daß sie in der „richtigen Größe" sind, um realisiert werden zu können. Forschritte würdigen lassen.
- eigene Themen auszuwählen und diese selbständig zu erarbeiten.
- sich gegenseitig mit den Fähigkeiten zu unterstützen, indem beispielsweise die Schüler auch als Lehrer eingesetzt werden.
- in einem Fähigkeitenpool offenzulegen, für was sie sich selbst als geeignet einstufen.
- in der eigenen Lerngeschichte nach guten, angenehmen, erfreulichen und spannenden Erfahrungen zu suchen, diese zu äußern, zu beschreiben, zu fühlen, zu gestalten, zu modellieren usw.
- am Schluß von Lehr- und Arbeitseinheiten zu sortieren: Was habe ich gelernt? Was kann ich davon schon jetzt nutzen? Eventuell sich selbst eine bestimmte Aufgabe geben.
- Fähigkeiten anderer als Beispiel zu nehmen und diese zu modellieren: Jene Fähigkeiten, die besonders erstrebenswert erscheinen, definieren. Herausarbeiten lassen und dann so tun, als ob man selbst diese Person wäre. Im Rollenspiel ausprobieren lassen. Hineinschlüpfen lassen in die andere Person.
- Personen von außerhalb einzuladen, die bestimmte Informationen oder andere Fähigkeiten haben, die hilfreich ins aktuelle Thema eingebaut werden können.
- sich gegenseitig wohlwollend und aktiv zuzuhören und zu hören, wo jemand besondere Entdeckungen und Fortschritte gemacht hat.

6.5. Individuelle Lernstile berücksichtigen

In diesem Abschnitt möchte ich Ihnen zeigen, wie ein Mensch generell organisiert ist, der neben der allgemeinen Unterrichtung der Lerngruppe noch zusätzliche Hilfe braucht, welche Auswirkungen sein Lernverhalten auf ihn hat und wie man am besten hilft. Ich werde erklären, wie man unterschiedliche persönliche Lernstile erfaßt und aufgrund dieser Erkenntnis den zusätzlichen Nachhilfeunterricht erfolgreich gestaltet. Wir werden die Bedeutung der Visualisierung anschauen, das Wesen erfolgreicher Lernstrategien untersuchen, einige bewährte Strategien beleuchten und zeigen, wie Sie Ihren Schülern helfen können, wirkungsvolle Lernstile zu erwerben.

Wir sind davon ausgegangen, daß die Lerngruppe dann am besten lernt, wenn bestimmte Bedingungen erfüllt sind. Auch wenn die Voraussetzungen erfüllt sind, das heißt: ein optimaler Rapport aufgebaut ist, gemeinsame Zielvorstellungen entwickelt wurden und der Lehrprozeß wirkungsvoll, fähigkeiten- und ja-haltungsorientiert geschieht, können einzelne Schüler eine besondere Herausforderung sein. Es sind jene Schüler, die eine zusätzliche Hilfestellung benötigen, wie folgendes Beispiel illustriert:

Die Lehrerin hat der Klasse gezeigt, wie man im Bruchrechnen mit Vierteln arbeitet. Dafür hat sie die verschiedensten Medien, die alle Sinne einbeziehen, genutzt und andere Kriterien des „guten" Unterrichts berücksichtigt. Der Rapport mit der Klasse ist bestens. Bis hierher mußte sie immer wieder von neuem zurückkommen auf vorher Erklärtes. Als sie überzeugt ist, die Klasse habe den Stoff verstanden, erteilt sie einen Auftrag zu einer Einzelbeschäftigung, den sie ausführlich veranschaulicht. Am Schluß sagt sie: „Ihr werdet gleich beginnen mit dieser schriftlichen Arbeit. Gibt es dazu noch Fragen?" Beinahe regelmäßig sieht sie, daß einer oder mehrere Schüler zusätzlichen Unterricht brauchen. Oft sind es die gleichen Personen.

Obwohl sich die Schüler Mühe gegeben haben, gut aufzupassen und dem Unterricht motiviert folgen wollten, trauen sie sich nicht zu, die Aufgabe selbständig anzupacken. Sie waren in einer Ja-Haltung gegenüber dem Lehrer, Kameraden, Lernstoff. Und sie brauchen Nachhilfeunterricht. Was geschieht, wenn sie die notwendige zusätzliche Hilfestellung nicht bekommen oder in einer wirkungslosen Art? Welche Auswirkungen stellen sich ein?

Ich erinnere mich an eine 18jährige junge Frau, die berichtete, wie sie vom ersten Schuljahr an unglückliche Lernerfahrungen machte. Sie lernte, daß sie bei den schriftlichen Arbeiten weniger gut sei als die anderen. Aus seiner Hilflosigkeit und dem Unwissen heraus, sagte es ihr der Lehrer regelmäßig. Sie konnte diese Erfahrung selbst bestätigen anhand ihrer Leistungen, das prägte sie. Unfähig zu sein, wurde für sie immer mehr zu einem glaubwürdigen Bestandteil ihres Lebens. Als Folge davon erbrachte sie zunehmend magere Leistungen, bekam ungünstige Bewertungen und war noch überzeugter von ihrem Unwert. Das zu dieser Überzeugung passende Ergebnis stellte sich ein. Das Wissen „nicht genügen zu können" überschwemmte ihre ganze Persönlichkeit und wirkte in sämtliche Lebensbereiche hinein.

Lernversagen hat tiefgreifende Auswirkungen für die betroffene Person. Verschiedene Persönlichkeitsebenen werden durch das Lernen bestimmt, wie: die Auffassung über sich selbst (Identität), Überzeugungen, Glaube an eigenes Können (Fähigkeiten), Umgang mit anderen Menschen, Gesundheit oder Krankheit (körperliche Ebene). Die ungünstigste Folgeerscheinung von Lernversagen sind jene daraus gewonnenen Überzeugungen, die bis in den Kern der Person hineingreifen. Schüler, die regelmäßig die Erfahrung machen, mangelhafte Leistungen zu erbringen, können lernen, über sich zu denken: „Ich bin ein dummer Mensch." Diese erfahrungsmäßig entwickelte Selbstdefinition betrifft die Identitätsebene. „Ich kann dieses Fach einfach nicht. Dazu bin ich unfähig" ist eine andere Überzeugung, die ihren Beitrag zum weiteren Versagen leistet. Es ist ein Glaube, der den Verhaltensbereich betrifft. Selbstverständlich kann sich jemand auch sagen: „Meine Lernmethode führt nicht zu den Ergebnissen, die ich erreichen möchte." Dies wäre eine fähigkeitenorientierte Definition des Problems. Voraussetzung zu einer solchen Sichtweise ist ein fundiertes Selbstvertrauen, was oft nicht gegeben ist.

Wir haben zu einem früheren Zeitpunkt gehört, wie wirkungsvoll der Glaube an etwas sein kann. Die Idee „minderwertig" oder „leistungsunfähig" zu sein, wird auf verschiedene Art an die Umgebung weitergeleitet. Die Mitschüler übernehmen diese ungünstige Selbsteinschätzung unwillkürlich und verstärken damit von außen das Gefühl „zu versagen". Als minderwertig eingeschätzt und behandelt zu werden, erzeugt Streß mit den bekannten Begleiterscheinungen wie: verschiedenste körperliche Symptome, Hemmungen, Ängste und zuletzt ein eingeschränktes, verkürztes, leidvolles Leben.

Deshalb gehört es zu den Aufgaben des Lehrers, Schülern speziell zu helfen, die beim generellen Lehrverfahren nicht folgen können. Es ist „normal", irgendwann nicht mitzukommen. Darin spiegelt sich ein Entfaltungspotential, das noch nicht ausgeschöpft worden ist. Diese Hilfe kann dem Lehrer auch selbst helfen, ihm das Gefühl vermitteln, meisterschaftlich zu unterrichten und dient als Beitrag zur Verminderung von Störungen innerhalb der Lerngruppe. Der Unterricht gewinnt an Faszination. Frühere ungünstige Prägungen können ersetzt werden durch neue, positive Erfahrungen. Neue negative, ungünstige Prägungen können vermieden, der Teufelskreis „Unglück bringt Unglück" ersetzt werden durch den Erfolgszyklus „Glück bringt Glück". Glaube erzeugt Verhalten. Das Verhalten bestätigt wiederum diese Überzeugung. Auf der Verhaltensebene hat der Lehrer die Möglichkeit gegenzusteuern durch das Schaffen der Voraussetzungen für neue positive Erfahrungen, die rückwirken auf die Glaubens- und langfristig betrachtet auf die Identitätsebene.

Um wirkungsvoll zu sein bei Lernproblemen muß verstanden werden, was die Ursachen dafür sind. Warum benötigen bestimmte Schüler trotz eines gelungenen Gesamtunterrichts, der bestens vorbereitet und durchgeführt wird, noch zusätzlichen Unterricht? Was sind die inneren Bedingungen, die dazu führen?

Die Gründe liegen in den unterschiedlichen Organisationsweisen der Schüler! Aufgrund der früheren lebensgeschichtlichen Bedingungen – auf die wir hier nicht eingehen wollen – gibt es Schüler, die sich deshalb schwer tun beim Lernen, weil sie gelernt haben, bevorzugt eine Sinnesmodalität zu verwenden. Wir sind diesem Gedanken schon früher begegnet im Zusammenhang mit den Schülergrundtypen. Hier reden wir von eigentlichen „Beschränkungen" bei der Auswahl der Wahrnehmungsinstrumente.

6.5.1. Urformen von Lernbehinderungen erkennen

Aufgrund dieser Beschränkungen gibt es drei Arten genereller Lernstildefizite:

1. Schüler, die „nur visuell" wahrnehmen, speichern und erinnern, dabei auditive und kinästhetische Informationen tilgend.
2. Schüler, die „nur auditiv" wahrnehmen, speichern und erinnern. Dabei werden visuelle und kinästhetische Informationen getilgt.

3. Schüler, die „nur kinästhetisch" wahrnehmen, speichern und erinnern. Dabei werden visuelle und auditive Impulse getilgt.

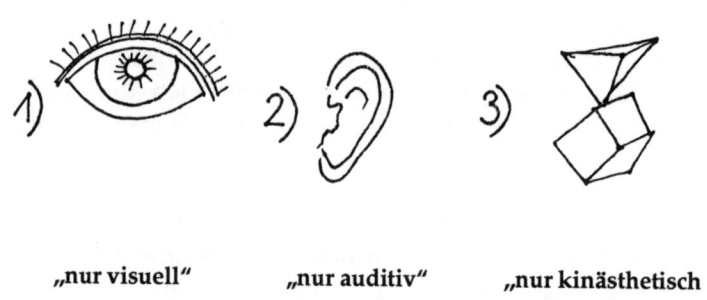

„nur visuell"   „nur auditiv"   „nur kinästhetisch

Bernard F. Cleveland, einer der NLP-Forscher im Schulbereich, hat schon 1987 untersucht und dargestellt, wie sich Bevorzugungen und Begrenzungen der Sinnessysteme bei den Schülern in deren Verhalten erkennen lassen (Cleveland 1987). Diese Sichtweise – auf die ich mich hier beziehe – wird auch durch Michael Grinder vertreten (Grinder 1991, 32). Wenn ich hier diese Grundlagen von Michael Grinder zusammengefaßt wiedergebe, so erfüllt das den Zweck, für den Nachhilfeunterricht die Grundorganisation zu erkennen, mit der man es zu tun hat. Das Nachlehren kann dieser jeweiligen Organisationsweise angepaßt werden.

VISUELL	AUDITIV	KINÄSTHETISCH
organisiert	spricht mit sich	reagiert auf physische Belohnungen
sauber und ordentlich	leicht ablenkbar	berührt Leute und steht ihnen nahe
beobachtend	bewegt Lippen/sagt Worte beim Lesen	körperlich orientiert
ruhig	kann wiederholen	bewegt sich viel
erscheinungs-orientiert	Rechnen und Schrei-ben schwieriger	langsamere physische Reaktion
nachdenklich, überlegt	gesprochene Sprache fällt leicht	frühe Muskelentwicklung
guter Buchstabierer	redet rhythmisch	lernt durch tun
erinnert über Bilder	liebt Musik	denkt nach beim gehen
wenig gestört durch Lärm	kann Tonfall und Timbre nachahmen	zeigt auf Text beim Lesen
hat Mühe, verbale Instruktionen zu be-halten	lernt über zuhören	gestikuliert viel
liest lieber als vorge-lesen bekommen	erinnert sich sequen-tiell	antwortet bewegungsmäßig
Stimme: Kinn hoch, Stimme hoch	markiert stimmlich Tempo, Wechsel, Betonung	Kinn unten, Stimme lauter
Lernen: benötigt Überblick und Begründungen für Details, übervorsichtig bevor Klarheit besteht	internale und exter-nale Dialoge (Selbst-gespräche), probiert Alternativen zuerst verbal aus	lernt durch tun
Erinnerung: erinnert, was gesehen wurde	erinnert, was dis-kutiert wurde	erinnert sich daran, was getan wurde und wie es sich anfühlte

VISUELL	AUDITIV	KINÄSTHETISCH
Gespräche: muß sich ein Gesamtbild machen, sehr detailliert	am gesprächigsten von allen dreien, liebt Diskussionen, kann sehr dominieren im Gespräch, Tendenz zum Erzählen von Nebensächlichkeiten, erzählt komplette Geschichte von A-Z	berührt beim reden Partner, Gesten und Bewegungen, Aktionswoche
Rechtschreibung: am genauesten von allen dreien, sieht Wörter und kann sie buchstabieren; verwirrt, wenn Wörter die noch nie gesehen wurden, buchstabiert werden sollen	benutzt phonetischen Zugang, buchstabiert rhythmisch	zählt Buchstaben mit Körperbewegungen aus, überprüft mit Gefühl
Lesen: sehr erfolgreicher Bereich, liest rasch	versteht neue Wörter gut, freut sich am lautlesen und am zuhören, oft langsam wegen des Subvokalisierens (mit Lippen sprechen)	liebt handlungs-orientierte Bücher, reflektiert Handlung des Buches mit Körperbewegungen
Schreiben: Aussehen einer Arbeit ist wichtig, lernt Sauberkeit leicht	tendiert dazu, besser zu sprechen als zu schreiben; liebt es, während des Schreibens zu sprechen	dicke, gepreßte Handschrift

VISUELL	AUDITIV	KINÄSTHETISCH

Vorstellungsvermögen:

lebendiges Vorstellungsvermögen, kann Möglichkeiten erkennen, Details, am besten für Langzeitplanung	Töne und Stimmen können gehört werden	tendiert dazu, seine Vorstellung auszuagieren, will durch sie hindurchgehen, sehr stark intuitiv, wach für Details

Wer nach einer sehr vereinfachten Form sucht, um Lernbehinderungen zu unterscheiden, hat die Möglichkeit, die offensichtlichsten wichtigen Merkmale in Betracht zu ziehen: Körpersprache, Augensprache, Sprechweise und Prädikatmuster (gesprochene Worte).

K-Schüler („nur kinästhetisch") erkennt man an folgenden Details:

■ viel unrhythmische, zufällige Bewegung;
■ Atmung im unteren Bauchbereich;
■ Wörter, die auf die Kinästhetik hinweisen (packen, tun, begreifen usw.);
■ bedächtige Sprache, mit Gestik begleitet, agierend, eher tief, langsam;
■ oft Augenbewegungen in unteren Bereichen.

A-Schüler („nur auditiv") erkennt man an nachfolgenden Details:

■ rhythmische Bewegungen;
■ Atmung in Mittelbereich;
■ Wörter, die auf den auditiven Bereich hinweisen (hören, sagen, erzählen usw.);
■ rhythmische Sprachverwendung, Singsang, viele Worte, redselig;
■ Augenbewegungen in der Mittelebene, oft auch nach links unten.

V-Schüler („nur visuell") erkennt man an folgenden Details:

■ ruhige Körperhaltung, Kopf leicht nach vorne geneigt (damit Augen über der Mittellinie sein können);
■ Atmung im oberen Körperbereich;
■ Wörter, die auf den visuellen Bereich deuten (sehen, Farben, Formen usw.);
■ Augenbewegungen im oberen Bereich.

Mit Hilfe solcher Indikatoren lassen sich die Lernstildefizite erfassen. Lernbegrenzungen entstehen aufgrund der einseitigen Bevorzugung von Sinnessystemen (V,A,K). Und gerade in dieser ausgeprägten Spezialisierung liegt das Geheimnis für den Nachhilfeunterricht.

6.5.2. Die Grundformen des Nachhilfeunterrichts

Ich möchte zuerst eine kleine Randbemerkung vorwegschicken: Der Begriff des Nachhilfeunterrichts ist ein Sinnbild für ein Schulsystem, das davon ausgeht, daß gleichzeitig alle Schüler bestimmte Zielsetzungen erreicht haben sollen. Je individualisierender unterrichtet wird, umso selbstverständlicher gehört es zum Wesen des Unterrichts, daß für die einzelnen Schüler individuelle Wege der Hilfestellung gesucht werden. Diese Aussage trifft auch zu für den Erwachsenenbildungsbereich. Der Lehrer stellt sich in den Dienst dieser Aufgabe. Dann gibt es nur Unterricht, keinen Nachhilfeunterricht. Die Schüler brauchen abwechselnd in unterschiedlichem Maße Anleitung durch andere, sei es durch die Mitschüler, den Lehrer oder andere Personen.

In Unterrichtsphasen, bei denen der Lehrer Anweisungen gibt, zeigt sich die Notwendigkeit nachzuunterrichten darin, daß einzelne Schüler kundtun, daß sie den Lehrinhalt noch zu wenig verstanden haben, um die von ihnen verlangten Aufgaben zu bewältigen. Der Lehrer erteilt den Auftrag an die Klasse und wendet sich anschließend für den zusätzlichen Unterricht den bedürftigen Schülern zu. Wenn die Schüler bei Projektunterrichtsphasen Hilfe brauchen, melden sie sich ebenfalls beim Lehrer.

Jetzt wird es wichtig, jedem Schüler auf seine Art gerecht zu werden. In Übereinstimmung zu den drei primären Grundtypen – visuelle, auditive und kinästhetische Menschen – lassen sich drei Grundformen des Lehrens unterscheiden. Es sind dies:

1. die visuelle Lehrform,
2. die kinästhetische Lehrform,
3. die auditive Lehrform.

6.5.2.1. Die visuelle Lehrform

Schüler, die am liebsten visuell lernen, wollen visuell gelehrt werden. Informationen von außen erreichen sie am besten in dem Sinneskanal, der von ihnen am leichtesten und meisten eingesetzt wird. Während beim Gesamtlehrprozeß Informationen auditiv oder kinästhetisch gebracht werden, haben sie Schwierigkeiten zu folgen, da sie mit innerer Übersetzungsarbeit für ihr visuelles System beschäftigt sind. Während dieser Verarbeitung entgehen ihnen weitere von außen stammende Informationen. Das Wissen nach Abschluß des Gesamtlehrprozesses ist deshalb reduziert.

Beim Vermitteln der Inhalte im Nachhilfeunterricht konzentriert sich der Lehrer darauf, die Informationen auf verschiedene Arten visuell darzubieten. Es soll für die Schüler sichtbar werden, worum es geht. Dabei ist die Stimme des Lehrers relativ hoch, der Sprachfluß rasch. Er benutzt vorwiegend visuelle Wörter. Dabei hält er einen Abstand zum Schüler aufrecht und verhält sich unbewegt. Dies ist wichtig, damit sich der Schüler ganz aufs Abbilden konzentrieren kann, sonst würde es ihm gleichsam „die Bilder verschütteln" durch die Bewegung von außen, die in der Peripherie des visuellen Feldes störend einwirken würde. Der Lehrer sitzt neben dem Schüler. Beide schauen auf eine gemeinsame visuelle Projektionsfläche, auf der der Lehrer die Informationen sichtbar macht. Die Lehrmethode besteht in einer mehrfachen visuellen Darbietung des Lerngegenstandes. Schauen wir ein Beispiel an:

Es geht um die Flächenberechnung von Dreiecken gemäß der Regel: Grundlinie x Höhe : 2. Bei der Aufgabenstellung an die Klasse meldet sich Melanie, die wie zwei weitere Schüler noch zusätzlich Informationen benötigen, um die Aufgabe lösen und verstehen zu können. Der Nachhilfeunterricht mit ihr spielt sich folgendermaßen ab:

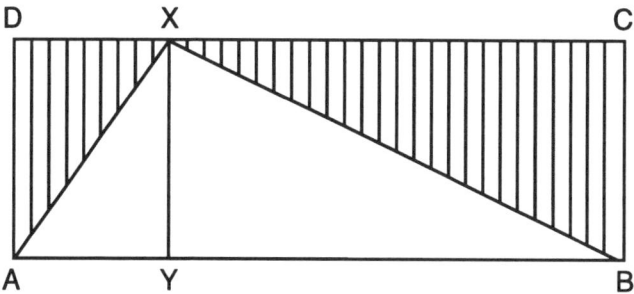

Lehrer und Schülerin haben Platz genommen. Der Lehrer achtet darauf, daß er einen Abstand zu Melanie einhält. Auf keinen Fall berührt er sie körperlich. Er sitzt neben ihr. Auf einem Pult hat er verschiedene farbige Blätter bereitgelegt. Er nimmt das erste Blatt, auf dem die oben abgebildete Zeichnung sichtbar ist. Diese hält er vor sich und Melanie etwa auf Augenhöhe ruhig hin. Mit relativ rascher Stimme und gleichzeitig unbewegter Körperhaltung sagt er: „Du siehst hier ein Rechteck A-B-C-D." Während er dies sagt, fährt er ruhig mit dem Bleistift die Linie entlang, die er benennt. „Schau es dir genau an. Wir wissen, wie man die Fläche eines Rechtecks berechnet, nämlich Länge x Breite. Du siehst die Länge A-B und die Breite B-C oder A-D. Kannst du das sehen?" Die Schülerin schaut ruhig auf die Skizze und verhält sich unbewegt. Nur ihre Atmung bewegt sich rasch im oberen Brustbereich. Sie sagt: „Ich kann es sehen. Das haben wir schon gesehen bei der Flächenberechnung des Rechtecks." „Genau", sagt der Lehrer, „also, wir sehen: Die Fläche des Rechtecks ist Linie A-B x Linie B-C. Jetzt schau auf das weiße große Dreieck A-B-X. Wir werden jetzt gleich sehen, wie man die Berechnung der Fläche dieses Dreiecks durchschauen kann. Vielleicht kannst du jetzt mit mir zusammen schon sehen, daß das weiße große Dreieck in der Mitte halb so groß ist wie das ganze Rechteck A-B-C-D? Das werde ich dir jetzt sichtbar machen." Die Schülerin schaut ohne Bewegung weiterhin auf das Blatt. Ihre Atmung ist ruhig und im oberen Brustbereich. Sie ist in einer Ja-Haltung und sieht entspannt aus. „Schau dir einmal zwei Rechtecke an: Da haben wir hier das Rechteck Y-B-C-X. Kannst du das sehen?" Die Schülerin schaut den Lehrer an und nickt. „Jetzt kann man schon sehen: Dreieck Y-B-X ist gleich groß wie Dreieck B-C-X. Es ist deutlich sichtbar. Kannst du das auch sehen?" – „Ja, ich sehe das, es sieht gleich groß aus, nur umgekehrt ist es. Das weiß ich auch noch vom Rechteck her." – „Gut. Auf der anderen Seite siehst du die Dreiecke A-Y-X und A-X-D. Die sehen auch gleich aus. Sie sind die Hälfte des Rechtecks A-Y-X-D. Ist das auch klar?" Melanie nickt und schaut weiterhin auf das Blatt. „Jetzt werde ich dir das sichtbar machen in einem Beweisverfahren, so daß es noch offensichtlicher wird, was wir beide hier gesehen haben." Der Lehrer nimmt eine Schere und schneidet, sichtbar für Melanie die Linie B-X und A-X durch, so daß jetzt drei Dreiecke zu sehen sind: A-B-X und B-C-X sowie A-X-D. „Wir haben jetzt das Dreieck A-B-X, das berechnet werden soll und die zwei anderen kleineren Dreiecke. Schau, jetzt kommt der Beweis." Während der Lehrer dies sagt, dreht er das Dreieck B-C-X so herum, daß B auf X und C auf Y zu liegen kommt. Das gleiche kann man sehen auf der anderen Seite mit dem Dreieck A-Y-X. A-X-D wird vor den Augen von Melanie ebenfalls so gedreht, daß A auf X und D auf Y zu liegen kommt. Nur noch Dreieck A-B-X ist als Fläche sichtbar. „Siehst du jetzt den Beweis: Zwei gleich große Dreiecke sind deckungsgleich übereinander. Also ist

A-B-X genau die Hälfte von A-B-C-D. Ich lege sie wieder zurück." Mit diesen Worten stellt er die ursprüngliche Figur wieder her: A-B-C-D. „Kannst du es auch so sehen?" – „Ja, jetzt hab ich den Durchblick. Ich sehe: Es geht darum, daß das Dreieck die Hälfte des Rechtecks ist." – „Ja." – „Jetzt gibt es aber noch etwas Wichtiges zu sehen: Y-X, die Höhe des Dreiecks, ist genau die Breite des Rechtecks B-C oder A-D. Ich nehme hier einmal nur noch das Dreieck A-B-X, wo auch die Höhe Y-X zu sehen ist. Wie berechne ich jetzt zum Beispiel daraus das Rechteck A-B-C-D?" Die Schülerin sagt: „Aha, Y-X ist ja die Breite. So kann man sehen: A-B x Y-X gibt die Rechteckfläche." – „Ja, genau", sagt der Lehrer, „und da die Dreieckfläche die Hälfte der Rechteckfläche ist, wie wir gesehen haben, lautet die Berechnung für das Dreieck: Grundlinie (A-B) mal Höhe (Y-X) und davon die Hälfte, also geteilt durch 2. Die Formel ist also: g x h : 2. Ist das klar?" – „Ja, ich sehe es."

„Gut, betrachten wir noch ein Beispiel mit Zahlen ..."

Jetzt legt der Lehrer das erste Blatt auf die Seite und nimmt ein größeres, andersfarbiges leeres Blatt. Er zeichnet darauf ein anderes Dreieck und Rechteck ... Die zweite Demonstration und Erklärung folgt ...

Betrachten wir nochmals die Hauptschritte der visuellen Unterrichtung in der Grundstruktur:

mehrfache visuelle Darbietung

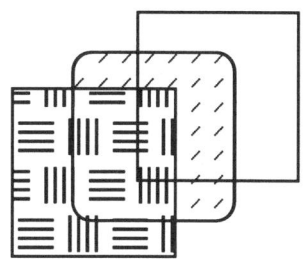

ruhige Körperhaltung

Abstand von ca. 80 cm

visuelle Wörter

rasche, visuelle Sprache

auf visuelle Objekte orientiert

Der Lehrer benutzte visuelle Hilfsmittel, um Melanie den Sachverhalt sichtbar zu machen. Selbstverständlich kann man darin auch noch gewisse kinästhetische Anteile erkennen, wie zum Beispiel bei der Bewegung, die der Lehrer vollführt, als er mit dem Bleistift den Linien nachfährt. Für Melanie ist dieser Vorgang jedoch eine ruhige Visualisierungshilfe, der ihre Augen dorthin lenkt, wo die Aufmerksamkeit für das Verständnis sein soll. Sonst macht der Lehrer jedoch keine zusätzlichen Bewegungen. Es ist zu hören, wie er visuelle Wörter gebraucht. Obwohl Melanie schon beim ersten Mal verstanden hat, braucht es mindestens zwei weitere Beispiele für die Vermittlung der Formel g x h : 2.

Ich hoffe, daß es mir hier gelungen ist, Ihnen mit diesem einen Beispiel das Grundprinz des visuellen Lehrens zu verdeutlichen. Der Lehrer ist herausgefordert, im Nachhilfeunterricht für jeden Schüler auf kreative Art ein individuelles inhaltliches Vorgehen zu finden.

6.5.2. Die kinästhetische Lehrform

Schüler, die Spezialisten im Empfinden, Fühlen, Be-greifen sind, lieben es, wenn sie kinästhetisch verstanden werden. Sie können Informationen am besten be-greifen, wenn der Lehrer ebenfalls in diesen Sinneskanal einsteigt.

Das Grundkonzept bei der Unterrichtung kinästhetischer Schüler baut auf den folgenden Erfahrungswerten auf:

Der Lehrer stellt sicher, daß der Schüler in einem „neutralen", lernfähigen Zustand ist. Um den Rapport sicherzustellen, weiß er, daß er den Schüler während des Unterrichts leicht berühren muß. Die Stimme des Lehrers ist ruhig und eher tief. Er kann sich erlauben, sich körperlich bewegt zu verhalten. Mimik, Gestik, Fein- und Grobmotorik sind aktiv und expressiv. Die Informationen werden langsam und bedächtig gegeben. Dabei verwendet er kinästhetische Wörter, die der Schüler am besten verstehen kann.

Beim Vermitteln der Inhalte geht es bei kinästhetischen Schülern darum, Kontakt mit dem Lerngegenstand herzustellen, ihn be-greifbar zu machen. Am besten kann das geschehen, indem der Lehrer dem Schüler den Lerninhalt vormacht und den theoretischen Inhalt in eine Handlung umsetzt. Der Schüler wird dazu eingeladen, auf verschiedene Arten mitzuhandeln, etwas zu tun, eine Erfahrung zu machen, den Lerninhalt auszuagieren, durch ihn hindurchzugehen. Betrachten wir die konkrete Anwendung anhand eines praktischen Beispiels:

Beim Vermitteln der Regel der Flächenberechnung von Dreiecken „Grundlinie x Höhe: 2" meldet sich bei der Aufgabenstellung an die ganze Klasse Herbert. Er braucht zusätzliche Hilfe. Das heißt konkret: Für ihn soll nun diese Regel im wörtlichen Sinne begreifbar gemacht werden. Aufgrund mehrfacher Erfahrung und Beobachtung weiß der

Lehrer, daß Herbert bevorzugt kinästhetisch organisiert ist. Nachdem die Klasse mit der Arbeit begonnen hat, begibt sich der Lehrer mit Herbert in den leicht abgeschlossen Raum hinter der Klasse. Er hat von dort die Möglichkeit zwischen den Pflanzenwänden hindurch die Klasse im Auge zu behalten und sich gleichzeitig Herbert zu widmen. Er nimmt eine Waage und einen Klumpen Lehm mit. Während er mit Herbert nach hinten geht, legt er diesem den Arm auf dessen rechte Schulter. Er sagt: „Komm, das wirst du schon begreifen." Er sagt dies langsam und bedächtig. „Nimm diesen Lehmklumpen in die Hand. Er ist ein Kilo schwer." Der Schüler nimmt die feuchte Erdkugel, legt sie in die andere Hand und wieder zurück in die erste. Nachdem der Lehrer die Waage aufgestellt hat, darf der Schüler den Klumpen in eine Schale legen. In die andere gibt der Lehrer den Kilostein. Die Waage schwebt in der Balance, leicht hin und her schwankend. Nun sagt der Lehrer: „Ich zeig dir, wie du die Regel begreifen kannst." Er nimmt den Klumpen, breitet ihn auf einem Brett aus, indem er ihn wie einen Kuchenteig flachdrückt, so lange, bis er nur noch etwa 1 cm dick ist. Dabei sagt der Lehrer, den Schüler wieder berührend mit einer Hand: „Wir müssen daraus ein Viereck kneten." Schüler und Lehrer wirken lebendig und bewegt. Als Herbert auch Lehm bekommen hat, drückt er ihn auf dem Brett flach, bis er ein Rechteck spüren kann. „Das ist ein Viereck", sagt der Lehrer. „Ja, das hab ich begriffen", sagt Herbert. „So! Daraus mache ich jetzt eine Hälfte, das geht so", erklärt der Lehrer, „hier oben, kannst du das spüren, mache ich einen Punkt." Er drückt mit dem Finger an der oberen Viereckkante eine Vertiefung bis aufs Brett. „Ganz weich ist das! Ganz leicht", sagt er. Herbert versteht es, macht es nach und sagt: „Ja!" – „Und nun drücke ich von diesem Punkt aus bis in die linke Ecke einen Graben bis auf den Boden. Ein Teil ist weggetrennt." Herbert macht es auch: „Es ist weg." – „Dann machen wir das gleich auch auf der anderen Seite, da!" sagt der Lehrer. Herbert macht es nach. Es gelingt ihm auf Anhieb. Das kann er gut, mit Dingen hantieren. Je drei Stücke liegen jetzt auf dem Brett. Drei des Lehrers. Drei von Herbert. „Hast du bis hierher begriffen?" fragt der Lehrer. „Ja", sagt Herbert. „Jetzt paß auf, was geschieht." Der Lehrer nimmt die kleineren beiden Dreiecke, legt sie vorsichtig aufeinander, so daß sie nicht zusammenkleben, und legt sie auf eine Waagschale. „Was meinst du, was passiert, wenn ich das große Dreieck auf die andere Waagschale lege? – „Ich weiß nicht", sagt Herbert. Als der Lehrer das große Lehmdreieck auf die zweite Waagschale legt, ist die Waage ausbalanciert. Beide Schalen haben gleich viel Gewicht. Der Lehrer nimmt eine Hand von Herbert in seine, und berührt damit die eine Waagschale: „Diese Stücke hier ..." Nachdem er die andere Hand von Herbert an die andere Waagschale führt, sagt er weiter: „... sind gleich schwer, wie dieses Stück hier. Begreifst du das? – „Ja", sagt Herbert, „sonst würde eine Schale weiter nach unten sinken". „Genau!"

Anschließend legt der Lehrer die Stücke wieder wie ein Puzzle als Viereck zusammen. „Wenn man ein Viereck so teilt, gibt es zwei gleich große Klumpen, zwei gleich große Stücke ... (er berührt Herbert leicht mit seinem Knie und gleichzeitig berührt er mit seinem Ellbogen Herberts Ellbogen), Herbert, du hast das letzte Mal verstanden, wie man das macht, ein Viereck auszurechnen. Die Fläche auszurechnen." Herbert sagt: „Ja. Diese Seite da (er zeigt auf die Grundlinie des großen Dreiecks) muß man Malrechnen (multiplizieren auf Hochdeutsch) mit dieser (er zeigt auf die Rechteckbreite)." – „Ja, dann hat man das Ganze da", erwidert der Lehrer, „wir haben spüren können, als wir gewogen haben, daß dieses Dreieck hier in der Mitte, das große, halb so schwer ist wie das ganze Viereck." – „Ja, das stimmt." – „Von daher kommt dieses „geteilt durch zwei in der Formel." Der Schüler hat verstanden, was der Grund für das Dividieren durch zwei ist.

Damit er ganz sicher sein kann, zeigt der Lehrer Herbert die Formel noch auf eine andere kinästhetische Art. Er läßt ihn auf einer großen Bodenfläche zuerst ein Viereck mit Schritten ablaufen und ihn die Formel dazu erklären. Der Lehmklumpen bildet den Ausgangspunkt. Herbert wird gebeten, die wichtigen Linien abzuschreiten.

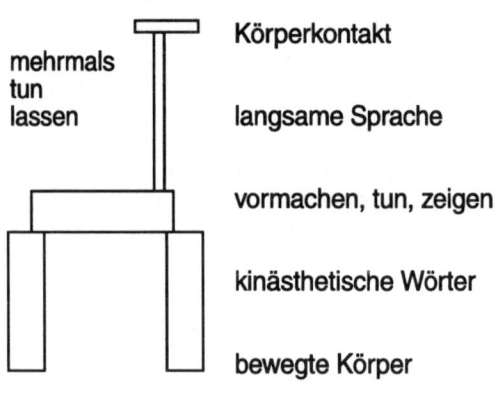

mehrmals tun lassen

Körperkontakt

langsame Sprache

vormachen, tun, zeigen

kinästhetische Wörter

bewegte Körper

Es gibt keine Handlungsrezepte für jede einmalige Lehr-Lern-situation. Für jeden Schüler ist zu jedem notwendigen Zeitpunkt Kreativität des Lehrers gefordert. Man soll mit den zur Verfügung stehenden Hilfsmitteln die entsprechende Lehrform praktizieren.

In diesem Falle war es die kinästhetische Lehrweise, die verlangt wurde. Der Lehrer benutzte als Hilfsmittel die Waage – sie war zufällig verfügbar –, Lehm, ein Brett, die Finger, Hände und den Zimmerboden. Hätte der Schüler nach dieser Vorführung die Zusammenhänge immer noch nicht begriffen, wären andere zusätzliche kinästhetischen Mittel gefragt gewesen.

258

6.5.2.3. Die auditive Lehrform

Schüler, die auf's Hören nach innen und außen spezialisiert sind, das Sehen und Fühlen sekundär ausgeprägt haben, wollen auditiv unterrichtet werden. Dadurch können sie der Sache ganz Gehör schenken.

Das Grundkonzept baut auf den folgenden Annahmen auf: Der erste Schritt besteht darin, dafür zu sorgen, daß der Schüler in einem „neutralen", d.h. lernfähigen Zustand ist. Um Rapport aufrechtzuerhalten und zu verstärken, weiß der Lehrer, daß es gut ist, rhythmisch zu sprechen und dabei die auditive Sprache zu verwenden: auditive Wörter wie sagen, reden usw. Seine Stimmführung läßt er wie einen Sing-Sang gleichsam als Melodie harmonisch ertönen. Sie ist melodiös und rhythmisch, was automatisch entsteht, wenn man dauernd und rasch redet. Das Zwerchfell schwingt immer mehr, und der ganze Körper folgt diesem Impuls. Der Kopf bewegt sich auf und ab. Die Arme beginnen dazu, im Takt seitlich auszuschwingen. Es spielt keine Rolle, ob der Lehrer den Schüler dabei körperlich berührt oder nicht. Wichtig ist es, daß er erklärt und redet. Aus der Perspektive des Lehrprozesses betrachtet, ist es nicht wichtig, was er sagt, sondern daß er seine Präsenz durch Reden bekundet. Innerhalb dieses Prozesses soll natürlich auch der Inhalt stimmen, da er dabei gelernt wird. Die Sprache ist rasch und andauernd. Beim Kommunizieren mit auditiven Menschen können manchmal beide gleichzeitig reden. Die Inhalte sollen beim wirkungsvollen Vermittlungsprozeß für diesen Schüler zum Klingen gebracht werden. Von den Ufern des Kinästhetischen und Visuellen wird übersetzt zu der auditiven Sphäre.

Das Lehrprozedere beinhaltet folgende Schritte: Der Lehrinhalt wird dem Schüler auf verschiedene Arten erzählt. Zuerst stoppt der Lehrer den Schüler. Er veranlaßt ihn zuzuhören und dabei zu schweigen. Der Lehrer informiert den Schüler über den Lehrinhalt mit Worten. Selbstverständlich verwendet er dabei auch die notwendigen visuellen Hilfsmittel. Diese dienen aber vor allem dazu, daß die Erklärung gegeben werden kann. Dann lädt der Lehrer den Schüler dazu ein, mit ihm zusammen die ganze Sache nochmals durchzusprechen und verbal zu wiederholen. Am Schluß darf der Schüler das Gelernte allein erklären. Hören wir uns dazu das Beispiel zum gleichen Inhalt an, den wir schon kennen von der Unterrichtung des kinästhetisch und visuell organisierten Schülers. Ich zeige hier den Prozeß des auditiven Unterrichtens anhand des Einstiegs mit diesem Schüler:

Es geht wieder um die Vermittlung der Flächenberechnung von Dreiecken: g x h : 2. Lehrer und Schüler haben Platz genommen. Der Schüler redet sofort: „Wissen Sie, ich hab mir vorhin gesagt: ‚Das ist wahnsinnig schwierig zu verstehen, auch in diesem Lärm, wenn alle etwas sagen‘, da kann ich jeweils einfach nicht genau zuhören und verstehen, was Sie da sagen wollen ...“ – „Halt, stopp einmal!“ Der Lehrer unterbricht den Schüler mitten im begonnenen Satz, wissend, daß dieser sonst gefangen sein wird in seinem Reden. „Hör zu“, sagt der Lehrer. Er berührt dabei kurz den Schüler an seiner Schulter. Diese Berührung unterstützt einfach das Stoppen des Redeflußes, hat sonst keine Bedeutung. Für den Rapport spielt es keine Rolle, ob mit oder ohne Berührung. „Bist du bereit, mir zuzuhören? Ich sage dir, wie die Aufgabe geht.“ Auf die Frage nach der Bereitschaft nimmt der Schüler die Gelegenheit zum Reden sofort wahr und beginnt: „Ja, ich bin schon bereit. Es ist sonst einfach nicht so ganz harmonisch. Wissen Sie, meine Mutter hat mir auch gesagt, ich weiß es ja, ich selbst sage jeweils auch, daß es gut ist, wenn ich ...“ „Warte, stopp, ist schon gut“, erwidert der Lehrer. Er berührt ihn wieder an der Schulter, an der gleichen Stelle wie vorher. Der Schüler schweigt jetzt. „Ich sage dir zuerst, worum es geht, danach können wir es gemeinsam nochmals durchsprechen, und am Schluß kannst du es mir mit deinen Worten erklären“, sagt jetzt der Lehrer. Der Schüler nickt, hat die ganze Zeit schon mit dem Kopf Auf- und Abbewegungen gemacht und dabei die Lippen bewegt, um für sich Worte zu formulieren.

„Also, vielleicht klingt es angenehm für dich, wenn ich dir zuerst erzähle, wie man ein Rechteck berechnet. Da können wir uns beide sagen, das wissen wir schon, das haben wir schon mehrfach gehört, wie das geht.“ Der Lehrer redet rasch und rhythmisch und gerät dabei in eine Art Sing-Sang. Wie zu hören ist, verwendet er vorwiegend auditive Wörter. „Also die Flächenberechnung des Rechtecks hier (jetzt wird ein Stück visueller Unterricht mit einbezogen. Er präsentiert ebenfalls das Blatt mit dem Rechteck und dem Dreieck, das wir schon kennen) geht so: Wir sagen uns innerlich: Länge x Breite ergibt die Fläche des Rechtecks. Die Länge hier ergibt mit der Breite mal genommen die Fläche des Rechtecks. Also sagen wir einmal, wenn die Länge 10 cm ist und die Breite ist 5 cm, so ergibt das eine Fläche von 50 cm². So klingt das einfach. Ist es auch. Kannst du einmal mit mir zusammen die Fläche dieses Rechtecks hier berechnen?“ Ein neues leeres Blatt erscheint in des Lehrers Händen. Darauf zeichnet er ein Rechteck mit den Maßen 8 x 7 cm. Der Schüler sagt: „Ja, das glaub ich schon, ich kann wirklich sagen, das haben wir schon viele Male gehört, deshalb weiß ich schon noch, wie man das berechnet.“ – „Ja, gut, gut. Also sprechen wir es nochmals gemeinsam durch. Die Länge hier ist 8 cm. Ja?“ – „Ja, die Länge ist 8cm ...“ –

„8 cm und die Breite ..." – „ist 7 cm, da haben wir gehört, daß man es malrechnen.." – „malrechnen, multiplizieren, nämlich 7 x 8 cm ergibt ..." – „56 cm², dies ist also dann die Fläche des ..." – „ist also die Fläche des Rechtecks ..." In dieser Art diskutieren die beiden den Inhalt der Flächenberechnung. Die inhaltlichen Schritte des Vorgehens können die gleichen sein wie bei der visuellen Präsentation. Was anders ist, sind die Worte, Körpersprache, Ausdruck der Stimme und Dialog zwischen den beiden.

Nachdem Lehrer und Schüler in dieser Art den ganzen Prozeß durchlaufen haben, wobei es oft passiert, daß beide gleichzeitig sehr rasch, melodiös und rhythmisch genau wörtlich das Gleiche sagen, geht es darum, daß der Schüler darüber berichtet, wie er den Stoff verbalisieren kann. Dies ist bei ihm der Maßstab, ob er verstanden hat oder nicht. Er muß es erzählen können, die einzelnen Schritte formulieren und in Sätzen harmonisch präsentieren.

Die folgende Darstellung zeigt die Hauptideen zum Lehren von auditiven Schülern im Überblick.

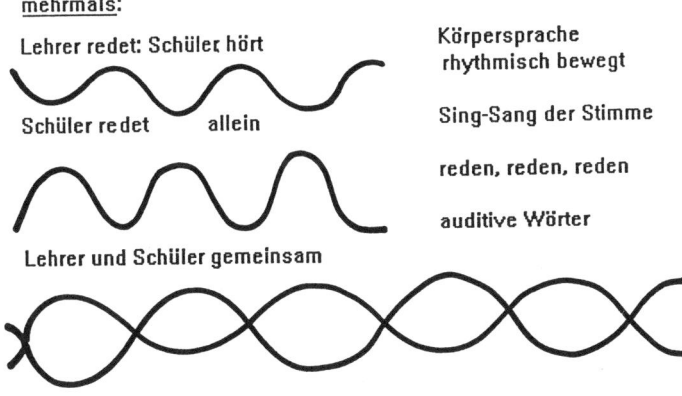

mehrmals:

Lehrer redet: Schüler hört

Körpersprache rhythmisch bewegt

Schüler redet   allein

Sing-Sang der Stimme

reden, reden, reden

auditive Wörter

Lehrer und Schüler gemeinsam

Kernpunkt der auditiven Vermittlungsweise ist das Erfassen der Hörrealität des Schülers. Interessant ist bei dieser Organisationsform die Tatsache, daß es oft beinahe unhöflich wirken kann nach außen, einer Lehrerin oder einem Lehrer zuzuhören, der die auditiven Schüler scheinbar ständig unterbricht. Es kann auch sehr großen Spaß bereiten, die Rolle des Vielredners zu aktivieren.

6.5.3. Individuelle Lernstrategien erkennen

Obwohl die drei Grundformen des Nachhilfeunterrichts – visuelle, auditive und kinästhetische Lehrform – für die meisten Problemstellungen des Nachhilfeunterrichts genügen, gibt es Situationen, die weitere, verfeinerte Formen der Lernerkenntnisse erfordern. Es handelt sich darum, das Wissen über die Lernstrategien zu nutzen.

Ich möchte Ihnen als Einstieg in dieses Thema ein für mich äußerst schmackhaftes, für die Gäste in der Regel überraschendes Nepalesisches Lammgericht vorstellen. Ich bitte Sie, sich selbst davon zu überzeugen. Es handelt sich um ein Schmorgericht:

750 g Lamm, mager	
1 Eßlöffel Margarine	in der Bratpfanne erwärmen
1 große Zwiebel, gehackt	
2 rote Peperoni, in Streifen	
geschnitten	Fleisch und Gemüse andämpfen
1 Teelöffel Ingwer	
1 Teeföffel Curcuma (Gelbwurz)	
1 Teelöffel Kumin (Kreuzkümmel)	
2 Teelöffel Koriander	darüberstreuen, kurz mitdämpfen
2 Tomaten, geschält, geviertelt	
1/2 Teelöffel Salz	
1 dl Fleischbouillon	beigeben, zugedeckt auf kleinem Feuer 1¼ Std. weich dämpfen

Um dieses „Gourmetessen" mit seinem einmaligen Duft und der faszinierenden gelblich-braunen Farbe Ihren Gästen auftischen zu können, brauchen Sie nur die angegebenen Schritte in der richtigen Reihenfolge auszuführen. Ihr Ziel werden Sie auf dem beschriebenen Weg mit hundertprozentiger Garantie erreichen.

Mit dem Lernen und anderen menschlichen Fähigkeiten verhält es sich wie mit dem Kochen: Es geht darum, die richtigen Schritte in der richtigen Reihenfolge zum richtigen Zeitpunkt mit den richtigen Mitteln auszuführen. Das Durchlaufen einer solchen Sequenz von Schritten, mit denen ein bestimmtes Ergebnis erreicht wird, nennt man Strategie.

Wenn beispielsweise ein Ziel darin besteht, sich dazu zu bringen, die nötige innere Energie zu mobilisieren, um an eine Arbeit heranzugehen, so nennt man das Motivationsstrategie. Handelt es sich darum, mit Hilfe des Lernens bestimmte Ergebnisse zu erzielen, so heißt dieser Vorgang Lernstrategie. Lernt jemand Lesen, so hat man es mit einer Lese-Strategie zu tun. Unter diesem Betrachtungswinkel gibt es unzählige Strategien: Parallelschwungstrategie, Zahnputzstrategie, Schreibstrategie, Kreativitätsstrategie, Rechtschreibstrategie, Motivationsstrategie, Entscheidungsstrategie, Überzeugungsstrategie usw. Jeder Vorgang, der gelernt wurde und nun automatisch, ohne große willentliche Gedankenarbeit ausgeführt wird, durchläuft eine sogenannte Strategie mit unterscheid- und wiederholbaren Schritten.

Beim Nepalesischen Lammgericht bestehen die Grundsubstanzen aus Lammfleisch, Peperoni, Tomaten und Zwiebeln. Die Verfeinerung – was das wirklich Nepalesische ausmacht – ergibt sich jedoch erst aufgrund der richtig dosierten Anwendung der verschiedenen Gewürze. Die Grundsubstanzen, die beim Lernen verwendet werden, bestehen aus den Sinnesmodalitäten, dem Sehen, Hören, Fühlen, Riechen und Schmecken. Die jeweils einmalige Art, die Sinnesfähigkeiten in der richtigen Reihenfolge, bezogen auf einen Gegenstand, anzuwenden, ergibt die „Gourmet-Lernergebnisse".

Petra zum Beispiel kann sich Telefonnummern sehr gut merken. Die Schritte, die sie innerlich durchläuft, sind folgende: Zuerst schaut sie die Nummer an (dies ist ein visuell externaler Schritt = nach außen etwas anschauen), zum Beispiel 755 75 57. Als nächsten Schritt stellt sie interessante Querverbindungen zwischen den sieben Ziffern her. Sie erkennt: 75 kommt in der Mitte und am Beginn vor. (Diese Schritte spricht sie innerlich für sich durch mit ihrer eigenen Stimme: A^i_d = auditiv internaler Dialog. Gleichzeitig sieht sie außen die Zahlenkombinationen: $V^{ext.}$ = nach außen etwas anschauen. Während der Wiederholung der gesamten Kombination der Zahlen sieht sie die Ziffern in der Reihenfolge vor dem inneren Auge, das heißt, sie erinnert sich visuell: V^e = visuelle Erinnerung.) Zwischen den beiden 75 steht eine 5. Das ergibt am Schluß die Formel: 75 am Beginn, danach nochmals 75, dazwischen die 5. Anschließend erfolgt die Umkehrung, also 57.

Gerda, ihre Freundin, die bei Petra ebenfalls die Grundideen dieses Vorgehens gelernt hat, geht so vor: Sie schaut die gesamte Nummer an ($V^{ext.}$). Als sie ihre Überlegungen zur Gesamtzahl angestellt hat, stellt sie fest, daß die Zahl aus zwei mal der 55 besteht. Diese Zahl 55 rahmt sie innerlich mit einem Viereck ein; also sieht sie innerlich 2 Vierecke mit der 55 jeweils hineingeschrieben. Sie verwendet dazu ihre Lieblingsfarbe in der Vorstellung (V^k = visuelle Konstruktion). Am Beginn und am Schluß ist eine Sieben. Zwischen den beiden 55 ist ebenfalls die Sieben zu sehen. Diese drei Sieben schreibt sie innerlich größer als die Vierecke mit einer anderen Farbe (V^k = visuelle Konstruktion). Dazu hört sie innerlich den Slogan: Sieben – Fünfundfünfzig, Sieben – Fünfundfünfzig, Sieben. Sie singt diesen Slogan innerlich, indem sie die Sieben höher singt als die Fünfundfünfzig, was eine rhythmische Melodie ergibt (A^k = auditive Konstruktion, sie konstruiert die Melodie zu den Zahlen). Auf diese Weise kann sie sich die Zahlen nach einem solchen Durchlauf jederzeit in Erinnerung rufen, sie innerlich sicht-, innerlich hörbar und nach außen formulierungsfähig gestalten. Voraussetzung, um sich in dieser Weise damit auseinanderzusetzen, ist bei ihr der Wille, die Nummern behalten zu wollen.

Petra und Gerda wenden eine Strategie an, die ihnen hilft, diese Nummer jederzeit zu erinnern. Es gibt wirkungsvolle und ungünstige Strategien. Verschiedene Wege können zu einem Resultat führen. Die einen sind einfach, andere nur mit großen Strapazen zu begehen. Um ein Ziel zu erreichen, können auch Umwege eingeschaltet werden, weil man den kürzesten Weg nicht kennt.

Richard Bandler führt ein interessantes Beispiel an, das zeigt, wie gut wir uns erinnern können, wenn der kürzeste Denk-Pfad entdeckt wird (*Bandler* 1985,124). Es handelt sich um die folgende Zahl, die gelernt werden soll:

149162536496481100.

Schauen Sie diese Zahl so lange an, bis Sie sie in Erinnerung behalten können, wenn Sie wegschauen ... Lesen Sie erst dann weiter. Dann werden Sie anschließend belohnt mit einem vergnüglichen Aha-Erlebnis.

Vielleicht haben Sie die Zahl unterteilt in Zweier- oder Dreiergruppen: 14,91,62 usw. oder 149, 162, 536 usw. Vielleicht waren es andere Wege, die Sie ausprobiert haben. Einmal angenommen, Sie haben die Nummer immer noch in Erinnerung, wie lange werden Sie sie behalten?

Wenn die Zahl anders gestaltet wird und folgendermaßen aussieht, kommt Ihnen sicher irgend eine Ahnung über irgendetwas Bekanntes: 1 4 9 16 25 36 49 64 81 100.

Ja. Genau: 1x1, 2x2, 3x3, 4x4, 5x5, 6x6, 7x7, 8x8, 9x9, 10x10. Wenn wir an diesem Punkt der Bewußtmachung der Strategie für das Behalten dieser Sequenz angelangt sind, werden Sie vermutlich mit Überzeugung sagen können: Jetzt habe ich den Durchblick so, daß ich die Zahl jederzeit wieder in Erinnerung rufen kann.

Im Unterricht ist es hilfreich, über Möglichkeiten zu verfügen, Schülern dabei zu helfen, einen sicheren Weg zum Ziel zu sehen und zu begehen. In der Regel ist dieser Pfad spannend, herausfordernd und kurzweilig.

Bei den Schülern kann man aufgrund der erbrachten Leistungen erkennen, ob ihr Vorgehen zu dem erwünschten Ziel geführt hat. Nicht ersichtlich ist dabei, wie sie zu dem Ergebnis gelangt sind. Aufgrund welcher inneren Strategie ist es zustande gekommen? Welche inneren Prozesse hat der Schüler in welcher Reihenfolge durchlaufen? Die Beantwortung dieser Frage ist aus zwei Gründen wichtig: Erstens können unwirksame Strategien erkannt und zweitens wirksame Wege untersucht werden. Das detaillierte, verfeinerte Wissen über Strategien, die zu Mißerfolg führen, liefert die Grundlage für die Veränderungsmöglichkeiten. Das Wissen über die Zusammensetzung wirksamer Strategien sichert die Fähigkeit ab und ermöglicht einen bewußten Zugriff.

Wie kann man erkennen, welche Strategie ein Schüler verwendet?

6.5.3.1. Lernstrategien hervorlocken

Strategien können gleichsam herausgekitzelt oder aus der unbewußten Höhle ans Tageslicht gezerrt werden, indem vier Hauptschritte Beachtung finden:

1. Es wird ein optimaler Rapport sichergestellt bezogen auf die Herausarbeitung einer Strategie.
2. Man läßt den Schüler das Muster zeigen, indem man ihn in den Prozeß der Strategie hineinführt.
3. Dabei bekommt man Informationen über die „groben", bewußt formulierbaren Abschnitte der Vorgehensweise. In der Regel werden diese Schritte erst mit Hilfe der respektvollen und direktiven Befragung sichtbar.
4. Während des Ablaufs der Strategie schaut und hört die Lehrperson auf die unbewußt ablaufenden Informationen: Körpersprache, Augenmuster und Sprachmuster.

Am leichtesten gelingt es, jemandem zu helfen, das Muster, oder mit anderen Worten die Strategie, sichtbar werden zu lassen, indem man diese Person nach dem **Vorgehen befragt,** mit dem sie ihr Ziel zu erreichen versucht. Etwa folgende Fragen können gestellt werden:

■ Wie hast du das gemacht?
■ Was hast du zuerst gemacht?
■ Was an zweiter Stelle?
■ Was war der nächste Schritt?

■ Was machtest du am Schluß? usw.

Einerseits kann man sich dafür interessieren, was vom Beginn bis zum Schluß hin geschieht. Andererseits kann man auch vom Ergebnis ausgehen und zum Anfang zurückkehren, indem die immer vorhergehenden Schritte erfragt werden.

■ Welches Ergebnis hast du erzielt?
■ Wie weißt du, daß du es erreicht hast?
■ Was hast du getan, unmittelbar bevor du das Ziel erreicht hast?
■ Was war der Schritt vorher? usw.

In der Regel ergibt sich eine Mischung dieser beiden Vorgehensweisen. Man beginnt am Anfang, läßt sich überraschen, wo die nächste Antwort des Schülers erfolgt, fragt von dort aus entweder Richtung Anfang oder in die andere Richtung. Oder man beginnt am Schluß und baut auf der nächsten Antwort in die eine oder andere Richtung weiter.

Wichtig ist das Aufgliedern in kleinste Einheiten:

■ Wie ist es, das ... zu machen?
■ Was geschah, bevor du ... ?
■ Was geschah dann?
■ Was tatest du dann?
■ Was hast du gebraucht, um ... zu tun?
■ Was war das letzte Mal, als du ...?
■ Was geschah, als du ...?
■ Gab es eine Zeit, als du ... konntest?
■ Was tatest du dann?
■ Was war damals anders im Vergleich zu jetzt?

Wichtige Informationen über die unbewußten Prozesse der Strategie liefern Augenbewegungen und gesprochene Worte (Sprachmuster). Während man den Schüler über sein Vorgehen befragt, ist es wichtig, darauf zu schauen, welche Informationen die Augenbewegungen liefern. Gleichzeitig schenken uns die verwendeten Worte zusätzliche Informationen.

Betrachten wir ein Beispiel, um den Prozeß des Erfragens einer Strategie zu veranschaulichen:

Hermine hat Schwierigkeiten, Wörter richtig zu schreiben. Sie macht, wie sie sagt, unnötig viele Fehler in der Rechtschreibung. Die Lehrerin ist bereit, ihr zu helfen neue Wege zu finden, um ihr Problem zu lösen.

Ein wichtiger Schritt dabei ist der, herauszufinden, wie es Hermine anstellt, die vielen Fehler zu machen. Sie wird nach der „Fehlerstrategie" befragt. Folgender Dialog entwickelt sich (L = Lehrerin, S = Schülerin):

L: Kannst du mir zeigen, wie du die Wörter lernst? Da sind einige Wörter, die aufgeschrieben sind. Nimm zuerst dieses hier. (Die Lehrerin hat Kärtchen bereitgestellt.)

S: (Hermine nimmt eines, schaut darauf – $V^{ext.}$ = Visuell external, nach außen schauen auf etwas.)

L: Angenommen, du würdest dieses Wort lernen, um es in einer Prüfung zu können, wie würdest du vorgehen?

S: (Sie schaut weg vom Wort. Ihre Augen bewegen sich auf der horizontalen Ebene hin und her, bleiben dann links unten hängen. Die Lehrerin weiß, daß diese Position bedeutet, daß im Moment ein Selbstgespräch oder innere Kommentare stattfinden. Dieses Wissen hat sie aufgrund früherer Beobachtungen zur Organisationsweise ihrer Schülerin gewonnen.) Ich wiederhole es inwendig und sage es für mich.

L: Du sagst es zu dir selbst und wiederholst es. Was folgt dann?

S: (Sie schaut nochmals auf das Wort außen. Sie wiederholt die gleiche Augenbewegungssequenz und sagt:) Dann schreibe ich es auf das Papier. (Dies ist eine kinästhetische Aktion nach außen = $K^{ext.}$; die Lehrerin hat jetzt das Kärtchen weggenommen, so daß es nicht mehr sichtbar ist für Hermine.)

L: Schreibst du das Wort auf, bitte. Kannst du das machen?

S: (Hermine schreibt das Wort auf ein Blatt Papier. Fehler sind zu sehen.)

L: Ist es richtig geschrieben?

S: Ich weiß es nicht. (Während sie dies sagt, kann man von außen wieder die gleichen Augenbewegungen sehen, die am Schluß links unten anhalten, in der A^i_d-Position = auditiver internaler Dialog, Selbstgespräche.)

L: Du sagst dir: Ich weiß es nicht genau, ob es stimmt.

In dieser Art gibt die Lehrerin ihrer Schülerin noch weitere Wörter. Dabei erkennt sie immer von neuem den gleichen strategischen Ablauf bei Hermine: $V^{ext.}$ (nach außen sehen) – $A^{ext.}$ (sagt es laut nach außen) – A^e (Erinnerung des Gesagten, innerlich hören) – A^i_d (innerlich kommentieren) – $K^{ext.}$ (aufschreiben nach außen). Wenn wir den allerersten Schritt – aufs Blatt außen schauen – weglassen, so ergibt sich folgende innere Strategie, die durchlaufen wird: A^e – A^i_d – K. Es läßt sich sehen, daß ein visueller internaler Schritt fehlt.

6.5.3.2. Kriterien erfolgreicher Strategien

Was sind die Hauptmerkmale für eine erfolgreiche Strategie? Welche Substanzen sind unbedingt erforderlich, um auf die kürzeste und zuverlässigste Art gute Ergebnisse zu erreichen?

Erfolgreiche Lernstrategien erfüllen die folgenden Bedingungen:
1. Alle Hauptsinne sind in den Prozeß einbezogen. Das heißt das Sehen, Hören und Empfinden/Fühlen sind aktiviert.
2. Die Strategie zielt auf ein bestimmtes klares Ergebnis.
3. Eine geordnete Sequenz wird durchlaufen mit einem Vergleich und einem Entscheidungspunkt.
4. Es bestehen mindestens drei Wahlmöglichkeiten.
5. Die Strategie beinhaltet eine externale Überprüfung: Eine Verbindung zur Außenwelt wird hergestellt.

Beispiel: Sich für etwas entscheiden müssen

Betrachten wir die Situation, wenn man sich entscheiden muß, ein **Buch zu kaufen.** Erinnern Sie sich noch an Ihren letzten Buchkauf und die Strategie, die Sie dabei verwendet haben?

Von einem Lehrer habe ich gehört, wie er eine wirksame Strategie anwendet, um sich zu entscheiden, wenn er Bücher kauft. Er sagte mir, daß er immer in der gleichen Art vorgehe. Zuerst begibt er sich in den großen Buchladen in Zürich. Von der Verkäuferin läßt er sich zu seinem schon vorher eingegrenzten Fach- und Themenbereich die verschiedenen Buchideen präsentieren oder sich erklären, wo die Bücher in welchem Regal zu finden sind ($A^{ext.}$ = nach außen hören, auditiven Impuls von außen suchen). Beim vorgeschlagenen Bücherregal schaut er sich verschiedene Bücher zu dem entsprechenden Inhalt an ($V^{ext.}$ = nach außen schauen). Während er die einzelnen Bücher anschaut und durchblättert, nimmt er die unterschiedlichen Gefühle wahr, die dabei auftreten ($K^{int.}$ = Gefühle spüren) und vergleicht sie miteinander. Welches Buch ergibt welches Gefühl? Was fühlt sich gut, was weniger gut an? (Vergleich $K^{int.1}$ mit $K^{int.2}$ etc.) Es taucht innerlich ein Bild auf, in dem er sich sieht, wie er das Buch kauft, das bei ihm das beste Gefühl ausgelöst hat (V^k = visuelle Konstruktion: Hier macht er ein Bild über sich selbst). Er erinnert sich als nächsten Schritt an einen früheren Buchkauf, der gelungen war, indem er sich in jene Situation hineinbegibt, sieht, hört und spürt (V^e = visuelle Erinnerung; A^e = auditive Erinnerung, $K^{int.}$ = Gefühl dazu). Ein Vergleich der Gefühle zwischen dem phantasierten Kauf in der nächsten Zukunft und dem erinnerten ergibt eine gute Übereinstimmung (Vergleich $K^{int.1}$ mit $K^{int.2}$: Resultat gut). Trotz dieses Vergleichs hat er jetzt die Wahl, das Buch zu kaufen oder es sein zu lassen. Dieses Abwägen geschieht anhand eines kurzen inneren Selbstgespräches: „Also, hier habe ich ein Buch gefunden, das meinen Bedürfnissen entsprechen würde. Soll ich es nun kaufen oder nicht? Ist es wichtig, es unmittelbar jetzt zu erwerben? Oder ist es vielleicht besser, jemanden später zu beauftragen, es für mich zu besorgen? Vielleicht könnte ich es auch ausleihen?" (A^i_d = auditiv internaler Dialog: Selbstgespräche) Während des inneren Dialoges überprüft er die dabei auftretenden Gefühle ($K^{int. 1}$ vergleichen mit $K^{int. 2}$ usw.) Nachdem er gespürt hat, daß er sich am wohlsten fühlt, wenn er dieses Buch für sich hat und er jetzt mitnehmen möchte, kauft er es.

Die Strategie dieses Lehrers läßt sich in der Zeichenkurzfassung so darstellen:

$$\boxed{V^{ext.} \text{ oder } A^{ext.}, K^{int.}, V^k \text{ im Vergleich mit } V^e, K^{int.}, A^{id}, K^{int.}, \text{Ende}}$$

Wie sich erkennen läßt, sind alle Sinne in dieser Strategie einbezogen. Das Ergebnis ist klar. Die Strategie beinhaltet mindestens einen Vergleich und verschiedene Wahlmöglichkeiten.

Es ist einleuchtend, daß ein Ergebnis umso besser in Erinnerung bleibt und wieder abrufbar ist, je mehr Sinne einbezogen sind. Das Lernergebnis ist vielschichtig, interessant und deshalb besser erinnerbar.

6.5.3.3. Wirkungsvolle Strategien nutzen und erschaffen

Wir haben gesehen, wie man Strategien erfragen und beobachten kann und gehört, welche Kriterien sie erfüllen, wenn sie wirkungsvoll sind. Ich möchte nun zeigen, wie man vorgehen kann, wenn den Schülern eine neue Strategie beigebracht werden soll, die die alte, wenig erfolgreiche ersetzen kann. Wenn wir gezeigt haben, wie die verwendete, uneffiziente Strategie erfragt werden kann, so haben wir damit das Handwerkszeug kennengelernt, um auch wünschenswerte Strategien erfragen zu können. Das Herausarbeiten wirkungsvoller Muster ist eine der Möglichkeiten, dem Schüler behilflich zu sein, seine Ziele zu erreichen. Es gibt verschiedene Möglichkeiten, einzelnen Schülern wünschenswerte Lernmuster oder Strategien zu lehren und schon vorhandene bewußt zu machen:

Voraussetzung für jede der folgenden Möglichkeiten ist der optimale Rapport.

1. Eine Möglichkeit besteht darin, **erfolglose Muster** zu **erfragen**. Dann stellt man Überlegungen über mögliche nützliche Veränderungen der Strategie an.

Bei Hermine in unserem früheren Beispiel, die Mühe hat Wörter richtig zu schreiben, haben wir nach der Befragung deutlich erkennen können, daß ein innerer visueller Schritt in der Strategie fehlt. Das heißt, daß dort ein Ansatzpunkt für eine nützliche Veränderung liegt. Eine wirkungsvolle Strategie bezieht alle Sinne mit ein. Hermine kann gelehrt werden, die Visualisierungsfähigkeit für das Wörterlernen zu benutzen. Ich werde später noch ein Beispiel dazu vorstellen.

2. Weiter kann man nach **erfolgreichen**, vergleichbaren Strategien oder Mustern suchen, die das Ziel mit gutem Ergebnis erreichen. Dieses Muster wird herausgearbeitet.

Der Lehrer fragt den Schüler, nachdem dieser gesagt hat, daß er mit X Schwierigkeiten hat: „Dein Vorgehen hat nicht zu dem geführt, was du dir gewünscht hast. Wann hast du das letzte Mal X erfolgreich angehen können?" Der Schüler beginnt mit einem inneren Suchprozeß. Als Ergebnis bringt er eine Erinnerung, wo er erfolgreich war. Dieses Beispiel dient nun als Grundlage für die Befragung.

Dieses Muster wird anschließend Schritt für Schritt in kleinen Sequenzen eingeübt. Es wird so lange geübt, bis die Strategie automatisch abläuft. Als Hinweise dienen dabei die Augenmuster, die beobachtet werden.

3. **Erfolgreiche und erfolglose Muster** werden herausgearbeitet und miteinander **verglichen**. Das erfolglose Muster wird so verändert, daß es am Schluß der Strategie des erfolgreichen Vorgehens entspricht.

Der Schüler hat uns Einblick gegeben in seine Strategie, die zum Mißerfolg führt. Die nächste Frage ist die: „Kannst du mir ein Beispiel dafür geben, wie du etwas lernen wolltest und erfolgreich zum Ziel gelangt bist?" Der Schüler berichtet über etwa drei Beispiele, wie er vorgegangen ist, um zu seinem Ziel zu gelangen. Obwohl die Beispiele vielleicht aus einem ganz anderen Bereich stammen, als demjenigen, in dem die Mißerfolgsstrategie verwendet wurde, liefern uns die Beispiele Informationen über persönliche erfolgreiche Wege. Dem Schüler werden diese erfolgreichen Strategien bewußtgemacht. Anschließend kann man ihm die Frage stellen: „Wenn du in dieser Art vorgehen würdest mit X (Mißerfolgsbereich), wie bei diesen gelungenen Beispielen, wie würdest du dann beginnen? Was wäre der nächste Schritt? Und was würde dann folgen? Usw." Auch dabei werden wiederum die einzelnen Schritte bewußt eingeübt, so lange, bis sie automatisch geschehen.

Betrachten wir ein **Beispiel**, bei dem sichtbar wird, wie die Strategie erarbeitet und eingeübt wird. Es handelt sich um ein junges Mädchen, das Mühe mit Lesen und Rechtschreibung hat. Das Kind ist als legasthenisch diagnostiziert:

Der Lehrer von Sibille kennt sie. Er hat ihre Visualisierungsfähigkeit schon früher untersucht. Die Information darüber ist wichtig, weil es besonders für die Rechtschreibung und das Lesen nötig ist, über genügend Fähigkeiten zu verfügen, sich Gesehenes innerlich bildlich in Erinnerung rufen zu können. Als erstes zeigt der Lehrer Sibille Bilder. Er entfernt diese und fragt: „Was hast du gesehen? Kannst du es mir beschreiben, bitte?" Diese Aufgabe kann sie erfolgreich lösen, was der Beweis für die bildhafte Vorstellungsfähigkeit ist. Sie schaut auf der „inneren Kinoleinwand" die Bilder an und gibt ihre Kommentare dazu.

Nun zeigt ihr der Lehrer ein Kärtchen, auf dem ein Wort geschrieben ist. Er bittet sie zu lesen, was sie sieht. Als er das Kärtchen aus ihrem Blickfeld entfernt hat, soll sie buchstabieren. Die Augen bewegen sich in folgender Sequenz: $A^{int.}$ – $K^{int.}$ – $A^{int.}$ (auditiv internal, inneres Gefühl, auditiv internal). Sibille hört das Wort inwendig, entwickelt ein Gefühl dazu und hört es nochmals. Sie hat Mühe damit, beim Buchstabieren die richtige Abfolge zu finden. Ebenfalls fällt es ihr schwer, das Wort zu schreiben. Nachdem der Lehrer noch drei weitere Kärtchen in der gleichen Art als Instrument für seine Diagnose des Lernstils eingesetzt hat, erkennt er die gleichbleibende, sich wiederholende Sequenz: A – K – A. Hören wird gefolgt von einem Gefühl, was wieder zum Hören zurückführt. Dies ist die Strategie in der kürzesten Fassung. Was erkennt man daran? Die visuelle Komponente fehlt ganz. Hier wird der Ansatz für die Veränderung liegen.

Um Streß zu vermeiden im Zusammenhang mit neuem Lernen und negativen Verankerungen begegnen zu können, schlägt der Lehrer ein „lustiges Spiel" vor. Für die Schülerin soll es nicht haupsächlich bedeuten „Lesen lernen" oder „Schreiben lernen", sondern „ein lustiges Spiel machen." Dadurch wird ein angenehmes Gefühl mit dem neuen Lernvorgang verbunden. Eine positive Verankerung kann stattfinden. Der Lehrer zeigt die Karte mit einem Wort. Die Präsentation erfolgt über der Augenmittellinie von Sibille, so daß sie ein bißchen nach oben schauen muß. Diese Augenstellung von Sibille bringt sie dazu, ihre Visualisierungsfähigkeit, die ja vorhanden ist, einzusetzen. Jetzt soll sie das Wort bewußt anschauen, es innerlich abbilden (V^e), laut sagen ($A^{ext.}$) und buchstabieren ($A^{ext.}$). Die Schritte bis hierher sind: $V^{ext.}$ (nach außen schauen) – V^e (innerlich anschauen) – $A^{ext.}$ (sagen). Als nächstes kann Sibille das Wort inwendig hören, es nachklingen lassen. Dabei bewegen sich ihre Augen auf der Horizontalebene (A^e: auditive Erinnerung). Sie soll dann das Wort anschauen und es innerlich abbilden. Erkennbar ist dieser Vorgang anhand ihrer Augenbewegungen. Die Augen bewegen sich nach oben links (Ve: visuelle Erinnerung). Auf diese Art lernt das Mädchen, das dargebotene Wort inwendig nochmals anzuschauen, auch wenn es außen nicht vorhanden ist. Der Ablauf ist jetzt: Sie schaut auf das ganze Wort, sagt es laut, schaut nach unten rechts ($K^{int.}$: Gefühl wahrnehmen dazu), der Blick wandert wieder auf die Buchstaben, sie sagt es nochmals und spürt wieder das Gefühl. Jedesmal, wenn Sibille ein Wort richtig ausspricht beim Lesen, bekommt sie vom Lehrer ein Lächeln und ein „Gut". Lächeln und „Gut" sind Belohnungen, die jedesmal erfolgen, wenn sie das Ziel erreicht hat. Gleichzeitig berührt er ihren Ellbogen leicht. Diese Berührung wird zu einem Anker für die ganze Sequenz: V – A – K. Dieses Spiel darf sie so lange spielen, bis der Lehrer sieht, daß die Strategie auf die neue Art abläuft. Die Visualisierung ist integriert worden.

Betrachten wir die Veränderung nochmals in der Gegenüberstellung:

vorher: *nachher:*

Augenbewegungsmuster   Augenbewegungsmuster

A – K – A Ende beim Lesen   V – A – K – V – Ende beim Lesen
A – K – A Ende beim   V – A – K – V – Ende beim
     Rechtschreiben   Rechtschreiben

Die Visualisierungsfähigkeit nimmt beim Sinnengebrauch in den verschiedenen Strategien eine besondere Stellung ein.

6.5.3.4. Die besondere Bedeutung der Visualisierungsfähigkeit

Hören, Fühlen und Sehen erfüllen unterschiedliche Aufgaben. Die mit jedem dieser Sinne verbundene Realitätserfahrung ist verschieden. Das Zusammenspiel aller unserer Wahrnehmungsinstrumente ermöglicht eine angereicherte, vielfältige innere Landkarte.

Das Hören nach außen und Wiederbeleben erinnerter, klingender Erfahrungen geschieht sequentiell. Was heißt das? Wenn wir beispielsweise an ein Gespräch denken und uns die dabei gehörten

Worte wieder in Erinnerung rufen wollen, so müssen wir Teile des Gesprächs, die zu verschiedenen Zeitpunkten stattfanden, nacheinander hören.

Bei einem Musikstück erinnern wir uns zum Beispiel auch, indem wir den Ablauf von A-Z hören. Wir können die Aufmerksamkeit auf bestimmte Stellen richten und dann eine Sekunde nach der anderen anhören. Kurze und kleinste Hörsequenzen lösen einander ab.

Das Fühlen und Empfinden geschieht im Moment. Es ist eine Wahrnehmungsform, bei der wir in die Aktion eintauchen, das heißt assoziiert oder verbunden sind. Wer beim Lernen in der handelnden, fühlend-empfindenden Weise vorgeht, braucht Zeit, um die Dinge zu be-greifen. Es ist eine langsame Lernweise. Dabei wird der Lerninhalt gleichsam körperlich eingraviert oder eben be-griffen.

Der Sehsinn stellt Fähigkeiten zur Verfügung, die für's Lernen besonders wichtig sind. „Ein Bild sagt mehr als tausend Worte", sagt ein Sprichwort. Damit ist die wesentliche Bedeutung der Visualisierungsfähigkeit treffend charakterisiert. Die bildliche Vorstellung von Lerninhalten ermöglicht den Überblick über die gesamte Materie. Hier zeigt sich der Unterschied zu den anderen Sinnen. Das Sehen erlaubt, gleichzeitig alle Informationen eines Lerngegenstandes zu sehen. Es kann leicht von einem Aspekt innerhalb des Wahrnehmungsfeldes zum anderen gewechselt werden.

Wer gut visualisieren kann, lernt leicht richtig Schreiben und Rechnen, wer dies nicht kann, hat Mühe damit. Das sind zwei wichtige Auswirkungen. Wer innerlich nicht gut sehen kann, erwirbt eine weniger optimale Strategie für das richtige Schreiben, weil die korrekte Anwendung geschriebener Sprache davon abhängt, daß die Buchstabenfolge in der richtigen Anordnung gesehen und aufgeschrieben wird.

Wir leben in einer visuellen Kultur. Erfolgreich durchs Leben zu gehen hängt von der Fähigkeit der Visualisierung ab. Erst mit deren Hilfe können Pläne für die Zukunft entworfen, Visionen entwickelt und die Dinge aus einer distanzierten Position angeschaut und überblickt werden.

Die Förderung der Visualisierungsfähigkeit beginnt schon in der Vorschulzeit, obwohl Auswirkungen erst vom Schulbeginn an zunehmend sichtbar werden. In den meisten Schulformen und -systemen westlicher Prägung, beginnen mit diesem Alter die Visualisierungsfähigkeiten darüber zu bestimmen, ob jemand erfolgreich ist oder nicht. Das Versagen stellt sich über den Mangel an wirkungsvollen Lerntechniken sowie die damit zusammenhängenden Selbstüberzeugungen ein. Wirkungsvolle Lernstrategien bauen auf der Fähigkeit der Visualisierung auf. Es geht darum, Informationen innerlich anschaulich im Überblick vor der inneren geistigen Kamera graphisch, abstrakt oder konkret zugänglich machen zu können. Die Fähigkeit zu sehen und visuell erinnern zu können, ermöglicht ein rasches Erfassen und Speichern von Informationen. Gleichzeitig ist dadurch auch die Möglichkeit des raschen Abrufens von innerlich zugänglichen Informationen gegeben.

Mit Hilfe der bildlichen Vorstellungs- und Erinnerungskraft kann man zukünftige Ereignisse voraussehen und mögliche positive oder negative Konsequenzen des persönlichen Verhaltens im voraus untersuchen. Klare Ziele, Schutz und Sicherheit resultieren daraus.

Aus diesen Gründen ist es wichtig, Lernenden, ob es sich nun um Kinder oder Erwachsene handelt, die Gelegenheit zu bieten, ihre Visualisierungsfähigkeit stets zu verfeinern, zu trainieren und in bester Art anzuwenden.

Welche Möglichkeiten gibt es für Lehrer, Schüler im Visualisieren zu trainieren? Betrachten wir im folgenden einige Grundüberlegungen mit Übungsbeispielen, die erlauben, daraus eigene, der jeweiligen Altersgruppe entsprechende Ideen zusammenzustellen.

6.5.3.4.1. Visualisierungsideen für die Klasse

1. Schüler anleiten zum **Erinnern von Farben, die gezeigt werden**

- ■ Jüngere Schüler dürfen verschiedenfarbige Karten anschauen, die der Lehrer dann entfernt. Welche Farben waren es?
- ■ Wiederum sehen die Schüler auf Karten verschiedener Farbgebung, die in einer bestimmten Reihenfolge dargeboten werden. Die Frage lautet: In welcher Reihenfolge waren welche Farben zu sehen?
- ■ Es werden Bilder gezeigt. Die Schüler sollen die Grundfarben erinnern.
- ■ Blumen verschiedener Farbe, Früchte verschiedener Farbe (z.B. Äpfel), Gemüse (z.B. Peperoni) usw. werden gezeigt. Die Schüler werden eingeladen, die Farbe oder Reihenfolge der Präsentation zu erinnern.

2. Schüler anleiten zum **Erinnern von Kompositionen, die gezeigt werden**

- Der Lehrer legt vor der ganzen Klasse – angekündigt als Spiel – Gegenstände auf den Boden. Diese ergeben eine bestimmte Komposition. Die Klasse schließt die Augen. Eine kleine Veränderung wird vorgenommen. Was hat sich verändert? Für dieses Spiel können auch die Schüler selbst als „Spielleiter" eingesetzt werden.
- Die Menschen selbst dienen als „Anschauungsmaterial". Ein Schüler stellt sich vor die Klasse in einer bestimmten Stellung, die der Lehrer modelliert. Die Augen werden geschlossen. Während dieser Zeit verändert der Lehrer einen kleinen Bereich dieser menschlichen Skulptur. Es geht darum, die Veränderung zu sehen.
- Eine Skizze oder Zeichnung ist an der Wandtafel zu sehen. Während die Schüler die Augen geschlossen haben, verändert der Lehrer ein kleines Detail, ergänzt etwas oder läßt etwas verschwinden. Was ist anders?
- usw.

3. Erinnern von **abstrakten Zeichnungen und Darstellungen**

- Die Schüler schauen auf geometrische Muster wie z.b. Vierecke, Kreise, Ellipsen, Dreiecke usw. Nach einer kurzen Betrachtungszeit dürfen die Schüler auf einem Blatt Papier aufzeichnen, was sie gesehen haben. Sind ihre Darstellungen gleich oder verschieden von den dargebotenen?
- usw.

4. Anleitung zum externalen Schauen: **Abzeichnen, Malen**

- Der Lehrer legt besonderen Wert darauf, Aufgaben exakt zu lösen, bei denen es darum geht, etwas abzuzeichnen oder zu malen.
- Im Zeichenunterricht erhalten Schüler die Gelegenheit, bestimmte Gegenstände in Form und Farbe abzuzeichnen oder zu malen.
- usw.

5. Erinnern von **Dingen, die früher gesehen** wurden

- Die Schüler werden eingeladen herauszufinden, ob sie sich an die Farbe der Eingangstür des Schulhauses erinnern. Es können zum Beispiel etwa fünf verschiedene Gegenstände in dieser Art visuell erinnert werden. Anschließend kann sich die ganze Gruppe auf eine kleine „Wanderung" zu den Gegenständen begeben, um den Vergleich zwischen ihrer Vorstellung und der Außenrealität anzutreten.

Gegenstände können etwa sein: Türen, Fensterformen, Farben von Bildern, Standorte bestimmter täglich begegneter Gegenstände wie Schirmständer, Pflanzen, Anzahl von Blüten, Form von Pflanzen, usw.

■ usw.

6. Anleitung zum bewußten **Anschauen von Unterrichtsinhalten**

■ Auf Plakaten, der Wandtafel, dem Tageslichtprojektor oder auf andere Art stellt der Lehrer z.b. ein wichtiges Konzept vor. Ich denke dabei etwa an Formeln, grammatikalische Regeln, bestimmte Formen. Die Schüler werden dazu eingeladen, bewußt zu schauen, was sie sehen. In einem zweiten Schritt sollen sie kurz wegschauen und überprüfen, wie gut es ihnen gelingt, das Gesehene zu erinnern. Die Überprüfung erfolgt durch das neue Hinschauen.

■ usw.

7. Einladung zu **Visualisierungen aus der generellen Lebenserfahrung**

■ Die Schüler dürfen sich entspannen und Farben sehen. Der Lehrer gibt die Anleitung in ruhigem Tonfall (Trancestimme), zum Beispiel: rot, grün, blau, orange usw. Die Farbe soll diskret und klar erscheinen dürfen. Die Grundidee besteht darin, sich überraschen zu lassen, wie gut diese Aufgabe gelingen kann. Es darf auch sein, daß gar nichts geschieht. (Diese gewährende Art entspricht der Fähigkeitenorientierung.)

■ Geometrische Muster werden mit geschlossenen Augen visualisiert, wie zum Beispiel: Kreise, Dreiecke, Quadrate, Rechtecke, Ellipsen, sternförmige Gebilde. Die Anweisung lautet etwa: „Du kannst dich überraschen lassen, ob es dir gelingt einen Kreis zu sehen ... und diesen Kreis sich verändern zu lassen vor dem inneren Auge zu einem gleichseitigen Dreieck usw."

■ Es können vertraute Gegenstände visualisiert werden (in Erinnerung gebracht werden): Stuhl, Tomate, Bleistift, Tasse, Ball usw. Dabei kann der Lehrer bestimmte Farben vorgeben und diese verändern lassen.

■ Die Schüler können als Einstimmung in ein Thema gebeten werden, sich überraschen zu lassen, welche Bilder vor dem inneren Auge dazu sichtbar werden. Anschließend können die Erfahrungen ausgetauscht werden.

■ usw.

276

8. Phantasieren von bildhaften Vorstellungen

■ Zum Beispiel können die Schüler eine schöne Landschaft vor dem inneren Auge entstehen lassen. Der Lehrer gibt dabei vage, offene Unterstützung: „Laßt eine schöne Landschaft vor dem inneren Auge entstehen ... eine Landschaft, die für dich der Inbegriff einer angenehmen schönen Landschaft ist ... achte auf die Farben ... und die Formen ..., die du siehst ... usw."

9. Visualisierungen anhand **konkreter Unterrichtsinhalte**

■ Die Visualisierung wird vor allem für die Rechtschreibung benötigt. Dabei bietet sich die Gelegenheit, die Schüler Wörter anschauen zu lassen. (Wir werden diesen Bereich noch betrachten, wenn ich die Lese-Rechtschreibstrategie vorstelle.)

■ Die Schüler lösen bestimmte Aufgaben, die sie dazu hinführen, die Visualisierungsfähigkeit zu trainieren und zu nutzen. Zum Beispiel bekommt eine 4. Grundschulklasse den Auftrag: „Sucht während der nächsten zehn Minuten innerhalb eurer Zweiergruppen so viele Wörter wie möglich, die das Sehen betreffen."

■ Es gibt eine wundervolle Visualisierungshilfe bei der Textbearbeitung: Die Schüler werden eingeladen, Sätze, Abschnitte oder Kapitel in Bilder (bildhafte Vorstellungen) zu übersetzen. Je nach Alter brauchen sie mehr oder weniger Hilfe dabei. Der Lehrer zeigt ihnen, wie man das machen kann.

Ich möchte Ihnen zeigen, wie diese Hilfestellung zur Anwendung der Visualisierung vor sich geht. Die Methode, die zugrundeliegt, wird heute unter dem Namen des Mind Mapping gehandelt.

6.5.3.4.2. *Das Mind Mapping: eine hilfreiche Methode der Visualisierung*

Wenn mündliche oder schriftliche Informationen von „außen" eintreffen, ist die Voraussetzung geschaffen, einen Überblick zu gewinnen und aufrechtzuerhalten mit Hilfe des Mind Mappings (*Wycoff* 1993; *Beyer* [2]1994). Diese Visualisierungsmethode verbindet Informationen mit einem Bild. Man beginnt dabei, indem man auf einem Blatt Papier eine Grundidee in der Mitte eines Blattes plaziert. Das Thema steht umrandet in der Mitte. Einzelne Ideen, die als Assoziationen dazu auftauchen, werden mit Strichen mit der Hauptidee verbunden. Diese einzelnen Teile erhalten am Ende wiederum Verzweigungen mit nochmals damit zusammenhängenden Aspekten

(Ästen). Weitere feinere Verästelungen ergeben sich durch die Verknüpfung mit damit zusammenhängenden Gedankensplittern.

Was jetzt zu sehen ist, erinnert an ein Wurzelwerk, beginnend bei den stärksten Auslegern, die sich immer mehr verfeinern bis zu feinsten Strukturen. Symbole, Bilder und Querverbindungen zwischen den einzelnen Wurzeln oder Ästen ergeben am Schluß einen leicht faßbaren Überblick über das darin enthaltene Wissen.

Beispiel eines Mind Maps, Thema: „Unterricht: Worauf es ankommt."

Ein solches Anschauungsbild hat große Vorteile: Die Informationen sind im Überblick gespeichert. Sie werden dadurch leicht zugänglich. Bei Referaten sowie mündlichen und schriftlichen Prüfungen kann das Wissen rasch überblickt und abgerufen werden. Durch die klare, assoziative Gliederung ist die Grundlage für die „Beleuchtung" des gefragten Bereichs gegeben.

Im Fragenaustausch mit anderen Menschen hilft ein Mind Map (inneres Überblicksbild), die Antworten zuverlässig und rasch sichtbar zu machen. Die entsprechenden Querverbindungen sind ebenfalls zugänglich und müssen nur noch in Worte gefaßt und verbalisiert werden. Ein weiterer Vorteil ist der, daß sich spätere Ideen leicht am richtigen Ort in dieses Bild einfügen lassen.

6.5.3.5. Einige bewährte Lernstrategien

Eine der Möglichkeiten, wirkungsvolle Lernstrategien zu nutzen, besteht darin, erfolgreiche Personen zu beobachten und zu befragen. Vorgehen, Denkweise, einzelne Schritte, Verwendung der Sinnesmodalitäten werden in Betracht gezogen. In dieser Art wird die Strategie einzelner Anwender herausgearbeitet.

Wenn verschiedene Personen befragt werden, die gut an ein spezielles Ziel gelangen, hat man Vergleichsmöglichkeiten. Welche Grundregeln innerhalb der Strategie befolgen unabhängig voneinander alle erfolgreichen Personen? Dies ist die Frage, die beantwortet wird. Aufgrund dieser Vorgehensweise lassen sich generelle Erkenntnisse darüber gewinnen, wie bestimmte Ziele wirkungsvoll erreicht werden können.

Lassen Sie mich den Vergleich mit dem Kochen heranziehen. Es ist hilfreich, wenn man den typischen, unverwechselbaren Marokkanischen Duft im Essen hervorlocken will, mehreren marokkanischen Köchen zuzusehen und mit ihnen zu reden. Die Beobachtung der Vorgehensweise und die Befragung liefern die Sequenzen sowie Ingredienzen, die diesen speziellen Duft bei jedem Gericht hervorzaubern. Das Geheimnis, das sich dann als Hauptfaktor lüftet, besteht darin, den Kreuzkümmel als Gewürz zu verwenden. Trotz Unterschieden im Vorgehen verschiedener Köche läßt sich erkennen: Der Kreuzkümmel ist das Herz dieser Gerichte. Das führt zum unverwechselbaren Geruch und Geschmack.

Selbstverständlich ist es auch möglich, nur eine einzige Person, die etwas ausgezeichnet kann, zu befragen, um die Strategie herauszufinden. Wenn diese Strategie kopiert wird, sollte es möglich sein, die gleichen Resultate zu erzielen.

Im folgenden möchte ich vier spezielle Lernmuster vorstellen, die sich bewährt haben. Sie dienen als Beispiele zur Abrundung des Themas Lernstrategien. Es handelt sich um die folgenden vier Lerngegenstände: Gleichungen lernen, sich entscheiden, jemanden zu etwas motivieren und richtig schreiben (Rechtschreibung). Die Strategien werden in Formeln vorgestellt.

Rechnen

Strategieschritte: $V^{ext.} - V^e - K^{ext.} - V^e - K^{ext.} - V^{ext.} - V^e - K^{ext.} - V^{ext.} - V^e - K^{ext.} -$ Ende

1. Lieblingsfarbe wählen
2. $V^{ext.}$: Der Schüler schaut auf die Gleichung 2 + 2 = 4, die geschrieben sichtbar ist.
3. V^e: Die Gleichung wird innerlich in der Lieblingsfarbe gesehen. Dabei sind die Augen in der visuell erinnernden Position (oben links).
4. $K^{ext.}$: Der Schüler schreibt die Gleichung auf ein Blatt Papier nieder.
5. V^e: Die Gleichung wird innerlich von hinten nach vorne angeschaut. Dieses Vorgehen stellt die Visualisierung sicher.
6. $K^{ext.}$: Die Gleichung wird retour aufgeschrieben.
7. $V^{ext.}$: Die Liste mit der Gleichung und den neuen Aufgaben wird gezeigt, wie 2 + 2 = 4, 3 + 3 = 6, etc.
8. V^e: Die Augen bewegen sich in die visuell erinnernde Position. Die Gleichungen werden nacheinander mit der Lieblingsfarbe erinnert.
9. $K^{ext.}$: Der Schüler schreibt die Gleichungen auf.
10. $V^{ext.}$: Eine neue Liste wird präsentiert mit der Gleichung und verschiedenen ähnlichen Aufgabestellungen wie 2 + 2 = ..., 3 + 3 = ...
11. V^e: Die Augen wandern in die visuell erinnernde Stellung. Jede Aufgabe wird innerlich gesehen in der Lieblingsfarbe und der „richtigen Größe".
12. $K^{ext.}$: Die richtige Lösung wird aufgeschrieben.

Der Kernpunkt der Methode besteht darin, die Visualisierungsfähigkeit optimal einzusetzen.

Sich entscheiden

Sich entscheiden können für etwas schafft eine gute Motivationsgrundlage. Deshalb ist es wichtig, Schüler zu lehren, Strategien zu kultivieren, die helfen, sich gut entscheiden zu können. Die folgenden generellen Strategieschritte zeigen die Grundlagen:

1. Mögliche Alternativen suchen.
2. Die erste Alternative wird vorgestellt: Dabei werden die Erfahrungen in allen Sinnen aktiviert (Sehen, Hören, Fühlen, Riechen und Schmecken). Es wird noch nichts entschieden.
3. Die 2., 3., etc. Alternative wird vorgestellt. Gleiches Vorgehen wie bei 2.
4. Jetzt werden die Alternativen in der Gegenüberstellung gefühlsmäßig verglichen. Wo fühle ich mich am besten?
5. Auswählen.

Lehrer können diese Strategie bei der Zielbestimmung anwenden. Die Schüler werden gebeten, diese Schritte zu überblicken, zu durchlaufen und zu überdenken. Die zur Verfügung stehenden gemeinsam zusammengetragenen Alternativen werden in dieser Art überprüft, um sich am Schluß für eine gemeinsame Möglichkeit zu entschließen.

Jemanden motivieren

Schüler werden automatisch motiviert, wenn zielklar und sinnreich unterrichtet wird (alle Sinne sind im Unterrichtsprozeß bezüglich transparenter Ziele integriert). Dies schafft als generelle Grundlage die Basis für ein großes Engagement und eine Beteiligung der Schüler am Lernprozeß.

Motivation entsteht auch, wenn bei jemandem im Gespräch die Lernstrategie umgekehrt wird. Was heißt das? Wenn ein Schüler beispielsweise die Strategie zeigt: „V (visueller Prozeß) – A (auditiver Prozeß) – K (Fühlen) – Ende", dann ist die Umkehrung erkennbar durch die Fragen an ihn in umgekehrter Prozeßfolge. Zuerst wird das Gefühl angesprochen (K), anschließend das Auditive (A) und am Schluß erst das Visuelle (V). „Würdest du dich wohl fühlen, wenn du den Dialog dieses Filmes hören würdest und gleichzeitig diese phantastische Farbtönung und diskrete Kameraführung sehen könntest?" Weil diese Aussage das Vis-a-Vis zu seiner Lernstrategie am Anfang zurückführt, entsteht eine erhöhte Motivation. Also: „V – A – K – Ende" wird zu „K – A – V – Anfang" der Lernstrategie = Beginn von V – A – K – Ende.

Schüler können in einem Bereich sehr motiviert sein, in einem anderen nicht. Man denke etwa an einen Schüler, der sehr gerne Sport treibt, sich jedoch in der Schule im Schreiben sehr unwohl und unmotiviert fühlt. In solchen Situationen kann es sehr nützlich sein, die eine Strategie als Ausgangslage für eine zu verbessernde Motivation auf dem anderen Gebiet zu nehmen. Die Augen zeigen, wo die Informationen internal abgerufen werden. Die Sequenz der Augenbewegungen macht die Strategie sichtbar.

Motivation ist aus folgenden Gründen wichtig: Je höher das Interesse an einem Lerngegenstand ist, umso ressourcevoller ist die Körperhaltung, umso besser ist das Gehirn mit Sauerstoff versorgt, umso streßfreier wird gelernt, umso lieber wird das Gelernte immer wieder benutzt und in Erinnerung gerufen, umso fundierter wird das Wissen usw.

Rechtschreibstrategie

1. Der Schüler erstellt eine Liste mit Wörtern, die gelernt werden sollen.
2. Der Lehrer findet die Augenmuster mit Hilfe von Fragen heraus (in der Regel kennt er diese Muster aufgrund permanenter früherer Beobachtungen).
3. Der Lehrer erklärt der Schülerin oder dem Schüler, daß Wörter dann am leichtesten zu erinnern sind, wenn sie im Bereich der visuellen Erinnerung (in dieser Position oben) dargeboten werden. (Ve-Position: visuelle Erinnerung)
4. Der Schüler nennt eine „schöne Farbe", die er gerne hat.
5. Der Lehrer zeigt das erste Wort. Der Schüler wird aufgefordert, es internal zu fotographieren (diesen Prozeß hat er während des Unterrichts gelernt, sonst muß er ihm noch erklärt werden).
6. Der Schüler sieht das Wort vor seinem inneren Auge farbig. (Ve-Position = visuell erinnerte Augenstellung)
7. Der Schüler buchstabiert das Wort rückwärts. (Dies stellt die Visualisierungsanwendung sicher, sichtbar in der V^k-Position = visuelle Konstruktion.)

8. Wenn das Wort richtig ist, soll es der Schüler vorwärts buchstabieren. Dabei achtet der Lehrer sorgfältig darauf, daß die Augen oben bleiben. Sollten sie nach unten wandern, stoppt er den Prozeß und beginnt neu. Nach unten bewegen heißt: Die Visualisierungsebene wird verlassen. Es wird zu auditiven oder kinästhetischen Strategien geflüchtet, die für diese Ziele wenig effizient sind.
9. Nun wird die neu erworbene erstmals ausprobierte Strategie abgesichert, indem dem Schüler gesagt wird: „Von jetzt an weißt du, was du tun mußt, um Wörter richtig zu lernen und sie im Kopf zu behalten."
10. Für jedes weitere Wort der Liste wird in dieser Weise vorgegangen.

6.6. Bedeutsame Inhaltsauswahl

Wer weiß, wann was nützlich ist

Manchmal nahm Nasrudin in seinem Boot Leute auf kleine Ausflüge mit. Eines Tages ließ ein pedantischer Schulmeister sich von ihm über den sehr breiten Fluß setzen.

Kaum waren sie an Bord, da fragte der Schulmeister, ob die Überfahrt stürmisch sein werde.

„Frage mich nicht so welches", sagte Nasrudin.

„Hast du nie Grammatik gelernt?"

„Nein", sagte der Mulla.

„Dann hast du die Hälfte deines Lebens vergeudet."

Der Mulla schwieg.

Dann kam ein schwerer Sturm auf. Die närrische Nußschale des Mulla füllte sich mit Wasser.

Er beugte sich zu seinem Fahrgast vor: „Hast du je schwimmen gelernt?"

„Nein", sagte der Pedant.

„Dann, Schulmeister, ist dein ganzes Leben verloren, denn wir sinken."

(*Shah*, 1984, 64)

Haben Sie verstanden, was Ihnen diese Geschichte sagen will? Gar nichts! Es ist nur eine interessante Geschichte mit einer faszinierenden Wendung. Oder doch nicht? Jede Aussage, die gemacht wird, hat durch die Art der Mitteilung, innerhalb des jeweiligen Kontextes, bezogen auf den Zeitpunkt und die Empfänger weitere versteckte – oft auch offensichtliche – Aussagen. In der Regel werden sie nicht einmal bewußt wahrgenommen und schon gar nicht willentlich hinterfragt. Die Geschichte von Mulla Nasrudin enthält verschiedene Geheimnisse. Welche Interpretation heraus- oder hineingelesen wird, hängt von den Voraussetzungen des Empfängers ab. Es ist wie bei einem Vexierbild mit vielen versteckten Gegenständen. Etwa folgende Aussagen könnte man darin entdecken: Der Schreiber glaubt, daß man über Geschichten kommunizieren könne. Vielleicht will er zeigen: Rede über Geschichten. Als Meister kann man auch ungebildet sein. Das Wichtige fürs Leben lernt man im Leben. Dumme Leute sind oft klug. Wer andere für dumm hält, ist oft selbst der Lakierte. Die Gebildeten wissen nicht viel vom eigentlichen Leben. Mit dem Schulwissen allein kann man nicht überleben. Oft kommt es auf anderes an, als wir annehmen. Wenn man angegriffen wird, kann man dazu schweigen, usw. usw. Dies sind mögliche Interpretationen.

Im Unterricht ist das Geschichtenerzählen zwischen Schülern und Lehrer auch wichtig. Man befaßt sich in erster Linie mit Inhalten, die vermittelt werden. Der Unterrichtsstoff ist die erzählte Geschichte. Jede Geschichte hat **Nebenbedeutungen**, die in der Regel keiner – oder nur einer sehr geringen – bewußten Analyse unterzogen werden. Fragen wie etwa: „Welche generellen versteckten Aussagen werden übermittelt?" werden nicht gestellt oder bleiben oft unbeantwortet.

Jeder Inhalt, der unterrichtet wird, enthält zwischen den Zeilen zusätzliche Botschaften. So gesehen handelt es sich bei der Unterrichtung jedes Faches, unabhängig von der Zielgruppe, um eine Art „moderne Märchen". Märchen transportieren Leitmotive, Lebensrichtlinien, implizite Anweisungen und moralische Vorschriften, Ideen zum Umgang mit dem „Guten" und „Bösen". Wir können keine Aussagen machen, ohne gleichzeitig untergründig versteckte, geheime Botschaften zu übermitteln. Und darum geht es: Es ist wichtig, sich bewußt zu sein, welche „Moral von der Geschichte" man weiterreichen möchte. Um welche versteckte „Moral" oder Implikationen handelt es sich? Welche zusätzlichen Botschaften übermitteln wir den Lernenden? Dies ist ein wichtiger, oft unbeachteter Aspekt meisterschaftlichen Unterrichts. Wir lehren die Schüler über die Inhalte zusätzliche Dinge.

Wenn sich beispielsweise Mrs. Hill im Englischlehrbuch für eine Oberstufe vorwiegend um den Einkauf der Blumen, des Brotes,

Gemüses, Kaninchenfutters usw. kümmert, und dies mit allergrößter Hingabe und Leidenschaft macht, so wird damit eine Lebensanschauung vermittelt. Wenn zusätzlich sichtbar wird, daß der Mann durch Abwesenheit bei häuslichen Aktivitäten glänzt, abends ermüdet von seinem Bürojob heimkehrt und sich gerne liebevoll umsorgen läßt, so erhärtet sich die Vermutung, daß dadurch ein ganz bestimmtes Bild einer Realität zwischen Mann und Frau übermittelt wird. Dieser „geheime" Unterricht geschieht zwischen dem eigentlichen Unterrichtsinhalt, also hier der Englischstunde.

Auch der Lehrer übermittelt eine zusätzliche Botschaft, wenn er dieses Buch als Lehrmittel ernsthaft einsetzt. Damit überträgt er die Nebenbedeutung ebenfalls, da er damit sagt: „Ich finde dieses Lehrmittel für euch geeignet, ich bin einverstanden mit den offenen und versteckten Inhalten." Es sei denn, daß er sich über die Implikationen bewußt ist und seinen diesbezüglichen Standpunkt an die Schüler weiterleitet, im Sinne von: „Ich finde das Lehrmittel gut, um Englisch zu lernen. Was die Mann-Frau-Beziehung betrifft, damit müssen wir nicht einverstanden sein. Ich bitte euch, das in Betracht zu ziehen."

Wenn im Sexualkundeunterricht vorwiegend in einem nüchternen, selbstverständlichen Tonfall, wie er üblich ist bei dem Kauf von Schuhen, Sexualorgane beschrieben und die verschiedenen Möglichkeiten der Kontaktnahme zwischen Mann und Frau beschrieben werden, ohne daß auf persönliche Art von Lehrerseite auf die Gefühle eingegangen wird, so wird damit ebenfalls eine bestimmte Gesinnung übermittelt. Wiederum geschieht dieses Lehren zwischen den Zeilen. Eine bestimmte Grundhaltung wird transportiert.

Lehrinhalte sind Metaphern für andere Inhalte. Oft wird nicht hinterfragt, was übermittelt wird. Was können Lehrende tun mit diesen Ausführungen? Man kann sich bei der Themenauswahl verschiedene Fragen im voraus bewußt stellen, Fragen bezüglich der Implikationen oder Nebenbedeutungen. Dadurch können wichtige Informationen gewonnen werden, einerseits darüber, welche unerwünschten Bedeutungen hineingerutscht sind, und andererseits darüber, welche zusätzlichen wünschenswerten Sichtweisen wirksam werden sollen. Etwa folgende Fragen könnten zur Erhellung versteckter „Lehrinhalte" beitragen:

■ Was lernen die Schüler zusätzlich neben dem offiziellen Inhalt?
■ Welches Weltbild wird vermittelt?

- Ist die Geschichte auf Fähigkeiten oder festgefahrene Probleme orientiert?
- Sind negative Bewertungen enthalten, die jemand in der Lerngruppe auf sich beziehen könnte?
- Vermittelt der Inhalt zwischen den Zeilen Optimismus oder Pessimismus?
- Schafft er Zukunftsvisionen, die Licht verbreiten, oder zielt er auf eine düstere, hoffnungslos verlorene zukünftige Realität?
- Aktiviert die Geschichte (= Lehrinhalt) Ressourcen, die ermutigen, Eigenkräfte zu entdecken und den Glauben daran zu stärken?
- Sind offensichtliche oder versteckte Ideen enthalten, die aufzeigen, wie Konflikte mit Verzicht auf physische und psychische Gewalt gelöst werden?
- Wird eine Aura von Begeisterung oder gähnender Langeweile um den Stoff gewoben? usw. usw.

Wir haben einen wichtigen Aspekt bei der Auswahl der Lehrinhalte betrachtet: Inhalte haben Nebenbedeutungen und Implikationen, die bei der meisterschaftlichen Unterrichtung Beachtung verdienen.

Ein **zweiter Schwerpunkt** besteht darin, daß die Hauptbedeutung der **Lehrinhalte** von den Schülern **als bedeutsam** und wichtig für's persönliche Leben **empfunden** wird. Es sollen Inhalte gelehrt werden, die den konkreten Bezug zur Lebensrealität der Lernenden und des Lehrers herzustellen vermögen und dadurch als persönlich bereichernd erfahren werden. Betrachten wird dazu einige konkrete Beispiele von Unterrichtsinhalten, um daran zu zeigen, was relevante Inhaltsauswahl bedeuten kann:

1. Beispiel: An einer höheren Fachschule für Gastronomie behandelt die Lehrerin die Themenschwerpunkte Auftragserteilung, Kontrolle und Qualifikation. Die vorbereitenden Gedanken der Lehrerin bezogen die Lerngruppe mit ein. Verschiedentlich brachten die Schülerinnen und Schüler Fragen zur Sprache, die den Umgang mit dem Personal betrafen. Diesen Bereich wollte die Lehrerin beleuchten. Der Einstieg ins Thema fiel ihr entsprechenderweise leicht. Die Schüler konnten das Thema als ihr Thema erkennen und sich verstanden fühlen. Zudem war es ein Bestandteil des offiziellen Lehrplans. Das Thema „Auftragserteilung, Kontrolle und Qualifikation" ist relevant und bedeutsam für die Lerngruppe, da es als wichtig definiert wird und Wissen für die Bewältigung der aktuellen beruflichen Praxis liefert.

2. Beispiel: Herausfordernd dürfte es jener Lehrer empfunden haben, der sich entschieden hatte, mit seinen Schülern der 7. Klasse über das „Englische Geld" zu sprechen. Er schuf für die Schüler den aktuellen Bezug dazu, indem er zuerst eine Einstimmung machte bezüglich der Wichtigkeit, die das Geld in unserer Gesellschaft hat. Er betonte, daß Geld das erste Vehikel ist, mit dem man es zu tun hat, wenn man in ein fremdes Land geht. Dazu erzählte er der Klasse ein Beispiel, wie es ihm ergangen sei, als er das erste Mal ohne genaues Wissen über die verschiedenen Preise nach London zum Englischstudium gefahren sei. Dabei wurde er bei der Ankunft auf dem Hauptbahnhof übers Ohr gehauen von Jugendlichen, die ihm „halfen" sein nächstes Anschlußbillet zu lösen. Sie hatten ihn betrogen, weil er in den Preisen und vor allem der Sprache nicht kundig war. Auf diese Art schuf dieser Lehrer die Motivation, indem er die Schüler erkennen ließ, wie wichtig Geld sei, um zu überleben.

3. Beispiel: Die Lehrerin einer ersten Klasse schuf eine gute Atmosphäre für ihre 1. Klasse beim Training im Kopfrechnen, indem sie die Spiellust und Wettkampflust ihrer Schülerinnen und Schüler ins Zentrum der Aufmerksamkeit stellte. Die Aufgabe bestand darin, einen Turm aus farbigen Holzstäbchen zu bauen. Dazu mußten in sehr raschem Tempo Aufgaben der folgenden Art gelöst werden:

$2 + ? = 10$ $3 + ? = 10$ $4 + ? = 10$ $1+ ? = 10$
$8 + ? = 10$ $7 + ? = 10$ $5 + ? = 10$ $8+ ? = 10$ usw.

Für jede richtige Antwort durfte jedes Kind abwechselnd ein Stäbchen kreuzweise aufeinanderstapeln, so daß ein immer größerer Turm entstand. Zu Beginn fragte die Lehrerin: „Was glaubt Ihr, wie hoch können wir heute den Turm bauen, bis er umfällt?" Durch dieses spielerische Vorgehen fühlten sich die Schüler in lebendigster Weise in ihrer Denkweise abgeholt. Sie durften spielen und gemeinsam wetteifern.

4. Beispiel: In einer Schule für Pflegerinnen und Pfleger hatte sich der Lehrer entschieden, den Lernenden Wissen über „schichtspezifische Zusammenhänge im Umgang mit den Patienten" zu vermitteln. Als Einstieg ließ er die Lernenden darüber reflektieren, ob es für sie im Umgang mit den Patienten Unterschiede gebe. Diese Frage konnte von allen bis auf eine Ausnahme mit Ja beantwortet werden. Aufgrund dieses Einstiegs folgte die Frage: Warum ist das wohl so? Der Lehrer stellte die These in den Raum, daß dies damit zu tun habe, aus welcher Schicht jemand abstamme, daß davon verschiedenste Eigenschaften resultieren, die sich im Denken und der Kommunikation niederschlügen. Er erwähnte ebenfalls, daß es sehr wichtig sei, auch über seine persönliche schichtspezifische Herkunft und die daraus resultierende Denk- und Verhaltensstruktur aufgeklärt zu sein, um bestimmten kommunikativen Herausforderungen angemessen begegnen zu können.

5. Beispiel: In einer 6. Grundschulklasse hatte sich der Lehrer für das Thema „Dinosaurier" entschieden. Er hatte beobachtet und gehört, daß verschiedene Schülerinnen einander darüber informierten, sie hätten über den Einschlag eines Meteors vor vielen, vielen Jahren gehört, und daß dieses Ereignis zum Untergang der größten je existierenden Tiere auf dieser Erde geführt habe. Gleichzeitig wußte er, daß es zur Zeit verschiedene Ausstellungen gab, die sich mit der Urzeit befaßten. Die Schüler spielten auch mit Quartetts (Kartenspiel), auf denen Dinosaurier abgebildet waren. Dieses Thema schien brandneu und aktuell zu sein. Als er den Schülern diese Idee vorschlug, freuten sie sich darüber und äußerten spontan verschiedene Vorschläge über Arbeitsmaterialien, die man einbeziehen könnte, ein Hinweis für die Relevanz dieses Themas. Für den Lehrer selbst war dieses Thema nicht sonderlich wichtig. Wenn es nach ihm gegangen wäre, hätte er etwas anderes ausgewählt. Eine andere Wahl hätte jedoch die momentane Begeisterung der Schüler ungenutzt entschwinden lassen. Deshalb begann er sich seinerseits für dieses Thema zu interessieren.

6.7. Hilfreiche Erfolgsprüfung

Wir haben uns mit den Hauptelementen wirkungsvollen Lehrens befaßt und dargelegt, worauf es ankommt. Lehrende, die meisterschaftlich unterrichten, achten darauf, daß:

■ sie das Fachwissen so überblicken, daß sie darüber frei verfügen können.

■ die Vermittlungsweise so wirkungsvoll wie nur möglich ist.

■ sie sich an den Fähigkeiten der Schüler orientieren.

■ sie Nein- und Ja-Haltungen erkennen und Nein-Haltungen in Ja-Haltungen verwandeln oder sie anderweitig nutzen können.

■ sie individuelle Lernstile berücksichtigen.

■ die Lehrinhalte bedeutsam sind und Nebenbedeutungen beachtet werden.

Ein weiteres wichtiges Kernelement jeden Unterrichts besteht darin, Ergebnisse wirkungsvoll zu überprüfen. Jedes Lernen ist abhängig von Rückmeldungen. Im Schulsystem heißt dieses Feedbacksystem in der Regel „Prüfung". Oft ist dieses Wort und die ganze damit verbundene Aura als „Problem-Anker" wirksam. Unlustvolle, negative Erfahrungen sind bei vielen Schülern damit verbunden. Das muß nicht so sein.

Wir befassen uns im folgenden mit den Möglichkeiten hilfreicher Feedbackprozesse oder Prüfungsvorgehensweisen, die ermöglichen, negative Gefühle und Mißerfolgserlebnisse weitgehend auszuschalten. Um Prüfungen erfolgreich und hilfreich zu gestalten, kommt es auf fünf Aspekte an. Es ist wichtig, daß:

1. klare Ziele für die Schüler sichtbar, spürbar und ausformuliert sind;
2. rasche und permanent erfolgende Rückmeldungen zu den Teilzielen erfolgen („kleine Prüfungen");
3. die unterschiedlichen Arten des Lernens und Abrufens des Gelernten berücksichtigt werden;
4. Prüfungen als Rückmeldungen und damit als Quellen für neues Lernen definiert werden und nicht als Bewertungs- und Qualifikationsvorgehen;
5. Streß vermieden und Lust erhöht wird.

1. Klare Ziele

Wirkungsvolle Erfolgsprüfung beginnt am Anfang des Lernprozesses, indem zusammen mit den Schülern die erwarteten Ergebnisse herausgearbeitet und exakt definiert werden. Diesen Aspekt haben wir im 5. Kapitel behandelt. Die Ziele werden durchsichtig und be-greifbar. Diese Operationalisierung der Ziele macht auch die Prüfungsmöglichkeiten sichtbar und gibt Antworten auf Fragen, was man wissen, zeigen und berichten soll,um damit den Grad des Erfolges zu bestimmen.

2. Permanente „kleine Erfolgsprüfungen"

Die Transparenz der Ergebnisse ermöglicht eine stete, den eigenen Bedürfnissen entsprechende Überprüfung des jeweiligen Standortes auf der Ziellinie. Es ist wichtig, rasche, ständig wiederkehrende Feedbacks über Richtung und Qualität der Arbeit zu bekommen. Prüfungen gehören in diesem Sinne organischerweise zu jedem Lernvorgang. Jeder Arbeits- und Lernschritt – sofern er klare Zielsetzungen, die ausformuliert wurden, beinhaltet – kann daraufhin betrachtet werden, inwiefern er das erwünschte Ergebnis zeigt, bzw. wo noch etwas fehlt. Eine ständige Korrektur und Neuanpassung wird ermöglicht. Das Lernen kann nachhaltig und rasch geschehen durch die unmittelbar erfolgenden „Verstärkungen" im Sinne von Rückmeldungen aus der Materie selbst: „Gut, genau so", oder: „Nein, noch nicht ganz".

3. Berücksichtigung der Unterschiede der Lernenden

Insofern Prüfungen qualifizieren und bewerten, ist damit der Anspruch verbunden, objektiv und gerecht zu sein. Dies ist nicht möglich! Darüber wurde in den letzten Jahrzehnten intensiv geforscht und es wurden die entsprechenden Belege erbracht (*Ingenkamp* 1963a,b). Eine der „Ungerechtigkeiten" sogenannter objektiver Prüfungen ergibt sich aufgrund der Tatsache der unterschiedlichen Benutzung der verschiedenen Sinne beim Hervorlocken der verinnerlichten Lernergebnisse. Schüler zeigen in unterschiedlicher Weise, daß sie ihre Ziele erreicht haben. Da Schüler – wie bereits verschiedentlich erörtert – unterschiedlich organisiert sind, lassen sich daraus bestimmte Folgerungen für Prüfungsvorhaben ableiten.

Eine Prüfung wird um eine Spur „menschlicher", wenn sie den Lernstilunterschieden gerecht zu werden versucht.

Wenn beispielsweise ein Lehrer nach einem Monat Arbeit an einem bestimmten Thema ankündigt, es gebe eine Prüfung über den gesamten Stoff, so kann diese Prüfung auf unterschiedliche Art durchgeführt werden. So kann er sich entscheiden, fünf Fragen auf einem Blatt auszuteilen und diese durch die Schüler in freier Weise beantworten zu lassen. Er kann einen Fragebogen ausarbeiten mit 50 sehr eng gefaßten Wissensfragen. Er kann auch einen sogenannten Multiple-Choice-Test austeilen. (Dabei geht es darum, aus jeweils einem Antwortenbündel die richtige Antwort anzukreuzen.)
All diese Prüfungsvarianten haben eines gemeinsam: Sie benötigen ein Blatt Papier und Schreibzeug.

Es gibt Schüler, die können ihre optimalen Leistungen am besten zur Darstellung bringen, wenn sie visuell abgeholt werden und gefordert sind, ihre Leistungen in visueller Art zu demonstrieren.

Der Lehrer verteilt zum Beispiel ein großes Blatt, auf dem die Schüler den gesamten Stoff, den sie die letzten vier Wochen gelernt haben, darstellen sollen. Es ist dabei ausdrücklich in Ordnung, zu zeichnen, graphische Darstellungen zu verwenden und einen Text zu verfassen. Tobias findet sich mit dieser Aufgabe ausgesprochen gut zurecht, da er gewohnt ist, in dieser Art für sich zu lernen. Seine Prüfungsvorbereitungen zeigen genau diese hier in der Prüfung verlangte Struktur. Er zeichnet jeweils Skizzen, kommentiert sie und liest die Texte so, daß er sie bildhaft zusammenfassen kann. Ihm kommt deshalb dieses Prüfungsangebot sehr entgegen.

Andere Schüler sind gewohnt, das Gelernte in Form von Taten und Aktionen an den Tag zu legen. Am besten schneiden sie dann ab, wenn sie Ergebnisse erschaffen und ihr Wissen über die Anwendung zeigen dürfen.

Lukas freut sich auf die Motorradprüfung. Da kann er zeigen, wie perfekt er fahren kann. Die Theorieprüfung ist ihm eher schwergefallen, wo er auf gezeichneten Skizzen erkennen mußte, wie man richtig reagieren solle. Den praktischen Teil liebt er, weil er weiß, daß er zeigen kann, was er gelernt hat, indem er etwas tut.

Die dritte Art besteht aus jenen Menschen, die am besten in Form kommen, wenn sie ihr Wissen zeigen können, indem man sie befragt und sie darüber berichten dürfen. Sie fühlen sich stark bei mündlichen Prüfungen.

Manuela liebt Gespräche. Sie weiß, daß sie in der mündlichen Prüfung, die zum Glück sehr stark gewichtet wird, sehr gut abschneiden wird. Ihr fällt immer etwas ein und sie kann auf die verschiedensten Fragen rasch antworten. Wenn ihr zur Frage nichts konkret einfällt, erinnert sie sich an den Anfang des Gehörten. Dann beginnt sie die Geschichte dort zu erzählen, wo die Informationen begonnen haben. Sie sagt dann: „Da muß ich etwas weiter ausholen. Erinnern wir uns doch an den Anfang. Dort haben wir besprochen, daß ..." Auf diese Art kann sie mündliche Prüfungen auf flexible, verbale Art gut schaffen.

Die meisten Schüler können Beweglichkeit entwickeln, sich in das vom Lehrer bevorzugte Prüfungssystem hineinzuversetzen. Sie entwickeln Flexibilität und entdecken rasch, daß es wichtig ist zu lernen, wie man sich in Prüfungen am besten verhält. Jene Schüler, die einseitige Bevorzugungen entwickelt haben, sind jedoch besonders abhängig von der Art des Prüfungsvorgehens. Es ist für sie wichtig, ob auditive, kinästhetische oder vorwiegend visuelle Formen zum Einsatz gelangen.

Um Ungerechtigkeiten den Riegel vorzuschieben, ist es hilfreich, Prüfungen sinn-voll durchzuführen. Das heißt: Alle möglichen Varianten von Schülerorganisationsweisen sollen dabei berücksichtigt werden, indem visuelle, auditive und kinästhetische Prüfungselemente gleichermaßen zum Zuge kommen. Schüler sollen den Erfolg demonstrieren können, indem sie etwas tun dürfen (= kinästhetisches Vorgehen), im Gespräch und anderen Formen mündlichen Austauschs erklären können, daß sie das Ziel erreicht haben (auditive Elemente) und mit Hilfe visueller Prüfungsmethoden den Erfolg zeigen. Dies geschieht zum Beispiel bei den schriftlichen Arbeiten. Die Kombination aller drei Möglichkeiten schafft einen Ausgleich und reduziert mögliche Ungerechtigkeiten auf ein akzeptables Maß herunter.

4. Die Prüfung prüft den Lehrvorgang

Erfolg und Lernfortschritt sind einerseits Rückmeldungen an die einzelnen Lernenden selbst. Auf der anderen Seite liefern die Schülerfortschritte Feedback ans Lehrsystem, indem an ihnen gemessen werden kann, inwieweit es dem Lehrer gelungen ist, seine Inhalte aufgrund der konstruierten Rahmenbedingungen wirkungsvoll zu vermitteln.

Erfolg und Mißerfolg sind zwei Ausdrücke für Feedback. Beide sagen etwas aus über den Standort innerhalb einer Lehr-Lern-Richtung, die gemeinsam verfolgt wird. Wenn es Lernenden gelingt, dieses Feedback als Chance zu nutzen, so ergeben sich daraus verschiedenste Möglichkeiten der Umsetzung: Die eingeschlagenen bisherigen Schritte können bezüglich der Schrittlänge überpüft und entweder vergrößert oder verkleinert werden. Die Zielsetzung kann nochmals griffig definiert werden, um die Motivation zu erhöhen. Die Art der Vermittlung kann überprüft und korrigiert werden. Kleine Elemente innerhalb des Lehrgegenstandes können beleuchtet und speziell als weiterer Vermittlungsgegenstand ins Zentrum gestellt werden. Der große allgemeine Bogen kann für bestimmte Schüler hervorgehoben und beleuchtet werden. Aus den momentan überprüften Zielen können weitere verfeinerte Aspekte, die beim vorhergehenden Lehrprozedere unberücksichtigt blieben oder zu wenig stark betont wurden, der Betrachtung unterzogen werden. Dies sind nur wenige Möglichkeiten, die aber zeigen, wie das Feedback für die weiteren Schritte hilfreich verwendet werden kann.

5. Optimierung der Rahmenbedingungen: Lust anstatt Frust

Um günstige Voraussetzungen zu schaffen, damit Prüfungen als lustvoll erlebt werden können, ist es wichtig, besonderen Wert auf die Rahmenbedingungen zu legen. Streß und Angst sind ungünstige Gesellen beim Lernen. Besonders ungeeignet und störend sind sie bei Prüfungssituationen, in denen Schüler besonders zeigen wollen, was sie können. Aufgrund komplexer neurophysiologischer und psychologischer Vorgänge führt Angst zu Leistungsverminderung, hindernden Überzeugungen bezüglich dem Lernen, und zu Blockierung. Deshalb ist es wichtig, als Lehrer dafür zu sorgen, daß optimale Bedingungen Lernen und Prüfungen unterstützen. Was kann man als Lehrer tun, um die Rahmenbedingungen für Prüfungen zu optimieren? Man kann für streßvermindernde und befreiende Rahmenbedingungen sorgen, indem man:

■ einen optimalen **Rapport** zu den Einzelnen und der Lerngruppe aufbaut (was uns zum Beginn des ersten Hauptkapitels zurückführt).

■ **Prüfungssituationen** mit einem **angenehmen Gefühl verbindet,** indem man als Lehrer beispielhaft jeden „Mißerfolg" oder „Fehler" als Gelegenheit definiert, daraus abzuleiten, was die nächsten

Schritte sind. Lehr- und Prüfungssituationen werden dadurch positiv geankert: Sie werden zum Auslöser für hohe Motivation, Kontakt mit allem zur Verfügung stehenden Wissen und Freude darüber, eine spannende Herausforderung bewältigen zu dürfen.

■ darauf schaut, „kleine Prüfungen" oft, regelmäßig und beiläufig erfolgen zu lassen, so daß sie zu etwas Alltäglichem und angenehm Vertrautem werden. Feedback erfolgt dadurch rasch. Dies ist aus lernpsychologischer Sicht am wirksamsten, ermöglicht eine rasche Korrektur und ermöglicht das Erlernen eines inneren Bewertungsmaßstabes.

■ Schüler dazu anleitet, eigene selbstgewählte Zielsetzungen zu definieren und in einer Art Selbstprüfung den Erfolg zu messen. Wann immer möglich, soll auf Benotung verzichtet werden.

■ Wenn es als Notwendigkeit erscheint Prüfungen durchzuführen, die benotet werden, so soll dies erst dann stattfinden, wenn die Schüler wissen worum es geht, und wenn sie sich in der besten Art darauf vorbereitet haben. Das heißt: wenn alle den Stoff beherrschen.

Es geht darum, eine Erfolgsmessung durchzuführen und nicht eine Mißerfolgsprüfung.

■ Generell können Sie optimale Bedingungen schaffen bezüglich Lernen und Prüfungsvorgehen, indem Sie die in diesem Buch vorgeschlagenen Grundsätze berücksichtigen und sich zunehmend in diesen Grunddimensionen meisterschaftlicher Unterrichtung vervollkommnen.

Anwendungsmöglichkeiten zum Lehrprozeß

Die folgenden 55 Anwendungsmöglichkeiten auf der Lehrprozeßebene sind Vorschläge, die Sie gemäß dem eigenen Standort und
den eigenen Bedürfnissen nutzen können. Auch hier möchte ich Sie
daran erinnern, daß es wichtig ist, die Ideen zur Basiskommunikation während der Anwendung der Vorschläge zum Lehrprozeß
weiterhin regelmäßig und täglich bewußt zu praktizieren. Die Basisfähigkeiten sind Voraussetzung für die Durchführung der hier genannten 55 Vorschläge.

Wie können Sie sich damit zurechtfinden? Der folgende Überblick über die Schwerpunkte ermöglicht es Ihnen, eine für einen
oder mehrere Tage dauernde Auswahl aus dem jeweils passenden
Bereich für sich auszuwählen. Sie selbst bestimmen auch dabei
wieder, wieviel Altvertrautes und Gewohntes Sie mit Neuem mi-
schen wollen. Vielleicht stellen Sie fest, daß einige der Vorschläge
für Sie zu wenig zusätzliche Anstöße enthalten, um sie ausführen
zu wollen. Andere Vorschläge wiederum dürften für Sie besonders
geeignet sein, um sich effektiv weiterzuentwickeln. Dann entscheiden Sie sich zu einer verbindlichen Abmachung mit sich selbst, um
sich auf die passenden Vorschläge in wirkungsvoller Weise einzulassen.

Die Unterteilung entsprechend der Schwerpunkte sieht folgendermaßen aus:

A – Sinnreich unterrichten

B – Systematisch ritualisieren

C – Umgang mit Nein- und Ja-Haltungen

D – Fähigkeitenorientierung

E – Individuelle Lernstile berücksichtigen

F – Anleitungen zum Visualisieren

G – Bedeutsame Inhaltsauswahl

H – Erfolgreiche Erfolgsprüfung

A – Sinnreich unterrichten

1. Informationen für alle Sinne vorbereiten

Suchen Sie die Gelegenheit, Informationen vorzubereiten, die Sie unbedingt an Ihre Schüler herantragen wollen. Wählen Sie dazu einen Gegenstand aus, bei dem Sie sich selbst als Informationsperson einsetzen und dabei verbal vorgehen wollen. Verfahren Sie dabei folgendermaßen:

- Sammeln Sie das zu vermittelnde Material, so daß Sie darüber den Überblick gewinnen und frei darüber verfügen können.
- Wählen Sie eine Sequenz aus, bei der es wichtig ist, daß diese für die Klasse so verständlich, anschaulich und nachempfindbar wie möglich wird.
- Suchen Sie nach Beschreibungen, die darauf aufmerksam machen, was es zu sehen gibt. Suchen Sie die visuellen Wörter, die ausdrücken, was Sie vermitteln wollen.
- Dann überlegen Sie sich, was es zu hören gibt. Suchen Sie die entsprechenden auditiven Wörter dazu, die Sie verwenden wollen.
- Anschließend suchen Sie danach, welche Empfindungen und Gefühle dabei eine Rolle spielen. Suchen Sie die Worte, die auf die Empfindungen und Gefühle hinweisen.
- Verfahren Sie in gleicher Weise mit den Geruchs- und Geschmackswahrnehmungen.

Damit haben Sie nun eine Vorbereitung, die Ihnen die Möglichkeit gibt, alle Sinne der Schüler anzusprechen, den Stoff dadurch interessant und schmackhaft werden zu lassen und gleichzeitig verschieden organisierte Schüler in einem hohen Ausmaß zu erreichen. Lassen Sie sich überraschen, wie diese Vorbereitungsarbeit, ohne daß Sie sich schon jetzt bewußt darum zu kümmern brauchen, in den Unterricht einfließen wird.

2. Alle Sinne durch den Einsatz der Medien erreichen

Wählen Sie die Vorbereitung einer nächsten Lektion oder Informationseinheit als Anwendungsbereich aus. Es geht nun darum, vorbereitend alle Sinne für's Lehren-Lernen zu berücksichtigen. Gehen Sie dabei so vor, daß Sie sich Gedanken dazu machen, welche Hilfsmittel Sie für die Informationsdarbietung einsetzen möchten. Beachten Sie den Grundsatz, daß damit alle Sinne der Lernenden erreicht werden: Das Sehen, Hören, Fühlen/Empfinden, Riechen und Schmecken. Wenn Sie die folgenden Fragen beantworten, haben Sie eine Vorbereitungsmöglichkeit: Welche Hilfsmittel stehen Ihnen zu Verfügung, die von den Schülern verlangen, daß sie zum Sehen angeregt werden? Welche Mittel bringen die Schüler auf welche Weise dazu, hören zu müssen? Welche Medien fordern zwingendermaßen die kinästhetische Wahrnehmung heraus (z.B. Berührungen ohne zu sehen)? Wie können Sie die Lernenden veranlassen, den Geruch wahrzunehmen? Gibt es sogar Möglichkeiten, den Geschmackssinn zu aktivieren (z.B. indem die Schüler etwas in den Mund nehmen können)? Vielleicht erinnern Sie sich noch an die Rinden im Textbeispiel, die sowohl sicht-, riech-, fühl- und hörbar sind. Lassen Sie sich von Ihrem Ideenreichtum überraschen, der allein dadurch aktiviert wird, daß Sie sich die Fragen stellen und gewillt sind, diese zu beantworten.

3. Lebendig informieren durch das Ansprechen aller Sinne

Nehmen Sie sich bestimmte Zeiten vor, bei denen Sie die Schüler über irgend etwas lebendig informieren wollen. Ich schlage Ihnen vor, daß Sie sich täglich eine bestimmte Zeit bewußten Trainings für diesen Anwendungsbereich vornehmen, wie zum Beispiel fünf Minuten täglich. Anlässe könnten sein: Sachthemen, Einführungen in ein Thema, eine kurze Einleitung in ein Thema, eine Information an die Schüler usw. Bereiten Sie sich darauf vor, indem Sie so verfahren, wie wir es kennengelernt haben in Anwendungsmöglichkeit 1. Lassen Sie sich überraschen, bei welchen Sinnen es Ihnen besonders leichtfällt, Wörter zu finden. Bei welchen fällt es Ihnen besonders schwer? Wenn Sie sich vorbereitet haben und am folgenden oder gleichen Tag damit die Klasse überraschen, verwenden Sie alle Ihre Wörter innerhalb der folgenden Schilderung. Wechseln Sie dabei ab, indem Sie zum Beispiel damit beginnen zu beschreiben, was Sie sehen und dafür visuelle Wörter verwenden. Dann wechseln Sie zu dem Bereich über, was es zu hören gibt und verwenden dafür Hörwörter. Lenken Sie dann die Aufmerksamkeit zur kinästhetischen Wahrnehmung, indem Sie die kinästhetischen Wörter aussprechen und damit schildern, welche Gefühle und Empfindungen bestimmend sind. Auch mit dem Geruch und dem Geschmack können Sie gleich verfahren. Streuen Sie die verschiedenen Sinneswörter in regelmäßigen Abständen: visuelle Wörter, auditive Wörter, kinästhetische Wörter, Geruchs- und Geschmackswörter.

Eine interessante Zusatzvariante ergibt sich, indem Sie zu bestimmten Zeiten ein Tonbandgerät aufstellen. Dadurch haben Sie die Gelegenheit, Ihren Informationsstil genau zu analysieren. Sie können die Wörter sortieren und herausfinden, wie Sie die persönlichen Prioritäten setzen. Die daraus resultierende Erkenntnis ermöglicht es Ihnen, zu erkennen, welches Sinnessystem Sie in den folgenden Tagen vermehrt einem Training unterziehen können.

4. Erzählen unter Einbezug der Körpersprache als Sendegefäß

Eine weitere Verfeinerung Ihrer Ausdrucksweise beim lebendigen Informieren Ihrer Schüler ergibt sich dadurch, daß Sie Ihre Körpersprache bewußt einbeziehen. Sie können sich schon bei der Vorbereitung Gedanken darüber machen, wie Sie den Inhalt durch Mimik, Gestik und Stimmodulation unterstützen können. Erlauben Sie sich bei der Darbietung, den Körper gezielt mitreden zu lassen. Wenn Sie beispielsweise eine Person sind, die gewohnt ist, sehr unbewegt mit wenig Gestik und Mimik zu referieren, so erlauben Sie sich, gerade jene Portion an Bewegung zu verschreiben, zu der Sie noch kongruent stehen können. Vielleicht stellen Sie auf der anderen Seite fest, daß Sie jemand sind, der schon jetzt sehr viel Gestik, Mimik und Bewegung verwendet. Vielleicht besteht die Herausforderung dann darin, diese Körpersprache kontrolliert und systematisch einzusetzen. Lassen Sie sich von sich selbst überraschen, wie Sie diese hilfreiche Anregung in die Tat umsetzen.

B – Systematisch ritualisieren

5. *Anfangsrituale*

Reflektieren Sie Ihre jetzige Herangehensweise, wie Sie in Unterrichtseinheiten einsteigen. Handelt es sich dabei um eine Form, die Sie als systematisch gleichbleibend bezeichnen würden? Löst dieses Einstiegsvorgehen regelmäßig die gleiche Reaktion bei der Lerngruppe aus? Dann handelt es sich um einen Anker. Erreichen Sie damit den Zustand, den Sie sich wünschen? Wenn dies der Fall ist, dann sorgen Sie dafür, daß Sie dieses Vorgehen mit seinen systematischen Feinheiten weiterhin bewußt zur Verfügung haben.

Sollten Sie sich darüber noch nicht zu viele Gedanken gemacht haben und zu der Ansicht gelangen, daß Sie den Beginn noch besser ritualisieren und systematisieren könnten, dann möchte ich Sie dazu einladen, darüber nachzudenken und ein Ritual für den Einstieg zu entwickeln. Sie können dabei folgendermaßen verfahren:

1. Überlegen Sie sich verschiedene, realistische Möglichkeiten von Einstiegsvarianten. Ich denke dabei etwa daran, einen bestimmten Platz vor der Klasse stehend einzunehmen, in einer bestimmten Körperhaltung Platz zu nehmen auf dem Lehrerstuhl, vor der Klasse stehen und einen bestimmten Gesichtsausdruck annehmen, vor der Klasse stehen, jede Schülerin und jeden Schüler als erste Aktion bewußt anschauen mit unbewegtem Gesicht etwas Bestimmtes in einer bestimmten Art sagen.

2. Entscheiden Sie sich für eine Variante, die zu Ihnen paßt und von der Sie überzeugt sind, daß Sie sie auch in einem Jahr noch genau in dieser Weise anwenden können, ohne deshalb sich selbst gegenüber untreu zu werden.

3. Verhalten Sie sich von nun an jedesmal zu Beginn in der genau gleichen Art. Zum Beispiel stellen Sie sich beim nächsten Mal an den dafür vorgesehenen Platz und warten, bis es ruhig ist. Sie verhalten sich dabei unbewegt. Sobald es ruhig ist, bewegen Sie sich einen Schritt zur Seite und beginnen mit der Einleitung oder dem, was Sie sich vorgenommen haben. Um diesen Anker zu stabilisieren und zu verfestigen, ist es wichtig, jedesmal zu Beginn in dieser Art vorzugehen.

6. Übergang von der Klassenarbeit zur Einzelarbeit

Die Übergänge von der Instruktions- oder Austauschphase innerhalb der Lerngruppe zu den Einzelarbeiten können zu speziellen
Herausforderungen (oder Schwierigkeiten) führen, wenn sie nicht
systematisch und geordnet vor sich gehen. Ordnung und Klarheit
kann mit Hilfe des Einsatzes von Ankern geschaffen werden. Ich
möchte Sie auch hier zur Systematisierung der Übergänge von der
Klassendiskussionsphase zur Einzelbeschäftigung einladen. Der
Vorschlag, den ich Ihnen machen möchte, sieht folgendermaßen
aus: Nachdem Sie sich entschieden haben, einen Arbeitsstilwechsel
vorzunehmen, erteilen Sie klar, anschaulich und begreifbar – das
heißt in allen Sinnessystemen – den Auftrag, den die Einzelnen
anschließend allein ausführen werden. Nehmen Sie dazu eine für
Sie unverwechselbare und immer wieder reproduzierbare Körperhaltung ein. Zum Beispiel stehen Sie dazu in einer bestimmten Art
an einem dafür vorgesehenen Platz vor der Klasse. Ich würde Ihnen
empfehlen, den Wandtafelraum dafür zu benutzen, von dem aus
Sie alle Schüler am besten überblicken können. Erteilen Sie an
diesem Platz in der typischen Weise den Auftrag. Sagen Sie: „Gibt
es dazu noch Fragen?" Dieses „Gibt es noch Fragen?" wirkt als
auditiver Anker. Der Satz soll deshalb immer genau gleich betont
werden, mit der gleichen Mimik, Gestik, Körperhaltung. Schauen
Sie bei dieser Gelegenheit defokussiert in die Klasse, um wahrzunehmen, wo sich Fragen zeigen. Wenige Schüler werden zu erkennen geben, daß Sie noch Fragen haben. Sagen Sie dann: „Gut, ich
komme bei euch noch vorbei, zuerst bei dir ..., dann bei dir ... Die
anderen können jetzt beginnen." Nachdem Sie das gesagt haben,
bewegen Sie sich von dem „Übergangsplatz" weg und wenden sich
dem ersten Schüler zu, der Hilfe braucht oder noch Fragen hat. (Es
ist müßig, darauf hinzuweisen, daß es selbstverständlich vorkommen kann, daß viele Schüler noch zusätzliche Fragen haben. Dann
heißt es, daß Sie die Lehrinhalte noch nicht genügend vermitteln
konnten. Nutzen Sie dieses Feedback für den erforderlichen, zusätzlichen Hauptunterricht.) Setzen Sie dieses Vorgehen bei jedem
Übergang in der gleichen Art ein. Sie werden dadurch Zeit und
Rapport gewinnen.

7. Übergang von der Einzel- zur Gruppenarbeit

Auch der Übergang von der Einzelarbeit zur Aufmerksamkeit nach außen kann systematisiert werden. Sie können sich dazu überlegen, welchen Impuls Sie der Klasse geben möchten, der als Zeichen wirkt, daß jede Person darauf reagiert, indem Sie Ihnen innerhalb kurzer Zeit die Aufmerksamkeit schenkt. So könnten Sie beispielsweise ein bestimmtes Wort verwenden in einer besonderen Stimmlage, ein ganz feines Glöckchen, einen Xylophonton, ein Schnippen mit zwei Fingern, Schnalzen mit der Zunge, verbunden mit einer bestimmten Geste. Als Gesten kommen in Frage: Die Hände über dem Kopf verschränken und gleichzeitig leicht dazu stöhnen. Das Stöhnen würde daran erinnern, wie es klingt am Morgen, wenn man vom einen in den anderen Wahrnehmungszustand wechselt. Wichtig ist es, zu warten, bis alle aufmerksam sind und dabei geduldig, neutral und respektvoll zu bleiben. Wählen Sie einen auditiven Impuls zusammen mit einem Körperausdruck, der zu diesem Wechsel paßt. Die Aussage soll sein: Wechsle nun vom verinnerlichten, selbstorientierten zum außenorientierten Zustand.

8. Abschluß ritualisieren

Entscheiden Sie sich für ein bestimmtes Vorgehen, das als Abschlußritual wirken kann. Wenn Sie beispielsweise in der Grundschule unterrichten, könnten Sie fünf Minuten vor Schluß Ihren Schülern sagen: „Es ist in fünf Minuten Zeit zum Gehen. Bitte beendet eure Arbeiten." Diese Anweisung kann so eingeführt sein, daß der Klasse vorher erklärt wurde, wie es aussehen soll, wenn jeder Schüler bereit ist zum Gehen: Papierfetzen sind in den Abfallkorb geworfen worden, Arbeitsmaterialien aufgeräumt. Es ist Ihre Ermessenssache, ob Sie es so haben *wollen*, daß alle Schüler gemeinsam gehen dürfen, oder ob Sie es als angemessener betrachten, wenn jeder Schüler, der aufgeräumt hat, gehen kann. Beide Varianten sind möglich und beinhalten Vor- und Nachteile. Ich möchte Ihnen nahelegen zu warten, bis alle bereit sind. Dies ermöglicht auch eine gegenseitige Hilfe beim Aufräumen. Bestimmen Sie ein Abschlußritual, das Sie in der Folge einführen und täglich genau gleich ausführen werden.

301

Wenn Sie mit Erwachsenen arbeiten, dürften Ihnen andere Ideen dazu einfallen, die Sie systematisch ausführen können: Eine bestimmte Art etwas gleich zu sagen, eine Zusammenfassung der Arbeit, eine kurze Schweigepause, während der der Tag nochmals vorbeiziehen kann usw. Wenn Sie dabei immer die gleiche Körpersprache und Stimme einsetzen, wirkt der Abschluß als Anker. Sehr hilfreich ist es, wenn das Unterrichtsende verbunden wird mit Gedanken an das, was schon gelungen und erreicht ist.

9. Aufmerksamkeitsrichtung nach außen bzw. nach innen

Nehmen Sie sich vor, bei den folgenden Lektionen oder Arbeitseinheiten mit Ihrer Klasse darauf zu achten, ob Sie die Aufmerksamkeit der Schüler nach außen oder nach innen gerichtet haben wollen. Nach außen gerichtet heißt: Die Schüler hören, sehen oder spüren die Impulse bewußt, die Sie oder andere Personen von außen herantragen. Nach innen gerichtet heißt: Die Schüler rufen Informationen in sich selbst ab, sei es, indem sie innere Bilder, Gehörtes oder bestimmte Gefühle aus der Vergangenheit oder Gegenwart in Erinnerung rufen. Sie selbst können dazu beitragen, welchen Zustand Sie die Schüler bevorzugt erfahren lassen möchten. Es gibt beim Unterrichten Phasen, die erfordern, daß Sie die volle außengerichtete Aufmerksamkeit Ihrer Lerngruppe haben. Um diesen Prozeß zu ritualisieren, bauen Sie einen Anker dafür auf. Achten Sie darauf, daß Sie die Aufmerksamkeit Ihrer Gruppe voll haben, zum Beispiel, indem Sie etwa sagen: „Schaut hierher!" oder: „Hört genau zu, dies ist wichtig, was ich euch jetzt sage!" Sagen Sie diese Worte in einer unverkennbaren Sprechweise. Zum Beispiel können Sie bestimmt, rasch und laut reden. Stehen Sie dabei unbewegt vor Ihrer Lerngruppe und schauen Sie sich kurz in der Runde um, ganz langsam von links nach rechts. Wie immer Sie es auch ausführen, werden Sie sich bewußt was Sie tun, um es systematisch jedes Mal so machen zu können. Verwenden Sie von nun an jedesmal, um die Aufmerksamkeit der Lernenden nach außen zu führen, dieses Vorgehen.

Umgekehrt: Wenn Sie die Gruppe anleiten wollen, sich auf innere Erfahrungen zu konzentrieren, Phantasien, Assoziationen, Verbindungen zu Erinnerungen herzustellen, dann verfahren Sie dabei ebenfalls sehr systematisch. Ich möchte Ihnen vorschlagen, dafür eine ruhige, eher langsame Sprache zu verwenden. Setzen Sie sich beispielsweise vor die Klasse und sagen Sie: „Ihr könnt euch nun ruhig euren Gedanken überlassen. Laßt euch überraschen, was euch dazu in den Sinn kommt, ganz für euch allein, ohne daß Ihr darüber zu sprechen braucht, so als ob Ihr euch erlauben würdet nachzudenken. Laßt euch überraschen, welche Erinnerungen aufsteigen, sei es in Form von Bildern. Vielleicht ..." Wählen Sie dafür die Art von Sprache, die zu Ihnen paßt und die sich unterscheidet von der anderen Art von Sprache, die Sie verwenden, wenn Sie die Schüler aufmerksam nach außen haben wollen. Je mehr Sie diese beiden Arten zu reden systematisch verwenden, umso mehr wird die Sprechweise zu einem Instrument, das die Schüler auf unbewußte Weise darauf hinweist, in welchen mentalen Zustand sie sich lenken sollen. Mit dieser systematischen Art gewinnen Sie an Kompetenzzuschreibung und Vertrauen. Viele unproduktive, unnötige Störungen können damit prophylaktisch beseitigt und vermieden werden.

10. Wichtige inhaltliche Konzepte ankern

Bei inhaltlichen Konzepten ist es hilfreich, wenn Sie die Möglichkeit haben, Ihren Schülern beim Erinnern zu helfen. Eine wirksame Methode bietet die Anwendung von Inhaltsankern. Damit ist folgender Sachverhalt gemeint: Sie untermalen die wesentlichen Inhaltskonzepte mit bestimmten visuellen, auditiven oder kinästhetischen Impulsen, die bei Verwendung die ganze Erinnerung wiederbeleben. Ich möchte ein Beispiel geben: Bei einer Lehrergruppe verwendete ich folgenden Inhaltsanker. Immer wenn ich davon redete, daß es wichtig sei, genau zu sehen und zu hören, bewegte ich die eine Hand zum rechten Auge und die andere zum linken Ohr. Noch während ich weitererklärte, bewegte ich beide Arme von mir weg, während ich sagte: „... es ist wichtig, zu sehen und nur zu hören, was geschieht." Nachdem ich diese Handbewegungen einige Male eingesetzt hatte, war es jeweils klar, was die Aussage war. Ich konnte nun diese Zeichen einsetzen, um die Aufmerksamkeit auf dieses wichtige Konzept hinzulenken.

Finden Sie bei den folgenden inhaltlichen Konzepten, die Sie Ihren Schülern vermitteln wollen, heraus, welche Wege es für Sie gibt, dafür „Eselsbrücken", „Erinnerungsbrücken" oder eben „Inhaltsanker" aufzubauen, die das Konzept veranschaulichen und leicht erinnerbar machen. Verwenden Sie diese Anker von nun an jedesmal, wenn Sie das Konzept erwähnen. Entscheiden Sie sich dafür, wirklich Kerninhalte damit zu verdeutlichen. Sie können auch Töne dafür einsetzen. So hätte ich für die Lehrergruppe auch einen bestimmten, unverwechselbaren Ton herausfinden können, der ganz typisch zum Ausdruck bringt, daß es wichtig ist, „nur zu sehen und zu hören". Lassen Sie sich von sich selbst überraschen, welche Ideen Sie finden werden, die für Sie passen.

C – Umgang mit Nein- und Ja-Haltungen

11. *Schülerzustände wahrnehmen: Nein- und Ja-Haltungen*

Ich möchte Sie einladen, bei Ihren Schülern zu entdecken, wie sie aussehen, wenn sie in einer Nein- bzw. einer Ja-Haltung sind. Damit Sie dabei konsequent und zielstrebig vorgehen können, möchte ich Ihnen vorschlagen, mit drei SchülerInnen zu beginnen. Wählen Sie drei Personen aus, bei denen es Ihnen zu Beginn besonders wichtig ist, Neues zu entdecken. Vielleicht wählen Sie jene drei Schüler aus, die Ihnen bezüglich bestimmter Aspekte Sorgen bereiten, oder um die Sie sich sorgen. Vielleicht haben Sie auch andere Auswahlkriterien. Nehmen Sie sich für die folgenden Tage eine bestimmte Zeit oder Lehrsequenz vor, bei der Sie sich vornehmen, diese Schüler abwechselnd nur anzuschauen. Während dieser Beobachtung können Sie deren Körperhaltung, Gesichtsausdruck, Mimik, Gestik, Feinmotorik, Gesichtsfarbe, Augenöffnung, Pupillenweite, Beinstellung, Armhaltung usw. bewußt sehen. Stellen Sie Vermutungen an, wo auf der Skala zwischen 1-8 sich die Schüler in ihrer Verfassung befinden. 1 bedeutet Nein-Haltung und 8 bedeutet Ja-Haltung. Dies ist der eine Teil des Wahrnehmungstrainings.

Ein zweiter Teil kann darin bestehen, daß Sie die gleichen Schüler an den folgenden Tagen zu bestimmten, von Ihnen ausgewählten Zeiten, bewußt ins Zentrum Ihrer Betrachtung rücken. Entdecken Sie Situationen, in denen Sie die Schüler nach deren Befindlichkeit befragen können. Schauen Sie dabei genau auf deren Aussehen und Körpersprache. Hören Sie auch darauf, wie sie klingen. Wie klingt die Stimme? Auf diese Weise lernen Sie zu bestimmen, wie die Nein-und Ja-Haltungen Ihrer Schüler aussehen.

Wechseln Sie in der folgenden Zeit von Schüler zu Schüler.

12. Diagnose von Nein-Haltungen

Nein-Haltungen können sich auf fünf Bereiche beziehen: 1. den größeren Kontext, 2. die Gruppe oder einzelne andere, 3. die Sache, 4. auf Sie als Lehrperson und 5. die Lehrmethode. Schaffen Sie sich die Gelegenheit, bei verschiedenen Schülern, die Nein-Haltungen zeigen, herauszufinden, worauf sich das Nein bezieht. Befragen Sie den Schüler mit seiner Erlaubnis darüber, womit er nicht einverstanden ist, was ihm ein ungutes Gefühl verschafft, welche Sichtweisen zuständig sind und welche Gedanken er sich dazu macht. Ordnen Sie das auf diese Weise gewonnene Wissen den fünf Kategorien der Nein-Haltung zu. Es kann für Sie nützlich sein, wenn Sie wissen, daß der Schüler die Lehrmethode und Sie in Ordnung findet, jedoch in einen Konflikt mit einer anderen Person verwickelt ist. Für den Schüler ist diese Art von Neugier Ihrerseits ebenfalls eine Möglichkeit, die Probleme für sich neu zu ordnen. Die Nein-Haltung kann sich allein schon dadurch verändern. Überprüfen Sie selbst, welche Erfahrungen Sie damit gewinnen.

13. Verändern von Nein-Haltungen durch Wechsel der Sinnessysteme

Nehmen Sie die Gelegenheit wahr, sobald Sie eine Schülerin oder einen Schüler in einer Nein-Haltung sehen, sie oder ihn daraus herauszuführen. Eine Möglichkeit, die Sie anwenden können, besteht darin, daß Sie die momentan aktuelle Sinnesebene wechseln. Zum Beispiel können Sie vom Sehen zum Hören wechseln, indem Sie auf etwas hinweisen, das es zu hören gibt. Vielleicht möchten Sie die Bewegungsebene mit einbeziehen. Achten Sie darauf, inwiefern es Ihnen gelingt, die Nein-Haltung zu verändern in Richtung Ja-Haltung.

14. Verändern von Nein-Haltungen durch Ansprechen der Nein-Haltung

Eine weitere Variante der Veränderung von Nein-Haltungen einzelner Schüler besteht darin, die Nein-Haltung direkt anzusprechen. Dieses Vorgehen würde ich Ihnen dann empfehlen, wenn jemand in einer stark ausgeprägten Nein-Haltung verstrickt ist. Günstig ist es, wenn Sie einen Zeitpunkt wählen, während die ganze Klasse mit Einzelarbeiten beschäftigt ist. Oder Sie leiten zuerst zu einer Einzelarbeit an, erteilen den Auftrag an die Klasse und wenden sich dann dem Schüler mit der Nein-Haltung zu. Sie können sagen: „Hallo Markus. Du siehst danach aus, als ob du nicht mit allem einverstanden bist, was hier gerade läuft." Diese Äußerung holt den Schüler in seiner momentanen inneren Verfassung ab, vorausgesetzt Ihre Wahrnehmung trifft für ihn auch zu. Auf jeden Fall erlaubt sie dem Schüler, auf seine Weise darauf zu reagieren. Der Effekt ist: Der Schüler verändert seine innere Haltung. Gleichzeitig drückt der Lehrer damit seinen Respekt und sein Verständnis für den Zustand des Schülers aus. Voraussetzung ist allerdings, daß Sie es als LehrerIn unterlassen, auf diese Art Kritik zu üben oder zu bewerten. Sie stellen nur fest und haben die Absicht hilfreich zu sein, weil Sie wissen, daß in einer Nein-Haltung für den Schüler Energien, die fürs Lernen genutzt werden könnten, unproduktiv verdampfen. Nehmen Sie die Gelegenheit wahr, sobald Sie eine Schülerin in einer starken Nein-Haltung verstrickt sehen, in dieser Art zu reagieren. Es handelt sich um eine starke, direkte Intervention.

15. Verändern von Nein-Haltungen durch Veränderung der Körperhaltung

Es gibt eine sehr einfache, indirekte und sehr hilfreiche Art der Veränderung von Nein-Haltungen. Erlauben Sie sich, bei der nächsten Gelegenheit, bei der Sie eine Schülerin in einer leichten Nein-Haltung sehen (Stufe 3/4), hinzugehen und Sie sanft am Arm oder einer Schulter zu berühren. Achten Sie auf die Veränderungen, die dieser sanfte Körperkontakt auslöst. Schauen Sie, inwieweit die Veränderung sich vom Nein weg zum Ja hin bewegt. Dies dürfte vermutlich der Fall sein. Diese Veränderungsart geschieht leise und ohne Worte. Schauen Sie die Veränderung an, registrieren Sie die Bewegung in „Richtung Ja". Lächeln Sie, nicken Sie „Ja" und bewegen Sie sich unauffällig wieder von der Schülerin weg.

16. Verändern von Nein-Haltungen durch spezielle Aufgaben

Nein-Haltungen können Sie auch ändern, indem Sie dem Schüler einen speziellen Auftrag erteilen. Es gibt zwei Möglichkeiten: Entweder, Sie ermutigen ihn, sich mit dem Nein bewußt und intensiv auseinanderzusetzen. In diesem Falle geben Sie ihm beispielsweise den Auftrag, alles, was ihm nicht paßt und mitverursachend für das Nein ist, aufzuschreiben oder auf Tonband zu sprechen. Oder Sie geben dem Schüler einen Auftrag, der ihn auf andere Gedanken bringt und dadurch aus der Nein-Haltung herausführt. Zum Beispiel könnten Sie dann sagen: „Du siehst ein bißchen festgefahren aus. Das geschieht manchmal. Vielleicht hilft es dir, aus diesem ungemütlichen Zustand herauszukommen, wenn du eine Aufgabe für mich und die Klasse übernehmen könntest. Möchtest du hören, worum es sich handelt?" Nach dem stummen, oder hörbaren Ja-Zeichen des Schülers geben Sie ihm die Aufgabe. Günstig ist es zum Beispiel, irgendeine manuelle Tätigkeit vorzuschlagen oder die Gestaltung eines visuellen didaktischen Mittels, das Ihnen wirklich nützlich ist. Mit Hilfe welcher Aufgabe der Schüler „in einen anderen Zustand gelangt", hängt von dessen Organisationsweise ab. Probieren Sie bei Gelegenheit diese Veränderungsmethode aus.

17. Veränderung von Nein-Haltungen durch Rollentausch

Eine äußerst wirksame Möglichkeit zur Veränderung einer Nein-Haltung eines Schülers, die auf Ihre Person sowie Ihre Lehrmethode gerichtet ist, besteht in dem folgenden Vorgehen:

1. Bestätigen Sie dem Schüler gegenüber die Tatsache, daß Sie feststellen müssen, daß er sich Ihnen und der Art des Unterrichts gegenüber schlecht fühlt. Formulieren Sie die Gefühle, die im Erleben des Schülers im Zentrum sind: Ärger über Sie, Frustration, Wut,

Trauer, Hilflosigkeit, Ausgeliefertsein, Überfordertsein oder was auch immer. Allein dieses einfühlende Formulieren des subjektiven Erlebens des Schülers wirkt neinhaltungsverändernd und beginnt den Rapportverlust auszugleichen.

2. Fragen Sie den Schüler: „Sag mir, wenn du an meiner Stelle stehen würdest, was würdest du jetzt tun? Kannst du es mir erklären und zeigen?" Höchstwahrscheinlich äußert der Schüler wertvolle Ideen, die Sie nutzen können. Auf jeden Fall gewinnen Sie an Ja-Haltung beim Schüler.

18. Veränderung von Nein-Haltungen durch Veränderung von Rhythmus und Tempo

Wenn Sie feststellen, daß innerhalb Ihrer Lerngruppe Schüler beginnen in Nein-Haltungen abzudriften, die Sie als „auf die aktuelle Lehrmethode gerichtet" erkennen können, dann wählen Sie folgende Veränderungsmöglichkeit:

Verändern Sie Ihren Unterrichtsstil, indem Sie Rhythmus und Tempo Ihrer momentanen Sprech- und Darbietungsweise verändern. Werden Sie langsamer, rascher, leiser, lauter, expressiver, machen Sie längere Pausen von bis zu fünf Sekunden. Variieren Sie so lange, bis Sie eine Veränderung bei den betroffenen Schülern feststellen können. Achten Sie dabei gleichzeitig darauf, daß Sie auch die anderen Schüler weiterhin engagiert wahrnehmen können. Ein Manöver in dieser Art dürfte für alle Schüler ein Gewinn an Faszination und Motivationszuwachs bedeuten.

19. Gruppenzustände wahrnehmen: Nein- und Ja-Haltungen

Achten Sie darauf, wann sich Ihre Lerngruppe in einer optimalen Ja-Haltung und wann in einer Nein-Haltung befindet. Woran können Sie es hören und sehen? Fällt es Ihnen leichter zu hören, woran Sie erkennen, daß die Ja-Haltung vorhanden ist? Oder gelingt es Ihnen leichter, sich auf's Sehen zu konzentrieren? Lassen Sie sich überraschen, wie sich Ihre Wahrnehmung allein dadurch verfeinern wird, daß Sie sich den Auftrag geben, Ja- und Nein-Haltungen Ihrer

Lerngruppe bewußt zu hören und zu sehen. Finden Sie heraus, woran Sie merken, daß sich eine Nein-Haltung in Richtung Ja-Haltung zu verwandeln beginnt. Wenn Sie feststellen, daß Ihre Lerngruppe in einer optimalen Ja-Haltung ist, lassen Sie es die Schüler wissen. Sagen Sie zum Beispiel: „Wenn wir in dieser Art, wie gerade jetzt, miteinander reden, fühle ich mich sehr wohl mit euch. So macht mir der Lehrerberuf richtig Spaß." Vielleicht wollen Sie sich jedoch nur darauf konzentrieren, Ihre Wahrnehmungsfähigkeit zu schärfen. Setzen Sie dieses kleine Wahrnehmungstraining für einige Tage auf Ihr Programm.

20. Verändern von Gruppenzuständen

Lassen Sie sich ausnahmsweise auf das 6. Kapitel (6.3.2.) verweisen. Dort habe ich einige Möglichkeiten vorgestellt, die helfen, die Zustände ganzer Lerngruppen zu verändern. Ich möchte Sie hier einladen, sich nochmals in diesen Abschnitt hineinzuvertiefen und aus den Ideen jene auszuwählen, die Sie als für Ihre Lerngruppe passend erleben. Ich kann Ihnen hier schon den Überblick und die Grundideen des Umgangs mit unerwünschten Gruppenzuständen geben. An Möglichkeiten bieten sich an: Wechsel der Sinnessysteme, Wechsel der Arbeitsformen, Spiele, Prozeß sichtbar machen und öffnen, kreative Formen, Rollenspiele, zurückgreifen auf die Zielformulierung, gemeinsame Aktivitäten, die Arbeitsrahmenbedingungen ändern. Vielleicht genügt es Ihnen, diese Grobraster im Gedächtnis zu haben, um auf eigene Ideen zu stoßen. Ansonsten – wie gesagt – empfehle ich Ihnen die erwähnten Vorschläge.

21. Eigene Nein-Haltungen bewußt erkennen und ändern

Beim Unterricht ist die Fähigkeit wichtig, auch eigene Nein-Haltungen zu erkennen und damit konstruktiv umzugehen. Ich möchte Sie deshalb zur Auseinandersetzung mit diesem Aspekt einladen. Warten Sie auf die nächste Gelegenheit, bei der Sie bei sich selbst spüren, wie Sie durch ein von Ihnen unabhängiges unerwünschtes Unterrichtsgeschehen hineingesogen werden. Dies können Sie daran spüren, daß Sie auf dem Wege sind, den klaren Kopf zu verlieren aufgrund überwältigender negativer Gefühle, impulsiv und rasch handeln möchten, bevor Sie die jeweilige auslösende Situation der kritischen, neutral beobachtenden und zuhörenden Beurteilung unterzogen haben. Wie können Sie wieder bewußt handlungsfähig werden im Gegensatz zum impulsiven, unüberlegten Handeln? Bei der nächsten passenden Gelegenheit, die sich Ihnen bietet, stoppen Sie den Prozeß am Beginn, indem Sie sich sagen: „Halt, ich möchte die Situation zuerst genau anschauen, bevor ich handle." Dann nutzen Sie den Wechsel in den Sinnessystemen: Schauen Sie bewußt nach außen, betrachten Sie die „ungemütliche" Situation mit offenen Augen. Machen Sie sich bewußt, was Sie sehen. Wie die andere Person aussieht, die es betrifft, oder die Dinge, die eine Rolle spielen. Welche Farben können Sie sehen? Wie steht es mit der Helligkeit im Raum? Welchen Gesichtsausdruck können Sie sehen bei den beteiligten Personen? Schauen Sie auf deren Körperhaltung, Gestensprache, Mimik. Hören Sie genau hin! Was können Sie an Inhalten hören? Wie klingt das, was Sie hören? Ist es rasch oder langsam? Rhythmisch oder unrhythmisch? Analysieren Sie die Situation so, als ob Sie auch sich selbst von außen in der Situation drin sehen würden. Stellen Sie sich gleichsam außerhalb und betrachten Sie die gesamten Bedingungen. Erst wenn Sie genau gesehen und gehört haben, beginnen Sie darüber nachzudenken. Eine sinnvolle Weise darüber nachzudenken besteht darin, daß Sie sich fragen, welche Ziele jede der beteiligten Personen hat. Was konkret tun die Beteiligten und welche Absichten verfolgen sie damit. Beziehen Sie Ihre Ziele in die Überlegungen mit ein.

Und erst jetzt überlegen Sie, wie Sie bei voller Verfügbarkeit über alle Ihre Fähigkeiten handeln möchten. Und nun handeln Sie entsprechend Ihrer Sichtweisen und Überlegungen.

Eine besonders günstige Variante besteht darin, daß Sie sich erst *nach* dem Unterricht durch die vorgeschlagenen Schritte hindurchschleusen. Dies ist wichtig zu wissen, weil es manchmal nicht gelingt, in der Situation selbst so zu verfahren, weil man ohne es zu merken, schon zu stark ins Geschehen und Agieren involviert ist. Oft besteht ein wichtiger Schritt darin, daß Sie sich selbst erlauben, in einer starken Nein-Haltung zu sein.

D – Fähigkeitenorientierung

22. *Schüler Fähigkeiten entdecken lassen*

Geben Sie Ihren Schülern die Gelegenheit, nach den eigenen Stärken und Fähigkeiten Ausschau zu halten. Beispielsweise können Sie den Auftrag geben, in einer Einzelbeschäftigung alle Dinge festzuhalten, die einem gut gelungen sind. Oder Sie ermutigen die Schüler, darüber nachzudenken, was ihnen an sich selbst gefällt, welche Eigenschaften die Schüler gut an sich finden. Methodisch können Sie unterschiedlich vorgehen, entsprechend dem Alter Ihrer Gruppe oder dem aktuellen Interessenschwerpunkt. Vielleicht nutzen Sie das aktuelle Thema, an dem Sie arbeiten dazu, die Schüler herausfinden zu lassen, welche Ihrer Fähigkeiten dabei besonders hilfreich sein könnten.

23. *Schüler Fähigkeiten formulieren lassen*

Eine auditive Form, sich mit den eigenen Fähigkeiten auseinanderzusetzen, besteht darin, die Schüler diskutieren zu lassen. Zum Beispiel dürfen die Schüler sich in Zweiergruppen zusammensetzen und sich mitteilen: „Mir gefällt an mir ..." Die Gesprächspartner sollen dabei nur gut zuhören und vielleicht nachfragen. Lassen Sie die Schüler sich gegenseitig fünf Dinge austauschen, die sie an sich selbst gut finden. Vielleicht lassen Sie anschließend jeden Schüler – oder jene die wollen – eine Fähigkeit vor allen anderen Schülern laut äußern. Schauen Sie während dieses Vorgehens darauf, wie die Schüler aussehen. Sie werden viele Ja-Haltungen erkennen können. Voraussetzung ist allerdings, daß diese Übung „stimmig" ist, das heißt, daß Sie einen sehr starken Rapport haben zu Beginn des Vorschlags. Sich mit den positiven persönlichen Eigenschaften auseinanderzusetzen, macht den Schülern oft auch Angst. Zwingen Sie niemanden dazu, sich vor der ganzen Gruppe zu äußern. Wenn jemand die Gelegenheit wahrnimmt, so können Sie darauf hinweisen, daß das auch eine Fähigkeit ist: mutig sein, sich getrauen.

24. Schüler einladen, nach guten Erinnerungen zu suchen

Eine andere Möglichkeit, die Schüler mit eigenen Fähigkeiten in Kontakt zu bringen, besteht darin, daß Sie sie einladen, nach guten Erinnerungen zu suchen. Vielleicht wählen Sie als Methode eine „Entspannungssituation". Sie erklären der Klasse: „Ich lade euch ein, eine kleine Reise in die Vergangenheit zu machen. Ihr dürft euch dabei entspannen und eure Gedanken kommen und gehen lassen, wie es gerade geschieht. Einverstanden? (Hier ist es wichtig, ganz deutliche Ja-Haltungen erkennen zu können.) ... Dann laßt euch mit einer Zeitmaschine in die Vergangenheit führen, irgendwohin und euch überraschen, wenn Ihr an einem bestimmten Ort landet, der verbunden ist mit einer angenehmen Erinnerung ... usw." Sie reden in allen Sinnen, sehr vage, so daß die Schüler die Möglichkeit haben, eigene Bilder, Gedanken, hörmäßige Erinnerungen ins Bewußtsein steigen zu lassen. Geben Sie den Schülern, wenn Sie es das erste Mal in dieser Art machen, vielleicht etwa fünf Minuten Zeit. Je mehr die Schüler gewohnt sind, in dieser Art zu „arbeiten" und zu „lernen", umso länger wird auch die Zeit werden, die Sie einsetzen können.

Verwerten können Sie diese „erinnerten Perlen" auf verschiedene Arten: Austauschen lassen, etwas dazu zeichnen lassen, es damit bewenden lassen, das gute Gefühl *in die Gegenwart mitnehmen und es nutzbar machen für die Zukunft, etwas schriftlich festhalten usw.*

25. Fähigkeitenorientiert Einzelgespräche führen

Nehmen Sie sich vor, bei der nächsten Gesprächsgelegenheit mit einem einzelnen Schüler bewußt darauf zu hören, welche Fähigkeiten ein Schüler zum Ausdruck bringt. Hören Sie so zu, daß Sie für sich die Frage beantworten: „Welche Fähigkeiten bringt der Schüler mit dem Gesagten zum Ausdruck." Wenn beispielsweise der Schüler sagt: „Ja, hier ist es mir nicht so gut gelungen", dann besteht eine der Fähigkeiten darin, daß es dem Schüler gelingt zu erkennen, wo noch etwas verbessert werden kann. Aufgrund dieser inneren Wahrnehmung sagen Sie dann: „Ja, da hast du entdeckt, daß es noch etwas zu lernen gibt. Eine wichtige Erkenntnis!" Lassen Sie sich überraschen, wie viele Ideen Sie erhalten werden in diesem Gespräch, wenn Sie sich die Frage stellen: „Welche Fähigkeiten bringt der Schüler damit zum Ausdruck?" Hören Sie gut zu, greifen Sie die

Ideen des Schülers auf und finden Sie in den Aussagen eine positive Bedeutung oder eine Fähigkeit, die dadurch zum Ausdruck kommt.

26. Fähigkeitenorientiert Gruppengespräche leiten

Wie bei Einzelgesprächen können Sie auch bei der Leitung eines Gruppengespräches vorgehen. Auch dabei können Sie Ihren inneren Wahrnehmungsfilter so einrichten, daß Sie darauf hören und schauen können, durch welche Äußerungen der Gesprächspartner Fähigkeiten zum Ausdruck bringt. Gehen Sie auf jede Äußerung jedes Gesprächsmitgliedes respektvoll ein, indem Sie diese als „bare Münze" nehmen. Versuchen Sie vor allem bei Beiträgen, wo die Zusammenhänge zum Gesamtthema nicht so offensichtlich, manchmal auch weit entfernt sind, einen wichtigen Beitrag zu erkennen. Verhalten Sie sich so, daß jede Schülerin und jeder Schüler das Gefühl hat, etwas Bedeutsames gesagt zu haben, sei es aufgrund des guten Inhaltes oder der „besonderen Art der Wortmeldung". Kommentieren Sie – falls Sie sich dafür entscheiden – positiv. Ihre Hauptbotschaft mit unterschiedlichen Ausdrucksmitteln bedeutet: „Ja, das ist ein hilfreicher Beitrag." Verwenden Sie zum Übermitteln dieser Botschaft auch Ihre Körpersprache, die in Übereinstimmung sein soll mit dem, was Sie sagen. Sie werden überrascht sein, wie Sie tatsächlich zu empfinden beginnen: „Das ist ein wichtiger Beitrag", wenn Sie mit dieser Gesinnung das Gespräch leiten. Am Schluß des Gespräches können Sie sich selbst die Frage beantworten: „Was ist mir heute besonders gut gelungen?" Auch das ist eine interessante und hilfreiche Frage.

27. Hilfreich deuten in speziellen Situationen

Ganz besonders spannend und herausfordernd (um es fähigkeitenorientiert zu benennen) sind jene Situationen, die wir sonst als schwierig empfinden könnten. Ein Schüler tut etwas, was er seiner oder des Lehrers Meinung nach nicht sollte. Er benimmt sich daneben. Etwas gelingt hunderprozentig nicht. Nehmen Sie sich vor, die Optik der Fähigkeitenorientierung in diese besonderen Situationen einfließen zu lassen. Wie? Bei der nächsten Gelegenheit, die sich als „Schwierigkeit" zeigt, geben Sie sich innerlich Raum, indem Sie genau sehen und hören, mit welchen Fakten Sie es zu tun haben. Sie erinnern sich an das Beispiel jenes Lehrers, dessen Schüler die Prüfungsarbeit am Boden zertreten hat. Die Antwort des Lehrers war: „Da geschieht etwas sehr Wichtiges. Es ist auch in Ordnung seine Gefühle zu zeigen, zu zeigen, wie man wütend und enttäuscht ist." Geben Sie der Sache eine positive Bedeutung und sagen Sie diese laut nach außen. Beobachten Sie dabei die Veränderung beim Schüler.

28. Fehler als Chance nutzen

Machen Sie es sich zur Gewohnheit, die Schüler zu lehren, Fehler als notwendigen Zwischenhalt auf dem Weg zum Ziel zu betrachten. Sie können diese Denkweise am besten vermitteln, indem Sie diese Gesinnung beispielhaft praktizieren, so daß jene Personen, die es mit Ihnen zu tun haben, dieses Modell bewußt oder unbewußt übernehmen können. Das nächste Mal, wenn Sie bei einem Ihrer Schüler einen Fehler entdecken oder ein Schüler damit zu Ihnen kommt, dann nutzen Sie diese Gelegenheit zu einer fähigkeiten-orientierten Reaktion. Sagen Sie beispielsweise: „Hier kommt die Grammatik-Regel Nummer 7 zur Anwendung. Gut, daß du schon jetzt darauf stößt. Es ist noch schwierig, jeweils Beispiele dafür zu finden. Soll ich dir diese Regel erklären?" Finden Sie eigene Wege, wie Sie den Fehlern eine hilfreiche Bedeutung verleihen können. Verhalten Sie sich so, daß Sie die Botschaft vermitteln: „Fehler machen gehört zum guten Lernen. Fehler krampfhaft vermeiden wollen ist ein großer Fehler! Fehler lustvoll geschehen lassen, um daraus zu lernen, ist schön."

29. Anleitung zu positiven Selbstgesprächen

Wenn Sie eine Schülerin in einer Nein-Haltung sehen, kann es sein, daß sich die Schülerin darin verfängt, indem sie mit sich selbst in einer problemorientierten Weise redet. Sie sagt sich: „Ich kann das sowieso nicht. Ich werde das nie können!" Tragen Sie zur Klärung bei, indem Sie – wiederum vorausgesetzt, daß Sie sich dazu die Zeit einräumen wollen und können – die Schülerin fragen: „Was sagst du zu dir selbst?"(Daß ein innerer Dialog stattfindet, können Sie, wie Sie wissen, an den Augenbewegungen und der Körperhaltung erkennen.) Sagen Sie ihr: „Komm, ich habe einen anderen Vorschlag, wie du mit dir reden könntest. Willst du ihn hören?" Auf die Ja-Reaktion sagen Sie zum Beispiel: „Gut, ich würde Dir empfehlen zu sagen: ‚Das läuft jetzt nicht so gut, ich schau mir die Sache nochmals an und finde dann sicher eine Lösung. Vielleicht frage ich jemanden, dann wird es mir sicher klar werden.' Oder hast du eine andere Formulierung, von der du denkst, sie sei hilfreich?" Finden Sie zusammen mit der Schülerin eine Alternative. Sagen Sie Ihr kongruent: „Ich selbst glaube daran, daß du es schaffen kannst. Du hast so viele Fähigkeiten zur Verfügung, laß dich überraschen."

30. Ermutigung zum Lob anderer

Ermutigen Sie Ihre Schüler zum gegenseitigen Lob. Schlagen Sie Ihrer Klasse vor, bei jeder Manöverkritik, bei jedem Rückblick größeren oder kleineren Ausmaßes den Scheinwerfer auf das zu richten, was die Gruppe und einzelne Lernende gut gemacht haben. Seien Sie selbst ein lebendiges Beispiel eines Menschen, der jeden Tag irgend jemandem sagt, was Ihnen an ihr oder ihm gefällt. Sparen Sie lieber damit, den Finger darauf zu legen, was nicht gut gelungen ist. Wenn schon, dann verwandeln Sie das Geschehen in etwas Gelungenes, in etwas, das einen wichtigen Schritt auf dem langen Weg des Erfolges darstellt. Seien Sie bei dieser Art von Lob spezifisch: Beschreiben Sie, auf welches konkrete Verhalten sich Ihre positive Bewertung bezieht. Vorbereitend können Sie sich bewußt machen, was Sie gesehen, gehört und gefühlt haben. Teilen Sie diese genauen Wahrnehmungen dem betreffenden Schüler mit: „Dein Beitrag am Beginn unseres Gespräches mit dem Hinweis auf den Ameisenbär, den du in den Ferien gesehen hast, hat uns einen Schritt weitergebracht."

Vielleicht ist es für Sie eine gelungene Idee, das „Austauschen von Lob" selbst zu einem Lehrthema zu machen.

31. Austausch über gelungene Arbeiten

Geben Sie Ihren Schülern die Gelegenheit, sich auszutauschen über ihre gelungenen Arbeiten. Wenn sie beispielsweise Dinge hergestellt haben während einer bestimmten Zeit, lassen Sie die Schüler eine „Ausstellung" dazu gestalten. Lassen Sie sie einander gelungene Texte vorlesen, solche Texte, die die Schüler selber als geglückt bezeichnen, Zeichnungen des Jahres aussortieren und die als besten bezeichneten ausstellen, Texte sortieren und einander anschauen lassen. Vielleicht lassen Sie die Schüler ebenfalls körperliche Fähigkeiten demonstrieren, indem sie beispielsweise eine Aufführung veranstalten, in der alle Fähigkeiten Platz finden können. Lassen Sie sich unter dem Motto „Austausch über gelungene Arbeiten" verschiedene Ideen einfallen. Vielleicht sammeln Sie diese Ideen in einem eigenen Heft.

32. Würdigung des Gelernten beim Abschluß von Lerneinheiten

Ein realistischer, leicht zu praktizierender Vorschlag besteht in folgender Idee: Nehmen Sie sich vor, nach Beendigung von Lerneinheiten – ich denke dabei etwa an Lektionen, inhaltliche Abschlüsse – den Schülern die Möglichkeit zu geben, darüber zu reflektieren, was sie dabei gelernt haben, inwieweit sie einen Schritt weitergekommen sind. Beachten Sie die Polarität „schon erreicht – daran werde ich noch arbeiten". Planen Sie diese abschließende persönliche Würdigung des Erreichten zeitlich in die Lektion oder die Abschlußphase der Lerneinheit ein. Nehmen Sie die Gelegenheit Ihrerseits auch wahr, laut eine positive Bewertung des schon Erreichten vorzunehmen. Wenn es sich um Würdigungen innerhalb eines größeren Gebietes bezogen auf einen Schritt handelt, dann können Sie ganz am Schluß ebenfalls einen Bogen zu dem zukünftigen Lernen schaffen, indem Sie erwähnen, was als nächster Arbeits- oder Lernschritt folgen wird. Sie können dieses Vorgehen standardisiert in Ihr Planungsrepertoire aufnehmen, um es immer in regelmäßigen Abständen anzuwenden.

Vielleicht gehört diese Anwendungsidee ohnehin schon zu Ihrem Repertoire.

E – Individuelle Lernstile berücksichtigen

33. Schüler beim Lernen beobachten

Beobachten Sie jeden Tag jeweils eine Schülerin oder einen Schüler beim Arbeiten (Lernen). Nehmen Sie sich dazu beispielsweise eine Zeit von vier Minuten. Diese Zeitangabe ist realistisch, lang genug, um etwas entdecken zu können, und kurz genug, daß Sie sich dadurch nicht aus dem Klassenganzen ausklinken. Setzen Sie sich so, daß Sie unauffällig schauen und hören können. Beobachten Sie Körperhaltung, Bewegungen, Gesichtsausdruck, Feinmotorik, Atmung, Gesichtsfarbe, Handbewegungen, Lippenstellung. Beachten Sie vor allem auch die Augenbewegungen. Gewinnen Sie so viele Informationen wie möglich. Hören Sie auch darauf, ob Sie bestimmte Geräusche hören können. Nachdem Sie vier Minuten beobachtet haben, wechseln Sie zu einer für Sie gültigen bewertenden Standortbestimmung des Lernzustandes des Schülers über. Welche Sinne setzt der Schüler bevorzugt ein? Können Sie ein bestimmtes Vorgehen bei ihm entdecken? Eine bestimmte Reihenfolge oder Sequenzen? Lernt der Schüler visuell, auditiv oder kinästhetisch? Diese Aussagen beziehen sich auf diese kurze Sequenz von vier Minuten. Nachdem Sie sich derart Gedanken gemacht haben, gehen Sie zum Schüler und sagen ihm: „Ich habe dir zugeschaut. Darf ich dich fragen, wie du gerade vorgehst bei der Arbeit?" Sie werden auf diese Art zusätzliche Informationen bekommen, die Sie mit dem Beobachteten in Verbindung bringen können. Gleichzeitig bietet dieses Vorgehen auch die Möglichkeit, den Rapport zu vertiefen und zu überprüfen. Dieser Nebeneffekt dürfte sich damit automatisch ergeben.

Erlauben Sie es sich, in dieser Art mehrere Schüler wahrzunehmen.

34. Lerngrundformen der Schüler entdecken

Schauen Sie sich Ihre Klasse bewußt an. Am günstigsten können Sie das ausführen, wenn alle an einer Einzelarbeit oder in Kleingruppen beschäftigt sind. Beantworten Sie die Frage: Welche Lerngrundformen kann ich wahrnehmen? Gibt es Schüler, die eindeutig als bevorzugt visuell, auditiv oder kinästhetisch lernend einzuordnen sind? Welche Schüler passen nicht in dieses Schema hinein? Stellen Sie bei Ihrer Betrachtung der Klasse – vielleicht nehmen Sie dazu auch Ihren Klassenspiegel mit den Namen zuhilfe – Überlegungen dazu an, welche Schüler für Sie eine besondere Herausforderung darstellen, weil sie auf irgendeine Art der zusätzlichen Unterstützung bedürfen? Welche Schüler fallen in irgendeiner Art aus dem Gesamtrahmen, sei es aufgrund besonders ausgeprägter Fähigkeiten oder aufgrund bestimmter Lernlücken oder -schwierigkeiten? Welche Grundlernform paßt zu den jeweiligen Schülern?

35. Nachhilfeunterricht systematisch auf die Grundformen beziehen

Bei der nächsten Gelegenheit, wo Schüler Nachhilfeunterricht nötig haben, können Sie das Wissen um die Lerngrundorganisationsweise dieses Schülers nutzen. Wenn Sie erkennen, daß diese Schülerin am besten visuell lernt, dann unterrichten Sie primär visuell: mehrfache visuelle Darbietung, ruhige Körperhaltung, Abstand, visuelle Wörter, rasche Sprache, auf visuelle Objekte orientiert. Bei der auditiven Lehrform wissen Sie, daß Sie: viel reden, Ihren Körper rhythmisch werden lassen, auditive Wörter verwenden, den Schüler reden und reden lassen und selber reden und reden. Sie machen eine mehrfache auditive Darbietung, erklären die Inhalte auf verschiedene Arten. Wenn Sie es mit einem kinästhetisch lernenden Schüler zu tun haben: lassen Sie den Schüler die Inhalte auf verschiedene Arten tun, machen Sie ihm vor, was er tun soll, dabei halten Sie Körperkontakt, berühren den Schüler, reden langsam, verwenden kinästhetische Wörter und bewegen Ihren Körper zusammen mit dem Schüler unrhythmisch. Verfahren Sie bei jedem Nachhilfeunterricht in dieser Art.

36. Schüler, die etwas besonders gut können, nach dem Vorgehen befragen

Bestimmen Sie jene Schüler, die etwas besonders gut können. Dabei können verschiedene Bereiche in Frage kommen: Musik, Lesen,

Rechtschreiben, sprachlicher Ausdruck, eine Körperfähigkeit, sich gut konzentrieren können, Aufgaben rasch erledigen können usw. Wenn Sie es mit Erwachsenen zu tun haben, werden Sie vielleicht andere Fähigkeiten entdecken, auf die Sie neugierig sind. Finden Sie eine Möglichkeit, mit einem Schüler über sein Vorgehen zu reden, das zu diesem geglückten Ergebnis führt. Stellen Sie die folgenden Fragen: Wie hast du das gemacht? Was hast du zuerst gemacht? Was an zweiter Stelle? Was war der nächste Schritt? Was war am Schluß? Was hast du gedacht? In welcher Körperhaltung machst du das? Kannst du es mir einmal zeigen? Was müßte ich tun, wenn ich du wäre, um auch dieses gute Ergebnis zu erreichen? Wie weißt du, wenn du das Ergebnis erreicht hast? Helfen Sie dem Schüler, die Informationen in kleinsten Einheiten zu beantworten. Schreiben Sie den Ablauf, die Reihenfolge des Vorgehens, auf. Arbeiten Sie vor allem heraus, wie der Einsatz der Sinne angeordnet ist. Dies ergibt die Strategie.

37. Schüler nach Vorgehen befragen, das zu Schwierigkeiten führt

Verfahren Sie in der gleichen Art wie beim Vorschlag 36. Der Unterschied besteht darin, daß Sie als Ausgangspunkt einen Schüler danach befragen, wie er es fertig bringt, ein unerwünschtes Ergebnis zu erzielen. Fragen Sie auch dabei wieder nach dem genauen Vorgehen. Finden Sie die Strategie heraus, das heißt den Ablauf, in welcher Reihenfolge welche Sinnessysteme ob nach außen oder innen gerichtet zum Einsatz kommen. Lassen Sie den Schüler sein Vorgehen demonstrieren. Beobachten Sie ihn dabei genau, um Augenbewegungen, Körperhaltung, Bewegungsablauf, Atmung usw. bewußt zu erkennen. Am Schluß notieren Sie für sich ebenfalls das Grundrezept, das zu diesem „Mißerfolg" führt. Welches Sinnessystem fehlt? Was denken Sie, gibt den Ausschlag für den Mißerfolg?

38. Schüler einander mitteilen lassen, wie ihnen etwas gut gelungen ist

Lassen Sie Ihre Schüler herausfinden, was Ihnen besonders gut gelingt. Achten Sie darauf, daß alle die Möglichkeit haben, etwas zu finden. Diese Voraussetzung ist gewährleistet, wenn Sie Ihren Schülern einige Ideen als Auswahl anbieten. Berücksichtigen Sie dabei Fähigkeiten kinästhetischer, auditiver und visueller Natur. Wenn jede Schülerin und jeder Schüler etwas gefunden hat, von dem sie denken, daß sie es gut können, dann lassen Sie sie untereinander austauschen. Sie haben verschiedene methodische Wahlmöglichkeiten: Austausch innerhalb der ganzen Lerngruppe, wobei abwechselnd immer eine Schülerin ihre spezielle gelungene Strategie vorstellen kann und dabei die anderen fragen können; Austausch in Kleingruppen; Verteilung der Informationsbefragung über einen längeren Zeitraum, so daß die Schüler wissen, daß sie abwechselnd die Gelegenheit haben, den anderen etwas vorzustellen, was sie gut können. Sicher finden Sie weiteren methodischen Zugang zu der hier vorgeschlagenen Grundidee, die Sie auf Ihre Art bezogen auf Ihre Zielgruppe umsetzen können. Diese Anwendungsmöglichkeit auf der Lehrprozeßebene können Sie ebenfalls wie viele andere als Grundrepertoire verwenden. Auf diese Art vermitteln Sie den Schülern gleichzeitig eine wertvolle Grundhaltung, nämlich danach zu sortieren, was gut gelungen ist.

F – Anleitungen zum Visualisieren

Ich möchte Ihnen empfehlen, vor Ausführung der folgenden Vorschläge zum Bereich der Visualisierung nochmals die entsprechenen Seiten im Buch unter dem Titel „Die besondere Bedeutung der Visualisierungsfähigkeit" und „Visualisierungsideen für die Klasse" zu lesen. Sie finden dort ebenfalls einen Überblick über die Anwendungen, auf die ich mich bei den folgenden Anregungen beziehe.

39. Erinnern von Farben

Nehmen Sie sich für die folgende Woche vor, Ihre Klasse visuell zu trainieren, indem Sie das Erinnerungsvermögen an Farben stärken. Farben erinnern trainiert das Visualisieren. Erklären Sie der Klasse, daß es sich um ein Spiel handelt. Je nach Altersstufe können Sie auch ganz explizit erklären, wozu das gut sein soll, daß es nämlich darum

gehe, sich im Visualisieren zu schulen, und warum das hilfreich ist.
Sie können abwechseln zwischen:

■ verschiedenfarbige Karten oder Gegenstände anschauen, diese
  entfernen, die Farben erinnern lassen,
■ Farben kurz darbieten in einer bestimmten Reihenfolge (Gegenstände, Blätter, Farbkreiden, Filzstifte, was immer eindeutig einer
  bestimmten Farbe zuzuordnen ist), danach die Farbreihenfolge
  herausfinden lassen,
■ Bilder zeigen, die Grundfarben aus dem Gedächtnis erinnern
  lassen,
■ Blumen, Früchte, Gemüse usw. zeigen; die Schüler sollen die
  Farben oder deren Reihenfolge erinnern,
■ finden Sie selbst weitere Variationen heraus; diese können Sie,
  wenn Sie wollen, in einem Heft unter dem Stichwort „Visualisie-
  rungsübungen" sammeln, um Sie für später zur Verfügung zu
  haben.

Für den Erwachsenenbildungsbereich lassen Sie sich entsprechende Ideen einfallen, die das gleiche Grundprinzip (Farben außen
anschauen und anschließend innerlich erinnern) berücksichtigen.
Geben Sie die Erklärung dazu ab, so daß Sie mit den Übungen an
Rapport gewinnen. Wenn Sie die Übungen für jede Lerngruppe
nicht sinnvoll auf die Menschen und deren momentanes Erleben
beziehen, verlieren Sie mit den spannendsten und faszinierendsten
Angeboten den Rapport.

40. Erinnern von Kompositionen

Eine andere Anwendungsmöglichkeit für das Training der Visuali-
sierungskapazität besteht darin, räumliche Darstellungen unter Berücksichtigung der Lage und des Ortes genau zu sehen und anschließend zu erinnern. Laden Sie Ihre Schüler zu einem Spiel ein.
Wenn Sie täglich bestimmte Denk- und Lernstrategien vermitteln,
wird dieses Vorgehen für alle in Ihrer Lerngruppe zu einem gewohnten und geliebten Muster werden. Das Spiel kann auf verschiedene Weise gespielt werden:

■ Die Lerngruppe sitzt, steht oder liegt auf dem Bauch in Kreisfor-
  mation um ein Lehrzentrum herum. In die Mitte können Sie verschiedene Gegenstände legen, die nun eine Art von Komposition

oder auf eine besondere Weise miteinander eine Darstellung bilden, ein visuelles Gebilde. Lassen Sie die Schüler bewußt darauf schauen, wie die Dinge auf welche Weise miteinander zusammenhängen. Die Schüler sollen die innere Kamera benutzen und damit ein Foto des Gebildes herstellen. Als nächsten Schritt schließen die Schüler die Augen. Sie verändern am Gebilde auf dem Boden ein kleines oder vielleicht auch größeres Detail, indem Sie beispielsweise einen Gegenstand leicht verschieben. Wenn jetzt die Schüler die Augen wieder öffnen, dürfen sie herausfinden, was im Vergleich zu vorher anders ist.

■ Auf gleiche Art können Sie verfahren, indem Sie anstatt Gegenstände als „Grundmaterial" zu nehmen, menschliche Körper als „Modelliermasse" benutzen. Ein Schüler darf sich vor die Klasse stellen. Sie oder ein anderer Schüler modelliert eine Skulptur aus dem Schüler, der sich dabei nicht von sich aus bewegen soll. Die Schüler bilden innerlich ab, was sie außen sehen, schließen die Augen, während die Grundfigur verändert wird. Anschließend soll herausgefunden werden, was sich geändert hat.

■ Ähnlich können Sie vorgehen, wenn Sie die Wandtafel oder andere visuelle Mittel nutzen. Sie bieten den Schülern etwas zum Anschauen, bieten ihnen Gelegenheit, bewußt zu sehen, um anschließend, ohne daß es die Schüler sehen, etwas zu verändern. Es soll die Veränderung erkannt werden. Als visuelle Impulse können Sie etwa wählen: Skizzen, Graphiken, Zeichnungen usw.

Auch dabei ist Ihrem Erfindungsreichtum keine Grenze gesetzt. Ich möchte Sie einladen, verschiedenste für Sie und Ihre Lerngruppe passende Variationen zu der hier vorgestellten Grundregel herauszufinden und auszuprobieren.

41. Abstrakte Zeichnungen erinnern

Wie bei den vorangegangenen Anwendungsmöglichkeiten – (39 & 40) – können Sie bezogen auf abstrakte visuelle Darstellungen verfahren. Ich denke dabei etwa an: Kreise, Ellipsen, Vierecke, Rechtecke, Quadrate, Dreiecke, verschiedenste geometrische Formen. Geben Sie der Klasse einen visuellen Impuls. Lassen Sie die Schüler anschließend das Gesehene auf ein Blatt Papier zeichnen.

42. Erinnerungen an früher Gesehenes

Eine nützliche Möglichkeit zum Verändern unproduktiver Zustände besteht darin, die Schüler zu einem kleinen Visualisierungsspiel einzuladen. Es ist Ihrem Wissen überlassen, welche Wege Sie wählen, um die Schüler dafür zu gewinnen. Vielleicht nennen Sie den Vorschlag „Spiel", „Experiment" oder „Einladung zur Entspannug". Stellen Sie den Schülern zum Beispiel zehn Fragen, die sie beantworten sollen. Die Fragen beziehen sich auf Dinge, die die Schüler täglich sehen können, wie etwa:

■ Welche Farbe hat die Eingangstür?
■ Wie viele Fenster hat es im Gang rechts?
■ An wie vielen Türen kommt Ihr vorbei, um in euer Schulzimmer zu gelangen?
■ Wie viele Tiere kann man auf dem Bild in der großen Eingangshalle sehen?

Nachher haben Sie verschiedene Möglichkeiten: Sie können die Schüler kurz darüber austauschen lassen, wie sie die Fragen beantwortet haben. Vielleicht schlagen Sie den Schülern vor, sich gruppenweise so darüber auszutauschen, daß sich die Gruppe auf eine Variante einigen kann. Sie können direkt zu den entsprechenden Orten gehen, um zu sehen, wie es wirklich dort aussieht usw.

43. Anschauen von Unterrichtsinhalten

Lehren Sie Ihre Schüler, deren Visualisierungsfähigkeit bewußt und gezielt zu nutzen. Ihre Hilfe dazu kann darin bestehen, daß Sie die Schüler anleiten, das, was Sie ihnen visuell darbieten, genau anzuschauen. Ich gebe Ihnen ein Beispiel: Sie haben eine bestimmte Formel, die Ihnen als Schlüssel Ihrer Präsentation erscheint, farbig und groß an die Wandtafel gezeichnet. Sagen Sie den Schülern: „Diese Formel hier, die Ihr sehen könnt, ist sehr wichtig. Wenn Ihr sie euch einprägen könnt, fällt euch die folgende Arbeit mit den Aufgaben sehr leicht. Schaut euch diese Formel genau an, jetzt." Warten Sie dann etwa 15 Sekunden und fahren fort: „Schaut so genau, daß Ihr sie innerlich abbilden könnt und daß Ihr euch daran erinnert, wenn ich die Tafel gewendet habe, so daß das erinnerte Bild gleich deutlich, oder vielleicht sogar noch farbiger, größer und schöner erscheint." Dann warten Sie nochmals 15 Sekunden, um dann die Tafel zu wenden. Jetzt sollen die Schüler die Formel zuerst nochmals vor dem geistigen Auge erscheinen lassen. Gegebenenfalls können Sie die Schüler das Gesehene auf einem Blatt Papier festhalten lassen. Der anschließende Vergleich dient als Test und hilft dem Schüler, nochmals bewußt und genau zu schauen.

44. Anleitungen zum Phantasieren

Bauen Sie die Anleitung zum Phantasieren in Ihre Unterrichtsmethodik ein. Wenn Sie die Schüler gezielt und geführt phantasieren lassen, haben Sie die Möglichkeit, Visualisierungsfähigkeit aufzubauen und diese zu trainieren. Lassen Sie die Schüler in der Erinnerung an einen schönen Ort reisen, zum Beispiel an den letzten schönen Ferienort. Vielleicht laden Sie die Schüler auch dazu ein, sich einen imaginären, zauberhaften Ort vorzustellen, an dem es all das gibt, was sie sich immer schon gewünscht haben. An Inhalten, die Sie auswählen und vorgeben können, ist fast keine Grenze gesetzt. Die einzige wichtige Grenze, die berücksichtigt werden muß, ergibt sich aus der Überlegung, ob die Auswahl, die Sie treffen, für die Schüler hilfreich ist, sie in einen guten inneren Zustand führt, Streß abbaut und vermeidet.

Sie können die Phantasieanleitung so gestalten, daß Sie den Schülern beispielsweise sagen: „Ihr könnt, wo immer Ihr euch befindet, sehen, welche Farben es dort gibt, woher das Licht leuchtet. Welche Gegenstände könnt Ihr sehen, was ist ganz im Vordergrund, was im Hintergrund zu sehen, und während Ihr in dieser Art schaut, könnt Ihr das, was wirklich wichtig ist, der genauen Betrachtung unterziehen ..." Regen Sie jedoch auch die anderen Sinne an, indem Sie auch auf das Hören, Riechen, Schmecken und vor allem die dabei auftretenden spürbaren Gefühle aufmerksam machen: „Während du das alles sehen kannst, in dieser Art von Helligkeit, den Farben und in dieser Größe, kannst du gleichzeitig spüren, wie es dir dort geht und was es dort zu hören gibt."

Die Idee der Phantasievisualisierung können Sie gut als Einstimmung in ein neues Thema benutzen. Wenn Sie zum Beispiel die Vorstellung haben, die Schüler sollten sich an verschiedene Situationen erinnern, in denen sie mit Holz zu tun hatten, dann ist das Phantasieren in der vorgeschlagenen Weise eine methodisch hilfreiche Möglichkeit. Nach dem Phantasieren können Sie das an den Tag geförderte Erinnerungsmaterial mit Ihren Ihnen bekannten Methoden verarbeiten.

45. *Schülern die Methode des Mind Mappings zeigen*

Vermitteln Sie Ihren Schülern als Lehreinheit die Methode des „Mind Mappings". Sie ist vorn im Buch unter diesem Stichwort als Visualisierungsmethode vorgestellt. Verwenden Sie diese Methode selbst als Beispiel an der Wandtafel oder an Plakaten. Lassen Sie die Schüler selbst Mind Maps zu Themen erstellen.

46. *Texte visualisieren*

Lehren Sie Ihre Schüler, Texte so zu lesen, daß sie sich bei der Lektüre dazu bildhafte Vorstellungen machen. Verfahren Sie beispielsweise so, daß Sie ihnen einen kleinen Text als Einstieg zu lesen geben. In einem ersten Schritt können Sie die Schüler den ganzen, kurzen Text lesen lassen. Fragen Sie sie dann danach, wie sie das, was sie gelesen haben, bildlich darstellen oder beschreiben würden. Lassen Sie sie eine gezeichnete Skizze erstellen. Die Schüler können diese bildlichen Darstellungen gegenseitig anschauen, um verschiedene Ideen zu bekommen, wie verschieden das bildhafte Umsetzen von Textmaterial geschehen kann.

Geben Sie Ihren Schülern immer wieder den Auftrag, in dieser Art Texte zu verarbeiten. Lassen Sie sie gute Erfahrungen sammeln anhand kurzer geschriebener Informationen. Lassen Sie längere Texte in kleine, überblickbare Einheiten unterteilen und die jeweiligen bildhaften Ideen dazu entwickeln.

Eine zweite Anwendungsmöglichkeit der visuellen Textverarbeitung besteht darin, den Schülern einen kurzen Text vorzulesen. Die Schüler sollen während Ihres Vorlesens das Gehörte auf einem Blatt bildhaft darstellen. Lassen Sie die Darstellungen vergleichen.

47. *Wirkungsvolle Lese-Rechtschreibstrategie vermitteln*

Sie haben in diesem Buch eine ausgezeichnete Methode zur Verfügung, mit deren Hilfe Sie Ihren Schülern das Visualisieren im Zusammenhang mit dem Lernen der richtigen Schreibweise vermitteln können. Bieten Sie der ganzen Klasse regelmäßig die Möglichkeit, Wörter anzuschauen und diese anschließend innerlich abzubilden. Geben Sie Ihren Schülern auch das notwendige Wissen, damit diese kongruent ja sagen können zu der Methode, die Sie sie lehren. Zeigen Sie Kärtchen mit den zu lernenden Wörtern. Lassen Sie diese von den Schülern mit der „inneren Kamera" fotographieren. Dann entfernen Sie die Kärtchen, und die Schüler dürfen die Wörter aufschreiben. Beim neuerlichen Erscheinen des Wortbildes können die Schüler deren richtige Schreibweise überprüfen.

Sie können die gleiche Lehrsequenz auch mit wenigen Schülern in Untergruppen durchführen, während die anderen einzeln beschäftigt sind.

Eine andere Anwendungsmöglichkeit besteht in der Arbeit mit einem einzelnen Schüler, der dies besonders braucht.

Eine weitere hilfreiche und ergiebige methodische Vorgehensweise besteht darin, indem jeweils zwei Schüler miteinander diese Methode anwenden. Sie geben die dazu notwendigen Impulse an alle und warten jeweils, bis die Schritte ausgeführt worden sind.

48. Vermitteln der Entscheidungsstrategie

Lehren Sie Ihre Schüler, sich auf hilfreiche und wirksame Art zu entscheiden. Vermitteln Sie Ihnen die Hauptschritte einer möglichen guten Entscheidungsstrategie, die darin bestehen, daß die Schüler sich:

1. auf die Entscheidungssituation bezogen Alternativen überlegen, die es gibt.
2. die erste Möglichkeit innerlich genau vorstellen. Es geht darum, sich ein genaues Bild davon zu machen und genau zu hören. Man sieht sich selbst in der Situation von außen.
3. die weiteren Möglichkeiten in der gleichen Weise genau vorstellen.
4. den Alternativen gefühlsmäßig gegenüberstellen und sie auf diese Art vergleichen. Es wird damit die Frage beantwortet: In welcher Möglichkeit fühle ich mich aufgrund dieses beobachteten und gehörten Wissens am wohlsten? Bei diesem Schritt tritt der Schüler in die Situationen ein.
5. für eine Variante entscheiden.

Sie können das Vorgehen zum Erreichen von Entscheidungen auch mit der ganzen Lerngruppe anwenden, um sich für Zielsetzungen und weitere Schritte zu entscheiden.

G – Bedeutsame Inhaltsauswahl

49. Wichtige Themen der Schüler erfassen

Erkunden Sie die Interessen und wichtigen Themen Ihrer Lerngruppe. Darauf können Sie Rapport und Unterrichtselemente aufbauen. Wie wäre es beispielsweise, wenn Sie für jede Schülerin und jeden Schüler ein kleines Heft führen würden, in dem Sie die wichtigen Dinge festhalten. Eine Seite wäre dem Thema „wichtige Themen und Interessen des Schülers" gewidmet.

Sie können Ihren Schülern die Frage stellen: „Welche speziellen Interessen hast du im Moment? Was beschäftigt dich momentan am meisten? Worüber wärst du wirklich unglücklich, wenn es nicht mehr wäre?" usw. Selbstverständlich werden Sie die Frage auf Ihre Art bezogen Ihrer Lerngruppe in der „richtigen Weise" stellen.

Gleich spannend und herausfordernd dürfte es für Sie sein, wenn Sie sich jeden Tag einmal dem Gedanken zuwenden: „Wer aus meiner Lerngruppe hat heute in irgendeiner Art ein besonderes Interessengebiet zum Ausdruck gebracht?" Lassen Sie sich überraschen, wie sich Ihre Wahrnehmung der inneren Orientierungen Ihrer Schüler verfeinern wird.

50. Für die Schüler bedeutsame Themen auswählen

Ihre Liste der Interessenschwerpunkte Ihrer Schüler können Sie beim Wechsel zu einem neuen Thema nutzen. Überprüfen Sie, inwiefern Sie aufgeführte Inhalte, die die Schüler sehr interessieren, mit Ihrem Lehrthema in Verbindung bringen können. Wie hängen die Schülerinteressen mit Ihrem Thema assoziativ oder logisch zusammen? Die Einleitung in Ihr Thema wird die Schüler am besten abholen in deren Welt, wenn sie sich explizit auf die Schülerinteressen bezieht. Sie können dies in folgender Weise herausarbeiten: „Wir beginnen heute mit einem neuen Thema, das uns in den nächsten paar Wochen beschäftigen wird. Es ist ein Thema, das zu tun hat mit dem, was euch besonders interessiert. Ich denke da an ...“ Hier erfolgt die Aufzählung der Schülerinteressenschwerpunkte.

51. Nebenbedeutungen der Themenauswahl untersuchen

Wenn Sie zu neuen Themen wechseln, können Sie Ihre Aufmerksamkeit darauf richten, welche Nebenbedeutungen Sie durch die Vermittlung und Auswahl dieser Inhalte zwischen den Zeilen vermitteln. Es gelingt Ihnen leicht, sich dieses wichtigen Aspekts der Vermittlung bewußt zu werden, indem Sie sich die folgenden Fragen beantworten:

■ Was lernen die Schüler zusätzlich neben dem offiziellen Inhalt?

■ Welches Weltbild vermittle ich damit?

■ Ist die Geschichte auf Fähigkeiten oder festgefahrene Probleme orientiert?

■ Sind negative Bewertungen enthalten, die jemand in der Lerngruppe auf sich beziehen könnte?

■ Vermittelt der Inhalt zwischen den Zeilen Optimismus oder Pessimismus?

■ Schafft er Zukunftsvisionen, die Licht verbreiten, oder zielt er auf eine düstere, hoffnungslos verlorene Realität?

■ Aktiviert der Inhalt Ressourcen, die ermutigen, Eigenkräfte zu entdecken und den Glauben daran zu stärken?

■ Liefert der Inhalt Ideen bezüglich einer Konfliktlösung unter Verzicht auf physische und psychische Gewalt?

■ Sind Sie selbst vom Stoff so überzeugt, daß Sie um sich als Vermittler und den Stoff eine Aura der Begeisterung schaffen können, die sich dadurch mit dem Inhalt gefühlsmäßig verbindet?

■ Welche weiteren Implikationen fallen Ihnen dazu ein?

52. Lehrmittel bezüglich Implikationen betrachten

Lehrmittel vermitteln neben den offiziellen Inhalten durch die Art der Gestaltung und Themenauswahl zusätzliche, oft nicht geplante

Botschaften. Nehmen Sie sich die Zeit – beispielsweise während die Schüler ruhig mit einer eigenen Arbeit beschäftigt sind –, Ihre im Unterricht verwendeten Bücher, Arbeitsblätter, Textauswahl usw. zu überprüfen. Finden Sie heraus, ob und welche zusätzlichen Inhalte Sie neben den obligatorischen entdecken können. Stellen Sie sich auch hierzu die Fragen wie bei Vorschlag 51.

H – Erfolgreiche Erfolgsprüfung

53. Schüler bestimmen lassen, anhand welches Testes sie wissen, daß sie ihr Ziel erreicht haben

Ich möchte Sie einladen, es sich zur Gewohnheit werden zu lassen, Ihre Schüler zu Beginn der Vermittlung neuen Stoffes oder von Arbeitsabschnitten die Frage beantworten zu lassen, woran sie erkennen werden, wenn sie ihr Lernziel mit Erfolg erreicht haben. Dabei können Sie sie mündlich oder schriftlich vorgehen lassen, gerade so, wie Sie denken, es passe in Ihr Lehrkonzept am besten hinein.

Damit Sie sich nicht zu viel auf einmal, sondern die genau richtige Portion verschreiben, können Sie sich vornehmen, versuchsweise schon beim nächsten Themenschwerpunkt damit zu beginnen. Seien Sie neugierig auf die Antworten Ihrer Schüler. Ich bin überzeugt: Sie werden die eine oder andere überraschende Entdeckung machen können.

54. Regelmäßige „kleine Prüfungen" durchführen

Um die Rahmenbedingungen zu optimieren, ist es hilfreich, Streßerfahrungen der Schüler vorzubeugen. Eine leicht anzuwendende Möglichkeit besteht darin, daß Sie Ihren Schülern regelmäßige „kleine Prüfungen" anbieten. Lassen Sie Ihre Schüler regelmäßig und oft die Erfahrung von Feedback machen, anhand dessen sie lernen können, sich alltäglich zu fühlen im Zusammenhang mit diesem wichtigen Lernschritt. Führen Sie viele, für die Schüler lösbare

„kleine Prüfungen" durch, ohne diese zu benoten. Damit die Schüler erfolgreich sein können, lassen Sie die Schüler vor dem „Feedbackprozeß" oder der „kleinen Prüfung" wissen, wie sie die folgenden Aufgaben richtig lösen können. Vermeiden Sie es, die Schüler mit „vielen" unvorhersehbaren Überraschungen zu konfrontieren. Wenn Sie es trotzdem sinnvoll finden, dann möchte ich Ihnen empfehlen, die Schüler vorher dafür neugierig zu machen.

55. Prüfungen in allen Sinnessystemen durchführen

Nutzen Sie bei allen Prüfungen, die Sie vorgeben, das Wissen über die unterschiedlichen Lernorganisationsweisen Ihrer Schüler. Berücksichtigen Sie die visuelle, kinästhetische und auditive Art Lernerfolg zu messen, indem Sie verschiedene Prüfungsmethoden und Hilfsmittel einsetzen. Vergrößern Sie Ihr Prüfungsmethoden-Repertoire. Erstellen Sie eine Sammlung mit Ihren verschiedenen Methoden, die Sie von Mal zu Mal entdecken werden, wenn Sie sich auf diese vielleicht neue Art der Prüfung einlassen. Auch bei diesem Anwendungsvorschlag zum Lehrprozeß ist es wichtig, daß Sie bei der nächsten Gelegenheit damit auf geplante, das heißt bewußte Art beginnen.

Übersicht über die Anwendungsmöglichkeiten

Basiskommunikation

Zielorientiertheit

Literatur

Adler, A., Menschenkenntnis. Fischer, Frankfurt 1973.

Aebli, H., Zwölf Grundformen des Lehrens. Klett, Stuttgart 1983.

Alex, S., Vopel, K.W., Lehre mich nicht, laß mich lernen, Bde. 1-3. ISKO-Press, Hamburg [2]1992.

Andreas, C. & St., Gewußt wie. Arbeit mit Submodalitäten und weitere NLP-Interventionen nach Maß. Junfermann, Paderborn [3]1993.

—, Mit Herz und Verstand. NLP für alle Fälle. Junfermann, Paderborn [2]1994.

Axline, U.M., Kinder-Spieltherapie im nicht-direkten Verfahren. München 1971.

Bachmann, W., Das neue Lernen. Eine systematische Einführung in das Konzept des NLP. Junfermann, Paderborn [3]1993.

—, *Flothow, K.*, NLP und TZI – Zwei Konzepte des Kommunikationstrainings. Verlag Thomas Holbein, Bergisch Gladbach 1990.

Bandler, R., Bitte verändern Sie sich ... jetzt! Junfermann, Paderborn [2]1993.

—, Veränderung des subjektiven Erlebens. Fortgeschrittene Methoden des NLP. Junfermann, Paderborn [5]1995.

—, *Grinder, J.*, Metasprache und Psychotherapie. Struktur der Magie I. Junfermann, Paderborn [8]1994.

—, *Grinder, J.*, Kommunikation und Veränderung. Die Struktur der Magie II. Junfermann, Paderborn [6]1994.

—, *Grinder, J.*, Neue Wege der Kurzzeit-Therapie. Junfermann, Paderborn [11]1994.

—, *Grinder, J.*, Reframing. Junfermann, Paderborn [6]1995.

—, *Grinder, J. & Satir, V.*, Mit Familien reden. Gesprächsmuster und therapeutische Veränderung. Pfeiffer, München 1983.

—, *MacDonald, W.*, Der feine Unterschied. NLP-Übungsbuch zu den Submodalitäten. Junfermann, Paderborn [3]1993.

Beyer, M., BrainLand. Mind Mapping in Aktion. Junfermann, Paderborn [2]1994.

Birkenbihl, V.F., Stichwort Schule. Trotz Schule lernen. Gabal, Speyer [4]1987.

—, *Blickhan, C. & Ulsamer, B.*, NLP – Einstieg in die Neuro-Linguistische Programmierung. Gabal, Speyer 1987.

Birmelin et al. (Hrsg.), Erfahrungen lebendigen Lernens. Mathias Grünewald, Mainz 1985.

Brasch, Chr., Richberg, I.-M., Die Angst aus heiterem Himmel. Panikattacken und wie man sie überwinden kann. Mosaik, München 1990/94.

Bühler, Ch., Einführung in die humanistische Psychologie. Stuttgart 1974.

Büttner, Chr. (Hrsg.), Spielerfahrungen mit Schülern. Sinnvolles Lernen oder pädagogischer Trick. Kösel, München 1981.

Cameron-Bandler, L., Wieder zusammenfinden. Junfermann, Paderborn ^{6}1992.

—, *L., Gordon, D., Lebeau, M.,* Muster-Lösungen. Junfermann, Paderborn 1992.

—, *Lebeau, M.,* Die Intelligenz der Gefühle. Grundlagen der „Imperative Self Analysis". Junfermann, Paderborn ^{3}1993.

Carlgen, F., Erziehung zur Freiheit. Die Pädagogik Rudolf Steiners. Berichte aus der internationalen Waldorfschulenbewegung. Fischer, Frankfurt 1990.

Cleveland, B.F., Master Teaching Techniques. The Connecting Link Press, Stone Mountain 1987.

Cohn, R., Das Thema als Mittelpunkt interaktioneller Gruppen. In: *Gruppenpsychotherapie und Gruppendynamik* 1970.

—, Zur Grundlage des themenzentrierten interaktionellen Systems. In: *Gruppenpsychotherapie und Gruppendynamik* 1974.

Corel, W., Lernschwächen und Leistungsstörungen erkennen und überwinden. Moderne Verlagsgesellschaft, München/Landsberg 1989.

Dennison, P.E., Befreite Bahnen. Verlag für Angewandte Kinesiologie, Freiburg 1981.

—, *Hargrove, G.E.,* Das Handbuch der EDU-Kinästhetik für Eltern und Kinder jeden Alters. Verlag für Angewandte Kinesiologie, Freiburg 1987.

Diamond, J., Der Körper lügt nicht. Verlag für Angewandte Kinesiologie, Freiburg 1983.

Dichter, E., Überzeugen – nicht verführen. Die Kunst, Menschen zu beeinflussen. Moderne Verlagsgesellschaft, Landsberg 1981.

Dilts, R.B., Die Veränderung von Glaubenssystemen. NLP Glaubensarbeit. Junfermann, Paderborn ^{2}1994.

—, Effective spelling with NLP. Dynamic Learning Publications, Ben Lomond 1987.

—, Identität, Glaubenssysteme und Gesundheit. Junfermann, Paderborn ^{4}1995.

—, Roots of Neuro-Linguistic Programming. Meta Publications, Cupertino 1983.

—, *Bandler, R., Grinder, J.* et al., Strukturen subjektiver Erfahrung. Ihre Erforschung und Veränderung mit NLP. Junfermann, Paderborn ^{5}1994.

Dreikurs, R., Kinder fordern uns heraus. Klett, Stuttgart 1958.

—, Psychologie im Klassenzimmer. Klett, Stuttgart 1966.

Ellis, A., Die rational-emotive Therapie. Das innere Selbstgespräch bei seelischen Problemen und seine Veränderung. Pfeiffer, München 1982.

Erickson, M.H., Rossi, E.L., Hypnotherapie: Aufbau, Beispiele, Forschungen. Pfeiffer, München 1981.

—, *Rossi, E.L. & S.L.,* Hypnose. Induktion – Psychotherapeutische Anwendung – Beispiele. Pfeiffer, München 1978.

Fisch, R., Weakland, J.H., Segal, L., Strategien der Veränderung. Klett-Cotta, Stuttgart 1987.

Friedrich, S., Friebel, V., Übungen zur Konzentration und gegen Ängste. Entspannung für Kinder. Rowohlt, Reinbek.

Geissler, K.-H., Gruppendynamik für Lehrer. Was Lehrer verändern können. Rowohlt, Reinbek 1979.

Gordon, D., Therapeutische Metaphern. Junfermann, Paderborn [4]1992.

Gordon, Th., Lehrer-Schüler-Konferenz. Rowohlt, Reinbek 1984.

—, Manager-Konferenz. Effektives Führungstraining. Rowohlt, Reinbek 1985.

Grinder, M., NLP für Lehrer. Verlag für Angewandte Kinesiologie, Freiburg 1991.

Grinder, J., Bandler, R., Therapie in Trance. Hypnose: Kommunikation mit dem Unbewußten. Klett-Cotta, Stuttgart 1984.

Ingenkamp, K., Untersuchungen zum Übergang auf weiterführende Schulen nach der 6. Klasse. In: *Ingenkamp, K.*, Untersuchung zum Übergang auf weiterführende Schulen. Weinheim 1963.

—, Zur Problematik der Auslese und ihrer Bewährungskontrollen. In: *Ingenkamp, K.*, Päd.-psych. Unters. z. Übergang an weiterführende Schulen. Weinheim 1963.

Jacobson, S., Meta Cation. Neuro Linguistic Programming. Meta Publications, Cupertino 1983.

James, T., Woodsmall, W., Time Line. Junfermann, Paderborn [3]1994.

Jegge, J., Angst macht krumm. Rowohlt, Reinbek 1983.

Jung, C.G., Psychologische Typen. Gesammelte Werke VI. Walter Verlag, Olten 1978.

Kellmer Pringle, M., Was Kinder brauchen. Klett-Cotta, Stuttgart 1979.

Kobler, H.P., Das Neuro-Linguistische Programmieren als Instrument im Umgang mit Schulleistungsstörungen. *Fachblatt des Verbandes für Heilpädagogische Fachlehrerinnen und Fachlehrer des Kantons Zürich* 3/1993.

—, Vom „Nein" zum „Ja" im Klassenzimmer. NLP in der Unterrichtspraxis. *Schweizerische Lehrerinnen- und Lehrerzeitung* 24/1993.

Kopp, Sh.B., Triffst du Buddha unterwegs. Psychotherapie und Selbsterfahrung. Fischer, Frankfurt 1978.

Kostere, K., Malatesta, L., Get the Results you want. A systematic approach to NLP. Metamorphous Press, Portland/Oregon 1985.

Krapf, B., Aufbruch zu einer neuen Lernkultur. Haupt Verlag 1993.

Laborde, G.Z., Kompetenz und Integrität. Die Kommunikationskunst des NLP. Junfermann, Paderborn [3]1994.

Lankton, C.H. & St.R., Geschichten mit Zauberkraft. Die Arbeit mit Metaphern in der Psychotherapie. Pfeiffer, München 1991.

Lesen und Lesestörungen. *Schweizerische Zeitschrift für Psychologie* 1/1992.

Lloyd, L., Des Lehrers Wundertüte. NLP macht Schule. Verlag für Angewandte Kinesiologie, Freiburg 1991.

Lorenz, R., Molzahn, R., Teegen, F., Verhaltensänderung in der Schule: Systematisches Anleitungsprogramm für Lehrer. Rowohlt, Reinbek [5]1981.

Mahr, F., Gesprächsrunden: Ein Ideenbuch für Gruppenarbeit. Don Bosco, München 1981.

Maslow, A.H., Motivation and Personality. New York 1954.

—, Psychologie des Seins. Kindler, München 1968.

Meiser, B., Vitales Lernen kann phantastisch sein. Synchron, Berlin.

Meueler, E., Erwachsene lernen. Klett-Cotta, Stuttgart 1982.

Meyer, P.M., Liebe Eltern, die Schule ist nicht so. Zytglogge, Bern 1989.

Mittermair, F., Körpererfahrung und Körperkontakt. Spiele, Übungen und Experimente für Gruppen, Einzelne und Paare. Kösel, München 1985.

Mohl, A., Der Zauberlehrling. Junfermann, Paderborn [5]1994.

Murdock, M., Dann trägt mich eine Wolke. Bauer, Freiburg 1987.

Näf, R.D., Rationeller Lernen lernen. Beltz, Weinheim/Basel 1973.

Nagel, C. van, Siudzinski, R., Reese, E.J. & M.A., Megateaching and Learning. Neuro Linguistic Programming applied to Education. Volume I. Southern Institute Press, 1985.

Neill, A.S., Das Prinzip Summerhill: Fragen und Antworten. Argumente, Erfahrungen, Ratschläge. Rowohlt, Reinbek.

—, Summerhill: Pro und Contra. 15 Ansichten zu A.S. Neills Theorie und Praxis. Rowohlt, Reinbek.

—, Theorie und Praxis der antiautoritären Erziehung. Das Beispiel Summerhill. Rowohlt, Reinbek.

Niktin, B. & L., Ein Modell frühkindlicher Erziehung. Kiepenheuer und Witsch, Köln 1978/84.

O'Connor, J., Seymour, J., Neurolinguistisches Programmieren: Gelungene Kommunikation und persönliche Entfaltung. Verlag für Angewandte Kinesiologie, Freiburg 1992.

Oerter, M., Entwicklungspsychologie. Urban und Schwarzenberg, München/Wien/Baltimore 1982.

Ostrander, Schroeder, Super Learning. Leichter lernen ohne Stress. Goldmann, München 1979.

Patterson, G., Soziales Lernen in der Familie. Psychologische Hilfen für Eltern und Kinder. Pfeiffer, München 1977.

Perls, F., Gestalt Therapie in Aktion. Klett-Cotta, Stuttgart 1988.

Reichle, K., Gellert, M., Handbuch für Gruppenleiter. Leben und Lernen mit Kindern von 8-13. Burckhardthaus-Verlag, Gelnhausen/Berlin. Christophorus-Verlag Herder, Freiburg 1979.

Revenstorf, D. (Hrsg.), Klinische Hypnose. Springer, Heidelberg 1990.

Richardson, J., Erfolgreich kommunizieren. Eine praktische Einführung in die Arbeitsweise von NLP. Kösel, München 1991/92.

Rogers, C., Der neue Mensch. Klett, Stuttgart [2]1983.

—, Entwicklung der Persönlichkeit. Kösel, München 1973.

—, Freedom to learn: A view of what education might become. Charles E. Merril Publishing, Columbus/Ohio 1969.

—, On Personal Power – Inner strength and its revolutionary impact. Delacorte Press, New York 1977. Ex Libris, Zürich 1980.

Rosen, S., Die Lehrgeschichten von Milton H. Erickson. ISKO-Press, Hamburg 1985.

Rosenthal, R., Der Pygmalion-Effekt lebt. In: *Psychologie heute* 6/1975, 18.

—, *Jacobson, L.*, Pygmalion im Unterricht, Weinheim 1971.

Rossi, E.L., 20 Minuten Pause. Junfermann, Paderborn [2]1994.

—, Die Psychobiologie der Seele-Körper-Heilung. Synthesis, Essen 1986.

Rückerl, T., NLP in Stichworten. Junfermann, Paderborn 1994.

Satir, V., Kommunikation, Selbstwert, Kongruenz. Junfermann, Paderborn [4]1993.

Schmid-Oumard, W., Nahler, M., Lehren mit Leib und Seele. Neurolinguistisches Programmieren in der pädagogischen Praxis. Junfermann, Paderborn [2]1994.

Schneewind, A.K., Herrmann, T., Erziehungsstilforschung. Huber, Bern/ Stuttgart/Wien 1980.

Schollmeier, D., Lehrertraining und Verhaltensmodifikation. Grundlagen – Modelle – Methoden. Pädagogischer Verlag Schwann, Düsseldorf 1981.

Schusser, G., Lehrerwartungen. Goldmann, München 1972.

Seligman, M., Pessimisten küßt man nicht. Optimismus kann man lernen. Knaur, München 1993.

Shah, I., Die fabelhaften Heldentaten des vollendeten Narren und Meisters Mulla Nasrudin. Herder, Freiburg 1984.

Speichert, H., Richtig üben macht den Meister. Rowohlt, Reinbek.

Spitz, R., Nein und Ja, die Ursprünge der menschlichen Kommunikation. Stuttgart 1970.

Stahl, Th., Neurolinguistisches Programmieren. Pal, Mannheim 1992.

—, Triffst du 'nen Frosch unterwegs... NLP für die Praxis. Junfermann, Paderborn [5]1995.

Steiner, R., Aspekte der Waldorf-Pädagogik. Kindler, München 1975.

—, Die Erziehung des Kindes / Die Methodik des Lehrers. Verlag Freies Geistesleben, Stuttgart 1961.

Stolberg, D., Lernen, weil es Freude macht. Eine Einführung in die Themenzentrierte Interaktion. Kösel, München 1982.

Tausch, R. & A.-M., Erziehungspsychologie. Hogrefe, Göttingen 1970.

Teml, H. & H., Komm mit zum Regenbogen. Entspannung, Lernförderung, Persönlichkeitsentwicklung. Veritas, Linz.

Ulich, D., Gruppendynamik in der Schulklasse. Möglichkeiten und Grenzen sozialwissenschaftlicher Analysen. Ehrenwirth, München 1971.

Vester, F., Denken, Lernen, Vergessen. dtv, München 1975.

—, Neuland des Denkens. dtv, München 1980.

Vopel, K.W., Interaktionsspiele usw. In: Lebendiges Lernen und Lehren, Bde 1-13. ISKO-Press, Hamburg.

Wagner, A.C., Schülerzentrierter Unterricht. Urban und Schwarzenberg, München/Wien/Baltimore 1982.

Watzlawick, P., Wie wirklich ist die Wirklichkeit? Piper, München 1976.

—, Lösungen. Huber, Bern 1974.

—, Menschliche Kommunikation. Huber, Bern 1971.

Weber, W., Wege zum helfenden Gespräch. Gesprächstherapie in der Praxis. München/Basel 1974.

Weeks, G.R., L'Abate, L., Paradoxe Psychotherapie. Enke, Stuttgart 1985.

Weerth, R., NLP und Imagination. Grundannahmen, Methoden, Möglichkeiten und Grenzen. Junfermann, Paderborn [2]1994.

Whorf, B.L., Sprache, Denken, Wirklichkeit. Rowohlt, Reinbek 1963.

Wolpe, J., Praxis der Verhaltenstherapie. Huber, Bern 1972.

Wycoff, J., Gedanken-Striche. Auf neue Ideen kommen, Probleme lösen – mit Mindmapping. Verlag für Angewandte Kinesiologie, Freiburg 1993.

Zeig, J.K., Meine Stimme begleitet Sie überall hin. Ein Lehrseminar mit Milton H. Erickson. Klett, Stuttgart 1985.

Zielke, W., Leichter lernen, mehr behalten. Verlag moderne Industrie, München 1969.

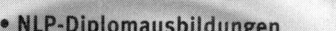

JUNFERMANN

Die Schule als Insel für ganzheitliches Lernen

1995, 438 Seiten, kart.
DM 39,80
ISBN 3-87387-161-0

Peter Heitkämper
Hrsg.

Mehr Lust auf Schule

Ein Handbuch für innovativen und gehirngerechten Unterricht

Schule kann heute neu gedacht werden. Wichtig ist zwar nach wie vor, *was* gelernt wird; immer wichtiger wird aber, *wie* gelernt wird. Denn wir stehen vor einer Wissensexplosion, die wir nur durch neue und innovative Methoden des Wissenserwerbs bewältigen können. Das vorliegende Buch bietet eine Auswahl moderner Lehr- und Lernmethoden für eine moderne Schule, in der die Kinder und Jugendlichen wie auch die Lehrerinnen und Lehrer in ihrer Persönlichkeit angesprochen werden. Vorgestellt und diskutiert werden auch verschiedene Mental- und Lerneffizienz-Techniken. Diese komplexen Lernkonzepte werden in anderen Ländern bereits erfolgreich in Schulen angewandt und in der Lehrerausbildung berücksichtigt. Sie werden vor Deutschlands Schulen und Lehrern nicht haltmachen. Das vorliegende Handbuch richtet sich an Pädagogen, die die künftigen Anforderungen an ihren Beruf mit Engagement und Freude bewältigen werden.

Peter Heitkämper ist Professor für Pädagogische Anthropologie und Theorie erzieherischer Prozesse an der Universität Münster. Arbeitsschwerpunkt ist die Ausbildung von Lehrerinnen und Lehrern in modernen Lehr- und Lernmethoden.

JUNFERMANN VERLAG • **Postfach 1840**
33048 Paderborn • **Telefon 0 52 51/3 40 34**